역사교육과 역사인식

역사교육과 역사인식

김한종 · 이영효 · 양호환 · 최상훈 · 양정현 · 유용태 · 강선주 공저

cum libro
책과함께

머리말

근래 들어 역사교육을 둘러싼 논의가 부쩍 활발해지고 있다. 역사교육을 주제로 한 학술회의나 심포지엄이 자주 열리고, 역사교육에 대한 사회적 관심도 높아지고 있다. 이러한 관심에는 한국과 일본, 중국 등 국가 간의 역사를 둘러싼 갈등이 큰 영향을 미치고 있다. 이와 맞물려 우리의 역사교육을 되돌아봐야 한다는 목소리도 높다. 그러나 우리의 역사교육을 바라보는 시선이 그리 따뜻한 것만은 아니다. 오히려 기존의 역사교육을 반성하거나 비판하는 목소리가 훨씬 많아 보인다. 그렇다고 하더라도 관심이 높아지는 현상 자체는 반가운 일이다.

그렇지만 다른 한편으론 '역사교육은 과연 무엇인가?', '우리는 왜 역사교육을 이야기해야 하는가?', '역사교육 연구는 무엇을 대상으로 삼아야 하는가?'에 대해 근본적으로 문제를 제기하고 진지하게 고민할 때가 되었다는 생각도 든다. 그동안 역사교육 연구는 양적인 성장을 거듭해왔다. 여러 대학의 대학원에 역사교육 전공 과정이 만들어져 연구자가 많아지고, 역사교육 관련 논문의 발표도 꾸준히 늘고 있다. 또한 역사학계에서 역사교육의 중요성을 강조하는 이야기가 자주 나오고 있다.

역사교육에 대해 이야기할 때, 사람들이 가장 먼저 떠올리는 생각은 '어떻게 하면 역사를 잘 가르칠 수 있을까?' 하는 문제일 것이다. 그런데 '잘 가르친다'는 의미가 무엇인가에 대한 논의는 그다지 활발하게 이뤄지지 못했다. 많은 사람들은 역사교육의 핵심이 학생들에게 '올바른' 역사를 전해주는 것이라고 생각한다. 이에 따라 역사 지식을 강조하고, 역사 교과서 내용에 신경을 쓴다. 그렇다면 역사 지식은 어떠한 성격을 가지고 있으며, 또 '올바른' 역사란 과연 어떤 역사일까? 역사교육 연구의 다른 한편에서는 역사를 가르치는 방법에 대해 관심을 쏟아왔다. 학생들에게 효율적으로 역사를 이해시키고, 역사 지식을 가지게 하기 위해서는 어떠한 자료를 활용하고 수업 방법을 사용해야 하는가? '탐구학습'이니, '사료학습'이니, '인물학습'이니 하는 말이 자주 입에 오르내렸다. 그렇지만 자료와 수업 방법이 역사 수업의 내용이나 역사적 사실을 보는 눈과 별개로 분리될 수 있는가? 또 다른 교과와 구분되는 역사 학습 자료나 역사 수업의 방법은 존재하는가?

아직까지 역사교육 연구는 이러한 질문에 제대로 답하고 있는 것 같지 않다. 물론 역사 학습의 내용, 교과서, 수업 방법 등과 관련된 문제는 역사교육 연구의 중요한 분야이고, 앞으로도 더욱 체계적이고 깊이 있는 연구가 필요하다. 그렇지만 역사교육과 역사교육 연구의 방향에 대한 본질적 논의도 필요하다. 무슨 역사적 사실이 중요하고, 어떤 자료를 역사 수업에 활용하며, 학습 활동을 어떻게 전개할지는 역사를 보는 관점이나 역사적 사실에 대한 해석과 밀접한 관련을 맺는다. 그런 의미에서 역사교육 연구가 역사인식의 문제에 관심을 가지는 현상은 자연스러운 일이다.

역사교육이 이뤄지는 일련의 과정에서 역사인식은 다양하게 작용한다. 학교 역사교육의 기본적인 틀과 내용을 제시하는 '교육과정' 개발은 국가나 개발자가 가지고 있는 역사인식의 영향을 받는다. '교육과정'에 따라 만들어진다고 하더라도, 교과서의 서술 내용이나 구성 형식에는 집필자의 역사인식이 개재된다. 교실수업의 내용이나 전개과정은 교사의 역사인식의 영향을 받는다. 교사의 역사인식에 따라 학습 활동 계획이 세워지고, 사용하는 학습 자료도 달라질 수 있다. 학교 교육의 틀을 마련하는 단계부터 실제 교실수업에 이르기까지 모든 단계에서 다른 차원의 역사인식이 작용하는 것이다.

이런 관점에서 이 책에서는 역사교육 연구의 방향부터 교실수업에 이르기까지 역사인식과 관련해 역사교육의 문제를 논의한 열 편의 글을 모았다. 그리고 이 글들을 다시 내용에 따라 '역사인식과 역사교육', '역사의 서술 양식과 역사 학습', '민족·세계의 인식과 역사교육'이라는 세 가지 소주제로 나눴다. 이를 통해 역사교육 연구에서 역사인식에 대한 연구의 현 수준을 밝히고, 앞으로의 연구를 위한 토대로 삼고자 한다.

첫째, 1부 '역사인식과 역사교육'에 실린 세 편의 글은 역사교육에서 역사인식이 왜 문제가 되는지에 대한 논의의 현실을 보여준다. 〈역사 학습의 인식론적 모색〉은 그동안의 역사교육 연구를 반성하고 새로운 방향을 제안한다. 교수학습론, 이론과 현장의 관계 설정에 대한 고민, 역사적 사고 등에 치중했던 기존 역사교육 연구의 문제점을 지적하면서, 인식론적 논의로 전환하는 것이 필요하다고 주장한다. 그 출발점은 '과연 역사인식의 성격이 무엇인가?'라는 고민이다.

이 글의 관점에서 보면 다음 글인 〈역사적 사고력의 의미와 하위 범주〉는 기존 역사교육 연구의 전형적인 유형에 해당한다. 역사적 사고력을 개념화, 범주화하고 있기 때문이다. 그렇지만 아직까지 역사교육에 대한 인식론적 논의를 위해서 역사교육 연구가 어떻게 전개돼야 하는지는 명확하지 않다. 또한 역사적 사고와 역사인식이 별개로 존재하는지도 검토해봐야 할 문제다. 이 두 글은 그런 문제들에 대해 정리할 기회를 줄 수 있을 것이다.

〈역사 교사의 인지적 특성이 역사 수업에 미치는 영향〉은 교사의 역사인식이 실제 역사 수업에 어떤 영향을 미치는지를 밝히고 있다. 교사의 역사 지식, 역사교육관, 그리고 학생에 대한 이해가 역사 수업 내용의 재구성과 교수·학습 활동에 미치는 양상을 논의했다. 이를 통해 역사 학습에서 역사인식이 가지는 의미에 대해 좀 더 구체적으로 접근할 수 있을 것이다.

둘째, 2부 '역사의 서술 양식과 역사 학습'에 포함된 세 편의 글은 역사인식에 따라 역사 교재의 서술 형식이 어떻게 달라지며, 역사 교재에 내포돼 있는 역사인식이 학생들의 역사 학습에 어떤 영향을 미치는지를 보여준다. 그동안 역사 교과서를 비롯한 교재에 대한 주된 관심은 그 내용이었다. 그러나 역사 교재는 내용뿐 아니라 서술 형식에 따라서도 읽는 사람의 역사인식에 많은 영향을 준다. 또 교재의 서술 형식에는 이미 저자의 역사인식이 개입되어 있다. 역사 서술에 담겨 있는 저자의 역사인식은 독자에게 많은 영향을 미친다. 우리가 서술 형식에 관심을 가져야 하는 이유도 이 때문이다.

〈비판적 역사 읽기와 역사 쓰기〉는 역사의 서술 형식에 따라 학생들의 역사인식이 달라질 수 있음을 보여준다. 교과서 같은 설명문 형식의 역사 교재에 비해, 사료나 이야기 형식의 글이나 저자가 드러나는 글이 학생들의 비판적 역사 읽기와 쓰기를 유도할 수 있음을 구체적인 사례를 통해 밝힌다.

역사의 서술 형식과 관련해 특히 관심을 끄는 것은 내러티브의 문제이다. 내러티브는 역사 서술의 전형적인 방식으로 취급돼왔다. 특히 20세기 후반에 들어 내러티브 문제가 관심을 끌면서 역사교육에서도 내러티브 문제가 논의되고 있다. 내러티브는 역사 서술의 본질적 특징일 뿐 아니라 학생들의 흥미를 끌 수 있으며, 다양한 역사적 사고를 끌어낼 수 있으리라 기대되고 있다. 〈역사 수업 도구로서 내러티브의 구성 형식과 원리〉는 역사 수업에서 내러티브가 어떠한 형태로 존재할 수 있는지를 보여준다. 이를 바탕으로 내러티브식 역사 수업을 위한 원리를 제시하고 있다.

내러티브와 관련해 역사교육에서 가장 자주 논의 대상이 되는 것은 교재다. 내러티브가 역사의 특성을 잘 반영하는 서술 형식이라고 할 때, 내러티브 형식의 역사 텍스트는 학생들의 역사 이해를 촉진하고 역사인식의 폭을 넓히는 데 효과적일 수 있다. 그런 면에서 〈내러티브 양식의 역사 서술체제 개발〉은 중등학교 역사 수업에서 활용할 수 있는 내러티브 양식의 역사 서술 사례를 제시한다. 이러한 사례는 앞으로 좀 더 다양한 내러티브 역사 교재를 개발하는 데 도움이 될 것이다.

셋째, 그동안 역사교육에 대한 사회적 관심이 주로 한국사 교육에 집중돼 세계사 교육은 관심에서 멀어져 있었다. 이러한 현상은 한국사와 세계사 교육을 단절시키고 역사인식의 범위를 좁히는 결과를 가져왔다. 이에 대한 반작용으로 최근에는 민족주의 · 민족 중심의 역사교육을 비판하는 주장도 많고, 그에 대한 논쟁도 치열하게 벌어지고 있다. 일부에서는 오히려 진정한 민족주의 역사교육이 이뤄지지 않았다고 반박하고, 또한 우리의 문제와 관련 없이 이뤄지는 세계사 교육을 비판하는 목소리도 있다. 한국사와 세계사 교육을 둘러싼 이러한 갈등과 문제점은 결국 역사인식의 차이에서 비롯된 것이기도 하다. 3부 '민족·세계의 인식과 역사교육'에 실린 네 편의 글은 이에 대한 문제 제기와 함께 대안을 모색한다.

〈포스트모던 역사 이론의 '민족' 논의와 역사교육〉은 포스트모던 역사학에서 주장하고 있는 민족주의 역사교육에 대한 비판들을 검토하고 그에 대한 대안을 제시한다. 이 글은 포스트모던 역사학의 비판을 받아들이는 것이 아니라 이와 맞서는 관점에 선다. 한국에서 포스트모던 역사 이론이 오히려 서구 중심이며, 한국에서 민족주의는 '억압 담론' 뿐 아니라 '저항 담론'으로 기능했다고 주장한다. 그리고 이를 바탕으로 자국사와 세계사의 관련성을 어떻게 설정해야 하는지를 제시한다. 물론 이 글의 주장 역시 결론이 아니라 하나의 논의 대상일 뿐이다.

3부의 나머지 세 편의 글은 크게 보면 한국의 세계사 교육에 대한 반성이다. 편협한 자국사 교육에서 벗어나야 한다는 주장은 '동아시아사', '지구촌사'라는 담론으로 이어진다. 그리고 이러한 논의는 역사교육과정, 세계사 교육과정에 대한 개혁 주장으로 이어진다. 사실 그동안 세계사 교육과정에 대한 논의나 연구는 거의 없었다. 100년 전 대한제국 시기의 세계사 교과서 체제나 광복 직후의 세계사 교육과정, 교과서 체제가 현재와 거의 비슷하다는 사실이 이를 단적으로 말해준다. 세계사 교육을 비판하는 주장에 따르면 현재 세계사 교육과정은 '유럽 중심 - 중국 부중심'이라는 체제에서 벗어나지 못하고 있다. 이 글들은 이러한 문제점을 구체적으로 밝히고, 새로운 동아시아 및 세계사 인식에 대한 세계사 교육과정의 방향을 제시한다.

〈다원적 세계사와 아시아, 그리고 동아시아〉는 '탈유럽 중심의 세계사'의 방향으로 '다원적 세계사'를 주장한다. 다원적 세계사는 여러 지역 문명의 상호 작용을 중심으로 하되, 고유성 및 상호 갈등까지 고려하는 세계사다. 이러한 다원적 세계사를 재구성하기 위한 하나의 사례로 농경공동체적 지속과 변화에 기초한 각국사·지역사를 시공간 속에서 비교사적으로 검토하는 방법을 제시한다.

〈세계화 시대의 세계사 교육〉도 상호 관련성을 중심으로 한 세계사 교육 내용의 구성을 주장한다. 그리고 고등학교 세계사 내용 구성의 방안으로 하나 이상의 사회와 문화권 간의 상호 관련성을 중심 원리로 한 간지역적 접근이 유용함을 주장한다.

〈세계사 교육에서의 '타자 읽기' – 서구 중심주의와 자민족 중심주의를 넘어〉는 서구 중심주의와 자민족 중심주의를 극복하고 '민족 정체성'이 아닌 '인간 정체성'을 추구하는 것을 세계사 교육의 과제로 본다. 그리고 국가·민족 중심의 역사 서술, 자국사 중심의 역사 교육을 그 근원적 장애물이라고 비판한다. 문화적 다원주의 역시 중국이나 동아시아를 새로운 '중심'으로 만들어내거나 '아무도 자극하지 않는' 세계사, 즉 '온정적 타자이해'를 초래할 위험을 경계해야 한다고 지적한다. 이러한 주장은 이 장의 일부 글들과 상반되는 관점을 보여준다.

3부에 실린 글들은 세계사 교육, 한국사 교육과 세계사 교육의 관계에 대한 현재 논의의 경향과 수준을 보여준다. 이 글들은 한국사 교육과 세계사 교육이 어떠한 관계여야 하는지에 대한 본격적인 논의의 실마리를 제공한다. 기존의 한국사 교육과 세계사 교육을 반성하고, 새로운 세계사 인식과 이에 대한 새로운 세계사 교육과정을 개발하는 데 시사점을 줄 것이다.

　이 책에 실린 글들은 하나의 주제 아래 체계적으로 집필된 것이 아니며, 집필자들의 역사인식이나 역사교육관을 일정하게 통일하려고 하지도 않았다. 그저 큰 범주에서 비슷한 주제들을 다루고 있는 글들을 묶은 것이다. 이 때문에 주제에 따라 장별로 구분하기는 했지만, 각 부에 실린 글들 사이의 연관성이 약할 수도 있으며 관점도 서로 같지 않다. 1부에서 보듯이 역사교육 연구의 방향에 대한 생각에 차이가 있을 수 있으며, 3부와 같이 상반된 세계사관을 보여주기도 한다. 이 책에서는 이러한 차이를 굳이 조율하지 않고 그대로 드러내 보이기로 했다. 이런 관점의 차이가 앞으로 역사교육 연구에서 더욱 깊이 논의하고 검토해야 할 문제라고 생각하기 때문이다. 또한 현재와 같은 글의 내용 자체가 역사교육 이론이나 연구의 수준을 보여주는 것이기도 하다.

　그렇지만 역사교육 연구에서 역사인식의 문제를 어떻게 다룰지에 대한 논의는 이제 시작 단계이다. 인식론적 관점에서 역사교육학을 어떻게 체계화할지부터 역사교육과정의 재구성, 학생의 역사인식에 이르기까지 많은 문제들이 앞으로 검토해야 할 과제로 여전히 남아 있다. 이 책에 실린 글들은 이러한 연구의 계기가 될 수 있을 뿐이다. 이 글들을 읽으면서, 역사교육자들은 학생들에게 역사 지식의 중요성을 무조건 강조하기보다 어떤 역사인식을 길러줘야 하는지가 더욱 중요하다는 생각을 가졌으면 하는 바람이다. 이런 막연한 생각과 의도로 이 책을 만들었다. 그렇지만 이 책이 역사교육의 지평을 넓히고 연구를 자극하는 하나의 계기가 될 수 있었으면 하는 마음이다.

마지막으로 어려운 출판 환경에서도 어설픈 기획을 선뜻 받아들여 책으로 펴내준 도서출판 책과함께의 류종필 사장과 편집에 힘써준 조세진 편집장께 감사드린다. 그리고 초고를 정리해준 한국교원대학교 대학원 유화정 씨에게도 감사의 말을 전한다.

2005년 5월
김한종

차례

03 역사 교사의 인지적 특성이 역사 수업에 미치는 영향

06 내러티브 양식의 역사 서술체제 개발

10 세계사 교육에서의 '타자 읽기'

1부

역사인식과 역사교육

역사 학습의 인식론적 모색

양 호 환

가르칠 내용을 재구성한다고 할 때 핵심은 교사의 문제 인식이다. 역사인식의 출발점은 현재의 상황에 대한 비판적인 안목에서 과거를 보는 것이다. 과거 사건에 대한 관심은 현재와의 관련성에서 비롯된다고 할 수 있다. 역사 연구와 학습이 반드시 즉각적인 유용성을 가져야 하는 것은 아니지만, 그렇다고 현재와의 관련성을 포기할 수는 없다. 역사 연구 자체가 사회적 관심의 영향을 받게 마련이며, 이로 인해 연구 영역이 확대되는 것이다. 즉, 현재의 관심에 역사적 관점을 제공하는 것이 역사를 연구하고 학습하는 의미라고 할 수 있다. 따라서 가르칠 내용의 문제화와 이러한 인식 토대로서 역사화가 역사 학습에 관한 논의의 중심이 되어야 한다.

1. 머리말

역사 학습에 관한 관심과 연구 성과가 적지 않음에도 여전히 문제의 본질에 대한 개념과 이론 체계, 현장과의 연계성은 산만하고 모호하다. 그리고 본질적인 문제의식과 논의 영역도 편협하다. 현재의 역사 학습론은 왜 문제 영역을 제대로 설정하지 못하고 있는가? 무엇보다 주된 이유는 많은 사람들이 방법론적 차원인 교수학습론의 범주에서 수업의 설계와 학습의 현상에 대한 일반 교육학 이론을 역사 교과에 적용해 가르치려 하기 때문이다. 즉 역사 지식의 생성 과정과 인식론적인 바탕, 그리고 이것에 대한 관점의 변화가 역사 학습의 역할과 기능의 잠재성을 제대로 고려하지 못하고 있다.

그렇다면 역사 학습에 대한 주요 담론은 지금까지 어떻게 전개되어왔으며, 문제점은 무엇인가? 나는 이러한 문제 제기로부터 역사 학습에 대한 새로운 시각을 탐색하려 한다. 이를 위해 역사 교과 교육이론의 전형적인 담론이라 할 수 있는 교수학습론, 이론과 현장의 관계, 역사적 사고의 논의 양상과 전개 방향을 비판한 다음에 역사화(historicization)의 개념을 바탕으로 비판적 역사인식의 의미와 중요성을 밝혀 역사 학습의 인식론적인 전환을 모색하고자 한다.

2. 역사 학습에 관한 시각과 담론의 문제점

(1) 교수학습론

학교에서 역사를 가르치고 배우는 것은 역사교육의 핵심 영역이다. 아무리 영역이 다양해지고 학교 교육 외의 새로운 연구 주제가 나온다 해도 역사 수업의 문제를 무시한 역사교육이란 존재할 수 없기 때문이다.[1]

교수학습론이라는 용어에서 알 수 있듯이 현재 역사과 교수학습 이론의 바탕은 교수 이론과 학습 이론이다. 교수 이론이란 가르치는 과정에 대한 이론으로, 대체로 실제 학습이 일어나기 이전의 과정을 촉진하기 위한 방법론적 절차를 제시하고 있다. 이것은 보통 수업모형으로 구체화된다. 수업모형이란 실제 수업 상황을 체계적으로 재현하는 것으로, 교육과정을 구성하고 수업자료를 선정하며 수업을 하는 데 이용되는 계획을 말한다. 이것은 크게 계획 – 진단 – 수업 – 평가 단계로 이루어진다.

역사 수업의 모형은 몇 가지 기준에 따라 분류된다. 첫째, 교수 · 학습 활동에 따른 강의법, 문답법, 탐구식 수업, 토론식 수업, 극화학습, 개별화학습, 활동학습 등이 있다. 둘째, 내용 구성에 따른 사실학습, 개념학습, 주제학습, 시대학습, 인물학습, 비교학습 등이 있다. 셋째, 교수 · 학습 자료의 활용에 따른 사료학습, 역사지도 활용

학습, 연표학습, 신문학습, 시청각학습, 컴퓨터학습 등이 있다.[2]

교수 이론은 수업 방법에 관한 사전적 절차를 연구하는 분야이고, 학습 이론은 무엇을 배우며 학습은 어떻게 일어나는지를 설명하는 것이다. 대표적인 학습 이론으로는 행동주의 이론, 통찰 이론, 구조화학습 이론, 인지구조 이론, 인지과학 이론 등이 있다.

한 시대를 풍미했던 행동주의 이론은 새로운 행동을 획득하는 과정으로 학습을 보았다. 즉, 학습을 촉진하기 위해 조건·자극을 만들거나 대체해 바람직한 반응을 유도하고, 이 과정의 일부로 효율적인 보상 또는 강화를 제공해야 한다는 것이다. 그러나 행동주의 이론은 행동 변화로 구체화되는 학습목표를 중시하는 나머지 수업을 통해 교사와 학생의 내면적 사고 과정과 상호 작용의 의미를 외면한다는 비판을 받았다. 다양한 인식과 표현으로 이루어지는 학습 영역과 내용을 모두 행동 목표로 진술할 수 없다는 점도 행동주의 이론의 쇠퇴를 재촉했다.

한편 학습의 본질을 행동의 변화가 아니라 배우려는 사람의 사고를 통해 스스로 성취하는 것이라고 생각하는 사람도 있었다. 듀이(J. Dewey)는 사고 과정 없이 단순히 주어지는 정보란 죽은 지식으로, 이것은 오히려 학습자에게 부담이 될 뿐이라고 생각했다. 그리고 학생 자신의 경험과 흥미에서 비롯된 문제에 의미를 두고 스스로 이를 해결하려는 학습자의 사고 과정을 가르치는 것이 학습의 출발점이 되어야 한다고 주장했다.[3] 이러한 그의 견해를 문제해결학습 이론이라 부르기도 한다. 탐구수업은 바로 학습자의 사고 절차를 학습 과정으로 체계화한 것이라 할 수 있다.

현재 역사교육 분야에서 말하는 교수학습론은 주로 학교 현장에서 교사가 학생에게 역사를 가르치기 위한 수업의 모형과 방법을 가리킨다. 이 가운데 역사 학습에서 자주 언급되는 수업 방법은 탐구수업이다. 탐구란 어떤 의문이나 문제에 대한 해결 방법 또는 해답을 찾아내기 위해 체계적으로 자료를 처리하는 사고 과정을 말한다. 일반적으로 문제 정의, 가설 설정, 자료 수집, 가설 검증, 결론 도출 및 적용의 다섯 단계로 이루어진다. 흔히 교사가 일방적으로 역사 사실을 전달하는 강의식 또는 설명식 수업에 비해, 탐구수업은 학생 스스로 가정을 세우고 자료를 수집하여 결론을 도출함으로써 문제 해결 능력을 기르는 방법이다. 이러한 사고 과정을 통해 학생들이 역사의 해석과 관점을 체득할 수 있다는 것이 탐구수업의 장점으로 여겨져왔다.

그러나 역사 학습에 적합한 모델로 여겨졌던 탐구수업은 역사 사실에 관한 지식을 소홀히 하기 쉽고, 내용보다 과정을 지나치게 중시하며, 학생들이 경험하는 사고의 의미와 기능이 명확히 규정되어 있지 않다는 문제점을 가지고 있다. 또한 탐구 절차에서 요구되는 과학적 설명의 논리 구조를 지니는 가설 검증과 결론 도출의 성격이 역사 연구 및 역사 학습에서 요구되는 그것과는 다르다는 비판을 받기도 한다.[4]

현재 역사교수학습에 대한 담론은 대개 이러한 양상으로 진행되고 있다. 그러나 이러한 교수학습 논의는 다음과 같은 문제점을 가지고 있다. 첫째, 역사교수학습이라고 하면서도 담론의 개념과 전략은 주로 교육학과 심리학의 범주에 두는 반면, 담론의 영역과 대상은 역사 수업 자체다. 이렇듯 담론의 개념과 전략이 영역과 대상을 간섭하거나 규제하고 있기 때문에 실제로 역사과 교수학습에 관한 논의는 독자성과 가치를 확보하지 못하고 있다. 이런 상황에서 교수학습론은 (어떤 의미에서든) 효율적으로 역사를 가르치기 위해 어떤 수업모형이나 학습 이론을 도입하거나 이용하느냐에 머물러 있을 뿐, 어떠한 역사 내용을 왜 가르쳐야 하느냐의 차원에서 가르치는 방법의 문제를 다루지는 않고 있다. 교수학습론이 아닌 다른 분야에서 다뤄야 할 문제라고 간주했기 때문이다. 이러한 이유 때문에 담론의 개념과 전략을 이루고 있는 교육학과 심리학에서 새로운 교수학습 이론이 나와 그것을 역사과에 적용하지 않는 한, 역사교수학습론은 스스로 변화를 모색하거나 현재의 문제점을 해결할 수 있는 계기를 만들지 못하고 있다.

둘째, 현재의 역사과 교수학습론에서는 교사를 수업 절차와 전략을 선택하고 운영하는 존재로서 학생이 이해할 수 있게 내용을 전달하는 중계자로 설정하고 있다. 따라서 가르칠 내용에 대한 개별 교사의 이해 방식과 이것을 전달하기 위한 교사의 사고 과정은 그다지 중시하지 않는다. 사실 교사가 가르칠 내용을 재구성하는 데서 나타나는 역사인식의 특성과 표현은 수업을 전개하는 데 핵심 부분이다. 그러나 이러한 과정은 수업모형과 절차에 이미 갖춰져 있거나 자동적으로 매개되는 것으로 간주하고 있는 것이다. 이 부분에서 '교사의 역사 이해 방식과 상관없이 전달될 수 있는 학생의 역사 이해란 대체 무엇인가?'라는 의문이 당연히 제기된다.

셋째, 많은 역사학자들은 역사과 교수학습론을 얕잡아보거나 의심하고 있다. 교수 방법적인 변형 때문에 연구 성과로서의 역사인식이 왜곡되거나 단순화되는 현상을 염려하는 것이다. 하지만 이러한 염려는 대부분의 교수학습론이 어떻게 가르치고 배울지와 어떻게 이해하고 있는지를 무리하게 분리하는 데서 생긴다. 연구자의 인지 절차, 즉 문제 인식, 자료 파악, 해석 및 결론 도출의 방식 등이 학습의 주요 대상과 영역인데도, 현재의 교수학습론은 이 문제에 관해 연구자들도 소임과 책임이 있다는 점을 분명하게 드러내고 있지 못하다. 오히려 연구자들은 자신들의 '순수'한 연구 성과를 교수학습론이 오염시킬지도 모른다고 염려한다.

(2) 이론의 역할 및 현장과의 관계

역사교수학습 이론에서 자주 듣게 되는 어떤 수업 방법이 효율적이니 활용해보라는 식의 담론에서는, 절차상의 세부 문제나 구체적인 사례의 특수성을 제외하고는 논란의 여지가 별로 없을 뿐 아니라 그나마 이러한 문제 제기도 빈약하다. 더구나 현재의 교수학습론은 이론과 현장을 서로 보완하기보다 양자 간의 비생산적인 갈등을 키우는 경우가 많다.

많은 역사 교사들은 대부분의 역사교수학습 이론 연구가 수업 현장과 동떨어져 있어 현실적으로 중요하거나 도움이 될 만한 틀을 제공하지 못하고 있다고 비판한다. 이론 연구자들이 학문적 담론의 권위만을 내세우면서 현장의 문제를 가볍게 여기거나 잘못 파악하고 있으며, 이러한 이론의 오만과 허식은 연구자 집단을 위해 재생산될 뿐 현장 교사에게는 별 도움이 되지 못한다는 것이다.

현장의 중요성에 대한 강조와 이론의 실천성 빈약에 대한 비판 속에서 이론과 현장은 자연스럽게 갈등의 관계로 설정된다. 이론과 현장의 갈등은 여전히 강하게 남아 있는 역사교육 논의의 이분법이다. 당연히 이 이분법은 교사는 현장, 연구자는 이론이라는 식으로 논의의 주체를 편 가르는 속성을 띠고 있다. 문제는 이러한 편 가르기가 필요하지 않은 대립과 갈등을 부르고, 논의의 구도를 왜곡한다는 점이다. 사실 논의 주체를 편 가르기에 앞서 물어야 할 것은 '현장적'이란 의미가 무엇인가 하는 점이다. 즉 현장에 도움이 되는 이론이란 무엇인지를 생각해봐야 한다는 것이다. 그러나 이론과 현장의 이분법적 담론은 현장의 중요성을 교과 교육 분야의 존립 전제로 여겨, 왜 현장적이어야 하는가 또는 현장적이라는 의미가 무엇인가 하는 점을 중시하기보다 얼마나 현장적인가 하는 점을 잣대로 삼아 이론 연구의 가치와 유용성을 평가하고 있다. 더구나 얼마나 현장적인지를 판단하는 주체는 누구이며, 판단의 기준이 되는 '현장적'이라는 말의 내용이 무엇인지에 대한 논의도 없다.

사실 이론과 현장이 역사교육을 구분하는 범주로서 설정되는 것과 동시에, 이론 연구는 현장에 도움이 되어야 한다는 일종의 강령이 자리잡게 되었다. 필자는 역사교육 이론이 단지 이론에 지나지 않으며, 실제로 현장에 별다른 도움을 주지 않는다는 비판을 그대로 인정하지 않는다. 그렇다고 해서 이론 연구를 옹호하는 태도로 이러한 비판을 방어하거나 반박하려는 것도 아니다. 이러한 구분이 이론상 타당하지 않으며, 실천에도 유익하지 않다는 점을 강조하고 싶다.

보통 역사교육의 현장이라고 하는 학교 역사 수업의 현상은 어쨌든 그것에 대해 이야기되지 않으면, 즉 이론화되지 않으면 문제 영역 또는 대상으로서의 실증성을 획득할 수 없다. 즉 현장은 이론을 통해 의미와 문제가 표현될 수 있으며, 역사교육 이론은 바로 이러한 현상을 문제화하는 국면이나 영역과 다름없다. 또한 이론과 현장이 연구자와 교사의 구실을 구분한다는 인식에도 문제가 있다. 간단히 말해서 이론과 현장은 구분되어야 할 별도의 영역이 아니라, 교사와 연구자가 서로 문제를 제기하고 성찰의 대상으로 삼는 보완적인 연속체이다.

구태여 양자를 구분하여 역사교육 이론이 현장에 도움을 주지 못한다고 할 때 문제로 삼아야 할 점은 어떤 도움이 필요하며, 어떻게 그것을 제공해야 하는지에 대한 부분이다. 교수학습 이론은 그것이 수업모형이든 방법이든 실제로 벌어지는 수업에 대한 처방이 아니다. 만일 수업 절차와 방법을 제공하는 처방이 도움이 된다면 그것은 도움이 아니라 교사 업무에 대한 간섭이며 침해이다. 가르치는 사람에게 구상, 판단, 결정해야 할 부분을 포기하라는 것과 마찬가지이기 때문이다.

이론은 정책이나 처방이 아니라 연구자가 제기한 문제, 즉 연구자가 주목하는 상황에 대한 이야기라고 할 수 있다. 이론은 궁극적으로 현장을 이해하려는 노력인 동시에, 현장 상황에 대한 문제 제기이다. 또한 이해한 바에 대해 다른 사람의 의견을 듣는 이해의 공유와 소통 과정의 한 부분이 바로 이론 연구이다. 이론은 현장의 문제에 대한 처방과 해결을 무리하게 제시하는 대신 그것을 개념화하고 문제화함으로써 본래의 소임에 충실할 수 있다. 이론이 현장에 공헌한다고 해서 현장의 문제에 대한 직접적인 처방과 해결에 몰두하거나 현장에서 제기하고 기대하는 문제의 요약·정리에만 치중한다면, 이론의 기능과 영역은 사라지고 현장은 문제 제기와 비판의 기회를 상실하고 만다. 만일 이론 연구가 지식 권력으로서 현장의 문제와 목소리를 왜곡하거나 억누른다면, 어떻게 그러한 권력의 메커니즘이 형성되고 그 안에서 기능해왔는지에 대한 비판이 필요할 것이다. 그러나 이것은 이론 연구가 현장에서 동떨어져 있다거나 적용 가능성이 희박하다는 비판과는 성격이 다른 차원의 문제이다.

(3) 역사적 사고

역사적 사고는 역사교육 담론의 중심에 있으며, 그 중요성에 대한 인식은 모든 연구와 현장에 확대되고 있다. 역사적 사고력의 육성이 현행 역사교육과정의 중요한 교과목표인 만큼, 최근 많은 연구자들은 역사적 사고력의 개념과 성격에 대한 구명(究明)에 힘을 쏟고 있다. 이렇듯 역사적 사고에 관심과 논의가 집중되는 데에는 몇 가지 이유가 있다. 무엇보다 역사적 사고라는 개념 자체가 학습에서 사고력을 중시하는 최근 교육학의 흐름과 보조를 맞춤으로써 그동안 역사교육의 가장 큰 문제점으로 지적되어온 암기식 수업을 개선하는 가장 효과적인 방안을 포함하는 것처럼 보이기 때문이다.

또한 역사적 사고는 기본적으로 역사가의 역사 연구 과정을 모델로 하고 있다. 즉 역사학의 연구 방법과 절차가 역사적 사고의 본질이므로, 역사적 사고력 함양은 역사를 역사답게 가르쳐야 한다는 주장을 내실화할 수 있는 적합한 방안인 셈이다. 따라서 우리나라에서만 더욱 강화되고 있는 사회과 통합 추세로 말미암아 교과로서의 역사의 위상과 역할이 도전받고 약화되는 상황에서, 역사적 사고는 독자적인 학습·인식 영역으로서 역사 교과의 가치를 정당화하는 교과목표와 학습 절차로 설정될 수 있다.[5]

더구나 역사적 사고라는 개념은 역사교육의 담론 주체들에게 논의의 영역과 소임을 분담하는 효과를 가져왔다. 역사적 사고는 교육정책이나 교육과정 개발 담당자들에게는 단순 암기 역사 학습의 방법론적 치유책으로 명분상 손색이 없을 뿐 아니라, 논란의 소지가 많은 역사교육의 목표를 이데올로기로부터 분리할 수 있는 대안으로서 매우 매력적이었다. 그리고 역사 연구자들에게는 역사교육을 역사학의 인접 분야라는 별도 영역으로 구분하는 데 적절한 개념이었다. 앞에서 말한 대로 역사학의 연구 방법과 절차가 역사적 사고의 바탕이므로, 역사적 사고는 역사교육에서 역사학이 차지하는 본질적인 위상을 다시금 확인하게 해주는 것이었다. 그리고 역사 연구자들은 자연스럽게 역사적 사고를 규정하고 수업, 교육과정, 교과서에 구체화하여 활용하는 것은 역사교육의 몫으로 돌릴 수 있었다.

역사교육 분야는 역사적 사고를 독자적인 연구 대상과 영역으로 설정하고 발전시킬 수 있는 적절한 논의 소재로 받아들였다. 역사적 사고를 둘러싼 논의는 수업 방법이나 학습 내용 개발 같은 다소 기계적인 작업보다 하나의 연구 분야로서 역사교육의 모습을 갖출 수 있는 개념과 논의 구조를 제공하는 것으로 여겨졌다. 또한 사고력에 관한 심리학과 교육학의 다양한 연구 성과, 역사적이라는 것에 대한 역사학 또는 철학 분야의 깊이 있는 논의는 역사적 사고가 학문적 담론으로 전혀 손색이 없다는 사실을 뒷받침해주었다. 더구나 대부분의 교육학자, 교육과정 담당자, 역사 연구자들이 역사적 사고를 역사교육의 주요한 논의 영역으로 기대하거나 인정하고 있었다.

이렇게 보면 역사적 사고에 관한 담론의 생성과 논의 구조가 지식이 권력 주체들의 의도에 따라 구성되고 변화한다는 권력 – 지식의 관계와 속성을 드러내고 있음을 발견할 수 있다. 이러한 의미에서 역사교육을 둘러싼 논의 집단들이 역사교육에 관한 담론을 어떻게 전개해왔고, 그 담론 관행 속에서 어떻게 권력 관계를 변화시켜왔으며, 또한 이 과정에서 역사교육의 담론은 어떻게 바뀌어왔고, 새로운 담론 구조 속에서 논의 당사자들은 어떻게 (재)배치되었는지에 대한 비판과 분석이 필요하다. 이러한 역사교육 담론 분석은 더욱 상세한 이론 틀과 방법론을 바탕으로 하는 별도의 작업으로 추진되어야 할 것이다. 다만 이러한 문제의식에서 보면, 현재 역사적 사고에 관한 담론이 지나치게 사고의 기능적 측면에 치우쳐 있다는 점을 발견하게 된다.

역사적 사고에 관한 논의는 대체로 역사적 사고를 보는 태도를 구분하는 것에서 시작한다. 하나는 일반적 사고를 역사 교과나 역사 교재에 적용했을 때 이를 역사적 사고라고 보는 태도이고, 다른 하나는 각 교과에 고유한 사고 형태가 있으며 역사적 사고 역시 다른 교과의 사고 형태와 구별된다는 태도이다. 전자를 주장하는 사람들은 교육학 일반에서 제시되고 있는 교육목표나 교수모델을 역사교육에도 적용하려고 한다. 이에 반해 역사학자나 역사철학자들 사이에서는 후자의 태도가 자주 제기되고 있다.[6] 예를 들어 콜링우드(R. G. Collingwood)는 역사에서 중요한 것은 사건에 포함되어 있는 사상이며, 그것을 알 수 있는 방법은 과거의 역사를 역사학자 자신의 정신에 재연(re-enactment)하는 길뿐이라고 주장한다. 이에 따르면, 역사적 사고란 과거의 사건에 포함되어 있는 인간의 사상을 재연하는 것이다. 즉, 역사 이해는 과거에 대해 개별적 접근을 필요로 하며, 고유(固有)한 사고의 형태로서 상식이나 과학적 사고와 다르다는 것이다.[7]

역사적 사고가 사고 형식 및 방법에서 고유하다는 주장에 이어지는 논의는, 어떤 면에서 고유하고 그 영역은 어떻게 구성되는가 하는 점이다. 이에 대해 김한종은 역사적 사고에는 일반 과학에서와 마찬가지로 논리적 탐구 방법을 사용하는 측면과 과학적 사고의 경우보다 직관적인 방법을 더 많이 사용하는 역사적 상상의 두 가지 측면이 있다고 보았다. 그리고 역사적 사고력의 영역을 역사적 탐구 기능과 역사적 상상력으로 구분해 전자는 문제 파악 능력·정보 수집 능력·자료 취급 능력·결과 적용 능력, 후자는 역사적 판단력·역사적 감정이입·삽입 등으로 이루어진다고 주장한다.[8]

이렇듯 역사적 사고의 영역을 세분화·체계화함으로써 학습 모델을 세우고 학습 내용을 구성하려는 것이 현재 역사적 사고에 관한 연구의 추세다. 이러한 모습은 상당한 논란 끝에 발간된 보고서 〈미국 역사국가표준(National History Standards)〉에 구체적으로 나타나 있다. 역사국가표준은 학생이 습득해야 할 역사교육의 목표를 역사적 사고 기능(historical thinking skills)과 역사 이해(historical understanding) 내용영역으로 나눴다. 역사적 사고 기능은 연대기적 사고(chronological thinking), 역사 이해(historical comprehension), 역사적 분석과 해석(historical analysis and interpretation), 역사적 탐구(historical research), 역사적 쟁점 분석과 의사결정(historical issue analysis and decision making)으로 분류했다. 그리고 이러한 사고 기능을 사회, 정치, 과학·기술, 경제, 철학·종교의 이해 영역과 연계해 학생들이 성취해야 할 과제를 배열하고, 각 항목마다 기대되는 역사 학습의 내용을 진술하고 있다.[9]

역사적 사고를 기능으로 간주해 세분화하려는 논의 경향은 〈미국역사국가표준〉이 발간된 이후 우리나라에서 더욱 확장되고 있다. 많은 사람들이, 〈미국역사국가표준〉이 역사적 사고 기능을 강조하면서 역사 이해와 어떻게 통합되는지도 잘 보여주고 있다는 긍정적인 평가를 내리고 있다. 그리고 우리 역사교육과정의 내용을 구성하는 데 이 보고서가 제시하고 있는 사고력과 역사 내용을 조합한 모델을 참조하고 있다.

지금까지 살펴보았듯, 현재 통용되는 역사적 사고에 대한 담론은 역사적 사고의 본질이 전체적·통합적이라는 전제에도 사고 기능을 순서화하거나 분류함으로써 사고 기능에 따라 학습할 역사적 내용을 선택하는 방식을 취하고 있다. 더구나 역사적 사고가 고유하다고 주장하면서도 실제로는 그것을 사고 기능으로 구체화하고 있기 때문에, 역사적 내용이 사고의 대상이라는 점을 제외하면 역사적 사고 기능의 성격이 일반적 사고 기능과 본질적으로 어떻게 차별화될 수 있는지의 문제가 남는다. 즉 역사적 사고가 고유하다는 전제에 따라 설정하고 분류한 사고 기능이 역사적 사고의 고유성을 다시 일반화하고 있는 것이다.

역사적 사고를 둘러싼 담론에서 그 중심은 당연히 사고가 아니라 역사가 되어야 한다. 사고를 기능화함으로써 역사적으로 생각하게 한다는 것은 본말이 뒤바뀌는 결과를 낳는다. 더구나 이러한 접근에서는 역사적 사고력의 양성이 역사교육의 가치중립적 목표로 강조되는 경향도 있다. 즉 역사교육에서 중요한 점은 학생들로 하여금 역사가처럼 생각하게 하는 것이고, 과거 사건의 의미와 가치에 대한 평가 및 판단은 개별화된 사고의 결과에 맡긴다는 것이다. 이럴 경우 사고력을 중심으로 하는 학습 이론이 학습 절차를 중시하여 학습 내용을 탈가치화하고, 교과의 인식상의 특성을 배제하는 문제점이 역사교육에서도 반복될 가능성이 크다.

더구나 역사적 사고를 인지의 발달 단계 또는 역사의식의 발달 단계와 연결시켜 논의하는 경우,[10] 이 논의의 전제는 학생 개개인을 표준화된 발달 단계에 따라 정상·비정상으로 구분하여 개별화·대상화한다는 문제점을 가지고 있다. 발달 단계 이론을 따를 경우, 어떤 학생은 연령이나 발달 수준에 따라 특정 학습 내용을 이해할 수 없으므로 오히려 학습의 기회를 빼앗길 가능성이 커질 뿐 아니라, 발달 단계에 적합한 학습 내용만을 선택해 학습 순서로 배열하게 된다. 일반적인 심리적 표준을 전제로 함으로써 역사 학습의 주체인 학생과 대상인 과거 사건을 재단하는 결과를 빚는 것이다.

교사의 소임을 어떻게 규정하느냐의 문제도 역사적 사고의 담론에서는 제외되고 있다. 탐구수업의 담론에서 교사의 역할과 기능이 중시되지 않는 것처럼, 절차화되고 분류화된 역사적 사고의 담론에서도 교사의 역할은 별도로 규정되지 않고 있다. 더구나 역사적 사고의 영역과 기능의 설정 및 분류는 이미 정해져 있으므로, 교사는 당연히 이에 맞춰 학습 내용을 설정하고 배열하면 된다는 기계적이고 도구적인 생각을 하게 되고, 이러한 영역의 설정 및 분류나 이로부터 기대되는 사고 기능에 적용하기 쉽지 않은 내용들은 배제하게 된다. 이러한 현상은 역사적 사고를 기능화하고 그에 따라 학습할 내용을 적용하면 된다는 생각에서 비롯된 결과로, 사고와 내용을 역사적으로 만드는 방안이 무엇인지, 그 과정에서 교사의 소임은 무엇인지에 대해 심각하게 고민하지 않았기 때문에 나타난 결과이다.

역사적 사고에서 사고 기능을 분류하고 체계화하는 것은 마치 비판적 사고(critical thinking)에서 사고의 절차를 중시하는 나머지 비판이라는 부분을 도외시하거나 경시하는 것과 같다.[11] 만일 '비판'이라는 부분이 중요하지 않다면, 굳이 비판적 사고라고 할 것 없이 차라리 반성적 사고(reflective thinking)라고 부르는 것이 더 적절하지 않겠는가? 마찬가지로 역사적 사고에서 사고 기능이 지나치게 중시된다면, 역사적 사고라는 용어와 의미에서 무엇이 역사적인가라는 매우 심각한 질문에 부딪히게 된다.

물론 역사적 사고의 기능적 분류가 전혀 쓸모없는 것은 아니다. 사고를 기능적으로 분류하고 이에 따라 역사 학습의 목표와 내용을 체계화하면 획일적인 암기 위주의 학습을 탈피하고 학습 영역을 다양화할 수 있다. 그러나 이러한 장점만 보고 역사적 사고를 사고 기능의 방향에서 접근한다면 역사적 사고가 역사적일 수 있는 의미와 명분이 줄어들거나 왜곡될 가능성이 크다.

3. 인식론적 전환의 가능성과 방향

역사 학습론이 이러한 문제점을 극복하고 새로운 전망과 방향을 제시하기 위해서는 인식론적 시각에서 문제 틀을 바꿔야 한다. 역사를 가르치는 문제에 접근할 때 중요한 것은 수업모형이나 학습 방법이 아니라 교사와 학생의 문제 인식이다. 교수학습에 대한 인식론은 가르치는 행위에 대한 처방이 아니라, 가르치기 위한 지식의 성격과 그것을 만들어가는 과정에 관한 성찰이다.

역사를 가르치는 것은 역사를 이해하는 것과 분리되지 않는다. 교사는 연구 활동으로 얻은 역사 지식을 학생이 이해하도록 전달하고 재생산한다. 전문 연구자와 다른 점이 있다면 교사는 가르칠 궁리 속에서 내용을 이해하려 한다는 것이다. 이런 점에서 교수 방법에 대한 극도의 편협한 견해는 동일한 인식행위의 연속이라 할 수 있는 연구하고, 가르치고, 배우는 과정을 무리하게 구별, 분리하는 데에서 나타난 현상이다. 어떻게 가르치고 배우는가 하는 문제는 사실 어떻게 이해하고 있는지의 적극적인 표현이라 할 수 있다. 그런 점에서 교수학습론은 대상과 과정 측면에서 학생과 교사의 존재를 고려하는 하나의 인식론이라 할 수 있다. 여기서 말하는 인식론은 진리의 궁극적 규칙을 찾는 메타담론이 아니라, 가르치고 배우는 특수한 상황에서 지식이 생성되는 조건과 과정을 이해하려는 노력을 의미한다.

이러한 인식론의 연장선상에서 가르치는 방법에 대한 문제를 생각해야 한다. 모든 학문 분야는 고유의 지식을 생성하는 과정을 어떠한 형태로든 학습의 주제와 절차로 제시하고 있다. 역사과 교수학습에서 먼저 생각해야 할 사항은 역사 연구의 조건, 역사 지식의 생산 절차와 양상, 그리고 그것이 수용되고 배포되는 사회 현실과의 관계이다. 이 사항들을 역사 학습의 대상으로 포착해야 한다. 이러한 작업은 역사의 학문적 절차와 방법에 대한 비판적 탐구에서 시작된다고 할 수 있다. 이런 의미에서 가르치는 방법은 다른 분야에서 빌려오고, 가르칠 내용으로 역사를 대상화하는 현재의 역사교수학습론은 이론적으로 순진하고 실질적으로 공허하다.

역사 지식을 만들고 전달하는 과정에서 교사는 독자적인 위치에서 적극적으로 개입하는 존재이다. 역사교수학습을 인식론적 측면에서 파악할 때 제기되는 가장 핵심적인 질문은 역사 교사는 어떻게 가르칠 내용을 문제화하는가 하는 것이다. 이러한 역사적 인식의 방향은, 교사와 학생의 인지 과정을 상황 및 배경과 무관한 것으로 탈가치화하고 사고 기능으로 심리화하는 것과는 다르다. 그렇다면 교사가 역사를 문제화한다는 말은 무슨 의미인가? 문제화와 관련해 역사화가 어떠한 점에서 새로운 역사인식이라고 할 수 있는가?

(1) 역사화

역사인식으로서 문제화의 출발점은 현재의 상황에 대한 비판적인 안목을 가지고 과거에 질문을 던지는 것이다. 여기서 중요한 점은 현재에 이르게 된 과정을 기원을 찾아 계속성과 연속성의 차원에서 설명하지 않는 것이다. 이런 식의 설명은 현재의 문제를 드러내기보다 감추게 되고, 이때 역사는 권력화된 지식의 형식으로 과거를 순치(馴致)하고 통제하는 수단으로 작용할 수 있다. 이보다 인식과 담론의 단절을 통해서 과거가 어떻게 달랐는지를 과거의 맥락과 상황에서 이해하는 것이 중요하다. 이것은 단지 과거가 현재와 다르다는 점만을 강조하는 것이 아니라, 과거에 일어난 어떠한 인식의 변화와 권력의 작용이 현재에 미치고 있는지를 비판하는 것이다. 또한 결정된 현재와는 다른 가능성의 역사를 탐색함으로써 현재의 문제를 해결해나갈 수 있는 폭넓은 인식의 바탕을 형성하고자 하는 것이다.

이러한 문제화의 인식론적 전제는 무엇인가? 개인의 자아를 구성하는 지식은 자아의 행위와 참여를 유도하고 조절하는 사회적 영역에 속한다. 또한 사회의 다양하고 중층적인 담론으로 지식과 이론을 구성하는 언어는 하나의 독립체계로, 인간의 정신과 문화적 삶을 형성, 제한, 변화시킨다.[12] 이러한 이론과 지식이 생성되는 사회적·언어적 관례와 메커니즘, 그리고 이것에 작용하는 권력 관계에 대해 질문을 던지는 것이 바로 역사화이다.

새로운 역사인식론으로서의 역사화 작업은 어떤 역사적 범주나 개념이 형성되고, 그에 따라 다양한 주체들이 담론적으로 구성되고 투쟁하고 수용되는 갈등과 모순의 과정을 밝히려는 것으로 나타난다. 이는 역사적 범주와 개념을 본질화한 뒤 그것을 바탕으로 과거의 사건을 설명하는 것과는 다르다.[13]

흔히 역사가는 과거의 인간 행위, 또는 사건을 맥락화한다고 이야기한다. 그리고 역사화라는 말을 맥락화라는 말과 같은 의미로 쓰기도 한다. 그러나 엄밀히 말하자면 두 단어는 같은 뜻이 아니다. 맥락화란 현재의 관점에서 설정한 구도에 과거의 현상을 삽입하는 것이다. 즉 정해진 틀에 따라 과거의 조각을 모아 그림으로 완성하는 것을 맥락화라고 한다면 이는 역사화와 다르다. 역사화란 모든 종류의 과거에 대한 진술을 그 역사적 맥락에 위치시키는 것이며, 또한 모든 역사 서술과 연구가 그렇게 수행될 수밖에 없었던 당시의 관심과 선입관을 반영하고 있는 정도를 검토하는 것이다.[14] 따라서 역사화를 추구하는 새로운 역사주의는 과거가 들려주는 이야기에 대해서

뿐 아니라 듣는 측의 당파성에 대해서도 의심하고 있다. 역사주의는 과거 자체와 현재를 모두 이데올로기적으로 점검하고자 한다.[15]

이런 의미에서, 학문적 성향에서 역사가들이 과거에 관한 이해와 해석에 적용하는 역사화로부터 스스로를 제외하고 있다는 점은 주목할 만하다.[16] 포스트모더니즘 경향의 연구자들은, 역사가들이 과거에 대한 공정한 관찰자가 될 수 있으며 또한 역사의 흐름에서 벗어난 초월적 존재가 될 수 있다는 점에 의문을 제기해왔다. 즉, 모든 역사 서술은 기본적으로 각자의 의견과 정치적인 태도를 따르는 것이다. 이런 의미에서 본다면, 학문으로서 역사는 집단기억과 크게 다르지 않다. 비록 학문적 절차와 인정에 의존하기는 하지만 역사학도 과거를 기억하는 한 가지 방식인 것이다. 즉 역사가의 서술이 구별되는 이유는 인식론이나 방법에 근거한 것이 아니라, 그들이 전문가로서 공적 과거에 관해 규율적인 기능을 행사하기 때문이다.[17]

역사가가 주체적이고 독립적인 판단으로 과거의 사건을 이해한다고 하는 것 역시 구성된 개념이라 할 수 있다. 예를 들어, 콜링우드가 과거의 경험을 재연한다고 할 때 그것은 역사가의 독자적 사고 행위를 전제로 하며, 역사가가 어떤 위치에 있는지, 그가 누구이며 타자와의 관계가 어떠한지의 문제는 중요하지 않다. 즉, 콜링우드는 과거의 사건을 맥락화하려 하지만, 자신 역시 역사적 존재라는 것을 문제 삼지 않는다. 역사가로서의 독자적 사고 행위는 시공에 얽매이지 않는 초월적 기능으로 비역사화되고 있는 것이다.[18]

맥락화와 구별되는 의미의 역사화는 언어와 사물 간의 중재되지 않은 관계에 대한 신념을 통해 경험을 당연시하는 것이 아니라, 분석의 모든 범주가 맥락적이고 또한 갈등을 겪고 있으며, 상황에 따른 것이라는 점을 받아들이는 것이라 할 수 있다. 따라서 계급, 인종, 성(性), 생산 관계, 정체성, 주체성, 경험, 심지어 문화에 이르기까지 이러한 재연과 분석의 범주들이 어떻게 근원적 위상을 획득하게 되었는지, 역사가들이 이러한 범주에 근거해 과거를 연구한다는 것은 어떤 의미인지를 묻는 것이 중요하다. 이러한 관점에서 역사가는 중립적일 수 없다. 또한 역사 지식에 대해 객관성을 주장할 수도 없다. 왜냐하면 어떤 범주와 개념을 역사화할지를 선택하는 것 자체가 정치적일 수밖에 없으며, 지식의 생산 과정에 있는 자신의 위치에 대한 인식과 결부되기 때문이다. 역사화란 어떤 역사적 범주나 개념이 형성되고 그에 따라 다양한 주체들이 담론적으로 구성되고 투쟁하고 수용하는 갈등과 모순의 과정을 밝히는 것이다.

이러한 태도에서 역사를 바라보는 스콧(Joan W. Scott)의 의견은 명쾌하다.

"역사는 무엇이 일어났는지의 문제, 또는 발견되고 전달되기 위해 존재하는 진리의 문제가 아니라 우리가 과거에 대해 무엇을 아는지, 우리가 역사라고 부르는 지식을 생산하고 수용하는 것을 다스리는 규칙이나 관행은 무엇인지에 대한 문제이다. 역사는 지시적이라기보다 역사가에 의해 구성되는 것이다. 서술된 역사는 권력 관계를 반영해 생성된다. 포함과 배제의 기준, 중요성에 대한 측정, 평가의 규칙 등은 객관적 준거가 아니라 정치적으로 산출된 관행이다. 우리가 아는 역사는 과거 정치의 산물이다. 오늘날의 문제는 현재의 역사가 어떻게 구성될지에 대한 것이다." [19]

(2) 객관성과 텍스트, 그리고 역사 교사

새로운 역사인식으로써 역사화는 학교 역사교육의 기본 담론이라

할 수 있는 객관성과 텍스트, 그리고 교사의 위치와 역할에 대한 재개념화를 요구한다. 객관성은 역사학의 기본 인식 방법과 태도로 여겨져왔으며, 역사 수업에도 똑같이 요구되고 있다. 객관성은 역사학과 역사 학습이 추구해야 할 최고의 가치로 간주된다. 따라서 역사 교사와 교과서가 객관적이지 못하다는 평가는 치명적인 비판이 될 수 있다.

역사적 객관성은 무엇보다도 과거의 실재와 진리가 대응한다는 점을 전제로 하며, 인식 주체와 인식 대상, 사실과 가치, 특히 역사와 허구를 철저히 구분한다. 역사적 사실은 해석과 다른 것으로 간주된다. 역사가의 소임은 객관적이고 중립적이며 이해관계를 뛰어넘는 판단을 내리는 것이다. 과거는 엄연한 실체로 존재하며, 역사가의 임무는 사료에 근거해 객관적으로 과거를 재구성하는 것이다.

객관성은 역사의 사실 기록에 증거의 규칙을 엄격히 적용함으로써 과거는 증거 속에서 발견된다는 확신에서 자라났다. 결국 객관성은 역사의 도구이자 가치로 절대화되었다. 이러한 객관성의 추구는 역사 학습의 텍스트에서도 그대로 이어진다. 현재 대부분의 역사 교과서, 사료 등의 텍스트는 모두 과거에 있었던 사실을 보여주는 자료로 이용된다. 텍스트의 기록성[20]이 중시되는 것이다. 따라서 이것을 이용하는 과거에 대한 학습은 지식을 만드는 것이 아니라 전달하는 과정이다. 역사 교과서는 텍스트의 기록적 성격을 극대화하고 있다. 교과서의 서술 내용은 객관적 진리이며, 의미는 만들어지는 것이 아니라 학습자 외부의 기호체계에 의해 고정된 것으로 학생들에게 제시된다. 의미는 확정되어 있고 주어지기 때문에, 의미 생성에서 학생들이 차지하는 구실은 무시되거나 축소된다. 이때 교사는 객관적 지식 전달 과정의 객관적 매개자로 존재한다.[21]

이런 상황에서는 사회 관계, 언어 사용, 인간의 이해와 권력 관계 등의 의미가 고정된 것이 아니라 담론을 통해 구성되고 해체되는 것이라는 점이 부각될 수 없다. 또한 역사가에 따라 역사적 사실이 다양하게 구성될 수 있으며, 진리상응 이론에 따라 판가름될 수 없다는 점은 무시된다.

더구나 기록적 성격의 텍스트라고 하더라도 그것이 과거를 그대로 말해주는 증거가 될 수 없다. 관청의 문서 같은 공식적인 텍스트가 가장 타당한 증거일 것이라는 생각은 착각이다. 그것은 오히려 역사의 행위자들이 의도적으로 역사가들에게 읽을 것을 강요하고 유인한 인조물일 수 있다. 설혹 문서의 신빙성을 판별할 수 있는 경우에도 문제는 있다. 문서에 기록된 사실보다 기록되지 않은 사실들이 훨씬 많고, 이 점을 감안할 경우 기록된 사실이 더 중요하다는 판단은 논리적으로 불가능하다.

역사 서술에서 관점의 개입은 피할 수 없는 일이다. 역사가는 어느 한 관점을 선택함으로써 역사를 서술하고 해석할 수 있다. 관점 자체가 바로 과거를 역사로 바라보는 방식을 마련해주기 때문이다. 관점이 없으면 해석도 불가능하다. 본질적으로 역사란 시작과 중간, 끝, 그리고 배경, 등장인물, 갈등과 해결 등이 있는 과거에 대한 이야기이다. 역사가 이야기로 전달되기 위해서는 누가 언제 이야기를 시작하고 끝냈는지, 무엇을 포함하고 생략했는지, 어떤 사건을 갈등으로 또 어떤 사건을 결말로 삼아야 하는지를 선택해야 한다. 따라서 역사 서술은 언제나 관점에 따른 해석을 포함하게 된다. 즉, 어떻게 이야기하는지를 결정해야 한다.

역사가가 관점과 해석을 통해 역사 지식을 만들어내는 것과 마찬가지로 역사 교사는 가르칠 내용을 재구성한다. 즉, 교사도 역사 지식을 만들어내는 존재이다. 역사 지식의 생성에서 관점과 해석이 중요하다고 한다면, 그것은 역사가만이 아니라 교사에게도 해당하는 말이다. 역사 지식을 만들고 전달하는 과정에 개입하는 교사는 객관적 지식을 객관적으로 전달하는 순진한 매개자로서만 존재할 수 없다. 역사 교사에게는 역사화라는 인식론적인 토대에서 가르칠 내용을 문제화하는 동시에 자신의 위치와 구실을 파악하는 일이 중요하다. 이것은 학문과 학교에 걸쳐 있는 지식 생산 및 유포의 구조와 과정에서 자신의 관점과 해석, 문제 인식, 그리고 이러한 구조 속에서 통제되는 주체인 교사와 학생의 관계에서 오가는 역사 담론과 지식의 성격 등을 학생들에게 드러내는 일이다.

역사 교사 중에는 스스로가 이러한 역사 지식의 변형과 재수용 과정을 초월한 듯한 자세로 학생들을 가르치는 경우가 많다. 역사 교사는 역사화의 과정에서 교사의 위치와 구실, 교사와 학생의 인지 과정을 상황 배경과 무관한 것으로 탈가치화하거나 심리학적인 사고 기능으로 환원할 것이 아니라, 현재의 문제의식과 지식 및 이론 생성의 사회적, 언어적 조건에 대한 비판과 성찰을 추구해야 한다. 즉, 교사 역시 역사 지식의 역사성을 탐색하는 역사화 과정의 일부로서 부분적이고 상대적인 기능과 구실을 수행함으로써 학생이 교과서와 교사의 설명에 대해 의문을 제기할 수 있도록 도와야 하는 것이다.

4. 맺음말

교수학습 방법에 대한 기존의 연구와 적용 시도는 기본적으로 실증적인 역사학의 틀을 전제하거나 반영하고 있다. 이것은 어쩔 수 없이 실재를 반영하는 객관적 지식과 전달을 중시한다. 또한 교사가 가르칠 내용을 절차적으로 조직하여 학생에게 제공하는 방법으로 진행되고 있다. 그러므로 현재의 역사 학습론은 여전히 교수학습에 관한 방법의 담론이지, 역사인식에 관한 담론이 아니다.

교수학습론이 이러한 문제점을 극복하고 새로운 전망과 방향을 제시하기 위해서는 인식론적인 시각으로 문제 틀을 바꿔야 한다. 역사를 가르치는 문제에 접근할 때 더 중요한 것은 수업모형이나 학습 방법이 아니라 교사와 학생의 역사인식이다. 교사와 학생이라는 인식 주체는 기능과 소임의 차이가 있지만, 인식의 본질과 과정은 비슷하다. 교수학습에 대한 인식론은 가르치는 행위에 대한 처방이 아니라 가르치기 위한 지식을 만들어가는 조건과 문제화 과정에 관한 성찰이다.

가르칠 내용을 재구성한다고 할 때 핵심은 교사의 문제 인식이다. 역사인식의 출발점은 현재의 상황에 대한 비판적인 안목에서 과거를 보는 것이다. 과거 사건에 대한 관심은 현재와의 관련성에서 비롯된다고 할 수 있다. 역사 연구와 학습이 반드시 즉각적인 유용성을 가져야 하는 것은 아니지만, 그렇다고 현재와의 관련성을 포기할 수는 없다. 역사 연구 자체가 사회적 관심의 영향을 받게 마련이며, 이로 인해 연구 영역이 확대되는 것이다. 즉, 현재의 관심에 역사적 관점을 제공하는 것이 역사를 연구하고 학습하는 의미라고 할 수 있다. 따라서 가르칠 내용의 문제화와 이러한 인식 토대로서 역사화가 역사 학습에 관한 논의의 중심이 되어야 한다.

물론 이러한 문제 인식의 방법은 지나치게 현재주의적이라거나 제기된 문제에 따라 영역과 자료를 임의적으로 선택한다는 비난을 받을 수 있다. 그러나 객관성과 가치중립성을 내세워 역사의 흐름을 전체적 또는 구조적으로 파악한다고 하면서 주어진 결과로서 현실을 고정적으로 설명하는 것보다 이러한 문제 제기의 방식이 역사인식의 비판적인 성격에 더 적합하다고 생각한다. 결국 이것은 교수학습 방법론이 아니라 역사인식론이다. 역사는 그 자체가 하나의 인식 양식이다. 역사 학습론을 인식론으로 전환한다는 의미는 역사라는 학문 영역이나 교과목의 성격과 구분을 무시하거나 포기한다는 것이 아니라, 오히려 그것을 가르치고 연구의 의미를 새롭게 함으로써 역사교육의 논의 영역을 확장하려는 것이다.

■ 주

1. 양호환, 〈역사 교과학의 성과와 숙제〉,《역사교육》57, 1995, p. 116.

2. 정선영 · 양호환 · 이영효 · 김한종,《교원양성대학의 역사과교육학 교재개 발연구》, 교과 교육공동연구보고서, 1997, pp. 84~110.

3. John Dewey, *Democracy and Education*, New York: Macmillan, 1958, p. 179.

4. 이영효, 〈탐구식 역사 수업모형의 재인식〉, 양호환 외,《역사교육의 이론과 방법》, 삼지원, 1997, pp. 47~57.

5. 그러나 교육과정 분야에서 역사학의 특성과 연구 방법을 학습 절차로 하고 있는 역사적 사고가 모(母)학문 분야와는 구별되게 독자적인 교과목표를 추 구하는 통합사회과에서 어떻게 조화될 수 있는지에 대한 주목할 만한 논의 를 발견할 수 없다.

6. 김한종, 〈역사적 사고력의 개념과 그 교육적 의미〉, 양호환 외, 앞 책, pp. 316~318.

7. R. G. Collingwood, *The Idea of History*, London: Oxford Univ. Press, 1946, pp. 282~302.

8. 김한종, 앞 글, pp. 333~341.

9. National Center for History in the Schools, *National Standards for United States History*, UCLA., 1994, pp. 1~15.

10. 양호환, 〈역사교육에서 인지발달의 몇 가지 문제〉,《역사교육》58, 1995, pp. 2~17.

11. N. C. Burbules and R. Berk, "Critical Thinking and Critical Pedagogy: Relations, Differences, and Limits", in Thomas S. Popkewitz and Lynn Fendler(eds.), *Critical Theories in Education*, London: Routledge, 1999, pp. 45~65.

12. T. S. Popkewitz and M. Brennan, "Foucault's Challenge: Discourse, Knowledge, and Power in Education", in T. S. Popkewitz and M. Brennan(eds.), *Restructuring of Social and Political theory in Education: Foucault and a Social Epistemology of School Practice*, Teachers College Press, 1998, pp. 3~35.

13. Joan. W. Scott, "Experience", in J. Butler and Joan. W. Scott(eds.), *Feminists Theorize the Political*, London: Routledge, 1992, pp. 23~30.

14. Paul Hamilton, *Historicism*, London: Routledge, 1996, p. 3.

15. Ibid.

16. Peter Seixas, "Schweigen! die Kinder! or, Does Postmodern History Have a Place in the Schools", in Peter E. Stearns, Peter Seixas, and Sam Wineburg(eds.), *Knowing Teaching & Learning History*, New York: New York University Press, 2000, pp. 28~29.

17. Ibid.

18. Joan W. Scott, "Experience", pp. 32~33.

19. Joan W. Scott, "History in Crisis: The Others' Side of the Story", *The American Historical Review* 94(3), 1989, p. 681.

20. 텍스트는 기록성(documentary aspect)과 작품성(worklike aspect)의 두 가지 성격을 가지고 있다. 텍스트는 저자가 경험한 실재를 사실적으로 기술하고, 경험적 실재에 대한 사실 확인 성격의 정보를 제공해주는 기록성을 가지고 있다. 또한 독자가 텍스트에 주어진 경험적 실재를 읽고 해석함으로써 그것을 해체하여 재구성하도록 해주는 작품성도 가지고 있다. 이러한 작품성은 텍스트에 담겨 있는 새로운 관점과 목소리가 드러나도록 한다. 작품적 읽기에서는 저자의 권위를 절대화하지 않으며 독자와 텍스트의 만남을 중시한다. D. LaCapra, "Rethinking Intellectual History and Reading Text", in *Rethinking Intellectual History: Texts, Contexts, Language*, Ithaca: Cornell Univ. Press, 1983, pp. 63~70.

21. C. H. Cherryholmes, *Power and Criticism: Poststructural Investigations in Education*, New York: Teachers College Press, 1988, pp. 65~67.

02

역사적 사고력의 의미와 하위범주

최 상 훈

역사적 사고력은 역사 지식이란 내용과 연대기 파악력·역사적 탐구력·역사적 상상력·역사적 판단력이란 하위범주의 조작 능력이 조합된 것이므로, 역사 학습목표의 설정에서는 내용과 기능이 적절하게 조화를 이뤄야 한다. 종래의 역사 학습목표 진술은 내용이나 기능의 어느 한 면만을 달성하기 위한 경우가 많았는데, 내용과 기능은 분리될 수 없으므로 양자를 함께 고려한 역사 학습목표를 제시해야 한다. 역사 학습목 표를 적절하게 설정하면 교육과정이 추구하는 목적을 효과적으로 달성할 수 있고, 학습 내용의 선택과 조직에 도움을 받을 수 있으며, 교수· 학습 방법을 선정하고 수행하는 데 유익하다.

1. 머리말

역사 학습에서 역사적 사고력(historical thinking)의 육성을 강조하는 주장은 지금까지 많이 있었다.[1] 국가 교육과정이나 역사교육 관계의 많은 문헌에서 역사적 사고나 역사적 사고력이란 용어를 사용하고 있지만 개념을 명확히 규정하고 쓴 경우는 거의 없다. 또한 역사적 사고력의 육성을 역사교육의 목표로 삼아야 한다고 주장하는 글에서도 역사적 사고력이 무엇인지를 명확하게 밝히고 있지 않다. 역사적 사고력의 개념을 규정하는 데 관심을 보인 몇 편의 글이 있었지만,[2] 이들 글에서도 여전히 개념 규정이 분명치 않았다.

1990년대에 몇 편의 글이 발표됨으로써 역사적 사고력의 개념 규정에 관한 논의가 진전되었다. 한경자는 역사적 사고를 역사 교과 고유의 사고방식으로 규정하면서, 역사적 사고방식의 다양한 측면을 논하고 이것을 역사교육 목표 체계와 연관시켰다.[3] 하지만 역사적 사고방식에 대한 논의가 산만하게 이루어져 역사적 사고력의 개념을 명확히 규정하지는 못했다. 김한종은 역사적 사고력의 개념을 논하면서 영역을 설정했다.[4] 그는 역사적 사고력을 역사적 탐구 기능과 역사적 상상력으로 구분했고, 다음 글에서는 역사적 사고력의 세부 영역을 좀 더 분명하게 규정했다.[5]

김한종의 글은 그동안 막연하게 사용해오던 역사적 사고력의 개념을 분명하게 밝혔다는 점이 돋보이지만, 역사 학습에서 유용한 준거로 활용되기 위해서는 역사적 사고력의 특성을 좀 더 명확하게 밝히고 하위범주에 관한 논의를 진전시킬 필요가 있다. 한편 이영효는 지식 영역별 인지 이론에 입각해 비판적 사고의 특성을 논하고 이를 역사적 사고와 연결시켰는데,[6] 이 역시 역사적 사고의 합리적 측면만을 논의하는 데 그쳤다. 이 외에도 역사적 사고와 피아제(J. Piaget)의 인지발달론을 접목시키려는 여러 논의를 고찰하면서 역사적 사고력의 특성을 살펴본 연구도 나왔지만,[7] 이들 글도 역사적 사고에 관해 본격적으로 연구한 것이 아니라 피아제 이론의 적용과 관련해서 역사적 사고의 분석적·비판적 측면만을 논의하는 데 그쳤다.

이러한 문제점을 보완하여 이 글에서는 역사적 사고력의 의미와 특성을 더욱 명확히 살펴보고 역사적 사고력의 하위범주를 상세하게 규정하고자 한다. 역사적 사고력의 하위범주를 명확하게 규정하면, 이를 토대로 역사적 사고력의 육성을 역사 학습의 목표로 제시하는 것이 쉬워지기 때문이다.[8]

2. 역사적 사고력의 의미

톨프센(T. R. Tholfsen)은 역사적 사고를 근대 역사가의 특징적인 이해 방식이라고 하면서, 역사적 사고에는 사실을 역사적으로 이해할 수 있게 해주는 독특한 원리와 개념이 포함된다고 했다.[9] 미국의 세계사 국가성취기준에서도 역사적 사고를 역사 이해에 도달하는 과정이라고 하면서 역사적 사고와 역사 이해를 구분했다. 하지만 "역사적 사고와 이해는 서로 독립적으로 발전하지 않는다. 더 높은 수준의 역사적 사고는 더 높은 수준의 역사 이해의 성취에 달려 있으며, 이는 서로 연관되어 있다"[10]고 하면서 역사적 사고와 역사 이해의 밀접한 관련성을 인정하기도 했다. 이렇게 볼 때 역사적 사고는 역사 이해와 명확하게 구분되는 것이 아니며, 그렇다고 해서 동일한 것도 아니다. 다시 말하면 역사적 사고는 역사 이해에 도달하는 데 필요한 과정으로, 역사 이해 자체가 아니라 역사 이해를 위한 정신작용이며 역사 이해에 중요한 기능을 한다.

이러한 역사적 사고를 수행할 수 있는 능력을 가리키는 역사적 사고력이란 용어는 지금까지 역사교육 관계 문헌에서 자주 사용되었지만 개념을 명확하게 규정하지 않은 탓에 의미하는 바가 다양했다. 즉 역사적 사고력이란 용어는 역사 이해, 탐구력, 비판력, 판단력, 문제해결력 등의 어휘와 함께 사용돼왔다. 이들 용어가 병용되거나 혼용되었던 이유는 같은 뜻으로 생각했거나, 의미가 다르다고 인식하기는 했지만 그 의미를 명확히 구분하지 못했기 때문이다.

역사적 사고력이 문제해결력, 판단력, 탐구력 등과 혼동돼 사용되었던 까닭은 역사적 사고력의 개념을 명확하게 규정하기가 어려웠던 탓이다. 역사적 사고력의 개념을 규정하기 어려운 이유는 여러 가지가 있지만 첫째, 사고(思考)라는 단어가 매우 포괄적으로 쓰이기 때문에 개념상 애매한 경우가 많다는 점이다.[11] 사고는 일상적인 용어이고 사람마다 의미하는 바가 다양하다. 사고를 광범위하게 정의하면 심리의 모든 것이 포함되고, 좁게 정의하면 포함되는 것이 거의 없을 정도라고 한 오덴(G. Oden)의 지적처럼 사고의 개념은 매우 다양하게 규정된다.[12] 꿈이나 백일몽같이 아무런 목적 없이 이루어지는 정신현상을 사고로 보는 경우도 있고, 감성적인 측면을 포함해서 모든 정신작용을 사고로 보기도 한다. 하지만 대체로 사고는 지각, 정서, 꿈, 소망, 의지 등과 대비되는 범주로 간주된다.[13] 교육에서는 사고를 인지적 측면에서 행해지는 의식적이고 목표 지향적인 정신활동에 한정하고 있다. 무의식적인 정신활동을 교육 대상으로 삼기 어렵기 때문이다.

둘째, 사고와 관련된 용어, 즉 사고 요소(thinking component), 사고 기능(thinking skill), 사고 과정(thinking process), 사고 유형(thinking style) 등이 혼용되고 있다는 점이다. 여기서 사고 요소란 사고가 이루어지기 위해 공통으로 필요한 성분으로, 지식이나 성향을 말한다. 사고 기능과 사고 과정은 인지조작을 뜻한다. 사고 기능은 사고의 범위가 좁고 미세하며, 하나의 사고 조작이 끝날 때까지 하나나 둘 정도의 단순한 지적 기능이 사용되면서 시간이 적게 걸리는 사고 조작을 말한다. 이에 반해 사고 과정이란 사고 범위가 넓고 크며, 하나의 사고 조작이 끝날 때까지 여러 종류의 사고 기능이 동원되면서 단순한 사고 기능에 비해 오랜 시간이 걸리는 조작을 일컫는다.[14] 그리고 사고 유형은 합리적 사고, 비판적 사고, 창의적 사고 등 사고의 경향성으로 구분한 것을 말한다. 사고 전략은 문제의 성격에 따라 이를 해결하려는 최적의 사고 방법을 선택하는 것을 뜻한다. 이렇듯 사고와 관련된 많은 용어가 사람에 따라 다르게 정의되고 사용되므로 적절하게 규정하고 논의를 전개하는 과정이 필요하다.

셋째, 역사적 사고가 역사의 본질과 밀접하게 관련되어 있다는 점이다.[15] 역사의 본질을 무엇으로 보느냐에 따라서 역사적 사고의 성격이 다르게 규정될 수 있다. 이를테면 실증론자의 경우처럼 역사가 과학이고 역사 설명이 과학적·법칙적이라고 본다면, 역사적 사고도 과학적이고 논리적이며 법칙적인 사고로 규정된다. 이에 비해 관념론자의 경우처럼 역사가 독특한 방법론을 가지고 있고 감정이입 등의 상상력을 통해 과거인의 행위를 이해하는 것이라고 본다면, 역사적 사고는 특수하고 상상적인 사고로 규정된다. 또한 역사는 역사가가 만들어낸 허구라고 보는 탈근대주의(postmodernism)의 관점에서는 역사적 사고가 독특한 범주로 존재하지 않거나, 존재한다 하더라도 허구적이고 가설적이며 문학적인 사고로 간주된다. 이렇게 역사의 본질에 대한 인식의 차이에 따라 역사적 사고의 개념과 특성이 다양하게 규정될 수 있다.

넷째, 상상력의 측면을 고려해야 한다는 점이다. 지금까지 역사적 사고력에 대한 연구는 분석적·비판적 사고에만 치우쳐 상상적 이해의 측면에서는 찾아보기 어려웠다.[16] 역사교육에서 상상력의 문제가 무시되거나 소홀히 취급돼온 이유는 합리적 사고 능력의 육성을 강조해온 교육 전통 때문이고, 동시에 상상력이 비합리적인 사고 형식과 매우 밀접하다고 간주돼왔기 때문이다.[17] 그러나 교육에서 사고의 합리적 요소와 상상적 요소는 명확히 구분할 수 있는 별개의 것이 아니다. 상상은 엉뚱한 공상이나 불합리한 사고가 아니라 합리적이고 지적인 정신작용으로 봐야 하므로,[18] 역사적 사고력의 개념이나 하위범주를 규정할 때 상상력을 포함시켜야 한다.

마지막으로, 일반론자[19]와 영역론자[20]의 의견이 대립하고 있다는 점이다. 일반론자는 일반적인 사고 이론을 그대로 역사교육에 적용할 수 있다고 보는 반면, 영역론자는 각 교과에 고유한 사고 형태가

있으므로 역사적 사고력은 역사과에서 독특하게 규정해야 한다고
본다.[21] 일반론자는 일반적인 사고 능력과 사고 기능, 사고 과정이
존재한다고 보고, 이것을 의도적이고 체계적이며 명시적인 방법을
통해 키울 수 있다고 말한다. 그 이유는 일반적인 요소의 존재를 인
정해야 인간의 사고 현상을 설명하고 규명하는 것이 가능하고, 이들
일반적인 요소가 실험을 통해 교과 영역 간에 전이될 수 있다고 보
기 때문이다.[22] 이에 반해 영역론자는 내용과 분리된 사고는 존재하
지 않으므로 일반적인 사고 기능이 존재하지 않고, 지식은 각기 독
특한 형식과 구조를 갖고 있으므로 서로 다른 형태와 구조를 지닌
지식 간에는 전이가 일어나지 않는다고 본다.

　이들 양자의 주장은 나름대로 설득력을 지니고 있지만 절충이 가
능하다고 생각한다. 즉, 역사적 사고력은 역사 지식을 바탕으로 역
사적 관점에 따라 사물을 해석하고 판단하는 능력으로, 총체적인 정
신작용이라 할 수 있다. 따라서 일반론자의 주장처럼 사고 기능, 사
고 과정, 사고 전략 등으로 나눠서 교과 영역과 무관하게 사고 기능
이나 사고 과정을 개별적으로 육성하는 것은 불가능하다.

　하지만 역사적 사고의 특성을 이해하고 설명하기 위해 하위범주
나 하위기능을 상정하는 것은 가능하다. 또한 지식의 구조나 내용이
서로 다른 교과나 영역 간에는 전이가 일어나지 않지만, 공통점을
가지는 교과 간에는 전이가 일어날 수 있다고 보는 것이 타당하다.[23]

　지금까지 살펴봤듯이, 사고에 대한 견해가 다양하고 사고와 관련
된 용어가 여러 가지 의미로 쓰이며 역사적 사고와 역사의 본질이
밀접하게 관련돼 있어 역사적 사고력의 개념 규정이 어렵다. 하지만
이 글에서는 기존의 논의를 바탕으로 역사적 사고력의 개념을 규정
하겠다.

역사적 사고력의 개념을 규정하기 위해서는 먼저 사고라는 개념을 파악해야 한다. 사전에는 사고에 대해 "어떤 문제나 과제를 해결할 때의 복잡한 두뇌 작용, 이를테면 판단이나, 추리 또는 상징적이어야 하는 관념, 경험, 또는 상징적 경험의 연쇄",[24] "사고란 넓은 의미의 인간의 지적 작용을 일컫는 말이지만 일반적으로 감성의 작용과 구별하여 개념, 판단, 추리 작용을 가리킨다",[25] "사고란 문제 사태에 부딪혔을 때 그 사태를 극복하기 위하여 이루어지는 활동으로 주로 정신적 작용을 말한다"[26] 등으로 정의되어 있다. 여기서 공통적으로 추출할 수 있는 내용은 사고가 '문제 상황에 대처하기 위한 정신작용'이라는 것이다.

일찍이 교육목표를 사고 육성에 두어야 한다고 강조한 듀이도 사고를 문제 해결에 필요한 정신 능력이라고 하면서 반성적 사고(reflective thinking)라는 개념을 제시했다.[27] 듀이의 반성적 사고 역시 문제 상황에 접해서 이를 해결해나가는 정신활동을 말한다. 정신활동은 지식의 표상(mental representation)과 활용(mental computation)으로 구분할 수 있다. 지식의 표상은 지식을 외부로 표현하는 활동을, 지식의 활용은 지식을 조작하는 활동을 말한다. 넓은 의미에서는 지식의 표상과 활용 모두를 사고의 개념에 포함할 수 있지만, 좁은 의미에서는 지식의 활용만을 사고로 본다. 여기서 지식의 활용이란 인지 과정을 말한다. 인지 과정은 ① 외부에서 투입되는 자극을 받아들이고 인식하는 지각, ② 투입 정보를 부호화하는 학습과 투입 정보를 재생하는 기억, ③ 지각·학습·기억된 정보의 조작 등으로 이루어진다. 사고를 넓게 볼 때는 이 세 가지 모두를 사고에 포함할 수 있고, 좁게 볼 때는 지각·학습·기억된 정보의 조작만을 지칭한다.[28] 이렇게 볼 때 사고는 곧 인지적 조작을 뜻한다.

사고를 인지적 조작이라고 본 대표적인 학자는 피아제이다. 피아제는 사고를 새로운 환경에 대한 적응 과정인 개념적 조작(conceptual operations)으로 보았다.[29] 조작이란 단순한 목표 지향적인 행동과 구별되는 것으로, 일반적인 가역체계(reversible systems)를 형성하도록 내면화되고 통합된 작용을 의미한다. 또한 내면화와 통합의 결과로 자신의 행동기술과 조정(coordinations)의 주체로서 인식하는 작용이기도 하다.[30] 조작을 통해 아동은 환경과 상호 작용하면서 인지를 발달시켜나간다.

사고의 사전적 정의와 듀이 및 피아제의 견해를 종합해보면, 사고는 문제 상황에 접했을 때 해결 방안을 찾기 위해 가설을 수립하고 검증해나가는 인지적 조작이라고 할 수 있다. 이러한 사고를 하는 데 필요한 여러 가지 능력을 사고력이라고 한다. 정범모는 사고력을 "새로운 문제 사태에서 한 문제를 명확하게 파악하는 능력, 문제를 해결할 수 있을 만한 가설을 형성하는 능력, 또한 유용한 자료 수집의 능력, 가설을 검증하는 능력, 학습 원리를 새로운 상태 및 새로운 문제에 응용하는 능력" 등으로 규정했고,[31] 한면희는 "사고가 이루어지기 위해서는 정보를 분류·비교하고, 번역·해석·분석하며, 원리를 적용·종합·판단·평가하는 여러 가지 능력이 필요하다. 이러한 능력, 즉 과제나 문제 상황에 대처하기 위한 제반 정신적 능력"을 사고력이라고 했다.[32] 이렇게 볼 때 사고력은 새롭게 나타난 상황을 문제 상황으로 인식하고 이를 해결하는 데 필요한 정보를 입수하고, 문제와 정보를 분석하며, 여러 정보를 종합하고 적절성을 판단해서 결론에 도달하는 인지적 조작 능력이라고 할 수 있다.

사고와 사고력을 이와 같이 볼 때, 역사적 사고력이란 역사 문제에 부딪혔을 때 가설을 산출하거나 해결 방안을 모색하면서 사료를 수집하고 해석하며 판단함으로써 역사 이해에 도달하려는 복합적인 정신 능력이라고 규정할 수 있다.[33] 역사 문제를 해결한다는 것은 의문시되는 문제나 주제에 관해서 질문을 제기하고, 사료를 수집·해석·비판·분석하며, 사실을 설명하고 판단하는 과정을 통해 논리적·상상적으로 사실의 이해에 도달한다는 것을 뜻한다. 다시 말해 역사적 사고란 역사가가 역사를 연구할 때 수행하는 사고이고, 실생활에서 사물이나 현상을 대할 때 행하는 사고이다. 결국 학생에게 역사적 사고력을 길러준다는 말은 역사 이해에 도달하는 과정에서 학생들로 하여금 역사가처럼 사고하는 능력을 가지게 한다는 것을 뜻한다.[34]

이렇게 역사적으로 사고하기 위해서는 지식이나 성향이 필요하다. 사고는 진공 상태에서 일어나지 않는다. 사고는 특정 영역 속에서 일어나며, 따라서 사고를 잘하기 위해서는 특정 영역에 대한 지식이 있어야 한다. 그러나 지식만으로는 사고가 이루어지지 않는다. 사고하고자 하는, 사고를 하되 바르고 철저하게 하고자 하는 습관이나 태도 등 사고의 올바른 성향이 필요하다. 따라서 학생들의 역사적 사고력을 키우기 위해서는 중요하고 필수적인 역사 지식을 가능한 한 많이 가르쳐야 하고, 사고 과정에 적극 참여하려는 성향을 길러주어야 한다. 또한 개인의 사고의 효율성과 적절성은 각자의 지식의 양과 질에 달려 있다고 할 수 있을 만큼 사고와 지식은 상호 불가분의 관계에 있다. 모든 사고는 기존 경험의 총체로서 지니고 있는 개인의 선행지식에 근거해 이뤄진다.[35] 그러나 지식이 많다고 해서 반드시 사고를 잘하는 것은 아니다. 100개의 사실을 아는 사람이 50개의 사실을 기억하는 사람보다 이해를 더 못할 수도 있다.[36] 이런 경우는 지식을 조직해서 활용하는 조작 능력, 즉 사고력이 부족한 것이므로 사고력의 신장을 위한 학습이나 훈련이 필요하다. 하지만 이 경우에도 지식과 분리해서 사고력만을 육성하는 학습이나 훈련은 불가능하므로 역사 지식과 조작 능력을 조합해야 한다.

지금까지 사고와 사고력의 다양한 개념에 대해서 살펴봤는데, 이상의 논의를 바탕으로 역사적 사고력을 규정하면 다음과 같다. 역사적 사고력이란 역사 지식을 이용하여 역사 문제에 관해 가설을 산출하거나 해결 방안을 모색하면서 역사 이해에 도달하려는 의도적이고 복합적인 정신활동을 수행하는 인지적 조작 능력이다. 이 정의를 부연하자면, '역사 지식을 이용하여'는 역사 지식을 비롯해 다양한 지식을 사고 활동에 활용해야 역사적 사고가 가능하다는 의미이고, '역사 문제'는 이해나 해결이 되지 않은 사건·사안·상황 등을 말한다. '가설'은 탐구 과정에서 언급되는 형식적인 가설뿐 아니라 잠정적인 해결책이나 대안, 예상까지도 포함한다. '도달하려는'은 도달하고자 하는 적극적인 자세나 태도를 의미한다. '복합적인 정신활동'이란 사고력에 비판력, 판단력, 문제해결력, 상상력 등 다양한 사고 유형이나 사고의 하위범주가 포함된다는 것을 뜻한다.

이러한 역사적 사고력의 특성을 좀 더 분명히 밝히기 위해서는 역사가의 연구 과정에서 드러나는 역사적 사고의 특성을 살펴볼 필요가 있다. 역사적 사고는 모든 역사가가 같은 방식으로 사고하지 않는다 하더라도 역사가의 사고이고, 실제 역사가들의 작업에서는 유사해 보이는 역사적 사고가 존재한다.

역사가의 작업을 고려할 때 일차적으로 드러나는 것은 역사가의 관심사이다. 역사의 학문적 특성은 역사가가 제기하는 질문과 그에 답하는 방식에 있다. 역사가는 시간에 따른 변화의 원인과 결과에 관심을 가진다. 과거 사회가 우리 사회와 왜 다른지, 그렇게 달라진 원인이 무엇인지 등은 역사가의 중요한 관심사이다.[37] 역사가는 현재와 다른 과거의 단편을 재구성하는 데 그치지 않고 어떤 사건이 그렇게 일어난 이유와 방법에 관해 설명하고자 한다. 이때 역사가는 시간에 따른 변화에 관심을 가지고 탐구를 수행한다. 역사가는 고도로 발달된 시간 의식을 지녔을 뿐 아니라, 한 시대와 다른 시대의 인간 활동이 가지는 미묘한 차이를 구별하는 능력을 지닌다. 역사가는 과거의 다양한 현상을 시간과 장소의 맥락에서 이해하고자 한다.[38] 시간과 장소의 맥락을 파악하지 못하면 시대착오를 범하게 된다. 이렇게 볼 때 역사적 사고의 가장 중요한 특성은 시간의 흐름 속에서 과거 사건이나 행위의 변화를 이해하고자 한다는 점이다. 이때 역사적 변화가 연속성을 수반한다는 점을 간과해서는 안 된다.

또한 역사가는 보편적이고 일반적인 것보다 구체적이고 특별한 사실에 관심을 갖는다. 이를테면 역사가는 프랑스혁명에 관심이 있지 혁명에 관심이 있는 것은 아니라고 말한다. 또한 역사가는 자신이 할 수 있는 최선의 목표가 사건을 이해하는 것이라고 말한다. 역사가는 각 사건을 어떤 형태의 실례가 아니라 유일한 사건으로 다루는 것이다.

하지만 역사가가 '유일한 것'에 관심을 가진다는 말은 상대적이다. 어떤 두 가지 역사적 사건이 두 개의 물분자처럼 완벽하게 같다고 말할 수는 없고, 다양한 형식의 인간 활동에서 수많은 유사성을 발견할 수 있기 때문이다. 역사가는 특정 사건의 특수한 성격을 열심히 기술하면서도 한편으로는 그에 견줄 만한 사건과의 유사점을 충분히 고려한다. 역사가는 시간의 전망 속에서 인간 활동의 보편적 형식을 다룬다. 따라서 역사적 사고의 핵심에는 특별한 것과 일반적인 것 사이의 긴장이 있다. 역사가의 다양성과 시간에 따른 변화에 대한 관심은 인간에 대한 개별화된 태도를 반영한다. 반면에 역사가는 시간 및 장소와 무관하게 보편적으로 적용되는 지식과 개념을 사용해야만 다양하고 특별한 것을 이해할 수 있다.[39]

역사적 사고의 특성을 파악하기 위해서 두 번째로 고려할 점은 역사가의 연구 방법이다. 역사는 관련성 없는 사건의 연대기에서 과거 사회를 이해하기 위해 여러 종류의 증거를 해석하고자 하는 학문으로 발달했다. 역사가는 과거의 흔적인 증거를 해석함으로써 과거를 조사한다. 또한 역사가는 추리 과정을 통해서 증거를 해석하지만, 증거는 이따금 불완전하므로 하나 이상의 해석이 가능하다. 일련의 정당한 해석을 산출하는 데에는 역사적 상상이라고 부르는 사고가 포함된다. 광범하고 인식할 수 있는 범위의 정당한 해석을 통해 역사가는 과거 사람들이 우리와 다르게 생각하고 느끼며 행동했던 이유에 대해 이해하게 된다.[40]

역사가의 증거를 해석하는 과정에는 다양한 사고 기능이 발휘된다. 와인버그(S. S. Wineburg)는 사료 독해와 해석 과정에서 역사가가 활용하는 인지적 조작을 '발견법(heuristics)'[41]이라고 지칭했다. 발견법이란 사료에서 사실을 발견하기 위해 역사가가 활용하는 방법을 뜻한다. 와인버그는 역사가가 문헌을 읽을 때 활용하는 발견법을 확증(corroboration), 맥락화(contextualization), 출처 확인(sourcing heuristic), 부재증거 고려(consideration of absent evidence) 등의 네 가지로 제시했다.

확증은 역사가가 주장하고자 하는 내용을 뒷받침해줄 자료를 찾아내는 것이다.[42] 이는 역사가의 가장 기초적인 작업으로, 자신이 입증하고자 하는 역사적 세부사항을 여러 자료 속에서 발견하는 것을 뜻한다. 맥락화는 사료를 이용해서 역사적 사건을 재구성하려고 할 때, 사건이 언제 일어났는지와 어디서 일어났는지에 집중하는 것을 말한다. 여기서 '언제' 란 사건을 연대기적 계열성 속에 두는 것으로, 사건이 언제 일어났는가, 사건 전후에 무엇이 나타났는가, 사건은 얼마나 걸렸는가, 발생과 목격자의 기록 사이의 시간은 얼마인가 등에 착안하는 것을 뜻한다. '어디서' 는 구체적인 공간에 사건을 두는 것으로, 사건의 상황과 지리 · 날씨 · 기후 · 경관 등 특별한 조건을 결정하는 것을 뜻한다. 역사가는 맥락화 발견법을 이용해서 어떤 경우에는 증언의 질을 의심하고, 어떤 경우에는 전체 설명의 진실성을 의심함으로써 사실을 밝혀낼 수 있다.[43]

출처 확인은 역사가가 사료를 읽을 때 출처를 먼저 살피고, 사료 내용을 해석할 때 출처를 항상 염두에 둔다는 것을 뜻한다. 역사가에게 출처 확인은 사료를 활용하기 위한 첫 단계이다. 역사가는 문헌의 저자, 저작 장소, 저작 날짜를 앎으로써 문헌의 내용과 관점, 저자의 의도나 목적, 저자의 선입관이나 편견, 문헌의 신뢰성이나 정확성에 대한 판단을 내릴 수 있다.[44] 부재증거 고려는 '셜록 홈스 발견법' 이라고도 하는데, 역사가가 문헌 증거를 고찰할 때 저자가 의도적으로 빠뜨린 부분을 고려하는 것을 뜻한다. '셜록 홈스 발견법' 을 이용하면 문헌 증거를 고찰할 때 미숙한 종결을 피할 수 있다. 역사가는 문헌을 고찰하면서 그것이 말할 수 있었을 텐데 말하지 않은 것, 또는 그것이 기술할 수도 있었을 텐데 그렇게 하지 않은 것에 대해 물을 경우 지방 검찰관처럼 되는데, 이때 역사가는 증언을 수동적으로 수용하는 것이 아니라 적극적으로 도출한다.[45]

이러한 발견법은 역사의 독특한 탐구 방법으로, 역사적 탐구력이라고 말할 수도 있다. 여기서 드러나는 역사적 사고의 특성은 비판적 사고, 맥락적 파악, 상상력 발휘, 판단력 중시 등이다. 역사가는 사료를 접할 때 먼저 사료의 신뢰성을 의심하고 사료 비판[46]을 한다. 모든 사료를 믿을 수 있는 것은 아니다. 사료에는 착오가 있을 수 있고, 거짓이 있을 수도 있다. 개인적인 애증이 있을 수 있고, 지방이나 민족적인 편견이 있을 수도 있다. 역사가는 사료 비판을 통해 이와 같은 사실을 발견해야 한다.[47] 또한 사료의 작성 시기를 확인하고, 저자가 처한 위치를 고려해 시간과 공간 속에서 상황을 파악해야 한다. 이 과정에서 강조되는 사고는 비판적 사고와 맥락적 파악 및 역사적 판단력이다. 출처 확인과 부재증거 고려를 통해서 이루어지는 역사적 사고의 특성은 역사적 상상력과 역사적 판단력의 발휘이다.

지금까지 살펴본 것처럼 역사적 사고는 역사가의 관심과 연구방법에 비춰볼 때 다음과 같은 특성을 지닌다.

첫째, 역사적 사고는 시간에 따른 변화와 연속성, 그리고 인과관계를 중시한다.

둘째, 역사적 사고는 사건의 유사성보다 개별성, 다양성에 관심을 가진다.

셋째, 역사적 사고는 과거 사건을 시간과 공간 속에서 맥락적으로 파악하고자 한다.

넷째, 역사적 사고는 역사 문제와 사료를 다루는 과정에서 비판적·평가적·인증적 성향을 지닌다.

다섯째, 역사적 사고는 가설을 산출하거나 해결 방안을 모색하는 과정에서 직관적·확산적·개방적·논리적·내러티브적인 경향을 띤다.

여섯째, 역사적 사고는 과거 사건을 설명할 뿐 아니라 사건에 숨어 있는 사람들의 사상을 상상을 통해 재연하고자 한다.

이와 같은 특성을 지니는 역사적 사고를 수행할 수 있는 능력이 바로 역사적 사고력이다.

3. 역사적 사고력의 하위범주

역사적 사고력의 하위범주를 규정하는 목적은 역사적 사고력의 육성을 위한 역사 학습목표를 제시하고, 그에 따른 학습 및 평가 방안을 마련하기 위함이다. 따라서 역사적 사고력의 실체를 잘 드러내고 교수·학습 과정을 효과적으로 운영할 수 있는 적절한 수준에서 하위범주를 설정하는 것이 필요하다. 하지만 하위범주를 규정할 때 일반론자처럼 사고 기능과 사고 과정으로 지나치게 세분하는 것은 분류와 적용상의 문제를 불러올 수 있으므로 수위를 조절해야 한다.[48] 그리고 역사적 사고는 과학적 사고를 비롯한 다른 학문의 사고와 달리 특수성을 지니고 있으므로, 역사적 사고력의 하위범주를 규정할 때는 역사적 사고의 특성에 입각해야 한다.

역사학은 다른 인문학과 마찬가지로 인간의 삶을 다루지만, 구별되는 점은 역사가가 인간생활에서 시간의 작용을 중시한다는 것이다. 역사학의 연구 과제는 과거에 이루어진 인간의 삶이다. 역사가는 인간사에서 시간을 특히 중시하는 관점을 가지고 인간의 삶에 접근한다. 즉, 시간에 따른 변화를 추적하는 데 관심을 가지고, 변화의 다양한 원인과 인간 삶의 변화에 따른 결과를 분석한다.[49] 역사가의 직분은 인간생활의 역사성(historicity), 시간성(temporality)을 중시하고 의미를 부여하는 것이다. 따라서 역사적 사고는 인간경험의 시간

존재(being-in-time)라는 근본적인 특성을 다룬다.[50]

역사가는 시간에 따른 끝없는 변화로 나타나는 무한한 다양성을 터득하기 위해서 문화적 맥락에서 각 현상이 특수한 순간에 존재했던 그대로 이해하려는 특별한 노력을 기울인다. 즉, 역사적 변화에 수반되는 연속성을 다룰 때, 항상 어떤 현상과 그에 앞서 있었던 것 사이의 연관성을 탐색한다. 동시에 문제의 현상을 산출한 시간에 따른 변화 과정을 검토하고, 그것을 미래와 연관된 변화의 과정 속에 있는 것으로 본다.[51] 따라서 역사적 접근의 기본적인 특성은 시간에 따라 나타나는 인간 삶과 현상의 변화, 다양성, 연속성을 중시한다는 점이다. 학생들은 이러한 특성을 이해하기 위해서 사건을 시간 순서로 나열한 연대기[52]를 파악해야 한다.

연대기 지식과 이해는 학생이 효과적으로 역사 학습을 하는 데 반드시 필요한 요소이다.[53] 연대기적 사고는 역사를 추리하는 데 핵심이다. 사건이 언제 일어났는지, 어떤 시간 순서 속에 있었는지를 이해하는 연대기 감각이 없다면 학생들은 사건 간의 관계를 시험하거나 역사적 인과관계를 설명할 수 없다. 따라서 연대기는 역사적 사고를 조직하는 데 정신적 발판을 제공한다.[54] 이렇게 역사가가 시간에 따른 변화를 중시하고 인간의 삶과 여러 현상을 연대기 속에서 이해하고자 하는 능력을 '연대기 파악력'이라고 할 수 있다.

연대기 파악력이라고 하는 하위범주에는 시간과 관련된 여러 가지 용어를 이해하고 활용하는 능력과 시대구분에 대한 이해 능력이 포함된다. 시대구분에 대한 이해를 통해서 학생들은 역사적 지속이나 연속의 양상을 파악할 수 있다. 또한 연대기 파악력에는 역사 텍스트나 내러티브에서 시대착오적인 용어를 발견하는 능력과 역사 문항과 관련해 답을 서술할 때 시대착오적인 용어를 피하는 능력도 포함된다. 그리고 여러 가지 사실을 순서대로 나열하고 그 중에서 원인과 결과를 구별하는 능력도 연대기 파악력에 포함할 수 있다. 일반적으로 역사가와 역사 교사들은 역사적인 사고가 시간에 따른 변화의 분석을 포함한다는 데 동의하고, 학생이 원인과 결과에 대한 결론에 도달하기를 바란다.[55] 결과가 원인 앞에 올 수 없는 것은 분명하지만, 어떤 사건이 다른 사건의 원인인지 아닌지는 절대적인 시간이 앞서는 것만으로는 판단할 수 없다.[56] 역사적으로 사고하기 위해서는 직접적인 원인과 장기적인 원인을 구별할 수 있어야 하며, 분명히 드러나 있는 명백한 사건과 장기적으로 이루어져서 일반 관찰자가 쉽게 볼 수 없는 잠재적 사건을 구별할 수 있어야 한다.[57]

이상으로 연대기 파악력의 특징과 하위기능에 대해서 살펴봤다. 연대기 파악력이란 역사가 시간에 따른 변화를 중시한다는 것, 변화는 단절이 아니라 전후 사건의 연속이라는 것, 역사 연구나 역사 이해를 위해서는 시간 개념의 이해와 시간상의 위치 파악이 중요하다는 것, 인과관계의 이해에는 시간 요소가 필요하다는 것 등을 파악하는 것이다. 연대기 파악력에 속하는 하위기능에는 과거 · 현재 · 미래의 구별, 시간 관련 용어의 이해와 사용, 연표 활용과 연도의 계산, 연호의 이해와 사용, 연속성과 변화 및 발전의 이해, 시대구분의 이해 등이 있다. 역사적 사고력의 하위범주 가운데 연대기 파악력은 다른 하위범주에 비해서 역사적 사고력에서 차지하는 비중이 작지만, 역사적 사고력의 기본이 되는 범주이다.

두 번째는 역사적 탐구력으로, 이는 역사적 사고력 가운데 가장 넓은 영역을 차지하는 범주이다. 역사가가 수행하는 주된 업무는 과거에 대해 해석하고 설명하는 일이다. 역사가는 사료를 근거로 이같은 작업을 한다. 역사적 탐구력은 간단히 말해서 역사가가 사료를 근거로 과거 사건이나 행위에 대한 해석과 설명을 통해 이해를 도출하는 능력이라고 할 수 있다. 이 범주에는 1차 사료와 2차 사료를 구분하고 각각의 성격을 아는 능력, 사료 비판 능력, 역사 문제를 인식하고 사료를 수집하며 결론을 도출하는 능력 등이 포함된다.

역사가는 일차적으로 연구하고자 하는 문제를 인식한다. 문제 인식은 선행연구의 미비점을 발견하거나 새로운 사료를 발견한 경우, 또는 기존 연구나 사료의 새로운 해석이 필요하다는 것을 알게 된 경우에 이뤄진다. 문제를 인식하고 나면 역사가는 가설이나 잠정적 결론을 상정한다.[58] 그 다음, 사료의 수집과 검토 작업을 수행한다. 사료는 구술사, 유물, 건물, 고고학적 유적, 그림과 사진, 지도, 통계, 금석문·필사본을 비롯한 각종 문헌, 법률, 일기, 신문기사, 당대 문학 등 다양한 서술 사료를 포함하는데, 이는 역사가가 연구할 때 이용하는 증거가 된다. 과거에 대한 설명을 구성하기 위해서 역사가는 남아 있는 과거의 흔적인 사료에 관해 연역하고 추론한다. 역사적 추론은 증거의 의미에 대해 논증을 형성하는 것이다. 연역과 추론 과정에서는 과학적 사고의 유형인 논리적 사고가 필요하다. 논리적 사고를 통해서 여러 요소 간의 복잡한 관계를 파악할 수 있고, 인과관계의 진정한 의미도 이해할 수 있기 때문이다. 또한 가능한 변인을 체계적으로 추출하고, 변인을 가능한 방식으로 조합하여 문제를 설명하는 조합적 분석 능력도 갖출 수 있다.[59]

역사가는 사료를 증거로 과거를 해석하고 설명하기 위해 적절한 질문을 던진다. 이를 테면 사료는 우리에게 당시 사회에 대해 무엇을 말하는가? 그것은 어떻게 만들어졌는가? 왜? 그것은 무엇에 이용되었는가? 누구에 의해서? 그것은 어디에서 발견되었는가? 다른 것도 있는가? 등등의 질문이다. 사료는 항상 불완전하고 가치와 진위가 알려져 있지 않기 때문에 하나 이상의 정당한 가정을 하는 것이 가능하다. 정당성은, 그 시대에 관해 기록된 다른 사료와 비교해 가정이 그럴듯한지의 여부와 다른 증거가 있는지의 여부에 달려 있다.[60]

사료를 증거로 적절하게 활용하기 위해서는 사료 비판, 즉 교차검토(cross-examination)가 이루어져야 한다. 교차검토를 위해서는 세 가지 요소를 고려해야 한다. 첫째, 텍스트나 내러티브에서 저자의 의도를 파악해야 한다. 텍스트나 내러티브는 독자에게 과거 사건에 대해 알리기 위해 신중하게 고안된 서술이다. 따라서 정확한 역사 서술을 위해서는 비망록·일기·편지·신문·보고서·잡지 등에서 저자의 목적과 결과를 살피고, 선택된 것과 빠진 것을 파악해야 한다.[61] 때때로 사람들은 거짓말을 하거나 자신에게 불리한 사실을 감추고자 하기 때문이다.[62]

둘째, 비의도적인 증언을 발견해야 한다. 사물은 과거 사건의 잔재이다. 교황의 교서, 재판과 심문기록, 건물 매도증, 유권자 등록 목록, 동상, 고지도, 총, 수레 등을 역사적으로 이용하기 위해서는 그것이 만들어진 방법과 이유에 대해 해석해야 한다. 셋째, 용어의 역사적 의미를 파악해야 한다. 용어는 역사적 질문과 설명뿐 아니라 과거의 언어와 사상의 중요한 특징을 담고 있다. 특히 교차검토의 주요 기능은 특정 단어가 이전 시대에 가졌던 의미를 찾아내는 것이다.[63]

사료 비판이 끝나면 역사가는 사료를 해석해서 자신이 상정했던 가설이나 잠정적 결론을 논증하고 결론을 도출한다. 역사가는 문제의 인식부터 결론의 도출까지 철저하게 논리적이고 합리적인 방법을 사용하지만, 역사적 사건은 수많은 인간의 행위로 이루어진 것인 만큼 과거 행위자의 동기와 신념을 고려하지 않고는 이해할 수 없다. 그들이 그렇게 행동했던 이유를 절대적으로 확신할 수도 없다.

또한 증거의 엄격성에 대해 관심을 가진다고 해도 역사가는 자연과학자처럼 객관적으로 과거를 기술할 수 없다. 따라서 이용 가능한 많은 증거 가운데 선택해야 하고, 사건이 그렇게 일어난 이유와 방법에 대해 해석해야 한다.

이상으로 역사적 탐구력의 특징과 세부기능을 살펴봤다. 간단히 말하자면, 역사적 탐구력은 역사를 연구하는 일련의 과정에서 발휘되는 능력이다. 역사가는 연구 과정에서 선행연구와 사료를 검토하고 수집하며, 비판하고 해석하며, 적절한 결론을 도출한다. 역사적 탐구력의 세부기능으로는 1·2차 사료의 구별, 사료 수집, 사료의 저자나 출처 확인, 사료 비판, 인과관계의 파악, 가설의 설정과 검증, 결론의 도출, 역사적 해석 등이 있다.

세 번째로 설정할 수 있는 역사적 사고력의 하위범주는 역사적 상상력이다. 이 범주는 역사를 사회과와 구별해주는 특수한 영역으로, 역사학의 특성을 잘 드러낸다. 역사적 상상력이 역사적 사고력에서 차지하는 범주는 역사적 탐구력에 비해 작지만, 역사적 탐구력의 부족한 점을 보완해주는 주요한 하위범주이다. 기본적으로 역사적 상상력은 역사 연구의 중요한 근거인 사료의 불완전성 때문에 필요하다.

사료는 과거에 대해 부분적으로 이야기하는 것인 만큼 근본적으로 불완전하다. 사료를 이용해서 과거를 재구성하는 데 성공하는 것은 사료와 역사가의 만남에 의존할 수밖에 없다. 사료는 의미의 재구성에 대한 단서를 제공하지만, 이 단서를 해석하는 역사가가 없다면 과거의 모순된 진술과 설명을 뒤죽박죽으로 모아놓은 것에 그치기 때문이다. 사료는 고정된 요점 덩어리를 제공하지만, 역사가의 과업은 '상상적 구성의 그물(web of imaginative construction)' [64]을 짜거나 고정된 요점 사이의 양상을 보는 것이다.[65] 콜링우드의 '상상적 구성의 그물' 없이 역사 저술은 불가능하다. 사료는 단편적이고 부분적으로 나타나며 항상 제한적인 시각이 담겨 있다. 역사가는 어떤 양상이나 이해할 수 있는 형식을 식별하기 위해 사료에 드러나 있는 많은 세부사항을 뛰어넘어야 하는데, 이러한 과정에서 필요한 것이 바로 추론이다. 추론은 자료를 엮는 연결조직인 동시에 자료를 이야기 속에 함께 모으는 수단이다.[66]

역사적 추론은 역사적 상상, 또는 역사적 감정이입이라고도 불린다. 그러나 이들 용어는 종종 증거를 해석하는 것과 구별되는 자유로운 상상의 산물로 간주되기 때문에 상당한 혼란을 초래했고, 과거에 자신을 투사하는 것 또는 과거인과 동일시하거나 공감하는 것과 혼동되었다. 역사가는 과거인의 사상과 감정을 공유하려고 하는 것이 아니라, 그것이 무엇이었는지를 이해하고 설명하려고 한다. 또한 '역사적 상상'이나 '감정이입'이라는 용어는 상충되는 다른 관점, 개인이나 집단의 동기, 다른 사회의 가치·태도·신념에 대한 이해 등 다수의 종속 개념을 포함하기 때문에 혼동이 있었다.[67] 이러한 혼동을 피하기 위해서 역사적 상상력을 명확히 규정하는 것이 필요하다.

상상의 개념이나 사고 과정에서 작용하는 상상의 기능에 대해서는 다양한 견해가 있다. 그러나 대체로 상상은 사물이나 현상에 겉으로 드러나 있지 않은 어떤 점을 발견하거나, 감각을 통해 직접 얻을 수 없는 사실을 인식하는 것을 의미한다.[68] 다시 말해 상상은 있는 그대로의 사물을 뛰어넘어 보고, 새로운 시각이나 다른 사람의 눈을 통해서 보이는 것을 예상하며, 드러나지 않은 사실을 발견하는 것으로, 상상의 요점은 주어진 것을 분해하고 빠진 것이나 대안적인 것을 생각해내는 것이다.[69] 흔히 사고와 상상은 다른 것으로 간주되고 있다. 그러나 사고에 관해 연구한 라일(G. Ryle)은 상상이 사고와 대비되는 활동이 아니라 사고의 혁신, 발명, 탐색, 모험이라고 했는데,[70] 이는 사고와 상상이 긴밀하게 연관되어 있음을 강조한 것이다.

그렇다면 역사적 상상력은 역사가의 작업에서 어떻게 발휘될까? 관념론자는 역사가의 주된 과업이 과거인의 행위를 이해하는 것이고, 이해를 위해서는 재연이 필요하다고 말한다. 콜링우드는, 재연은 과거인의 사고를 알기 위해서 역사가가 과거인의 마음속으로 들어가 과거인이 되어 사고해보는 것이라고 했다.[71] 다시 말해 재연은 과거의 상황에 상상적으로 들어가서 하는 행위로, 재연을 위해서는 역사적 행위자의 목적·의도·사상을 파악해야 한다. 이렇게 인간의 내면을 파악하기 위해서는 상상을 통해 자료에 드러나 있는 사실 이상을 알아야 한다.[72] 이때 이루어지는 상상의 유형이 감정이입(empathy)이다.

쿠퍼(H. Cooper)가 지적했듯이, 감정이입이란 용어도 다양한 의미로 사용되고 혼동을 일으키기도 한다. 다른 사람에 대한 '관용(tolerance)'이나 '공감(sympathy)', 또는 비슷한 태도나 성향·상상력·창의력에 가까운 정신 능력, 과학적 방법과 비교되는 방법론적 절차나 기술, 과거인에 대한 일련의 진술 등 다양한 의미로 받아들여지고 있다. 그렇지만 대체로 감정이입은 '자신을 다른 사람의 처지에 두는 능력'이나 '처지를 주고받는 것'을 뜻한다.[73] 따라서 역사에서 감정이입은 과거 사람들의 처지에 들어가 역사적 행위와 관련된 그들의 동기나 관점을 파악하고 그들의 감정을 함께 느끼는 것을 가리킨다. 때로는 역사적 행위의 동기나 관점, 감정뿐만 아니라 사상까지 공유하는 것을 의미하기도 한다.[74] 역사적 감정이입은 역사적 상상의 한 형태이므로, 역사적 상상이 증거에 입각해야 하듯 역사적 감정이입도 증거에 입각해서 이뤄져야 한다.

그러나 역사적 증거는 대체로 불확실하고 불완전하다. 따라서 역사가가 해야 할 일은 증거에 내재하는 사상이나 의미를 추출하는 것이다. 즉, 상상적 추론을 통해 과거에 대해 가장 확실한 설명을 제시해야 한다.[75] 이 과정에서 불완전하고 불확실한 증거의 간극을 메워야 하는데, 이것을 삽입(extrapolation)이라고 한다. 역사 연구나 학습에서 삽입은 자신이 알고 있는 사실을 토대로 하여 증거에 명확히 나타나 있지 않은 사실에 대한 상상적 추론을 통해 역사적 사실을 재구성하는 것을 말한다. 여기에는, 역사적 사건이나 현상을 말해주는 증거의 일부가 자료에 빠져 있을 경우 그 증거의 간극을 메우기 위해 다른 사실을 밝혀내는 보간(interpolation)과 종전과 다른 새로운 관점에서 증거를 해석하는 대안적 해석이 포함될 수 있다.[76]

지금까지 역사적 상상력의 특징과 하위기능에 대해서 살펴봤다. 역사적 상상력은 간단히 말해서 증거의 부족을 보완하기 위해서 필요한 범주이지만 반드시 증거에 입각해서 이루어져야 하는 사고 작용이다. 역사적 상상력의 하위기능으로는 삽입, 증거의 간극 파악, 감정이입적 이해, 상상적 재구성, 행위의 대안적 해석 등을 들 수 있다.

역사적 사고력의 하위범주 가운데 마지막으로 설정할 수 있는 것은 역사적 판단력이다. 역사적 판단력은 역사적 상상력의 영역에 포함될 수도 있지만, 상상력과 구분되는 특성을 지닐 뿐 아니라 역사적 사고력의 가장 높은 수준에 위치하고, 역사 연구나 학습의 궁극적인 목표가 되는 중요한 하위범주이다.

판단은 사물의 진위(眞僞), 선악(善惡), 미추(美醜) 등을 직관적·상상적으로 결정하는 사고 과정으로, 블룸(B. S. Bloom)에 따르면 가장 수준 높은 사고 작용이다. 블룸은 판단을 평가와 거의 동일시하면서, 평가를 '어떤 목적을 가지고 아이디어, 작품, 방법, 소재 등의 가치에 대해 판단을 내리는 것'[77]이라고 정의하였다. 여기서 블룸은 가치판단을 평가에 포함시키고 있는데 이 점은 교육목표 분류의 '평가' 항목에 '내적 증거에 의한 판단'과 '외적 증거에 의한 판단'을 제시한 것과 같은 맥락으로 파악할 수 있다.

그런데 평가나 판단이 반드시 가장 높은 수준에서 이루어지는 것은 아니다. 사고 수준이 낮은 경우에도 주관적 또는 즉흥적으로 판단을 내릴 수 있고, 때로는 그 판단이 옳을 수도 있다. 블룸은 이런 경우를 의견(opinions)이라고 하면서 판단과 다르게 봤다. 판단은 마음속에 준거를 가지고 의식적으로 신중하게 이뤄지지만, 의견은 즉각적이고 즉흥적으로 제시된다. 이러한 구분에 따르면 판단은 교육적으로 가치가 있고, 의견은 가치가 없게 된다. 그러나 판단과 의견을 이렇게 양분할 필요는 없다. 학생들은 역사 수업에서 다양한 의견을 개진할 필요가 있고, 판단을 내세울 필요가 있다. 중요한 점은, 학생들 스스로가 역사적 판단에서 자신의 판단이 하나의 의견이라는 사실을 아는 것이다.[78] 필(E. A. Peel)은 이제까지 배운 것으로는 적절한 대답을 할 수 없는 상황이나 하나의 최종적인 정확한 답을 찾을 수 없는 상황에서 판단이 이루어진다고 말하면서, 판단은 여러 종류의 서로 다른 기준을 만족하는 갖가지 답이라고 했다.[79] 판단에 대한 필의 설명은 학생들이 다양한 의견을 제시할 가능성을 인정한 것이라고 하겠다.

역사가는 역사 연구 과정에서 여러 유형의 판단을 한다. 먼저 어떤 문제가 연구할 가치가 있는지를 판단하고, 연구를 위한 여러 사료 가운데 어느 것이 중요한지를 판단하며, 사료 간의 연결성 여부를 판단한다. 즉, 자료를 해석하고, 증거에 비중을 두며, 선입관을 찾아내고, 추론을 하며, 정보에 따라서 균형 잡힌 결론을 도출할 때 합리적 판단을 하는 것이다.[80]

역사가는 이렇게 연구 과정에서 판단하는 것 외에도 도덕적 판단도 한다. 모든 중요한 역사적 행위의 핵심에는 도덕적 문제가 있는데, 역사가는 그것을 분석해야 한다. 그러나 역사가는 상황의 압력과 인간 자유의 한계를 인식하기 때문에 개인에 대한 도덕적 판단을 주저한다. 더욱이 역사가는 자신의 이해를 왜곡하거나 판단을 흐리는 가치를 허용해서는 안 된다는 사실을 잘 알고 있다. 학술적 전통에 따라 역사가는 자신의 선입관을 극복해야 한다.[81] 버터필드(H. Butterfield)도 삶이 전적으로 도덕의 문제라는 점을 인정하지만 도덕적 결론을 이끌어내는 것이 역사가의 할 일은 아니라고 하면서, 역사가의 본래 임무는 사건의 관찰 가능한 상호 관계를 연구하는 것이라고 주장했다.[82]

이런 의미에서 역사는 판단의 학문이다. 역사는 인류와 그들의 문제, 행동의 동기 및 원인과 결과에 대해 판단한다. 이것이 곧 자연과학과 다른 역사학의 본질로, 이런 요구는 다른 어떤 과목보다 자연스러운 판단을 요구하고 진전시킨다. 물론 이러한 판단은 인지할 수 있는 배경 설명과 비판, 합리적 결론을 내릴 수 있는 능력이 수반될 때 가능하다. 현명한 판단은 적절한 질문이 있을 때 가능하고, 적절한 질문은 역사적 사고로 훈련된 상상력에서 나온다.[83] 역사가는 과거의 사실을 기술할 뿐 아니라 설명과 해석을 통해 중요하고 유의미한 판단을 해야 한다.

또한 역사는 다른 시대와 당시 사람들이 사용한 언어의 의미를 파악하는 능력을 포함하는데, 그 가운데 편견(bias)을 알아내는 일이 중요하다. 편견을 파악한다는 것은 문헌에 저술된 역사적 상황과 저자의 동기, 감정적 · 비유적인 언어를 인식한다는 의미이다. 많은 단어가 객관적이지 않고 가치판단을 포함한다는 사실을 인식해야 한다. 언어도 자체의 역사를 가진다. 단어는 자체의 형식을 띠고 있지만, 의미가 변하고 새로운 아이디어 및 태도와 다양하게 연합한다.[84] 따라서 다른 시기에 살았던 사람의 생각을 제대로 이해하기 위해서는 의미와 용법에 따른 이러한 변화를 인식해야 한다.

이와 같은 역사적 판단력은 역사적 논쟁이나 딜레마에 빠졌을 때 합리적 판단을 하고 의사결정을 내리는 능력으로, 역사교육의 궁극적 목적이 될 수 있다. 역사적 판단력을 학습목표로 삼을 경우 판단에 이용되는 준거와 적절성, 다른 가능한 해석의 존재, 공부하는 시대의 가치와 현재 가치 간의 차이 등에 대한 논의를 포함해야 한다.[85] 이 영역에는 다양한 역사적 자료나 방법 가운데 적절한 것을 선택하는 능력을 비롯해 도덕적인 가치판단을 하는 능력 등 다양한 능력이 포함된다. 중요한 역사적 논쟁점은 종종 가치를 담고 있기 때문에 사회적 행위를 수행하는 데 기여하는 도덕적 확신을 고려하는 기회를 제공한다. 역사적 판단력을 교수 · 학습목표로 삼을 때의 요점은 교사가 특별한 도덕적 교훈을 제시하고 윤리적 교수를 하기 위해서 결정적인 사건을 이용해서는 안 된다는 것이다. 이러한 방법은 원리적 사고와 도덕적 추리의 복잡한 기능을 학생에게 길러주는 데 실패한다.[86] 가장 좋은 방법은 학생들에게 역사 증거를 토대로 논쟁점을 다양하게 분석할 기회를 제공하고, 나타난 문제에 대해 다양한 시각을 가지도록 하는 것이다.

이상으로 역사적 사고력의 하위범주를 역사적 사고의 특성에 입각해서 연대기 파악력 · 역사적 탐구력 · 역사적 상상력 · 역사적 판단력 네 가지로 구분하고, 하위범주별로 특징과 세부기능을 살펴봤다. 그러나 이들 하위범주는 개념으로 구분하는 것이 가능하지만, 실제로는 별개로 존재하는 것이 아니다. 사고는 총체적인 정신활동이므로 개개의 범주를 별개로 구분하거나 개별적으로 육성할 수 있는 것이 아닌 까닭이다. 다만 어느 하나의 하위범주를 중점적으로 육성하는 것은 가능하다. 이를테면 역사적 탐구력의 신장을 학습목표로 삼았을 때 사료 수집과 비판, 가설 검증, 결론 도출 등의 기능을 집중적으로 함양할 수 있다. 하지만 이 경우에도 연대기 파악력, 역사적 상상력, 역사적 판단력이 완전히 배제되는 것은 아니다. 다른 하위범주의 경우에도 마찬가지이다.

네 가지 하위범주 가운데 역사 연구나 학습에서 가장 빈번하게 발휘되고 작용하는 범위가 넓은 항목은 바로 역사적 탐구력이다. 역사적 탐구력은 역사적 사고력의 논리적이고 합리적이며 분석적인 면을 이룬다. 역사적 상상력은 역사적 탐구력과 쌍벽을 이루기는 하지만, 역사적 탐구력에 비해 발휘되는 빈도가 적고 작용 범위도 작다. 상상력이 필요 없는 경우도 있기 때문이다. 역사적 상상력은 역사적 사고력의 직관적이고 인증적이며 확산적인 측면을 이룬다. 연대기 파악력은 역사적 사고력의 기초이다. 연대기 파악력이 없는 역사적 사고력은 사상누각이 될 수 있다. 연대기 파악력은 역사적 사고력의 시간적이고 맥락적인 측면을 이룬다. 마지막으로 역사적 판단력은 역사적 사고력의 머리 부분, 즉 메타 인지(meta-cognition)에 해당한다. 역사 연구와 학습의 시작부터 과정을 거쳐 결론을 도출하고 역사 이해에 도달할 때까지 올바른 방향을 유지하는 구실을 하는 것이다. 역사적 판단력은 역사적 사고력의 비판적이고 평가적인 측면을 이룬다.

4. 맺음말

역사교육을 통해 학생들의 역사적 사고력을 키우기 위해서는 역사 학습목표를 적절하게 설정하고, 그에 따라 타당한 내용을 선정하며, 효과적인 교수 · 학습 방법을 마련해야 한다. 역사적 사고력과 관련된 역사 학습목표를 설정하기 위해서는 먼저 역사적 사고력의 의미를 분명히 밝히고 하위범주를 구체적으로 규정할 필요가 있다.

이 글에서는 역사적 사고력을 역사가의 사고를 수행할 수 있는 능력으로 보고, 역사 지식을 이용하여 역사 문제에 대한 가설을 산출하거나 해결 방안을 찾으면서 역사 이해에 도달하려는 의도적이고 복합적인 정신활동을 수행하는 인지적 조작 능력으로 정의했다. 그리고 역사적 사고력의 실체를 좀 더 분명히 밝히고, 역사 학습목표 설정의 준거로 삼고자 역사적 사고력의 하위범주를 연대기 파악력 · 역사적 탐구력 · 역사적 상상력 · 역사적 판단력 네 가지로 설정했다.

역사적 사고력은 역사 지식이란 내용과 연대기 파악력 · 역사적 탐구력 · 역사적 상상력 · 역사적 판단력이란 하위범주의 조작 능력이 조합된 것이므로, 역사 학습목표의 설정에서는 내용과 기능이 적절하게 조화를 이뤄야 한다. 종래의 역사 학습목표 진술은 내용이나 기능의 어느 한 면만을 달성하기 위한 경우가 많았는데, 내용과 기능은 분리될 수 없으므로 양자를 함께 고려한 역사 학습목표를 제시해야 한다. 역사 학습목표를 적절하게 설정하면 교육과정이 추구하는 목적을 효과적으로 달성할 수 있고, 학습 내용의 선택과 조직에 도움을 받을 수 있으며, 교수 · 학습 방법을 선정하고 수행하는 데 유익하다.

역사 교사 가운데는 가르칠 내용에만 관심을 가지고 그것을 어떻게 가르칠지와 학생들에게 사고 기회를 얼마나 제공할지에 대해서는 고민하지 않는 사람들이 많다. 그러나 이 글에서 제시한 역사적 사고력의 의미와 하위범주를 참고해서 역사 학습목표를 제시한다면, 그에 따라서 내용조직과 학습 방법을 달리하게 되고 학생들에게 역사적 사고의 기회를 더욱더 많이 제공할 수 있을 것이다. 아울러 역사적 사고력의 신장을 위해서는 학생들에게 활동할 수 있는 기회를 될 수 있는 한 많이 마련해줘야 한다는 점을 명심해야 한다.

한편, 학교급별이나 학년별로 역사 학습목표를 적절하게 제시하기 위해서는 하위범주별로 학생들의 역사적 사고력 수준을 파악해야 하므로 이에 대한 실증적인 조사 · 연구도 필요하다. 이를 위해서 전국적인 표집이 필요하고 적절한 측정도구를 마련해야 하며 다수의 인원이 공동으로 작업해야 한다. 이는 상당히 광범하고 어려운 작업이지만 역사교육의 계열성과 학교급별 차별성을 이루기 위해서 반드시 필요하다.

■ 주

1. 국가 교육과정에서 역사교육의 목표로 역사적 사고력의 육성을 명시적으로 제시한 것은 1955년부터 시행된 제1차 교육과정이다. 역사교육 관련 문헌에서는 1956년에 발표된 강우철의 〈교과과정과 교과서〉(《역사교육》 1)에서 역사적 사고력의 육성이 처음으로 언급되었다.

2. 최양호, 〈문답식중심의 수업형태가 사고에 미치는 영향에 관한 연구〉, 《역사교육》 15, 1973, pp. 4~7; 강우철, 《역사 연구방법과 그 교육적 접근》, 탐구당, 1975; 송춘영, 〈역사적 사고력의 신장을 위한 사료 활용 방안〉, 《이원순교수 화갑기념사학논총》, 교학사, 1986. 송춘영은 뒤에 이 글을 고쳐 써 역사적 사고력의 개념을 다소 분명하게 규정했다(송춘영, 〈역사적 사고력을 기르기 위한 사료 활용방안〉, 양호환 외, 《역사교육의 이론과 방법》, 삼지원, 1997).

3. 한경자, 〈역사적 사고와 목표 체계의 관련 연구〉, 《이원순교수 정년기념 역사학논총》, 교학사, 1991.

4. 김한종, 〈역사적 사고력의 개념과 그 교육적 의미〉, 위 책, 1991.

5. 김한종, 〈역사 학습에서의 상상적 이해〉, 서울대 대학원 박사학위논문, 1994; 김한종, 〈역사적 사고력의 구성 요소와 역사 수업의 발문〉, 《사회과교육》 29, 1996.

6. 이영효, 〈인지 과정으로서의 역사적 사고와 교수 적용〉, 《사회과학연구》 3, 1993.

7. 양호환, 〈역사 학습에서 인지발달에 관한 몇 가지 문제〉, 《역사교육》 58, 1995; 김한종, 〈피아제의 인지발달론과 역사교육 연구〉, 《사회과학교육연구》 창간호, 1995.

8. 양호환은 "역사적 사고의 영역을 세분화·체계화함으로써 학습 모델을 수립하고 또는 학습 내용을 구성하려는 것이 현재 역사적 사고에 관한 연구의 추세"(양호환, 〈역사 학습의 인식론적 모색〉, 《역사교육》 75, 2000, p. 10)이기는 하

지만, 역사적 사고력과 관련된 여러 논의에는 역사적 사고의 본질에 관한 고찰이 결여되어 있다는 점을 근본적인 문제로 지적했다(양호환, 〈역사적 사고의 한계와 역사화의 가능성〉, 《역사교육》87, 2003, pp. 189~199). 그의 지적은 전적으로 타당하지만, 이 글의 관심은 역사적 사고의 본질을 다루는 데까지 미치지 못했음을 미리 밝혀둔다.

9. T. R. Tholfsen, *Historical Thinking: An Introduction*, New York: Harper & Row, Publishers, 1967, p. vi.

10. NCHS, *National Standards for World History: Exploring Paths to the Present*, Los Angeles: National Center for History in the Schools, University of CA, 1994, p. 2.

11. 김한종, 〈역사적 사고력의 개념과 그 교육적 의미〉, 양호환 외, 앞 책, 1997, p. 312.

12. 김명숙, 〈고등사고 기능〉, 서울대학교 교육연구소, 《교육학 대백과사전》, 하우동설, 1998, p. 119.

13. R. J. Sternberg, 《인지학습과 문제 해결》, 김경옥 외 역, 상조사, 1997, p. 51.

14. 성일제 외, 〈사고의 개념화〉, 성일제 외, 《사고교육의 이론과 실제》, 배영사, 1989, p. 75.

15. 김한종, 〈역사적 사고력의 개념과 그 교육적 의미〉, p. 312.

16. 김한종, 〈역사 학습에서 상상적 이해의 방안〉, 양호환 외, 앞 책, 1997, p. 261,

17. K. Egan, "The Origins of Imagination and the Curriculum", in K. Egan, and D. Nadaner(eds.), *Imagination and Education*, Milton Keynes: Open University Press, 1988, p. 91.

18. M. Degenhardt and E. Mckay, "Imagination and Education for Intercultural Understanding", in, K. Egan, and D. Nadaner(eds.), *Imagination and Education*, p. 242.

19. 일반론자는 인지발달론자나 교육심리학자를 지칭하는 용어로 일반적인 이론을 상정하고 이를 모든 교과에 적용할 수 있다고 주장하는 사람들을 말한다.

20. 영역론자라는 표현은 영역특수론자, 지식영역별 인지론자, 영역특정론자 등의 용어를 대표한다.

21. 山中壽夫, 〈歷史教育と 歷史的 思考力〉, 尾鍋輝彦 · 豊田武 · 平田嘉三 (編), 《歷史教育學事典》, 東京: ぎょうせい, 1980, p. 67.

22. 김홍원, 〈사고력 교육에 대한 접근방법〉, 서울특별시 교육연구원, 《사고력 교육의 이론과 실제》, 1993, pp. 72~73.

23. 경험적으로 볼 때 국어과에서 사고력이 우수한 학생은 사회과 계통의 교과에서도 우수한 사고력을 보이지만, 수학과나 과학과에서도 반드시 우수한 사고력을 보이는 것은 아니다.

24. 한국어사전편찬위원회, 《한국어대사전》, 1986.

25. 서울대 교육연구소, 《교육학사전》, 1981.

26. 교육학사전편찬위원회, 《교육학대사전》, 1988.

27. J. Dewey, *How We Think*, Boston: D. C. Heath and Company, 1933, pp. 3~9. 반성적 사고는 사물을 신중하고 논리적으로 생각하는 사고의 형태이다. 반성적 사고는 두 가지 단계를 포함한다. 첫째는 사고가 비롯되는 단계로 사고 대상에 대해 의심하고 주저하며 당황하는 정신적 어려움의 단계이다. 둘째는 의심을 풀고 당혹감을 가라앉힐 수 있는 자료를 발견하기 위해 탐색, 수색, 탐구의 단계이다(Ibid., p. 12).

28. 김명숙, 〈고등사고 기능〉, p. 120.

29. H. H. Kendler, *Historical Foundations of Modern Psychology*, Chicago: The Dorsey Press, 1987, p. 366.

30. B. Inhelder and J. Piaget, *The Growth of Logical Thinking*, London: Routledge & Kegan Paul Ltd., 1972, p. 6.

31. 정범모, 《교육평가》, 배영사, 1967, p. 30.

32. 한면희, 〈사회과에서의 사고력 교육〉, 《사회과교육》 29, 1996, p. 29.

33. 일반적으로 사고를 문제해결이라고 할 때 여기서 제기되는 문제는 하나의 정답이 있는 것, 분명한 해결 전략이 있는 것, 명료하게 진술될 수 있는 것, 논리·분석적인 것, 객관적인 것 등으로 간주된다(성일제 외, 〈사고의 개념화〉, p. 57). 그러나 역사 문제는 하나의 정답이 있거나 반드시 해결되는 것은 아니다. 해결된 것이라 하더라도 잠정적이고 새로운 문제의 시작이 되는 경우가 많다(S. S. Wineburg, "Historical Problem-Solving : A Study of the Cognitive Processes used in the Education of Documentary Evidence", Stanford University Ph. D. Dissertation, 1990, p. 3).

34. 그렇지만 학교 교육에서 초·중등학생들에게 역사가의 능력까지 도달하도록 역사적 사고력을 육성할 수 있는 것은 아니고 그럴 필요도 없다. 따라서 초·중등학교에서 필요한 수준을 설정하는 것이 필요하다.

35. 성일제 외, 〈사고의 개념화〉, p. 62.

36. A. Farmer and P. Knight, *Active History in Key Stages 3 and 4*, London : David Fulton Publishers, 1995, p. 13.

37. H. Cooper, *The Teaching of History : Implementing the National Curriculum*, London : David Fulton Publishers, 1992, p. 6.

38. T. R. Tholfsen, *Historical Thinking : An Introduction*, pp. 2~4. 역사적 맥락을 통한 역사 이해에 관해서는 송상헌의 〈역사교육에 있어서 역사적 맥락을 통한 '이해'의 문제〉(양호환 외, 앞 책) 참조.

39. Ibid., pp. 8~10. 역사가가 구체적인 것에 관심을 갖지만 보편적인 것을 고려하지 않을 수 없기 때문에 관념론과 실증론의 논쟁이 존재하고 어느 쪽도 완전히 논쟁에서 승리할 수 없는 것이다.

40. H. Cooper, *The Teaching of History : Implementing the National Curriculum*, p. 6.

41. 와인버그는 발견법의 특성을 다음과 같이 제시하고 있다. 첫째, 역사 문헌을 읽어나가는 방법에 대한 아주 일반적인 제안으로 생각될 수 있다. 둘째,

일반적으로 유용하지만, 성공을 보증하지는 않는다. 그것의 이용만으로 역사 문헌에 대한 사려 깊은 독서에 도달하리라는 것을 보장하지 못한다. 셋째, 똑같이 넓은 시기의 역사로부터 역사 문헌의 넓은 배열을 따라 적용될 수 있다. 넷째, 연산적이지 않고, 그것을 이용할 시기를 결정할 때 많은 개인적 재량이 있다(S. S. Wineburg, "Historical Problem-Solving: A Study of the Cognitive Processes used in the Education of Documentary Evidence", p. 144).

42. Ibid., p. 145.

43. Ibid., pp. 147~148.

44. Ibid., p. 151.

45. Ibid., p. 156.

46. 사료 비판은 외적 비판과 내적 비판으로 나뉜다. 외적 비판은 사료를 관찰하여 작성 당시와 같은 상태인가, 훼손되지는 않았나 등을 살피는 것으로, 사료의 필적·언어·서체·출처 따위를 조사해서 사료의 원형을 찾으려는 노력이다. 내적 비판은 사료의 저자가 무엇을 의도했는가, 자기 말을 확신하고 있는가, 자신의 신념을 확신하고 있는가 등 저자의 심리 상태에 관한 비판으로, 저자의 진실성과 정확성을 판단하는 것이다(박성수, 《역사학개론》, 삼영사, 1977, pp. 263~268). 외적 비판은 외부 고증, 내적 비판은 내부 고증이라고도 한다.

47. 杜維運, 《역사학연구방법론》, 권중달 역, 일조각, 1984, p. 159.

48. 이 점에 관해서는 새들러와 휩비가 다음과 같이 잘 지적했다. "사고력을 유목화하는 것은 사고력에 대한 학습 과정을 오도하며 학생들의 분석 능력을 증진하려는 교사의 노력을 방해하기 쉽다. 사고력을 단절된 단위로 세분하면 학생 진단에는 유용할 수 있지만, 사고력 지도에는 올바른 방법이라고 할 수 없다. 사람들이 사고하도록 교육하는 일은 마치 골프채를 휘두를 수 있게 가르치는 것과 같다. 만일 휘두르기의 한 작은 부분을 떼어서 가르치려고 시도한다면, 그것은 분명히 잘못된 것이다"(성일제 외, 〈사고의 개념화〉, p. 75).

49. H. Cooper, *History in the Early Years*, London: Routledge, 1995, p. 6.

50. T. R. Tholfsen, *Historical Thinking: An Introduction*, p. 247.

51. Ibid., p. 249.

52. 연대기는 좁은 의미로 볼 때 사건을 단순히 시간 순서로 나열한 것으로 사건에 대한 설명을 의미하는 역사와 구별되는 것이다. 역사적 사고력의 세부 영역으로서 연대기 파악력은 연대기에 대한 이해뿐 아니라 시간과 관련된 용어의 이해 및 시간 순서로 나열된 사건의 인과관계를 파악하는 것도 포함하는 의미이다.

53. R. Brown, *Managing the Learning of History*, London: David Fulton Publishers, 1995, p. 19.

54. NCHS, *National Standards for World History: Exploring Paths to the Present*, p. 20.

55. K. T. Spoehr and L. W. Spoehr, "Learning to Think Historically", *Educational Psychologist* 29(2), 1994, p. 73.

56. M. Stanford, *A Companion to the Study of History*, Oxford: Blackwell Publishers, 1995, p. 190.

57. K. T. Spoehr and L. W. Spoehr, "Learning to Think Historically", p. 73. 역사 학습에서 원인의 다양성과 의미 및 중요성에 관해서는 다음 글 참조. 윤세철, 〈역사 학습에 있어서 '원인' 선별의 문제〉, 《이원순교수 화갑기념 사학논총》, 교학사, 1986.

58. 역사가가 연구를 수행할 때 반드시 가설이나 잠정적인 결론을 상정하고 시작하는 것은 아니다. 가설을 미리 생각하지 않고 선행연구나 사료를 검토하면서 결론을 도출하는 경우도 많다.

59. 정선영, 〈과학적 역사설명논리와 역사교육에의 적용〉, 서울대 대학원 박사학위논문, 1993, p. 132.

60. H. Cooper, *History in the Early Years*, pp. 6~7.

61. M. Clements, "The Disciplines and Social Study", in J. Fair and F. R.

Shaftel(eds.), *Effective Thinking in the Social Studies*, Washington, D.C.: NCSS, 1967, p. 60.

62. S. S. Wineburg, "Historical Problem-Solving: A Study of the Cognitive Processes used in the Education of Documentary Evidence", p. 6.

63. M. Clements, "The Disciplines and Social Study", p. 60.

64. 상상적 구성의 그물이란 사료가 제공하는 최소한의 골격을 의미한다. 역사가는 이 그물을 바탕으로 실 사이의 공간을 상상적 해석을 통해 메워감으로써 사실의 이해에 도달한다(R. G. Collingwood, *The Idea of History*, Oxford: Oxford University Press, 1978, pp. 242~245).

65. S. S. Wineburg, "Historical Problem-Solving: A Study of the Cognitive Processes used in the Education of Documentary Evidence", p. 93.

66. Ibid., p. 76.

67. H. Cooper, *The Teaching of History: Implementing the National Curriculum*, pp. 8~9.

68. 김한종, 〈역사 학습에서의 상상적 이해〉, p. 16.

69. M. Greene, "What Happened to Imagination", in K. Egan and D. Nadaner(eds.), *Imagination and Education*, p. 49.

70. G. Ryle, *On Thinking*, Oxford: Basil Blackwell, 1979, p. 63.

71. R. G. Collingwood, *The Idea of History*, pp. 282~283.

72. 김한종, 〈역사 학습에서의 상상적 이해〉, p. 17.

73. D. Shemilt, "Beauty and the Philosopher: Empathy in History and Classroom", in A. K. Dickinson, P. J. Lee and P. J. Rogers(eds.), *Learning History*, London: Heinemann Educational Books, 1984, pp. 39~40. 감정이입과 함께 자주 언급되고 혼동되는 것이 공감이다. 공감은 감정이입과 마찬가지로 다른 사람의 느낌이나 감정을 공유한다는 의미로 사용되기도 하고, 다른 사람의 느낌이나 감정을 적절하다고 인식하는 것이 될 수도 있다. 그러나 역사에서 공감은 감정의 공유보다 감정을 적절

하다고 인식하는 것을 의미한다. 역사적 공감은 도덕적 교의, 생활양식, 사회구성원의 이념 등 어느 특정 시기의 가정이나 전제를 매우 기초적인 수준에서 동의한다는 의미를 함축한다. 감정이입은 역사적 사고의 중심 요소이지만, 공감은 역사적 감정이입의 중심이 될 수 없다. 역사가는 자신이 잘못되었다고 느끼는 믿음을 공유할 수 없기 때문이다(P. J. Lee, "History Teaching and Philosophy of History", *History and Theory*, Beiheft 22, 1983, pp. 39~40).

74. L. Little, "What is Historical Imagination", *Teaching History* 36, 1983, p. 30.

75. M. Booth, "Inductive Thinking in History: the 14~16 Age Group", in G. Jones and L. Ward(eds.), *New History Old Problems*, Swansea: University College of Swansea Faculty of Education, 1978, p. 105.

76. 김한종, 〈역사적 사고력의 개념과 그 교육적 의미〉, 1997, p. 341. 삽입과 보간의 관계에 대해서 김한종은 이전 글에서는 삽입이 보간에 포함된다고 했다(〈역사 학습에서의 상상적 이해〉, p. 56). 삽입이나 보간 모두 증거의 간극을 메우는 것이므로 삽입과 보간을 구별하기보다는 같은 의미로 사용하는 것이 나을 것 같다. 블룸도 보간이 삽입의 한 형태라고 하면서 보간은 연속적인 자료에서 빠진 부분에 관해 파악하는 것이고, 삽입은 자료의 한계를 넘어선 파악이라고 했다(B. S. Bloom, et al., 《교육목표분류학 (I) 지적 영역》, 임의도 · 고종열 · 신세호 공역, 교육과학사, 1968, p. 90).

77. B. S. Bloom, et al., 앞 책, 임의도 · 고종열 · 신세호 공역, p. 185.

78. Schools Council History 13~16 Project(이하 SCHP로 표기), *A New Look at History*, Edinburgh: Holmes McDougall, 1976, p. 41.

79. E. A. Peel, *The Nature of Adolescent Judgment*, New York: Wiley-Interscience, 1971, p. 19.

80. W. H. Nicholls, "Children's Thinking in History: Watts' Model and its Appropriateness", in J. Nichol(ed.), *Developments in History Teaching*,

Exeter: *School of Education*, University of Exeter, 1980, p. 20.

81. T. R. Tholfsen, *Historical Thinking: An Introduction*, p. 323.

82. W. Dray, 《역사철학》, 황문수 역, 문예출판사, 1980, p. 56. 하지만 역사가
    는 의도적이든 무의식적이든 인간 존재에 내재한 도덕적 문제를 조명하게
    된다. 결국 역사가는 자신이 연구하는 사람과 시대의 신념과 가치에 대해
    서 판단하게 되는데 이 경우에 자신의 판단 근거가 정치적인지, 도덕적인
    지 등을 분명히 밝히는 것이 중요하다(SCHP, *A New Look at History*, p. 41).

83. 이원순 · 윤세철 · 허승일,《역사교육론》, 삼영사, 1981, p. 129.

84. Department of Education and Science, *History in the Primary and
    Secondary Years: An HMI View*, London: HMSO, 1985, p. 5.

85. SCHP, *A New Look at History*, p. 41.

86. NCHS, *National Standards for World History: Exploring Paths to the
    Present*, p. 32.

03

역사 교사의 인지적 특성이
역사 수업에 미치는 영향

김한종

역사 수업 활동은 일반적으로 교과서 내용에 대한 교사의 해석에서 비롯된다. 교과서와 수업 내용의 관계에서 볼 때, 역사 수업은 크게 교과서의 내용 및 순서를 따르는 수업과 교과서를 재구성하는 수업으로 구분된다. 일반적으로 교사가 내용지식을 많이 가지고 있을수록 교과서를 재구성할 가능성이 높다. 이는 교사의 내용지식이 수업 내용을 재구성하는 데 활용되기 때문이다. 역사에 대한 풍부한 내용지식을 가지고 있는 교사는 역사적 사실을 전달하는 데 적절한 자기 나름의 구조를 가지고 있다. 이에 반해 충분한 내용지식을 가지고 있지 못한 교사는 자신에게 익숙한 방식으로 내용을 조직하거나, 교재에 나오는 그대로 수업을 전개한다.

1. 머리말

역사교육 연구의 주된 관심사 가운데 하나는 역사 이해의 문제이다. 학생들은 다양한 경로를 통해 역사적 사실을 접하게 된다. 이 가운데 학생들의 역사 이해에 가장 커다란 영향을 미치는 것은 학교에서의 역사 수업이다. 역사 수업이 학생들의 역사 이해 발달에 중요한 영향을 미친다는 사실은 여러 연구를 통해 밝혀진 바 있다.[1]

수업의 효과는 다양한 요인이 복합적으로 작용하여 결정된다. 학교나 교실의 환경, 학생의 수준 등과 같이 수업 현장에서 생기는 구체적인 문제에서부터 교육과정이나 교육정책, 국민들의 교육에 대한 관심이나 교육관 등 사회 전반적인 여건까지 광범한 요인들이 수업에 영향을 미친다. 그렇기 때문에 수업에 대한 연구도 다양한 측면에서 이루어져왔다.

그렇지만 수업에 가장 큰 영향을 미치는 것은 바로 교사이다. 수업은 무엇을 학습해야 하고, 그것을 어떻게 가르쳐야 하는지에 대한 교사의 이해에서 시작된다.[2] 동일한 교육과정과 교과서를 가지고 수업을 하더라도, 수업 내용과 활동은 교사에 따라 달라진다. 교사는 자기 나름대로 교과의 내용을 이해하고 이를 해석하여 수업 내용으로 변형시킨다. 여기에는 교사의 역사 지식이나 역사관, 교육관이 개재된다. 수업에 대한 교사의 준비 자세, 교재, 수업 기법 등에 따라서도 수업의 효과는 크게 달라진다. 교사의 역사적 사고 능력과 학생의 역사 이해 사이에는 밀접한 관계가 있다.[3] 그런 의미에서 교사가 역사 수업에서 하는 일이 무엇인지에 대해 밝히는 것은 역사교육 연구의 중요한 과제라고 할 수 있다.

이 글에서는 교사의 특성과 역사 수업의 관계에 대해 살펴보고자 한다. 이 글에서 특히 주목하고자 하는 부분은 역사 교사의 인지적 특성이다. 교육에서 흔히 인지적 영역으로 구분되는 것은 지식과 지적 기능(知的 技能, intellectual skill)이다. 지식은 주로 역사적 사실에 대한 기억과 이해를 가리킨다. 논의하는 사람에 따라 조금씩 차이가 있지만, 역사 학습에 필요한 지적 기능으로는 연대기 파악력, 자료 분석 및 해석을 비롯한 탐구 기능, 보간(補間), 감정이입적 이해와 같은 역사적 상상력, 역사적 판단력 등이 지적되고 있다.[4] 그렇지만 지식이나 지적 기능을 교과관과 분리해서 생각할 수는 없다. 교과관은 교과 내용이나 방법에 대한 지식과 교과를 연구하고 학습하는 데 요구되는 기능을 바탕으로 형성되며, 반대로 교과를 보는 관점이 교사의 내용지식이나 교수 방법, 교수 능력에도 영향을 미친다.

이 글에서는 역사 교사의 인지적 특성을 구성하는 여러 요소들이 역사 수업에 어떻게 반영되고 있는지를 고찰하고자 한다. 이를 위해 인지적 특성을 구성하는 요소들의 성격에 대해 살펴보고, 이 요소들이 역사 수업 내용을 재구성하고, 교수 · 학습 활동을 구체적으로 설계하는 데 어떤 방식으로 영향을 미치는지를 검토하겠다. 역사 수업이나 사회과 수업을 분석한 기존의 연구들을 다시 정리하고, 문헌 등에 발표되거나 실제 역사 수업의 사례를 검토하여 이러한 과제에 접근할 것이다. 이를 통해, 역사 수업에서 학생들의 역사 이해를 높이기 위해 필요한 교사의 특성이 무엇인지에 대한 시사점을 얻고자 한다.

2. 인지적 특성의 구성 요소

(1) 역사 교과에 대한 지식

가르치는 행위에는 여러 영역에 대한 교사의 이해가 내포되어 있다. 교육에 대한 철학적 이해, 교과 내용에 대한 이해, 교실에 대한 이해 등에 따라 수업은 달라진다. 이들 영역에 대한 교사의 관점은 가르치는 행위에 은연중 포함되어 체계적이지 않을 수 있으며, 정반대로 명확하고 일관되게 드러날 수 있다. 교사가 효율적으로 가르치기 위해서는 이와 같은 여러 영역을 통합적으로 이해하고, 이를 교수 실천에 반영해야 한다.[5]

그렇지만 실제 수업에 가장 직접적으로 작용하는 것은 교과지식이다. 풍부한 교과지식을 가지고 있는 교사는 효율적으로 교과를 지도할 가능성이 많다. 교과에 능숙하기 위한 조건으로는 다음과 같은 요소들이 지적된다.[6]

① 중요한 지식의 틀을 파악
② 교과의 중심이 되는 중요한 하위개념의 이해

③ 교과 구조의 이해와 이를 알려는 의욕

여기에서 ①은 교과의 틀을 구성하는 기본 개념이나 핵심적 아이디어에 대한 지식, ②는 교과 내용에 대한 지식, ③은 교과에 대한 인식론적 지식과 관심이라고 할 수 있다. 이 가운데 교사의 교과지식과 관련하여 가장 관심을 끌고 있는 조건은 바로 내용지식이다. 교과 내용은 수업 내용을 구성하는 기본 자료이다. 교과 내용지식을 많이 가지고 있는 교사는 자신의 의도에 맞춰 다양한 내용으로 수업을 구성할 수 있으며, 자신감을 가지고 수업에 임할 수 있다. 교과 내용에 대한 지식은 교사가 역사 수업의 방식을 결정하는 중요한 요소이기도 하다. 그런 의미에서 내용지식은 교사의 능력을 보여주는 의미 있는 지표로 평가되고 있다.[7]

교과 내용지식은 수업에서 정보 전달이나 교사와 학생의 의사소통과도 밀접한 관련을 가진다. 예를 들어, 역사 수업에서 가장 자주 사용되는 내용 전달방식인 교사의 설명에 대해 생각해보자. 많은 비판을 받아왔지만, 설명은 여전히 효과적인 역사 수업의 수단이다. 적절하고 다양한 설명은 학생들로 하여금 명확한 정보를 가질 수 있게 하고, 흥미를 느끼게 하며, 기능을 기르는 데도 도움이 된다. 학생이 학습 내용을 체계적이면서도 쉽게 이해할 수 있도록 설명하기 위해서는 무엇보다 내용지식이 필요하다. 역사 개념이나 아이디어를 설명할 때 관련 사례를 드는 경우가 많다. 이때 수업 내용에 적절하면서도 학생들이 흥미를 가질 수 있도록 다양한 사례를 들기 위해서는 풍부한 내용지식을 가져야 한다.[8]

교사는 한 단위의 수업에서 학생에게 인식시키고자 하는 몇 가지 아이디어를 가지게 된다. 이들 아이디어는 실제 수업의 전개 과정에서는 몇 단계에 걸쳐 흩어져 나온다.[9] 단계별로 아이디어가 하나씩 나온다고 하더라도 수업이 체계적으로 전개되기 위해서는 이들 아이디어를 적절하게 연결해야 하며, 교사의 수업 계획도 보통 이를 고려해서 만들어진다. 그러나 실제 수업이 교사가 설계한 대로 전개되는 경우는 그리 많지 않다. 교사는 학생의 이해나 반응에 따라 수업 중간에 계획을 조정하기도 하고, 예상하지 못했던 상황에 맞춰 계획을 바꾸기도 한다. 필요한 경우, 계획에 없었던 새로운 정보를 제시하기도 한다. 이처럼 아이디어를 연결하거나 설명 내용을 적절하게 조정하기 위해서는 설명하려는 내용이나 그와 관련된 연구에 대해 교사가 지식을 가지고 있어야 한다. 내용지식을 가지고 있지 않으면 이는 가능하지 않다.[10]

이상에서 살펴본 것처럼 내용지식은 역사 교사가 자신이 의도한 대로 수업을 효과적으로 전개하는 데 필요한 도구이다. 그러나 개별적인 역사적 사실을 많이 알고 있다고 해서 반드시 역사를 가르칠 준비가 더 잘되어 있다는 의미는 아니다. 실제 역사 수업의 내용은 개별적인 역사적 사실을 종합하여 구성된다. 그런데 내용지식을 가지고 있다고 해서 반드시 종합하는 능력이 있는 것은 아니다. 역사를 종합적으로 이해하기 위해서는 맥락적 이해를 해야 하고, 맥락적 이해를 위해서는 내용지식 외에 개별적 사실을 상황과 연결지을 수 있는 능력이 필요하며, 역사를 맥락적으로 이해하려는 성향도 중요하다.

이와 관련해 과거에 일어난 개별적인 사건이나 현상을 많이 기억한다고 해서 역사적 사실의 본질을 이해하거나 자료를 비판적으로 볼 수 있는 것은 아니라는 주장도 유의할 만하다. 이는 역사학자와 고등학생의 역사 텍스트 읽기를 비교한 연구에서 잘 나타난다.[11] 이 연구에 따르면, 역사적 사실을 더 많이 기억한다고 해서 반드시 역사 자료를 비판적으로 읽거나 자료에 들어 있는 서브텍스트를 읽어 낼 수 있는 것은 아니다. 학생들은 역사학자에 비해 역사적 사실을 더 많이 기억하더라도 자료의 정보를 종합하여 텍스트에 깔려 있는 관점을 인식하거나 사회적 의미를 밝히는 능력이 부족했다. 즉, 학생들은 단지 텍스트에서 정보를 모으고, 정보의 한쪽 측면에만 집중하여 이를 전달하는 데 그쳤다. 이에 반해 역사학자들은 사실적 지식이 부족한 경우에도 내용지식을 많이 가지고 있는 학자들과 비슷하게 텍스트를 비판적으로 읽었다. 역사학자들은 텍스트가 인간의 의도나 목적, 동기를 내포하고 있고 이를 재구성하려는 시도에 의해서만 이해될 수 있다는 사실을 알고 있으며, 텍스트에서 저자의 의도나 관점을 읽어내는 데 익숙하기 때문이다.

역사 자료를 제대로 이해하고 해석하기 위해서는 텍스트에 대한 인식론적 지식이 필요하다. 인식론적 지식은 자료의 성격이나 표현 형식에 비추어 내용이 실제로 어떤 역사적 사실을 반영하고 있는지를 파악하고, 이를 토대로 학생들에게 습득시키고자 하는 아이디어를 정리할 수 있게 해준다. 또한 자료 내용을 적절히 변형하여 교사의 이해나 해석을 학생들에게 효율적으로 전달하기 위해서도 인식론적 지식이 필요하다.[12]

(2) 역사교육관

역사교육의 성격이나 목적에 대한 관점의 차이는 교사의 수업에 큰 영향을 미친다. 교과가 무엇인지에 대한 생각에 따라 학생들에게 교과를 표현하는 방식도 바뀌며, 어떤 수업이 성공한 수업인지에 대한 판단도 달라질 수 있다.[13]

교과 교육을 보는 전통적인 관점은 '교과(내용)＋교육(방법)'이라
는 이분법적인 논리였다. 교과의 내용을 가르치고 배우는 과정에 대
한 처방적이고 기술적인 원리를 다루는 것이 교과 교육학이라고 생
각한 것이다.[14] 이러한 관점은 역사교육에도 마찬가지로 적용돼왔
다. 역사교육에는 '역사를 가르친다'와 '역사로써 가르친다'는 두
가지 의미가 들어 있는데, '역사로써 가르친다'는 태도를 취해야 한
다는 견해가 바로 그것이다.[15] 여기에서 '역사를 가르친다'는 말은
역사적 사실을 아는 것 자체가 역사교육의 목적이라고 본다는 의미
이고, '역사적 사실로써 가르친다'는 말은 역사적 사실을 역사교육
의 목적을 달성하기 위한 수단으로 본다는 의미이다. 이 견해에는
역사적 사실에 대한 기억 위주로 전개된 역사 수업에 대한 반성이
내포되어 있다. 즉, 어떤 내용을 가르칠지에서 어떤 방법으로 가르
칠지에 대한 관심으로의 전환이 필요하다는 것이다.

그러나 실제 수업에서 내용과 방법은 이렇게 분리되어 나타나지
않는다. 물론 교사는 역사를 왜 가르치고 배워야 하는지에 대한 자
기 나름의 관점을 가지고 있으며, 이러한 생각은 수업에 영향을 미
친다. 역사 수업에서 어떤 역사적 사실이 다룰 가치가 높으며, 이 사
실들을 어떻게 인식해야 하는지에 대한 생각을 가지고 있기도 하다.
그렇지만 수업에서는 교사 자신이 지향하는 목적을 이루기에 적합
한 내용만을 다루는 것은 아니다. 다뤄야 할 수업 내용의 범위와 계
열은 이미 짜여 있으며, 이 내용을 학생들에게 어떻게 학습시키며,
이를 위해서는 어떤 자료들을 택해야 하는지를 생각하게 된다. 즉,
역사 수업에서 내용과 방법, 목적에 대한 관점은 한 덩어리로 혼합
되어 역사교육관을 형성하며, 역사교육관의 차이는 수업에 반영된
다. 특히 역사같이 인간의 활동이나 생각을 다루는 과목에서는 교과

교육관이 수업에 미치는 영향이 더욱 크다.

역사학에 대한 관점이나 역사적 사고방식도 역사교육관에 큰 영향을 미치는 인지적 요인이다. 역사에 대한 이해나 역사적 사고방식에 따라 역사적 사실에 대한 해석이 달라지며, 어떤 역사가 중요하고, 역사를 왜 배워야 하는지에 대한 생각이 바뀔 수 있다. 역사교육의 목적을 무엇이라고 생각하든 간에, 실제 역사 수업에서 교사가 추구하는 목표는 학생들로 하여금 수업 내용을 알게 하는 것이다. 학생들은 수업 내용, 즉 수업에서 다루는 역사를 앎으로써 역사교육의 목적에 접근해간다. 따라서 역사교육관을 구성하는 하나의 중요한 요소는 학생들이 '알아야 할 역사'가 무엇인지에 대한 교사의 관점이다. 모든 사람이 동의하는 견해는 없지만, 실제 수업에서 교사가 추구하는 '역사를 안다'는 의미는 대체로 다음의 네 가지로 나눌 수 있다.[16]

① 개별적인 역사적 사실에 대한 기억
② 역사적 사실들 간의 관계, 특히 인과관계를 파악
③ 역사적 행위의 동기나 목적에 대한 이해
④ 역사적 사실에 대한 평가

물론 '역사를 안다'는 의미에는 이 네 가지가 모두 포함될 수 있다. 그렇지만 실제 수업에서 교사가 이 가운데 어떤 의미에 더욱 비중을 두느냐에 따라 수업 방향도 달라진다. 개별 사실의 기억에 수업의 초점을 맞추는 교사는 보통 교양을 넓히거나 다른 과목을 공부하는 데 필요한 폭넓은 지식 습득에 역사 학습의 목적을 둔다. 그리고 교사의 설명이나 문답 위주로 수업을 전개한다. 역사적 인과관계의 파악을 중시하는 교사는 자료를 통해 역사를 맥락적으로 이해하거나 자료를 분석하고 해석하는 능력을 기르는 것이 역사교육의 본질이라고 생각한다. 역사적 행위의 동기나 목적을 이해하는 데에 비중을 둘 경우, 교사는 역사를 배운다는 것은 인간의 삶에 대한 체험이라고 생각한다. 학생의 추체험이나 감정이입이 들어가는 수업이 여기에 해당한다. 역사적 사실에 대한 평가가 의미 있다고 생각하는 교사는 역사란 객관적인 사실이 아니며, 역사가의 가치관이 내포되어 있다고 본다. 따라서 자신의 관점에서 역사를 판단하는 눈을 기르는 것이 역사교육의 본질이라고 생각한다.

역사인식과 밀접한 관련이 있는 문제이지만, 역사적 사실의 객관성에 대한 견해도 역사교육관에 큰 영향을 미친다. 역사적 사실을 과학처럼 객관적인 것으로 보느냐, 문학처럼 창조적 성격을 가진 것으로 보느냐에 따라서 수업도 달라진다. 역사를 객관적 사실로 보는 교사는 역사 지식의 습득과 체계적 파악을 중시한다. 대체로 교과서나 권위 있는 자료에 의존하여 수업을 진행하며, 자신의 설명으로 학생들에게 역사를 이해시키려고 한다. 이때 자료는 대부분 사료를 이용하고, 자료에 나타난 역사적 사실을 학생들에게 인식시키려고 한다. 역사 학습을 위한 기능으로 자료 분석이나 해석 능력을 강조한다.

이에 반해 역사적 사실의 문학적 성격에 주목하는 교사는 흥미를 가지고 자기 나름의 역사상(歷史像)을 구성해나가는 것을 강조한다. 같은 역사적 사실이라고 하더라도 사람에 따라서 달리 서술될 수 있는 것이 역사라고 생각하기 때문에, 학생들이 자신의 관점에서 역사 읽기를 해야 한다고 본다. 따라서 자료에 대한 다양한 해석을 중시한다.

교사가 이 가운데 어느 쪽이 역사적 사실의 본질에 가깝다고 생각하는지에 따라 수업에서 활용하는 자료나 학습 활동은 달라진다. 어느 한 역사 교사가 생각하는 역사 서술의 성격을 예로 들어보자.

역사의 서술 형식은 과학의 서술 형식보다 문학적 서술 형식에 가깝다고 할 수 있다. 물론 역사가가 주관이나 상상을 배제하고 정확한 사실에 근거하여 '과학적으로' 역사를 서술하고자 할 수 있다. 그러나 그러한 과학성의 추구는 학문 연구 단계에서는 의미 있는 것이라고 하더라도, 교실에서의 역사 학습으로 이어진다면 의미가 대폭 감소될 것이다. 그렇게 서술된 역사책은 너무 많은 사실을 담고 있고 딱딱한 제도나 구조, 어려운 사회과학적 개념 등이 나열된 재미없는 것이 될 공산이 크다. 이런 역사책을 텍스트로 삼아 수업한다면 역사를 기계적으로 암기해야 하는 지루한 학습이 되기 쉽다.[17]

이 교사는 역사 서술이 창작의 성격을 가지고 있다고 보고 있다. 역사는 자연과학과 같이 어떤 역사적 현상을 모든 사람이 똑같은 시각으로 보고 받아들이는 것이 아니라, 달리 느끼고 해석할 수 있다고 생각하는 것이다. 이러한 역사관이, 문학작품을 통해 역사를 가르치는 것이 효과적이며 학생들로 하여금 역사 현상을 다양하고 감성적으로 느낄 수 있게 하는 수업이 필요하다고 생각하게끔 만들고 있다. 이러한 관점에 따라 문학작품을 이용한 역사 수업을 '문학의 향기로 역사를 만나다'라고 부른다.

역사 전반 이외에 정치·경제·사회·문화 같은 역사의 한 분야에 대한 관점도 교사의 역사교육관에 지대한 영향을 미친다. '문화'의 의미에 대해 다음과 같은 견해를 가진 교사를 예로 들어보자.

문화란 한 시대 인간 생활의 총체적 표현이다. 따라서 문화에는 그 시대 사람들의 사고방식과 생활양식이 그대로 들어 있고, 문화를 통해 당시의 역사상을 재현할 수 있는 가능성은 무궁무진하다.

제7차 교육과정에 따른 고등학교 교과서에서는 문화사가 〈민족문화의 발달〉이라는 단원으로 독립되어 서술되어 있다. 이는 "문화란 예술, 종교, 도덕 등의 정신적 소득을 가리킨다"라는 전통적 태도에 따른 것으로, 이럴 경우 아무래도 '문화재에 대한 이해'라는 측면에 수업의 초점을 맞추게 된다.

그러나 좀 더 넓은 의미로 이해하면 문화란 사회나 경제 구조 자체를 잉태한 모태이며, 역사적 실체를 구성하는 가장 기본적인 요소이다. 즉, 문화를 '시대의 부산물' 정도로 여기는 것을 넘어서서, 문화를 통해 한 사회의 전체를 살필 수도 있는 것이다. 따라서 예술품에 대한 단순한 이해에 머무르지 않고 이러한 예술품에 담겨 있는 시대정신과 사회적인 상황을 파악함으로써 당시의 사회를 연구할 필요가 있다.[18]

문화에 대한 이와 같은 관점은 문화재의 예술적 가치를 교사가 설명하는 것이 아니라 학생들이 감상하는 수업을 구상하게 만든다. 교사는 학생 스스로 독창적인 감상이나 해석, 비평을 할 수 있도록 유도하는 역할에 머문다. 위에 예를 든 교사가 문화사 수업에서 중요하게 여기는 부분은 문화재에 대한 감상과 함께 문화 현상이나 유물, 유적을 통해 시대를 이해하는 것이다. 이를 위해 유물이 탄생하게 된 사회적 배경과 역사적 의의를 살펴보는 과정을 그 시대나 사회의 성격을 설명하는 자료로 활용한다.

(3) 학생에 대한 이해

수업은 학생을 대상으로 한다. 교사는 학생을 고려하여 수업을 계획하고 준비한다. 따라서 학생의 성격을 어떤 방식으로 이해하는지도 교사의 특성을 구성하는 중요한 요인이다. 학생에 대한 이해는 교사가 가르치기 위해서 역사적 사실을 해석하고 수업 내용을 구성하는 토대가 된다.

교사는 수업 계획을 세우기 위해 학생의 인지적 · 정의적 특성을 파악한다. 여기에는 학생들이 궁금해하는 문제나 필요를 느끼는 것, 지적인 결함이나 어려움 등이 포함된다. 자신이 파악한 학생들의 특성을 고려하여 교사는 수업을 효율적으로 전개할 수 있도록 여러 가지 계획을 세운다. 학생들에게 맞게 자료의 내용을 선택하거나 재조직하며, 교수 · 학습 활동을 구상한다. 학생의 이해를 돕기 위해 적절한 예시를 생각하거나, 새로운 유추를 찾는다. 적절한 문제와 사례를 만들기도 한다.[19]

역사 수업과 관련된 학생의 특성으로는 역사 이해 수준과 역사에 대한 관심을 들 수 있다. 이와 같은 학생의 특성을 교사가 어떻게 바라보느냐에 따라 수업의 진행은 달라진다. 학생의 역사 이해 수준을 인지발달 수준으로 볼 수도 있으며, 역사 이해의 단계로 볼 수도 있다. 인지발달 수준으로 볼 경우, 교사는 학생 수준에 적합한 역사적 사실이나 개념 선정에 힘쓴다. 이에 반해 역사 이해의 단계로 볼 경우, 역사 수업 내용의 체계화나 계열화에 관심을 쏟는다.

마찬가지로 학생들의 역사에 대한 흥미나 관심도 두 가지 관점에서 볼 수 있다. 하나는 인지발달에 따라 일정한 연령에서 나타나는 특성으로 보는 관점이고, 다른 하나는 사회 · 문화적 환경에 따라 학생의 관심이 달라진다고 보는 관점이다. 전자의 관점에서 접근할 경우, 교사는 학생들에게 일반적으로 나타나는 역사적 흥미나 관심에 주목하여 수업을 계획한다. 후자의 관점에서 접근할 경우, 학생 개개인이나 집단에 친숙한 역사적 사실을 중심으로 수업을 구성한다.

학생에 대한 이해와 관련하여 두 가지 문제를 더 고려할 필요가 있다. 첫 번째 문제는 내용 구성 면에서 역사 교과의 구조와 학생에 대한 이해 가운데 어느 쪽을 우선시하느냐 하는 점이다. 역사 교과의 구조와 학생에 대한 이해는 수업 계획의 전체적인 방향을 결정하는 데 영향을 주는 두 가지 요인이다. 이 가운데 어떤 요인을 중시하느냐는 교사의 교수 방식과 연결된다. 어떤 교사는 정해진 계획에 따라 체계적으로 수업하는 방식을 선호한다. 이런 성향의 교사는 교과의 구조를 중시한다. 교과의 구조를 중시하는 교사는 교과가 가지고 있는 논리적인 체계를 염두에 둔다. 예를 들어 수학의 경우, 어떤 수의 제곱을 계산하거나 두 숫자를 곱하는 것은 반드시 원의 면적을 계산하는 것보다 선행한다. 제곱 계산과 두 숫자의 곱하기를 하지 못하면 원의 면적을 계산할 수 없기 때문이다. 이렇듯 교과 수업을 계획할 때 논리적 계열성을 염두에 두는 교사는 정해진 계획에 따라 체계적으로 수업을 전개하고자 한다. 다만, 실제 수업 전개는 학생의 반응에 따라 조정되는 경우가 많다.[20]

그렇지만 인지적 요소와 수업의 틀을 계획하는 것 사이의 이러한 관계가 역사 수업에도 그대로 적용되는지는 좀 더 논의해야 할 문제이다. 교과의 구조를 중시하여 역사 수업도 역사를 알아가는 체계적인 순서에 따라 조직해야 한다고 생각하더라도, 과연 역사가 수학처럼 명확한 논리적 계열성을 가지고 있는지는 의문이다.[21] 역사 교과의 구조적 특징으로 흔히 역사적 사실을 일어난 순서대로 다루는 시간적 계열성이 언급되기도 한다. 그러나 시대순이 아니라 주제별로

내용을 구성할 수도 있고, 때로는 현대부터 거슬러 올라가는 역연대
순을 택할 수도 있으며, 학습자에게 친숙한 사건을 매개로 역사적
사실을 학습하도록 할 수도 있다.

　반대로 학생에 대한 이해가 수업의 틀을 짜는 데 더 중요한 요소
라고 생각하는 교사가 있다고 해보자. 이런 생각을 가진 교사는 직
관적 경험을 중시하며, 학습자의 반응에 좀 더 신경을 쓴다. 그리고
학생들이 이해할 수 있거나, 흥미를 끌 만한 내용을 먼저 고려한다.
그렇지만 역사 수업에서 어떤 내용이 더 어렵고, 어떤 내용이 더 쉬
운지는 명백하지 않다. 또한 학생의 흥미 여부가 내용보다 수업 활
동에 따라 달라지는 경우가 많다는 점에서 이와 같은 관점도 역사
수업에 그대로 적용하기는 어렵다.

　두 번째 문제는 가르치는 것에 대한 관점이나 교육과정에 대한 지
식, 그리고 학생에 대한 이해를 역사교육관이나 교재와 분리해서 생
각할 수 없다는 점이다. 수업 활동은 역사 내용이나 역사교육관을
바탕으로 정해진다. 반대로 수업 전략의 선택에 따라 수업 내용도
달라질 수 있다. 수업 내용은 교과 내용 자체가 아니라 그것이 변형
된 것이며, 교과 내용지식만으로 한정되지 않는다. 수업 내용에는
이미 역사의 구조를 보는 관점, 학생에 대한 이해와 학습 자료에 대
한 평가가 포함되어 있는 것이다.[22]

3. 역사 수업 내용의 재구성에 미치는 영향

　수업 과정이나 조건을 체계화한 것을 수업모형 또는 교수모형이
라고 한다. 그렇지만 모형 그대로 수업이 전개되는 경우는 별로 없

다. 많은 요인들이 실제 수업에 영향을 미치기 때문이다. 교사도 수업을 계획하는 데 모형의 절차보다는 구체적인 요인들을 염두에 두는 경우가 많다. 이러한 교사의 수업 계획을 구체적인 청사진으로 제시한다는 점에서 수업모형과 구분해 '수업 설계'라는 말을 사용한다.

수업 설계의 기초는 주제나 단원, 나아가서는 학기나 학년 교수요목의 전체적인 틀을 결정하는 것이다. 교사는 수업 설계를 하면서 여러 가지 문제들을 고려한다. 여기에 작용하는 교사의 인지적 특성과 관련된 주요 문제는 수업을 통해서 학생들에게 어떤 역사인식을 길러주느냐, 어떤 내용으로 수업을 하느냐, 무엇을 교재로 하느냐, 어떤 수업 활동을 하느냐 등이다.[23] 어느 한 중학교 역사 교사가 제시하고 있는 조선시대 정치사 수업의 취지와 교수요목을 살펴보자.[24]

[조선의 정치 특강]

정치란 사람들의 삶을 규정하는 것이다. 그래서 정치에서 가장 중요한 것은 '누가 권력을 잡고 있으며 그들의 통치 방향과 정책 운영 방향은 무엇인가'이다. 그래서 이번 특강을 '정치 이념과 정치 주체 및 정치 세력 간의 갈등'을 중심으로 구성해보았다. 즉, 조선시대의 정치 이념인 '유교적 왕도 정치'와 '민본 정치'를 실현하기 위해 정치 주체인 '왕'과 '신하'들의 역할은 무엇이었고, 어떤 정책을 펼쳤으며, 그와 관련된 제도는 무엇이었고, 나아가 정치 운영에서 정치 주체들의 의견 차이는 무엇이었으며, 어떤 갈등을 일으켰는지를 중심으로 보고자 한 것이다.

수업 설계

차시	주 제	내 용
1	왕이란 무엇인가?	• 읽기 자료를 통해 왕은 어떤 존재이고, 시대에 따라 어떻게 인식되었는지를 파악한다. • 조선의 정치 이념이 무엇이었는지를 안다.
	왕과 백성	• 세종의 여론 조사를 통해 조선시대 '민본 정치' 의 이념을 파악한다.
	조선시대의 세자 교육	• 읽기 • 영상자료를 통해 조선시대 세자가 철저한 교육 을 받은 이유를 안다.
2~3	왕의 하루 일과와 경연	• 왕의 일과를 살펴보고 왕이 많은 공부를 해야 했 던 이유를 설명한다.
	왕권이냐, 신권이냐	• 정도전의 정치사상, 왕자의 난, 소격서 사건을 통해 정치 운영에서 신하들의 역할 및 신권이 왕 권과 어떤 갈등을 일으켰는지를 살펴본다.
4~5	정치 중심 세력의 변화	• 강의를 통해 조선시대 정치 중심 세력의 변화를 파악하고, 무오사화를 통해 훈구와 사림의 갈등 을 살펴본다.
6	사림과 붕당 정치	• 붕당의 성립 배경을 살펴보고, '예송'을 통해 붕 당 정치의 긍정적인 측면을 생각해본다.
7~8	환국 정치와 붕당 정치 의 변질	• 장희빈 이야기를 축으로 환국 정치를 거치면서 붕당의 대립이 관직 다툼으로 변질되는 과정을 이해한다.
	탕평책과 영·정조의 정치	• 사도세자 죽음을 축으로 영·정조가 시행한 탕 평책과 개혁 정치를 살펴보고, 그 한계가 무엇인 지에 대해 생각해본다.

'특강'이라는 이름을 붙이고 있긴 하지만, 앞의 수업 내용이 교과서에 전혀 나오지 않는 역사적 사실은 아니다. 그러나 교사는 자신이 가지고 있는 역사관과 내용지식에 비추어 교수요목을 전면적으로 재구성하고 있다. 이 교수요목은 교사의 인지적 특성을 반영한다. 교사는 자신의 관점에 입각하여, 조선시대 정치사를 통치자와 그들의 통치 이념을 중심으로 파악하고 있다. 따라서 수업의 전체적인 흐름은 권력 집단의 성격과 그들의 이념, 정치를 통해서 그 이념을 구현해나가기 위한 정책, 그리고 이에 대한 다른 정치세력들의 반응을 다루게끔 되어 있다.

수업 시수별로 어떤 내용을 학습할지에 대한 구체적인 설계에는 조선 정치사에 대한 교사의 지식이 들어가 있다. 정치사에 대한 교사의 관점이 수업의 전체적인 얼개를 만들었다면, 교사의 내용지식은 얼개에 살을 붙이는 구실을 하고 있는 것이다. 여기에서 조선의 정치사에 관한 교사의 내용지식은 자신의 연구에 의해 얻어진 것이 아니라, 역사학자의 연구 성과를 학습하여 습득한 것이다. 그렇지만 개별적인 사실들을 알거나 이해하는 데 그치지 않고 이를 자기 나름으로 소화함으로써, 조선 정치사의 구조에 대해 자신의 아이디어를 가지고 있다.

실제 역사 수업에서 내용 선정과 조직의 토대가 되는 것은 교과서이다. 교과서를 하나의 자료로 생각해야 한다는 주장이 나온 지 오래지만, 아직도 대부분의 수업은 교과서에 의존하고 있다. 이러한 현상은 교과서 내용이 사실 위주로 구성되어 있는 역사의 경우 더욱 두드러진다. 그렇지만 수업 내용은 교과서 내용 그 자체가 아니라 교사들이 내용을 재구성한 것이다. 이와 같은 수업 내용의 재구성에는 교사의 인지적 특성이 반영된다.

교과서와 수업의 관계라는 측면에서 볼 때, 역사 수업은 크게 두 가지로 나눌 수 있다. 하나는 대체로 교과서의 순서와 내용을 따르는 것이고, 다른 하나는 교과서의 내용과 순서를 자기 나름대로 재구성하는 것이다.

많은 역사 수업은 교과서의 내용과 순서를 따른다. 교과서 내용이 거의 그대로 수업 내용으로 전환되며, 교과서의 자료가 수업에 이용된다. 이런 방식으로 수업을 전개하는 교사는 역사 교과서가 객관적 사실을 담고 있으며, 역사 수업을 통해 학생들에게 과거의 사실을 가르쳐야 한다고 믿는다. 역사를 아는 것은 사실을 기억하거나 이해하는 거라고 생각하는 것이다. 따라서 교과서에 나오는 사실들을 효과적으로 기억하게 하거나 이해시키기 위한 설명 방식에 관심을 쏟는다. 역사 교과서의 내용이 반드시 객관적이지는 않다고 생각하더라도 입시 등으로 인한 부담감이 교사로 하여금 교과서 내용을 일일이 다루게 만들기도 한다. 이와 같은 수업에서는 교사의 역사에 대한 인식이나 역사교육관이 많이 개재되지 않는다. 이 때문에 서로 다른 교사의 수업을 보더라도 비슷하다는 느낌을 받게 된다.

물론 교과서에 따라 수업을 진행하는 교사가 교과서의 역사적 관점이나 다루는 내용 범위, 깊이, 서술 등에 반드시 만족한다는 의미는 아니다. 대표적으로 수업 시수에 비해 교과서의 내용 분량이 너무 많다고 생각하는 경우를 들 수 있다. 이에 대한 대처로 가장 많이 쓰이는 방법이 교과서 내용을 요약한 학습지를 가지고 수업하는 경우이다. 교과서 내용이 수업 시수에 비해 적절하지 못하다고 생각하지만, 이를 재구성하기보다는 교과서 내용에 맞추어 수업 방식을 바꾸는 것이다.

교과서 내용에 따라 수업을 하는 경우라도, 약간의 역사적 사실을 덧붙이기도 한다. 이 경우에는 교사의 내용지식이 반영된다. 교사는 자신이 잘 아는 역사적 사실일수록 수업시간에 자세히 다루는 경향이 있다. 고려 후기의 문화를 다루는 어느 한 고등학교 역사 수업의 사례를 보자.

〔Ⅲ-1〕
교사는 현재 남아 있는 가장 오래된 목조 건축물로 봉정사 극락전, 부석사 무량수전, 수덕사 대웅전 등이 있다고 말하고 해당 건축물의 사진을 보여준다. 그리고 이들 건물은 주심포식 양식이며, 목조 건축물은 지붕을 받쳐주는 장치인 공포의 양식에 따라 주심포 · 다포 · 익공식이 있다는 사실을 해당 양식의 건축물 사진을 보여주면서 설명한다. 이어 목조 건축물과 공포의 모습을 그린 그림을 프로젝션 TV 화면에 비춘 뒤 각 부문을 짚어가면서 그 명칭과 건물에서 어떤 기능을 하는지를 설명한다. 목조 건축물 각 부문의 명칭과 기능은 상당히 복잡하지만, 교사는 설명 과정에서 다른 어떤 책도 들여다보지 않고, TV 화면에 나오는 건물 모습만을 보면서 이야기한다. 교사의 설명은 비교적 자세하며, 학생들이 알기 쉽도록 가급적 쉬운 말을 사용하려는 노력이 엿보인다. 그렇지만 '창방', '평방', '들보', '출목' 같은 건축물 각 부문의 고유 명칭은 그대로 사용하고 있다(2002년 11월, 서울, 고등학교 1학년).

〔Ⅲ-1〕의 사례에서 한 시간의 수업을 통해 학생들이 목조 건축물의 구조에 대해 구체적으로 알 것 같지는 않다. 교사도 학생들이 건물 각 부문의 명칭과 기능을 구체적으로 알 것이라고 기대하고 있지 않으며, 또 그런 의도를 가지고 수업한 것도 아니다. 교사는 역사 수업

업에서 다루는 사실들을 학생들이 모두 기억할 필요는 없으며, 중요한 것은 핵심적인 아이디어를 받아들이는 것이라고 생각한다. 이 수업의 아이디어는 '한국의 목조 건축물은 매우 과학적인 구조를 가지고 있으며, 이 때문에 고려시대 건물이 아직까지도 튼튼하게 남아 있다'는 것이다. 이 아이디어를 학생들이 머릿속에 새길 수 있도록 건물의 구조에 대해 자세히 설명한 것이다. 따라서 교사는 수업시간에 으레 학생들에게 핵심 아이디어가 중요하다고 강조한다. 그러나 다른 내용을 다루는 수업에서는 아이디어를 기억시키기 위해 이처럼 관련 내용을 자세히 다루지는 않으며, 오히려 핵심 아이디어만 반복해서 강조하는 경우가 많다고 한다. 이 수업에서 교사가 자세히 설명할 수 있었던 이유는 평소 미술사에 관심을 가지고 공부했기 때문이다. 대학에 다닐 때부터 답사를 하면서 고건축에 대한 공부를 했고, 사진도 많이 모아놓았다. 실제로 수업에서 사용한 자료는 목조 건축물이나 공포의 부문을 그린 그림 외에는 모두 교사가 직접 찍은 사진이다. 이런 자료를 가지고 있는 것이 교사가 목조 건축물의 구조에 대해 자세히 설명을 하게 된 계기였다. 이 사례에서 보듯이 교사들은 수업시간에 다루는 모든 역사적 사실을 학생들이 다 알아야 한다고 생각하지는 않으며, 오히려 수업 내용을 잘 이해하기 위한 수단으로 교과서에 나오지 않는 역사적 사실을 활용하는 경우가 많다. 그리고 교사가 이처럼 수업할 수 있는 것은 자신이 가지고 있는 내용지식으로 인한 자신감에서 비롯한다.

때로는 교과서 내용과 관련 있는 향토사 같은 친숙한 역사적 사실을 수업 내용에 포함시키는 경우도 있다. 예를 들어, 통일신라의 예술을 다루는 충북 보은 지역의 중학교 역사 수업에서 어느 한 교사는 김생이 명필로 이름을 떨쳤다는 교과서 내용과 관련하여, 삼년산성의 바위에 새겨져 있는 '아미지(蛾眉池)'라는 글씨가 김생이 쓴 것으로 전해진다는 내용을 소개하고, 아울러 삼년산성에 대한 설명도 함께하고 있다.[25] 이는 교사 자신이 가지고 있는 내용지식과 함께 역사교육관, 학생에 대한 이해가 덧붙여진 것이다. 여기에서 교사는 학생에게 익숙한 역사적 사실을 소재로 수업하는 것이 좋다고 생각하고 있다. 또한 학생들이 소풍 등을 통해서 삼년산성에 대해 어느 정도 알고 있으며, 큰 관심을 가지고 있을 것이라고 이해하고 있다. 이런 생각들을 종합하여 교과서 내용에 관련된 향토사를 추가해 수업 내용을 구성한 것이다.

이에 비해 교과서 내용을 전체적으로 재구성하는 수업에는 교사의 개인적 특성이 훨씬 강하게 반영된다. 교사의 시각에서 본다면, 교과서의 내용이 충분하지 못하거나 반대로 필요 없는 부분이 들어가 있기 때문에 수업에서 그대로 사용하는 것은 적절하지 못하다. 일반적으로 교과서에 문제가 많다고 생각하는 교사는 교과서 내용에 따라 수업하기보다 재구성할 가능성이 높다. 그렇지만 교과서의 어떤 측면이 문제이며, 어떠한 방향으로 재구성할지는 교사의 역사관이나 역사교육관에 따라 달라진다. 교과서 내용의 시각에 문제가 있다고 생각하는 교사는 자신의 역사인식에 따라 수업 내용을 정리하며, 이를 뒷받침해줄 수 있는 자료를 선택한다. 표현 형식에 문제가 있다고 생각하는 교사는 사료나 멀티미디어 자료 등 교과서 이외의 다른 자료들을 활용하기도 한다. 이 경우 교과서 내용을 재구성하여 수업 내용을 만들고, 사료나 시각자료 등 여러 형태의 자료를 활용하게 마련이다. 물론 교과서의 역사인식이나 표현 형식이 문제가 있다는 생각이 겉으로 드러나지 않는 경우도 많다.

교과서의 내용에 대한 인식은 역사 자료에 대한 교사의 관점과도 관련이 있다. 자료를 읽으면서 거기에 서술되어 있는 내용이 사실인지 여부에 관심을 둘 수도 있고, 자료 내용을 이해하는 데 치중할 수도 있다. 자료를 대하는 이러한 차이는 교사의 인지적 특성에서 비롯된다. 한 연구에 따르면, 역사를 전공한 교사의 경우에는 교과서 내용의 사실 여부를 하나하나 분석적으로 따지는 반면, 비역사 전공자의 경우에는 서로 모순돼 보이는 내용이라도 사실로 믿고, 이 사실들을 상호연관지어 맥락적으로 이해하려고 한다.[26]

교사는 자기 나름대로 일정한 계획을 가지고 수업에 임한다. 앞의 사례에서 봤듯이 대부분의 교사들은 수업을 통해 학생들에게 습득시켰으면 하는 아이디어를 가지고 있다. 이 아이디어가 수업 내용의 기본 틀을 이루게 된다. 아이디어는 핵심적인 사실에 대한 기억일 수도 있고, 역사 현상에 대한 이해일 수도 있다. 때로는 역사적 사실에 대한 해석이나 이에 대한 평가일 수도 있다. 교사는 수업을 통해 학생들이 이러한 아이디어를 가질 수 있도록 하기 위해 효과적인 자료를 선택하고 학습 활동을 구상하게 된다. 그렇지만 실제 수업에서는 이 아이디어와 직접적으로 관련 있는 역사적 사실 외에 다른 내용도 포함되게 마련이다. 즉, 핵심 아이디어를 받아들이는 데 도움이 되는 사례나, 이와 관련된 역사적 사실 또는 학생들의 관심을 끌어 핵심 아이디어에 집중할 수 있는 이야기가 수업 내용에 포함되기도 한다. 다음과 같은 중학교 역사 수업 사례를 생각해보자.

〔Ⅲ-2〕
원 간섭기 고려사회의 변화에 대해 다루는 중학교 국사 수업이다. 교사가 학생들에게 전달하려는 아이디어는 '고려사회에 몽고 풍습이 유행하였으며, 그 일부는 현재까지도 남아 있다'는 것이다. 먼저 교사는 고려가 정치·사회적으로 몽고의 간섭을 받았음을 설명한다. 그리고 100년이라는 결코 짧지 않은 기간 동안의 상호 교류는 문화 전파와 접변을 일으켰음을 주지한다. 그리고 조혼, 족두리 같은 몽고식 의복, 변발, 신부의 얼굴에 찍는 연지, '장사치' 처럼 '치' 가 붙는 말이나 왕의 밥을 뜻하는 '수라' 같은 몽고식 말을 그 사례로 제시한다(2002년 12월, 서울, 중학교 2학년).

정치사 중심으로 서술되어 있는 교과서에는 고려사회에 몽고 풍습이 유행했다는 서술이 직접적으로 나오지 않는다.[27] 그러나 〔Ⅲ-2〕 수업에서 교사는 원 간섭기 고려사회의 변화 가운데 몽고풍의 유행이 중요한 사례라고 생각하고 있다. 그래서 이 수업에서 몽고풍의 사례를 통해 학생들에게 고려사회의 변화를 이해시키려고 한다. 학생들의 관심을 끌 만한 사례를 통해 이해를 돕고, 전하고자 하는 아이디어를 학생들의 머릿속에 가급적 확실히 새기기 위해서이다. 이어 교사는 '친원세력이 성장하여 고려 후기 지배계층의 일부가 되기도 하였다' 거나 '성리학의 도입은 한국 사회에 엄청난 영향을 미친 커다란 사건이었다' 는 아이디어도 사례를 들거나 보충 설명을 통해 학생들에게 이해시키려고 하고 있다.

교과서 내용을 수업 내용으로 어떻게 변형시킬지도 수업 내용 재구성과 관련된 주요 문제이다. 교과지식의 숙달 정도는 교사의 수업 내용 구성 방향에 큰 영향을 미친다. 교과 내용에 숙달되어 있을수록 교사는 적절한 변형 기법을 사용한다. 충분한 교과지식을 활용해 교과 내용을 자기 나름대로 해석하여 수업 내용으로 변형시키며, 교과 구조에 들어맞는 방식으로 전달한다. 삼국의 발전과 중앙집권화 가운데 고구려에 대해 다루는 고등학교 국사 수업을 예로 들어보자.

〔Ⅲ-3〕

교사는 컴퓨터와 프로젝션 TV를 통해 무용총 수렵도를 비롯한 고분 벽화들을 보여주고, 벽화 내용에 나타난 상무적인 모습을 들어 고구려가 강력한 군사력을 가질 수 있었던 이유를 설명한다. 이어 광개토왕비 사진을 보여주고, 이 비를 세운 이유, 비의 내용과 그것을 통해 어떤 역사적 사실을 알 수 있는지에 대해 설명한다. 광개토왕비의 내용에서 고구려와 신라가 긴밀한 관계에 있었음을 추론하고, 이어 경주 호우총에서 발견된 그릇에 '광개토왕'의 글자가 새겨 있다는 이야기도 함께함으로써 광개토왕이나 장수왕 당시 고구려가 신라에 강한 영향력을 행사했음을 학생들에게 다시 한번 확인시키고 있다(2003년 6월, 서울, 고등학교 1학년).

〔Ⅲ-3〕의 수업에서 교사는 정치사를 다루면서 문화유적이라는 자료를 활용하고 있다. 교사가 볼 때 역사 수업에서 예술품이나 유적은 단지 미적 감상의 대상만이 아니라 사회적 맥락에서 이해하고 사회를 알 수 있는 자료이다. 또한 교사는 고분벽화의 내용이 고구려 사회를 잘 이해할 수 있는 귀중한 자료라는 사실과 당시 고구려와 신라의 관계를 파악할 수 있는 자료로 어떤 것이 있는지 잘 알고 있다. 그리고 자료를 선택하고 설명하는 데 자신이 가지고 있는 내용지식을 활용하고 있다. 이 수업에서 교사의 내용지식은 역사의 본질에 대한 인식과 맞물려 수업에 적절하게 도입되고 있다. 교사는 풍부한 내용지식을 바탕으로 역사적 사실을 학생들에게 전달하는 데 적절한 자기 나름의 구조를 만들어 가지고 있다.

이에 반해 충분한 교과지식을 가지고 있지 못한 교사는 교과의 구조보다 자신에게 익숙한 방식으로 내용을 선정하거나, 다른 자료에 나오는 내용을 그대로 학생에게 전달한다. 이 경우 가장 자주 나타나는 형태는 교과서의 내용을 별다른 변형 없이 수업 내용으로 한다는 것이다. 지리와 일반사회를 전공한 교사의 중학교 사회 수업을 분석한 연구를 예로 들어보자. 일반사회를 전공한 교사는 지리 수업에서 가르쳐야 할 내용 선정의 기준으로 '사회생활에 필요하다고 생각하는 정보'라는 일반사회에서 다루는 영역의 범주를 택하고 있다. 그리고 사실들 간의 상호연관성에 대한 정보를 얻기 어려운 내용의 경우, 자신이 이를 만들기보다는 단순히 사실만을 전달하는 데 그친다. 마찬가지로 일반사회를 가르치는 지리 교사의 경우, 사회과학의 개념이나 원리를 설명하는 데 적절한 예를 들지 못하며, 교과서에 의존하여 수업을 한다.[28]

교재의 선택도 수업 내용 재구성과 관련된 하나의 중요한 절차이다. 교재 선택에는 교재관과 함께 교재와 관련된 전공지식이 작용한다. 교재가 학생들의 흥미를 끌어내야 한다고 생각하는 교사는 이야기 형식을 취하고 있는 교재를 선호한다. 설화나 인물의 일화 같은 소재를 수업자료로 자주 사용하며, 열전이나 문집, 야담류 같은 자료를 선호한다. 교재에 담긴 내용을 하나의 이야기라고 생각하는 경우, 내용에 대한 이해보다는 형식에 더욱 관심을 가지게 된다. 역사 자료가 이야기 형태가 되어야 한다고 믿는 교사들은 수업시간에 종종 설화 같은 이야기 자료를 자주 사용하거나, 직접 학생들에게 이야기를 해준다. 그렇지만 교사가 이러한 관점을 가지고 수업시간에 이야기 자료들을 이용하더라도, 학생들이 자료를 그냥 스쳐 읽어나가는 바람에 거기에 담긴 서브텍스트를 찾지 못하는 경우가 많다.

이에 반해 올바른 역사인식의 육성이라는 점에 치중하는 교사는 사회나 시대의 전반적 상황을 알 수 있는 자료를 선호한다. 따라서 정사류의 문헌 사료를 수업에서 자주 활용한다. 이야기나 인물에 관한 자료를 사용하기는 하지만, 이를 사회적 상황과 연관시키는 데 더욱 관심을 가진다.

4. 역사 수업의 교수·학습 활동에 미치는 영향

내용을 재구성하는 데 교사의 내용지식 및 역사교육관이 주로 반영된다면, 교수·학습 활동의 설계는 교육관 및 역사교육관과 학생에 대한 이해와 밀접한 관련을 갖는다. 교수·학습 활동의 구상은 교사와 학생의 역할을 무엇이라고 보는지에 따라 달라진다. 교사는 지식의 제시자, 학생은 지식의 수용자라고 보는 관점을 가진 교사는 학생의 학습 활동보다 교사의 교수 활동 위주로 수업을 구성한다. 학생의 활동보다는 역사 이해가 중요하다고 생각하는 것이다. 이러한 생각은 교사의 지식 중심 교육관에서 비롯된다.

지식 중심의 교육관을 가진 교사일수록 학생의 성취도에 대한 우려가 크다. 학생의 성취도에 대한 기대감이 낮은 교사일수록 교사와 학생의 상호 작용보다는 교사 위주의 수업 활동을 고려한다. 학생들의 성취도에 대한 기대감이 낮은 교사의 특성으로는 다음과 같은 점이 지적된다.[29]

① 학생들의 대답을 기다리는 시간이 짧다.
② 학생들이 부정확하거나 불완전한 대답을 하면 올바른 답을 유도하기 위한 실마리보다는 직접 답을 제시하거나 다른 학생에게 질문을 돌린다.

③ 학생 다수의 반응에 대한 피드백을 하지 않는다.

④ 학생들의 응답을 필요로 하는 질문을 적게 한다.

⑤ 질문에 대한 피드백을 간단히 하거나 정보가 적게 들어간 피드백을 한다.

그렇지만 교사가 주도하는 방향으로 수업 설계를 하더라도, 학생 활동은 수업의 표현 방식에 따라 달라진다. 가장 전형적인 교사 중심의 수업 방식으로 일컬어지는 설명식 수업의 경우도, 교사가 설명의 기능과 학생 활동을 보는 관점에 따라 교수·학습 활동에 큰 차이가 난다. 교사가 어떤 방식으로 설명을 하고, 역사적 이슈를 끌어들이고, 이를 학생들의 사고와 관련시키는지에 따라 수업의 성격은 달라진다. 교사가 역사적 사실을 전달하는 데 치중해서 설명한다면 학생들은 지식의 수용자가 될 것이다. 교사는 자신의 설명을 통해 역사적 이슈가 가지는 의미나 관련성을 드러냄으로써 학생들이 과거를 해석적으로 이해하게끔 뒷받침할 수도 있다. 그렇지만 교사의 설명은 학생들의 사고를 대체하는 것이 아니라 촉진하는 구실을 해야 한다.

설명 방식으로 이야기라는 형식을 택할 수도 있다. 이야기 형식으로 설명할 경우, 교사는 효율적인 학습 기법을 활용한 것일 뿐 아니라 역사 이해의 수단으로 이야기의 역할을 학생들에게 인식시키게 된다.[30] 이야기 방식의 선택은, 역사의 효과적인 표현과 전달 수단은 이야기다라는 교사의 역사관에서 나온 것이다. 교사는 이야기를 통해 역사적 사실을 이해시킬 뿐 아니라, 이에 대한 학생들의 해석을 촉진하고, 나아가서는 이야기가 역사의 적절한 표현 수단이라는 것을 알게 할 수 있다고 생각한다.

설명식으로 수업하되 학생과 어느 정도 의사소통이 필요하다고 생각하는 교사가 자주 사용하는 교수·학습 활동은 발문과 응답이다. 발문과 응답에 의해 진행되는 수업의 전개 방식은 질문의 기능에 대한 교사의 생각이나 질문 형식에 따라 달라진다. 사회과 수업에 대한 연구에 따르면, 가장 전형적인 대화 구조는 교사의 질문 → 학생의 응답 → 교사의 반응으로 이어지는 형식이다. 그러나 교사의 질문에 따라 학생이 대답을 하고, 그 대답에 대해 교사가 평을 하는 이러한 수업 구조는 교사와 학생이 상호 작용을 하고 있기는 하지만 이미 정해진 자신의 역할만을 수행하고 있는 것이다. 교사의 질문은 학생이 특정한 지식을 가질 것을 요구한다. 교사들은 질문을 통해 수업 상황에 대한 지배력을 획득하거나 조정하는 것이다. 교사가 정답을 가지고 있고, 학생들에게 그 답을 요구하는 질문을 하는 것은 통제의 목적으로 질문을 사용하는 것이다. 이 경우, 학생들은 수업에 활발하게 참여하지 못한다. 그러나 정답이 아니라 학생들의 의견을 물어보는 자유응답식 질문을 할 경우, 학생들은 수업에 활발하게 참여하여 교사와 의사교환을 하게 되므로, 교사는 더 이상 답의 옳고 그름을 판단하는 절대적인 심판자가 아니다. 질문은 학생 활동을 활발하게 하고, 교사 주도의 수업 구조를 변화시킬 수 있다. 따라서 질문 형태에 따라 수업의 참여 구조는 달라진다.[31]

교수·학습 활동을 교사와 학생 중 어느 쪽에 중심을 두고 구성하느냐 하는 결정은 교사들에게 고민의 대상이다. 교수·학습 활동 계획에는 교사가 자신의 인지적 특성을 반영하는 방식이 내포된다. 와인버그와 윌슨은 역사 교사 두 명의 수업 사례를 통해 교사들이 인지적 특성을 표현하는 방식을 밝히고 있다. 이들이 연구 대상으로 삼은 수업에서 두 명의 교사는 전혀 다른 형태로 교수·학습 활동을 전개한다. 한 교사의 수업은 학생들의 토론에 의해 전개된다. 교사는 수업 내내 역사적 사실을 전혀 설명하지 않으며, 정보를 제공해 주지도 않는다. 수업 전개과정 중간에 끼어들지도 않는다. 연구자들의 표현대로 하면 '드러나지 않는 교사'인 셈이다. 교사는 다만 학생들이 수업 활동에 적극적으로 참여하도록 유도하고, 스스로 역사적 사건의 동기나 이유를 찾아내도록 할 뿐이다. 교사가 나설 경우, 학생들은 스스로 선택하지 않고 교사에게 의존하게 된다고 생각한다. 이러한 행동은 역사를 가르친다는 것이 무엇인지에 대한 자신의 관점에 따른 것이다. 이에 반해 다른 한 명의 교사는 적극적으로 설명하고 학생들과 의사교환을 하며, 대화를 주도하는 '드러나는 교사'이다. 교사는 학생들이 역사를 제대로 이해하고 해석할 수 있도록 이끄는 것이 가르치는 일이라고 생각한다. 그렇지만 역사를 가르치는 일이 가지는 의미에 대한 이 두 교사의 생각에는 유사성이 있다. 즉, 역사 수업에서는 역사가들이 만들어놓은 역사적 사실을 알게 하는 것은 물론, 역사의 본질과 인식의 방법을 가르쳐야 한다고 생각하는 것이다. 다만 이를 표현하는 방식에서 차이가 있을 뿐이다.[32] 이 점이 역사 교사와 역사학자의 차이를 말해준다.

역사학자는 새로운 지식의 창조와 발견, 새로운 해석의 정립이나 기존 해석들에 대한 반박을 통해서 학문을 넓혀나간다. 즉, 새로운 역사적 지식을 만들어가는 것이다. 그렇지만 교사가 주로 고민하는 부분은 교과 내용의 표현 방식이다. 교사는 학생들에게 역사를 이해시키고자 한다. 역사 교사도 많은 배경 지식을 필요로 하지만, 이들은 자신들이 가지고 있는 배경 지식을 이용해 학생들의 이해를 돕는다. 자료를 활용할 경우, 역사학자들은 자료의 진실성이나 사실을 밝혀주는 가치에 중점을 둔다. 그러나 역사 교사들에게 자료의 이러한 속성은 배경 정보이다. '자료가 얼마나 사람들의 관심을 끌 수 있을까?', '자료를 왜곡 없이 발췌하여 수업에 활용할 수 있을까?', '이들 자료를 교육과정의 주제와 관련지을 수 있을까?'가 훨씬 중요한 관심 사항인 것이다.[33]

역사적 사실 또는 역사인식의 성격을 보는 관점이나 역사교육목표에 대한 생각의 차이도 수업에서 교수·학습 활동의 구조를 다르게 한다. '신라의 삼국통일'을 다루는 교사 두 명의 수업을 예로 들어보자.

[Ⅳ-1]

신라의 삼국통일과 그 의의에 대해서 다루는 시간이다. 전 시간에 학생들은 나·당연합군이 백제와 고구려를 무너뜨리는 과정에 대해 학습했다. 학생들에게는 학습지가 주어졌고, 학습지에는 내용 정리와 자료·학습 과제가 제시되어 있다. 수업 전반부는 나·당 전쟁에 관한 내용이었다. 약 20분 동안 교사는, 신라가 여러 전투에서 이겨 당군을 몰아내고 대동강 이남 지역의 통일을 이루게 되는 과정을 지도를 가리키면서 설명한다. 수업의 후반부에서는 삼국통일의 의의에 대하여 학습한다. 수업은 학습지에 주어진 과제를 해결하는 방식으로 전개된다. 과제는 '① 삼국통일의 의의가 무엇인지 생각해보자', '② 삼국통일의 한계에 대하여 논의해보자'의 두 가지이다. 관련된 자료는 삼국통일의 의의를 긍정적으로 평가하는 글,[34] 김춘추가 당에 가서 원병을 요청하는 사료,[35] 고구려 원정군을 파견한 것이 평양 이남 지방의 땅만을 신라에 주기로 한 당 태종과 김춘추의 약속에 의한 것임을 지적하는 당 고종의 편지이다.[36] 학생들은 과제가 서술되어 있는 학습지의 아랫부분 여백에 답을 적어넣는다. 교사는 수업 중간 중간에 학습 활동을 지시하고 있다. '삼국통일의 의의가 무엇인지 생각해서 적어봅시다', '삼국통일의 한계에 대하여 자기 나름대로 생각해봅시다' 와 같은 식이다(2003년 4월, 대전, 고등학교 1학년).

〔Ⅳ-2〕
삼국통일의 역사적 의의를 학습하는 수업시간이다. 전 시간에 학생들은 백제와 고구려의 멸망, 신라가 당군과 싸워 삼국통일을 완성하는 과정에 대해 학습했다. 수업은 김춘추를 피고로 하는 재판 형식으로 전개된다. 학생들은 대본에 나온 인물의 배역을 나눠 맡아서 재판에 임하고 있다. 대본은 학생들이 만들었지만, 그 이전에 발표되었던 삼국통일과 관련된 재판식 수업의 대본들이 많이 참고가 되었다. 등장인물로는 김춘추 외에 재판장, 검사와 변호사, 증인으로 연개소문·김유신·계백·대조영·김부식 등이 있다. 배역을 맡은 학생들은 대본에 서술되어 있는 대로 내용을 법정에서 진술한다. 재판이 끝난 다음 학급 전체 학생들의 거수를 통해 김춘추가 유죄인지, 무죄인지를 판결한다(2003년 4월, 서울, 고등학교 1학년).

두 명의 교사는 모두 신라의 삼국통일이 나름대로 의미가 있지만, 문제점이 많았다는 생각을 가지고 있다. 외세를 끌어들였으며, 평양 이북 특히 만주 지역을 포기했다는 것이 주된 이유였다. 교사들은 삼국통일을 긍정적으로만 서술하고 있는 교과서 내용에 대해서도 비판적이다. 그렇지만 역사적 사실의 성격이나 역사인식을 어떤 관점에서 봐야 하는지에 대한 두 교사의 생각에는 차이가 있다. 이 때문에 삼국통일을 바라보는 자신의 관점을 수업에 반영하는 방식 역시 서로 다른 것이다.

〔IV-1〕수업의 교사는 역사적 사실은 다양하게 해석될 수 있지만, 학생들이 이해해야 할 공통적인 성격도 가지고 있다고 생각한다. 그리고 역사 수업을 통해 학생들에게 효과적으로 이해시키는 것이 교사의 중요한 몫이라고 생각한다. 따라서 학생들의 이해에 수업의 초점이 맞춰져 있다. 교사의 관점에서 볼 때, 삼국통일의 의의와 문제점은 학생들이 각각 알아야 할 역사적 의미이다. 역사 수업에 사료를 사용하는 것이 좋다고 생각하지만, 자료를 분석하거나 해석하는 능력을 기르거나, 사료를 통해 다양한 해석을 이끌어내기 위해서보다 역사를 이해시키는 수단으로 사료가 활용되는 것이다. 따라서 학생들에게 사료를 읽도록 하고 있지만, 수업은 전반적으로 교사 중심으로 전개된다. 교사가 학생들의 학습 활동 전반을 이끌고 통제한다.

〔IV-2〕수업에서 교사는 역사적 사건에 대한 평가는 본질적으로 해석하는 사람에 따라서 달라진다고 생각한다. 따라서 어떤 역사적 사실에 대한 공통적인 이해보다는 자신의 관점에서 해석하고 평가할 것을 강조한다. 자연히 수업에서도 교사 활동보다는 학생 활동을 적극적으로 유도하는 것이 바람직하다고 본다. 〔IV-2〕수업에서도 김춘추의 행위에 찬반토론을 통해 삼국통일에 대한 자신의 관점을 가지는 것이 필요하다고 말하고 있다. 물론 이 교사도 삼국통일을 긍정적으로 평가하는 관점과 부정적으로 평가하는 관점 가운데 어느 한쪽이 바람직한 것은 아니며, 자신의 태도에서 역사를 바라보고, 그런 관점을 뒷받침할 수 있는 논거를 제시할 수 있는 능력이 중요하다고 강조한다. 두 명의 교사 모두 교사의 역사인식을 학생들에게 그대로 전달하는 것은 문제가 있다고 말하지만, 상대적으로 〔IV-2〕수업의 교사는 자신이 가지고 있는 관점이나 역사인식을 학생들에게 감추지 않는다.

이와 같이 역사라는 학문이나 교과의 성격에 대한 관점의 차이는 교사가 자료를 해석하고 활용하는 방식에도 차이를 가져온다. 이거 (Yeager)와 데이비스(Davis)는 12명의 역사 교사들의 수업을 분석한 다음, 이를 역사 및 역사적 사고에 대한 관점에 따라 구분하고, 그 가운데 대표적인 양상을 나타내는 메러디스(Meredith), 줄리(Julie), 조든(Jordan) 등 교사 세 명의 자료 읽기에 대해 분석했다. 역사적 사고에 대한 구성적 접근을 중시하는 메러디스는 역사적 분석과 해석을 강조했으며, 이러한 영역에 대한 학생들의 이해에 관심을 가졌다. 메러디스는 자료에 들어 있는 저자의 가정과 관점, 자료 서술이 대상으로 하는 계층, 자료가 만들어진 환경이나 맥락, 텍스트의 목적 등에 주목했다. 그리고 자료의 서브텍스트를 찾아냈다. 이에 비해 역사를 생활과 관련된 이야기로 생각하는 줄리는 마음이 끌리거나 좋아하는 자료에 관심을 쏟았다. 줄리는 재미있고, 명확하고, 이해하기 쉬운 이야기로 구성된 자료를 좋아했다. 자료 읽는 것을 즐기고 자료에 빠져들었지만, 서브텍스트를 읽지는 못했다. 저자의 자격, 왜곡, 연대, 자료의 형태와 만들어진 곳, 만들어진 맥락 등에 대해서는 제대로 검토하지 못하는 것이다. 따라서 하나의 관점에 빠져 다른 해석을 하지 못했으며, 맥락적으로 자료를 이해하는 데 어려움을 드러냈다. 자료를 대강 읽고 주요 아이디어를 요약했으며, 자신의 생각에 따라 제한적인 코멘트와 해석을 하고, 그 자료가 중요한 것인지를 결정했다. 이러한 관점에서 줄리는 역사 자료가 신뢰성만큼이나 흥미 또는 가독성이 중요하다고 생각한다. 조든은 역사적 사실의 정확성을 강조하는 교사를 대변한다. 그는 자료들에 대해 코멘트를 많이 하지 않았으며, 자료의 이야기에 빠져 들어가지 않았다. 자료 내용에 대한 맥락적 분석의 필요성을 인식하지만, 맥락적 요소를 실제로 탐구하지는 않았다. 맥락은 학생들에게 자료를 사용하기 이전에 무엇이 일어났는지에 대한 개략적 정보를 제공해주는 구실을 하는 것이라고 보기 때문이다. 그리고 학생들 스스로 정보를 찾아내고 해석하는 일은 너무 어렵다고 생각했다. 그래서 자신이 학생을 위해 선택과 해석을 했다.[37]

이 세 명의 교사들은 역사 자료와 역사적 사고에 대한 자신의 관점에 따라 자료를 활용한다. 이렇듯, 자료의 관련성이나 맥락을 탐구하기 위한 관심과 자료의 취급 사이에는 밀접한 연계성이 있다. 이는 곧 자료를 가지고 어떠한 교수 · 학습 활동을 하느냐로 연결된다. 메러디스처럼 자료에 대한 해석과 분석을 중시할 경우, 학생 활동 중심의 수업이 되고, 다양한 해석이 바람직하다고 생각한다. 조든처럼 사료가 학생들에게 역사적 사실의 맥락에 대한 개괄적 정보를 제공해준다고 생각하는 경우에도 사료 해석에 비중을 두지만, 해석의 다양성보다 적절성에 초점을 맞춘다. 따라서 교사의 해석을 학생들에게 전달하는 교사 활동 중심의 수업이 될 가능성이 많다. 줄리처럼 자료가 하나의 이야기라고 생각하는 경우, 자료는 해석이나 맥락적 이해의 대상이라기보다 학생들을 수업에 끌어들일 수 있는 촉매제 구실을 하는 보조적 수단이다. 이 경우 자료의 내용은 교사에 의해 전달될 수도 있고, 학생들이 스스로 읽을 수도 있다.

5. 맺음말

수업은 교사와 학생의 상호 작용에 의해 이루어진다. 보통 수업 전반을 계획하는 것은 교사이다. 동일한 교육과정 아래에서 같은 교과서를 가지고 수업을 하더라도 실제 수업은 교사에 따라 달라진다. 교사는 교과 교육의 목적, 수업 내용의 해석, 학생에 대한 이해 등 여러 가지 요건을 고려해 수업을 설계한다. 여기에 크게 작용하는 것이 교사의 인지적 특성이다. 이 글에서는 역사 수업에 영향을 미치는 교사의 인지적 특성이 무엇이고, 그 특성이 수업에 어떤 영향을 미치는지를 검토했다. 역사 수업에 영향을 미치는 교사의 인지적 특성을 구성하는 요소로는 역사 교과지식, 역사교육관, 학생에 대한 이해 등을 들 수 있다. 이들 요소는 역사 수업에 별개로 작용하는 것이 아니라 복합적으로 영향을 미친다.

역사 교과지식 가운데 가장 중요한 것은 역사적 사실에 대한 내용지식이다. 내용지식은 역사적 사실을 전달하고 적절한 사례를 통해 학생들에게 역사를 이해시키는 데 필요하다. 그러나 실제 수업에서는 내용지식이 역사를 보는 관점이나 역사적 자료에 대한 이해와 밀접한 관련을 가진다.

역사교육관의 중심을 이루는 것은 역사를 왜 가르치고 배우는지에 대한 생각이다. 역사교육관은 역사적 사실에 대한 인식, 즉 역사를 안다는 의미가 무엇이라고 생각하는지에 따라서 달라진다. 역사 자료의 본질적 성격을 보는 관점도 역사교육관에 중요하게 작용한다.

학생에 대한 이해에는 역사 이해 능력과 역사에 대한 관심이 포함된다. 학생의 역사 이해 능력을 인지발달의 수준으로 보느냐, 역사 이해의 단계로 보느냐에 따라 수업은 달라진다. 또한 역사에 대한 관심이 일정 연령대에 나타나는 일반적인 정서적 현상인지, 아니면 사회·문화적 환경에서 비롯되는 것인지에 대한 판단도 수업에 영향을 미친다.

역사 수업의 전체적인 틀을 결정하는 요인은 수업을 통해 학생들에게 어떤 역사인식을 심어줄지에 대한 교사의 생각이다. 역사 수업은 어느 과목의 수업 못지않게 교과서를 중심으로 전개된다. 따라서 역사 수업 활동은 일반적으로 교과서 내용에 대한 교사의 해석에서 비롯된다. 교과서와 수업 내용의 관계에서 볼 때, 역사 수업은 크게 교과서의 내용 및 순서를 따르는 수업과 교과서를 재구성하는 수업으로 구분된다. 일반적으로 교사가 내용지식을 많이 가지고 있을수록 교과서를 재구성할 가능성이 높다. 이는 교사의 내용지식이 수업 내용을 재구성하는 데 활용되기 때문이다. 역사에 대한 풍부한 내용지식을 가지고 있는 교사는 역사적 사실을 전달하는 데 적절한 자기 나름의 구조를 가지고 있다. 이에 반해 충분한 내용지식을 가지고 있지 못한 교사는 자신에게 익숙한 방식으로 내용을 조직하거나, 교재에 나오는 그대로 수업을 전개한다.

역사 교사의 인지적 특성은 교수 · 학습 활동의 설계에서 더욱 구체적으로 나타난다. 교사는 교육관이나 역사교육관, 학생에 대한 이해에 따라 교수 · 학습 활동을 달리 설계한다. 역사는 과학과 같은 사실이며, 역사 수업을 통해 지나간 사실들을 기억하게 해야 한다고 생각하는 교사는 구체적인 역사적 사실 위주로 수업 내용을 구성하며, 이를 전달하는 방식을 중심으로 수업을 설계한다. 이런 수업은 학생 활동보다 교사 활동 위주로 구성된다. 그렇지만 교사의 설명 위주로 수업이 전개된다고 하더라도 교사가 어떤 방식으로 설명하는지에 따라 학생 활동이 달라지게 된다. 역사는 하나의 해석이며, 학생들도 역사 수업을 통해 이를 알고 자기 나름의 역사 해석을 해야 한다고 생각하는 교사는 학생 활동을 강조한다. 이런 수업은 다양한 내용보다 자료 위주로 구성되며, 자료에 대한 분석이나 해석이 학습 활동의 중심을 이룬다.

■ 주

1. Matthew T. Downey and Linda S. Levstik, "Teaching and Learning History", in James P. Shaver(ed.), *Handbook of Research on Social Studies Teaching and Learning*, New York: Macmillan Publishing Company, 1991, pp. 403~404.

2. Lee S. Shulman, "Knowledge and Teaching: Foundation of the New Reform", *Harvard Educational Review* 57(1), 1987, p. 7.

3. Downey and Levstik, "Teaching and Learning History", p. 405.

4. 김한종, 〈역사적 사고력의 구성 요소와 역사 수업의 발문〉, 《사회과교육》 29, 1996; 김한종·송상헌, 〈중·고등학교 국사 교육목표의 설정방안〉, 《역사교육》 63, 1997; 최상훈, 〈역사적 사고력의 하위범주와 역사 학습목표의 설정방안〉, 《역사교육》 73, 2000.

5. Brent Kilbourn, "Philosophical, Subject Matter and Classroom Understandings: A Case of History Teaching", in Tom Russel and Hugh Munby(eds.), *Teachers and Teaching: from Classroom to Reflection*, London: The Palmer Press, 1992, p. 71.

6. E. C. Wragg, and George Brown, *Explaining*, London: Routledge, 1993, p. 31.

7. Elizabeth Anne Yeager, and O. L. Davis, "Classroom Teachers' Thinking about Historical Texts : An Exploratory Study", *Theory and Research in Social Education* 24(2), Spring, 1996, p. 147.

8. Wragg and Brown, *Explaining*, p. 30.

9. 수업지도안에서 이들 아이디어는 '학습의 주안점'이나 '학습목표'라는 형태로 제시되기도 한다. 그러나 이 글에서 말하는 아이디어는 외형적으로 명시된 학습목표 외에, 학습 내용과 관련하여 학생이 가졌으면 하고 교사가

기대하는 역사인식을 포함한다. 수업의 과정을 도입 · 전개 · 정리 단계로 나눈다고 할 때, 전개 단계는 다시 몇 개의 세부 단계로 나뉘고, 각각의 세부 단계에서는 하위 아이디어를 다룬다.

10. L. M. Anderson, "Classroom Instruction", in M. C. Reynolds(ed.), *Knowledge Base for the Beginning Teacher*, Oxford: Pergamon Press, 1989, p. 104.

11. Samuel S. Wineburg, "On the Reading of Historical Texts: Notes on the Research between School and Academy", *American Educational Research Journal* 28(3), Fall, 1991, pp. 495~519.

12. Yeager and Davis, "Classroom Teachers' Thinking about Historical Texts: An Exploratory Study", pp. 147~148.

13. Susan E. Sanders, "Teacher's Understanding of Subject: A Cause of Research?", in Jane Salisbury and Sara Dealmont(eds.), *Qualitative Studies in Education*, Aldersshot: Avebury, 1995, p. 86.

14. 이돈희 외, 《사회과교과학 연구》, 연구보고 RR 97-16-4, 한국교육개발원, 1997, pp. 1~6.

15. 이원순 · 윤세철 · 허승일, 《역사교육론》, 삼영사, 1980, p. 11.

16. 김한종, 〈역사인식과 역사교육의 방법〉, 《교원교육》 15, 한국교원대학교 교육연구원, 1999, pp. 86~87.

17. 신진균, 〈문학의 향기로 역사를 느끼다〉, 전국역사교사모임 지음, 《우리 아이들에게 역사를 어떻게 가르칠 것인가》, 휴머니스트, 1992, p. 195.

18. 엄기환, 〈문화사 지평 넓히기〉, 전국역사교사모임 지음, 《우리 아이들에게 역사를 어떻게 가르칠 것인가》, 휴머니스트, 2002, pp. 129~130.

19. Hunter McEwan, "Teaching and the Interpretation of Texts", *Educational Theory* 42(1), Winter, 1992, p. 63.

20. Wragg and Brown, *Explaining*, pp. 7~8.

21. 김한종, 〈중 · 고등학교 국사 교육의 내용구성 원리〉, 《역사교육논집》 26,

2001, p. 136. 교과의 구조에 따라 내용을 조직하는 방식을 논리주의적 방법, 학생의 인지발달에 따라 내용을 조직하는 방식을 심리주의적 방법이라고 할 수 있다. 교과의 내용조직에서 논리주의적 방법이 타당한지, 심리주의적 방법이 타당한지는 교과의 성격을 보는 관점과 관련이 있지만, 근본적으로는 심리주의적 방법의 이론적 근거가 되는 인지발달론 자체가 교육에 유용하지 않다는 비판도 있다. 이러한 견해로는 다음의 책이 참조가 된다. 《과연 심리학은 교육에 유익한가》(Kieran Egan, *Education and Psychology: Plato, Piaget, and Scientific Psychology*), 천홍범 옮김, 성원사, 1992.

22. Karen Zumwalt, "Beginning Professional Teachers: The Need for a Curricular Vision of Teaching", in Reynolds(ed.), *Knowledge Base for the Beginning Teacher*, p. 175.

23. 교사는 실제 수업 설계에서 교실의 분위기나 활용할 수 있는 기자재 같은 수업 환경, 수업 시수와 내용의 분량 등 많은 요인을 세세하게 고려한다. 그러나 역사 교사의 인지적 특성을 다루는 것이 이 글의 과제이므로, 이런 요인들이 수업 설계에 미치는 영향에 대해서는 논하지 않기로 한다.

24. 김종훈, 〈수업사례: 조선의 정치특강〉, 《역사교육》 50, 전국역사교사모임, 2000, pp. 47~69.

25. 김한종, 〈국사 수업에 나타난 교사의 설명방식〉, 《사회과학교육연구》 3, 한국교원대학교 사회과학교육연구소, 1999, pp. 55~58. 이 사례는 1999년 6월 충북 보은 소재 중학교 2학년 수업으로, 제6차 교육과정 시기이다. 제7차 교육과정의 국사 교과서는 정치사 중심으로 구성되어 예술에 관한 서술 내용이 나오지 않는다. 제6차 교육과정 국사 교과서의 이 부분 서술은 다음과 같이 되어 있다. "한편, 글씨에서는 김생, 요극일 등이 명필로, 그림에서는 김충의 등이 이름을 날렸다."(《국사(상)》, p. 80).

26. Samuel S. Wineburg and Janice Fournier, "Contextualized Thinking in History", in Mario Carretero and James F. Voss(eds), *Cognitive and Instructional Process in History and the Social Sciences*, Hillsdale, New

Jersey: Lawrence Erlbaum Associate, Publishers, 1994, pp. 304~305. 이 연구에서는 역사를 전공한 테드(Ted)와 역사를 전공하지 않은 엘렌(Ellen)이라는 두 교사에게 링컨에 대한 상반된 자료를 보여주고 링컨의 관점에 대하여 해석하도록 하였다. 한 자료는 링컨이 인종평등주의자라고 볼 수 있는 내용이며, 다른 한 자료는 백인우월주의자라고 볼 수 있는 내용을 담고 있다. 테드는 이들 자료에 들어 있는 링컨의 말과 직접 연결시켜 링컨의 관점을 설명하였으며, 자료의 내용이 얼마나 사실인지를 검토했다. 이에 반해 엘렌은 자료의 내용을 믿고, 이를 맥락적으로 이해하려고 했다.

27. 이 부분의 교과서 서술은 다음과 같다. "이후 원나라는 고려의 제도와 풍속을 인정하면서도, 고려에 대해 그들의 영향력을 확대하고자 하였다. 원나라는 일본 정벌을 계기로 고려에 설치한 정동행성을 통해 고려의 내정을 간섭하였다. 고려 국왕은 원나라 공주와 혼인을 하였고, 태어난 왕자는 원나라에서 성장하면서 교육을 받고 귀국하여 왕이 되었다. 이처럼 원나라는 국왕을 자기들의 통제에 두고 그를 통해 고려를 간접적으로 지배하려는 정책을 폈다"(중학교《국사》, 2003, p. 114).

28. 이혁규, 〈중학교 사회과 교실수업의 일상생활 기술적 사례연구 - 교과 변환과정을 중심으로〉, 조영달 편, 《한국 교실수업의 이해》, 집문당, 1999, pp. 270~288.

29. Anderson, "Classroom Instruction", p. 105.

30. Chris Husbands, *What is History Teaching*, Buckingham, Philadelphia: Open University Press, 1996, p. 91.

31. Jane J. White, 〈민속학적 접근 방법〉, 최병모·정태화 옮김, 《사회과교육 연구에의 초대》(Catherine Cornbleth(ed.), *An Invitation to Research in Social Education*), 원미사, 1999, pp. 107~115.

32. Samuel S. Wineburg and Suzanne M. Wilson, "Subject-Matter Knowledge in the Teaching of History", in Jere Brophy(ed.), *Advances in Research on Teaching* Vol. 2, Greenwith, Connecticut: JAI Press,

Inc., 1991, pp. 310~330.

33. Ibid., pp. 333~335.

34. 변태섭, 〈삼국의 정립과 신라통일의 민족사적 의미〉, 《한국사시민강좌》 5, 1989.

35. 왕이 이찬 김춘추와 아들 문왕을 당나라에 사신으로 보냈다. ……김춘추가 무릎 꿇고 아뢰기를 "우리나라가 멀리 바다 한구석에 있으면서 대국을 섬긴 지가 여러 해가 되었는데, 백제가 포악하고 교활하여 침범을 함부로 자주 하였습니다. 더구나 지난해에는 대부대의 군사로 깊이 침범하여 수십 개의 성을 함락시킴으로써, 조공하는 길까지 막았습니다. 만약 폐하께서 군사를 일으켜 흉악한 무리들을 잘라 없애지 않는다면, 저의 지방 백성들은 남김없이 사로잡힐 것이므로 험한 육로와 수로를 거쳐 조공할 일도 다시 바랄 수 없습니다"고 하였다. 당 태종이 깊이 동감하고 군사를 내줄 것을 승낙하였다(《삼국사기》, 〈신라본기〉 5, 진덕왕 2년).

36. 당 고종이 편지 답장에 다음과 같이 말하였다. "선대 임금(김춘추)이 649년 당에 들어와 당 태종의 은혜로운 조칙을 받았는데, 거기에서 '내가 지금 고구려를 치는 것은 다른 까닭이 아니다. 너희 신라는 두 나라 틈에 끼어 매양 침해를 받아 편안한 날이 없음을 애달프게 여긴다. 산천도 토지도 내가 탐하는 바가 아니며, 재물도 자녀도 내가 다 가지고 있는 것이다. 내가 두 나라를 평정하면 평양 이남 백제의 토지는 모두 너희 신라에 주어 길을 편안하게 만들려고 한다'와 같이 말하면서, 계획을 지시하고 군사동원 기일을 정해주었다."(《삼국사기》, 〈신라본기〉 7, 문무왕 11년).

37. Yeager and Davis, "Classroom Teachers' Thinking about Historical Texts: An Exploratory Study", pp. 149~162.

2부

역사의 서술 양식과
역사 학습

비판적 역사 읽기와 역사 쓰기

김 한 종 · 이 영 효

역사 교재를 비판적으로 읽고 자신의 역사 이해를 '쓰기' 활동으로 표현하게 하는 것은 장기간의 학습 지도와 경험을 필요로 한다. 주어진 역사 텍스트에 대한 이해를 활발한 글쓰기로 표현한 학생들도, 저자의 관점에 대해 근거를 들어 비판하거나 텍스트의 역사 지식이 만들어진 배경(context)까지는 주목하지 못했다. 즉 학생들이 스스로 자료를 탐색하고 그에 기초하여 자신의 내러티브를 만드는 것은 쉽지 않은 작업이다. 이는 텍스트 이해에 필요한 사전 지식, 텍스트 유형의 특성과 한계의 인지, 텍스트 내용에 대한 비판적 이해와 분석, 다양한 쓰기 표현 능력의 개발 등을 필요로 한다. 따라서 학생들로 하여금 스스로를 '작은 역사가'로 가정하고 나름의 역사를 써보게 하는 지속적인 노력이 이루어져야 할 것이다.

1. 머리말

최근 역사 자료를 하나의 텍스트로 보려는 관점을 둘러싼 논의가
역사학계에서 활발히 진행되고 있다. 사료를 비롯한 역사 자료는 일
어났던 사실을 그대로 진술한 것이 아니라, 하나의 텍스트이자 저자
의 관점이나 의도, 주장이 개입된 역사 해석의 산물이라는 것이다.
이런 관점에서는 독자 스스로 역사 지식과 의미를 창조하는 비판적
읽기가 강조된다. 역사 수업에서 활용되는 교재 역시 독자의 선행지
식이나 경험, 신념 등에 따른 개별적인 사유 대상이자 해석되어야
하는 텍스트가 된다. 역사 교재를 읽는다는 것은 단순히 교재의 내
용에 들어 있는 정보를 얻는 것이 아니라, 교재와 상호 작용을 통해
다루고 있는 역사적 사실의 의미를 재구성하는 창조적인 과정이다.
학생들은 자신의 관점에서 역사를 이해하고 해석하며, 이를 바탕으
로 자신의 역사를 구축해간다.[1]

역사 쓰기는 텍스트로부터 역사 지식을 만들어가는 과정의 일환

이다. 비판적 역사 읽기가 학생들의 주체적인 역사 해석을 전제로 한다면, 역사 쓰기는 그것을 표현하는 하나의 방식이다. 비판적 읽기를 통해 교재 내용에 의미를 부여하고, 비판적 쓰기를 통해 이를 언어로 조직하고 기술하는 것이다. 학생들은 역사 쓰기의 과정에서 역사 사실에 대한 자신의 생각을 더 명확히 하며 자기 나름의 역사상(歷史像)을 만든다. 이처럼 글쓰기를 통해 역사를 읽는 자신의 관점과 인식을 드러내는 역사 쓰기는 능동적이고 적극적이며 창의적인 역사 만들기 작업이다.

이 글에서는 먼저 비판적 읽기와 쓰기의 논리를 텍스트론을 통해 살펴본 뒤 그 학습 방안을 이론적으로 검토했다. 그리고 각기 다른 양식으로 기술된 국사 및 세계사 텍스트에 대해 학생들이 어떻게 역사를 이해하고 해석하며, 나아가 텍스트를 통한 역사인식을 어떻게 역사 쓰기와 연결하는지 조사했다. 이 연구는 비판적 역사 읽기와 쓰기에 적합한 역사 교재의 서술 유형과 이를 활용한 수업 방안에 대한 시사점을 얻기 위함이다.[2]

2. 비판적 역사 읽기와 쓰기의 원리

역사 교재로 사용되는 텍스트의 내용과 표현형식은 역사인식론과 페다고지(pedagogy)를 반영한다. 외형적으로 역사적 사실을 일어난 그대로 서술하는 형식의 설명 텍스트(expository text)는 '집단 기억을 증진하는' 역사교육을 지향한다. 따라서 설명 텍스트에서는 '어떤 역사를 가르칠 것인가?' 라는 질문이 가장 중요하다. 흔히 이런 형식의 자료에서 주체는 근대 역사에서 형성된 전형적 집단인 '국가' 이며, 역사는 '진보'를 의미한다. 텍스트는 집단 경험을 전달함으로써 독자에게 정체성, 일치감, 도덕 체계를 심어주고자 한다. 이러한 텍스트에 담겨 있는 과거 지식, 집단기억에 동의한다면 역사교육은 어떤 일관된 사회적 목적을 달성하는 데 이용될 수 있다.

이러한 '유산으로서의 역사'는 비판의 대상이 아니며 도그마(dogma, 독단)로 전락할 위험성이 있다. 만일 역사가나 교과서 저자들에 의해 '과거에 대한 올바른 해석'으로 정의된 텍스트가 제시된다면, 학생들이 해야 할 일은 내용을 사실 그대로 받아들이는 것뿐이다. 설사 학계에서 텍스트 내용의 옳고 그름, 의미에 대한 여러 견해가 제기된다고 해도, 이를 잘 모른 채 텍스트만을 읽는 학생들의 위치에서 보면 내용은 암기해야 할 교리인 셈이다. 텍스트는 기껏해야 도덕적 규범을 가진 생생한 이야기의 형식을 취하며, 최악의 경우에는 역사 학습의 의미가 상실된 무기력한 과거의 재현이 될 것이다. 이러한 텍스트에서 받아들이는 역사 지식은 탐구와 논쟁의 대상이 아니라 저자의 권위에 의해 바뀔 수 없는 진리가 되어버린다.[3]

반면 과거에 대한 상반된 해석을 담고 있는 역사 텍스트는 내용을 단일한 하나의 사실로 믿게 하기 위한 것이 아니다. 오히려 학생들로 하여금 역사가의 평가와 사료에 근거해 어느 쪽이 더 나은 해석인지 생각해보게 함으로써 사고 활동을 유도한다. 학생들은 역사 텍스트가 만들어져가는 과정을 경험함으로써 역사 텍스트의 의미를 이해하게 된다. '인식 방법으로서의 역사'를 경험하는 것이다. 역사적 사실은 역사 기록과 역사적 방법에 근거를 두지만, 해석을 달리하는 논쟁의 대상이 될 수 있다. 역사적 진리라고 믿어왔던 사실들도 경우에 따라서는 바뀔 수 있다. 학생들은 교재에 나타나 있는 역사적 진술에 대해 질문하고, 그 진술을 증거 자료에 비추어 다른 진술과 비교하고 평가하기도 한다. 이와 같은 작업은 독립적으로 역사적 지식을 구축하는 하나의 과정이라고 할 수 있다.

역사적 사실 자체보다 역사 지식이 생성되는 과정이나 방법을 강조하고 상반된 역사 해석을 가르치는 것이 학생들을 상대주의에 빠뜨린다는 비판도 있다. 하지만 학생들은 이미 텔레비전, 영화, 만화, 소설 등을 통해 상반된 역사 해석들을 접하고 있다. 따라서 여러 해석들의 상대적 강점과 약점을 판단할 수 있어야 한다. 만일 학교에서 역사 탐구의 학문적 절차를 가르치지 않는다면, 오히려 학생들은 더 큰 혼란에 빠질 수도 있다.[4]

최근의 포스트모던 입장에서는 모든 역사 해석이 본질적으로 불확실하다는 점을 강조한다. 지식은 인식자(knower)에 따라 달라질 뿐 아니라 이른바 '진리'가 상이한 집단의 이해를 반영하는 '사적 구성물'이라는 것이다. 따라서 지식의 객관성과 중립성, 진리의 실증성과 확실성을 신뢰하지 않는다. 또한 우리는 텍스트를 통해서만 과거의 사실에 접근할 수 있는데, 텍스트의 언어는 실제 있었던 일을 표상(表象, representation)하는 것이 아니라 오히려 과거의 사실을 구성한다고 본다. 텍스트에서 이러한 표상의 위기는 화자(話者)의 위치에서 비롯된다. 화자는 텍스트를 만들 때 중립적인 태도로 자신을 개입시키지 않는 것이 아니라, 오히려 텍스트에 자기 자신을 용해한다. 설사 자신을 개입시키려고 하지 않는다 하더라도, 텍스트의 속성상 이는 불가능하다. 아무리 노력해도 텍스트에는 항상 '화자'가 존재하기 때문에 '나'를 숨기는 이야기는 가능하지 않다. 텍스트를 읽는 독자 역시 자신의 삶을 통해 텍스트를 읽는다. 따라서 저자와 독자는 쓰거나 읽는 텍스트에 자신의 삶을 창조하고 있는 것이다. 이런 관점에서 데리다(J. Derrida)는 다음과 같이 '쓰여진 텍스트'는 결코 최종적이지도 완전하지도 않다고 지적한다.

> 한 사람의 삶을 들여다보는 명료한 창문은 없다. 왜냐하면 어떤 창문
> 도 항상 언어와 표지(sign)의 유리 및 기표화(signification)의 과정을 통
> 해 걸러지기 때문이다. 언어는 서술할 때나 말할 때나 항상 본질적으
> 로 불안정하며 유동적이다. 따라서 어떤 명확한 의도나 의미를 담고
> 있는 진술은 있을 수 없다.[5]

역사적 에피소드들을 스토리텔링(storytelling) 기법으로 기술한 내
러티브 역시 실제 경험을 직접 포착할 수 없다. 내러티브의 토대인
사료가 다의적(多義的) 텍스트이기 때문이다. 또한 내러티브는 화자
의 존재를 감추지 않고 드러낸다. 즉 화자의 인종 · 계급 · 성이 서술
에 영향을 미치고 있다는 것을 인정한다. 하지만 내러티브의 본질은
방법론적 반성성(方法論的 反省性, methodological reflexibility)에 있다.
화자는 사건을 인식하는 자신의 시각을 비판적으로 보려 하며, 개인
적 지식을 이용해 화자의 권위를 내세우지 않는다. 내러티브는 또한
인간 경험의 미묘하고 세밀한 특정적인 부분, 즉 느낌 · 몸짓 · 목소
리 · 태도를 드러내기도 한다. 이는 사소한 작은 사실들인 세부적인
특정 부분에 보편적인 것이 있다고 보기 때문이다.[6]
역사 서술에서 '모든 것을 알고 있는 사람'으로서의 화자, 즉 저자
의 지위는 텍스트의 의미에 대한 다양한 해석을 가로막는다. 저자가
지배하는 텍스트 읽기는 텍스트를 창작, 비평할 수 없다는 것을 의
미한다. 대신 '역사가가 실재를 다루고 서술한다'고 믿게 만들었다.
더구나 그동안 텍스트 읽기와 쓰기가 진리, 진보, 투쟁 같은 크고 강
력한 가치를 추구함에 따라 즐거움을 얻거나 즐기려는 읽기와 쓰기

는 발붙이기 힘들었다.

그러나 독자의 탄생은 저자의 의도를 그대로 읽어내려는 책읽기에 변화를 가져왔다. 텍스트 생산이 강조되면서 즐거움을 얻거나 즐기려는 읽기와 쓰기가 주목받고 있으며, 텍스트는 무한한 의미 생산이 가능한 열린 공간이자 즐기는 대상이 되었다. 이제 텍스트는 단순히 소비하는 작품이 아니라, 작업하며 생산하고 실천하는 즐김의 대상이다. 즐거움과 즐김의 텍스트는 어떤 특정한 목적을 가지지 않으며, 모든 규범적인 것을 거부한다. 독자는 텍스트를 자유롭게 넘나들며 해체한다.[7]

텍스트 생산을 위해서는 읽기와 쓰기 사이에 존재하는 거리감을 없애야 한다. 읽기와 함께 글쓰기를 실천해야만 텍스트를 체험할 수 있기 때문이다. 능동적인 글쓰기는 텍스트의 복수적 의미를 실천하고 자신의 삶을 무대화하는 것이다.[8] 이는 곧 저자(화자)의 권위에 대한 도전이다. 역사 쓰기 역시 단순히 자신의 역사인식을 표현하는 것이 아니라, 다른 사람들의 의식을 통해 해석되어 또 다른 역사 지식의 생성과 확산을 가져온다. 그러므로 역사 쓰기는 서술의 목적, 전달 대상자, 전달하고자 하는 역사 내용 등에 따라 달라진다. 그 표현 형식도 단순히 역사적 사실을 담는 그릇에 불과한 것이 아니라, 담겨지는 내용에 대한 인식에 영향을 미치는 요소이다.

기존의 역사 쓰기는 학자들에 의해 소수만이 이해할 수 있는 불투명한 언어로 이루어졌다. 학계에서 생산하는 텍스트는 학계 내부라는 벽을 넘지 못한 채 '실제 세계'에 살고 있는 사람들의 관심을 끌지 못했다. 개념 체계와 레토릭(rhetoric)을 공유하는 같은 학문 활동에 종사하는 소수의 독자에게만 읽혀졌던 것이다. 하지만 이제 쓰기는 누구나 충족감을 얻기 위해 추구하는 자연스럽고 편한 기본적인 활동이 되었다. 학자들은 학문적 동료의 울타리를 넘어 청중에게 다가서려고 노력하며, 더욱 실험적인 형식의 내러티브를 추구한다. 즉, 화자의 목소리를 바꿈으로써 '대상'의 목소리가 들리는 방식으로 변화시킨다.[9]

이런 관점에서 보면 역사교육에서 중요한 질문은 '어떤 역사가 중요한가?'가 아니라 '역사를 알고 이해한다는 것이 무엇을 의미하는가?'이다.[10] 언어로 기록된 사실들은 자명한 것이 아니며 스스로 말하지 못한다. 따라서 텍스트로서 역사 학습 자료는 독자의 비판적 분석과 통찰의 대상인 동시에, 역사적 사고 과정을 거쳐 독자인 학생들이 가지게 될 역사적 지식의 토양이다. 이는 비판적 읽기의 대상에 그치지 않고, 쓰기를 통해 창조적인 지식 생성으로 이어진다. 이 과정에서 인식자와 인식 대상, 그리고 저자와 독자의 이분법적 구분은 더 이상 유효하지 않다.

3. 비판적 역사 읽기와 쓰기를 위한 학습 방안

그렇다면 학생들의 비판적 역사 읽기와 쓰기는 어떻게 이루어지는가? 학생들의 텍스트 이해와 분석은 여러 요인의 영향을 받는 복합적인 과정이다. 먼저 텍스트의 유형, 즉 글의 목적에 따라 다른 문체와 내용 구조를 가지는 텍스트의 구문론적 형식은 학습에 큰 영향을 미친다. 역사 텍스트는 크게 설명문·논설문처럼 저자의 견해나 정보를 제공하기 위한 설명 텍스트와 소설·드라마처럼 이야기 형식으로 구성되는 내러티브 텍스트(narrative text)로 구분할 수 있다.[11] 이 서술 형식들은 각각 고유한 특성을 지니고 있으므로 각기 다른 인지적 절차를 통한 읽기가 필요하다.

우리나라 역사 교과서는 대부분 설명 텍스트이다. 외형적으로 내러티브 형식을 취하고 있는 서술도 가끔 있지만, 그런 경우에도 사건 전개의 다양한 가능성을 내포하는 구조는 거의 없다. 국사 교과서는 사건을 일어난 순서대로 서술하는 계기적 서술이 설명적 서술과 함께 상당한 비중을 차지하고 있지만, 이야기의 줄거리를 갖춘 내러티브적 서술은 거의 찾아볼 수 없다.[12] 이러한 설명 텍스트는 정보를 읽고 기억하도록 서술되었기 때문에 학생들이 역사적 사건을 다양한 의미로 읽어나가기가 어려울 수밖에 없다.

이에 반해 일인칭 저자가 드러난 역사 서술에 대한 학생들의 역사 이해는 일반 역사 교과서 서술을 읽은 학생들과 다르다. 팩스턴(R. Paxton)의 연구에 따르면, 저자가 드러난 서술을 읽은 학생들은 저자와의 대화에 참여하며, 그들의 내용 이해는 정리·요약 수준을 넘어선다. 학생들은 교재 내용에 비판을 제기하기도 하고, 자신의 선행지식을 수정하기도 하며, 교재 내용을 자기 것으로 만들어나간다.[13]

텍스트 이해를 위해 또 하나 중요한 것은 역사 영역 고유의 지식이다. 역사 텍스트에 사용된 어휘나 개념, 원리 등에 대한 배경 지식은 텍스트 내용에 대한 학생들의 흥미를 이끌어낼 뿐 아니라, 흐름을 이해하고 중요도를 판단하는 데도 영향을 미친다. 그러나 학생들은 배경 지식을 가지고 있다고 해도, 텍스트의 내용을 자신이 이미 알고 있는 사전 지식과 자동적으로 연관시키지는 않는다. 또 학생들의 역사 지식이 역사적 사실의 의미를 능동적으로 재구성하는 데 도움이 되는 것도 아니다.[14] 와인버그는 학생들에 비해 사실적 지식이 부족하거나 별로 차이가 없다 하더라도 역사가는 역사 자료에 포함된 서브텍스트, 즉 숨겨지고 드러나지 않는 의미를 이해한 반면, 뛰

어난 읽기 능력과 역사적 사실에 대한 깊이 있는 지식을 가졌다고
하더라도 학생들은 그렇지 못하다는 사실을 발견했다. 즉, 역사가와
학생들 사이에 존재하는 서브텍스트의 의미를 이해하는 능력의 차
이는 역사적 사실에 대한 지식의 차이에서 오는 것이 아니었다. 학
생들은 역사 문헌에서 서브텍스트를 읽어야 한다는 문제의식을 가
지고 있지 않았던 것이다. 그 이유는 텍스트의 내용을 비판적으로
분석하고 해석하는 경험이 거의 없었기 때문이다. 그래서 학생들은
겉으로 드러난 텍스트의 내용을 그대로 받아들일 뿐 기저에 깔려 있
는 전제나 관점, 의도를 파악하지 못했다.[15]

　따라서 비판적 역사 읽기를 위해서는 상당한 경험과 훈련이 필요
하다. 독해 과정에서 '왜?'라는 질문을 하거나 치밀한 탐색을 해야
한다. 역사 텍스트를 비판적으로 읽기 위해 학습 과정에 포함시켜야
하는 활동을 살펴보면 다음과 같다.

① 텍스트를 왜 읽는지를 인식한다.
② 텍스트의 아이디어들에 대해 질문을 제기하며 자신이 이미 알
　고 있는 사실과 연관시킨다.
③ 낯선 어휘들의 의미를 찾아 이해한다.
④ 스토리의 요소들(배경, 인물, 인물들이 부닥친 문제, 해결 시도, 성
　공적인 해결, 결말)을 분석한다.
⑤ 자신이 텍스트를 이해하고 있는지 지속적으로 관찰(monitoring)
　한다.[16]

　학생이 텍스트 읽기를 통해 자기 나름의 역사적 의미를 구축하기
위해서는 독해를 위한 기술과 전략뿐 아니라 텍스트를 깊고 의미 있

게 탐색하려는 의지와 노력, 동기와 흥미도 필요하다. 이 가운데 학생들이 내용지식을 알기 위해서 텍스트를 읽거나 지속적으로 학습하는 데 가장 큰 영향을 미치는 요소는 바로 흥미이다. 학생들은 등장인물의 행동에 정서적으로 커다란 감명을 받기도 하고, 자신의 사고나 생각을 붙잡는 텍스트 내용에 대해서는 인지적 관심을 가지기도 한다. 학습을 지속시키는 요소는 외부에서 주어진 목표나 교사의 지도보다 책읽기에서 자기 스스로 가치를 발견하는 내적 동기이다.[17]

제튼과 알렉산더(Jetton and Alexander)의 영역 학습 모델(model of domain learning)에 의하면, 학생들은 어떤 지식 영역에서 읽기와 학습을 경험할 때 처음에는 익숙해지는 단계에서 시작해 다음에는 이해 능력을 개발하고, 마지막에는 숙달기에 도달한다고 한다. 학습자는 초기에 단편적인 지식만을 가지고 있어 텍스트의 주제에 흥미를 느끼지 못한다. 이들에게 적절한 개념 풀이와 설명을 해주지 않고 텍스트를 제시하면 중요한 정보와 중요하지 않은 정보를 구별하지 못한다. 따라서 교사는 가장 먼저 기본적인 원리들을 담고 있는 텍스트를 제시하고, 설명과 질문을 통해 학생들의 이해를 도와줄 필요가 있다. 이 단계를 거쳐 충분한 지식체계와 전략을 습득한 학생들은 사소한 사실보다 중심 주제에 더 많은 관심을 표현하며 깊이 있는 이해를 추구하게 된다. 그러므로 학생들로 하여금 스스로 독서 목적을 결정하고 읽을 자료를 선택할 기회를 주는 것이 바람직하다. 그래야 학생들 스스로 읽기와 학습을 하고자 하는 내적 동기가 생기기 때문이다.[18]

역사 쓰기는 역사 읽기와 다른 작업이지만, 실제 학습 과정에서는 별개로 진행되지 않는다. 읽기와 쓰기는 서로 자극을 주고 보완하는 과정이다. 비판적 역사 쓰기는 모든 역사적 진술을 비판적으로 읽는

데 그치지 않고, 사료에 기초해 스스로 텍스트를 구축하는 것에 이르게 한다. 즉, 역사가들의 여러 해석들 가운데 가장 타당한 견해에 도달하는 것이 아니라, 역사적 사실에 대한 자기 자신의 사고와 인식을 적극적으로 표현하는 것이다. 텍스트에 담긴 역사 해석이 고정된 것이 아니라 저자에 의해 선택된 하나의 산물이라면, 학생들 역시 자신의 의견이 내포된 다양한 글쓰기를 통해 새로운 지식 창출에 참여할 수 있다. 쓰기를 빼고 읽기만을 가르치는 교육은 독서를 생산 없는 소비로 축소시키고 만다.[19]

스탑스키(Fred Stopski)는 글쓰기를 설명적 글쓰기(expository writing), 자유로운 글쓰기(free writing), 창의적 글쓰기(creative writing)로 구분한다.[20] 설명적 글쓰기는 역사 자료를 분석, 조직, 종합해 추출한 지식과 정보를 효과적으로 전달하는 기술 방식이다. 그러나 설명적 글쓰기는 단순히 정보를 확인하고 옮기는 유사 글쓰기(pseudo writing)에 그치기 쉽다. 자유로운 글쓰기는 역사적 사건이나 상황 등 다양한 주제에 대해 새로운 아이디어를 개발하거나 표현 형식에 구애받지 않고 자유롭게 글을 쓰는 기술 방식이다. 창의적 글쓰기는 과거 다른 시대나 장소에 살았던 사람들의 처지에서 상상력을 동원하여 시, 소설, 일기, 편지 등 다양한 방식으로 역사를 구성, 표현하는 기술 방식이다.

역사 글쓰기를 객관적 글쓰기와 주관적 글쓰기로 나눌 수도 있다. 객관적 글쓰기는 역사적 상황이나 사실에 입각해 공정하고 객관적으로 서술하는 것을 중시한다. 하지만 역사 서술에서 순수한 의미의 객관적 글쓰기는 존재하지 않는다. 따라서 객관적 글쓰기는 자신의 글이 역사적 사실에 부합된다는 점을 강조하는 설명문이나 논설문 등의 형식을 띤다. 이에 반해 주관적 글쓰기는 역사적 사실에 바탕을 두고 있지만, 저자의 정서나 감정 표현이 많고 저자의 관점과 의식·태도·느낌 등을 그대로 드러내는 글쓰기이다. 따라서 단순히 역사적 사실을 파악하는 데 그치지 않고, 이를 자신의 관점에 따라 해석하고 재구성하여 자유로운 형식으로 표현한다. 주관적 글쓰기는 형식면에서 제약이 적고, 자기 나름의 역사 이해를 자유롭게 나타낼 수 있다는 점에서 학생들이 더욱 친숙하게 시도할 수 있다.[21]

학생들이 글쓰기를 어렵다고 느끼는 이유는 무엇보다 규칙에 따라야 한다고 생각하기 때문이다. 따라서 처음에는 역사적 사실을 소재로 한 기존의 다양한 글을 모방하는 글쓰기 연습부터 하되, 형식과 내용에 구애받지 않는 자유로운 글쓰기를 해보게 하는 것이 바람직하다. 영화나 소설, 연극 줄거리의 끝 부분에 덧붙이는 글쓰기나, 역사적 인물의 행위와 상황을 뒤집어 가상해보는 글쓰기도 도움이 된다. 하지만 허구가 아닌 글을 쓰기 위해서는 많은 정보 수집이 필요하고, 자신의 사고와 지식을 적절한 형식에 담아 표현하는 능력도 계발해야 한다. 특히 비교와 유추, 대조와 비판, 귀납적 글쓰기와 변증법적 글쓰기 등 글을 논리적으로 쓰기 위해서는 엄정한 사료 비판의 방법과 명료한 논리 전개 기술 등도 함양해야 한다.

4. 국사 교재의 비판적 읽기와 쓰기

학생들의 역사 읽기와 쓰기를 조사하기 위해 사용한 국사 텍스트는 '임진왜란'과 '대한민국 임시정부(이하 '임시정부')'에 대한 내용이었다. 서울 지역 고등학생 15명을 다섯 명씩 세 집단으로 나눈 뒤 각각 다른 표현 형식으로 서술된 '임진왜란'과 '대한민국 임시정부'

에 관한 텍스트를 읽게 하였다. 임진왜란에 관한 텍스트는 ① 교과서 내용을 토대로 한 설명문(교과서식 설명문), ② 사료, ③ 이야기 형식의 글이었으며, 임시정부에 관한 텍스트는 ① 교과서 내용을 토대로 한 설명문(교과서식 설명문), ② 사료, ③ 저자가 드러난 서술이었다. 세 집단의 학생들에게 먼저 임진왜란에 대한 사전 지식 정도를 확인하는 다섯 개의 서술형 문항을 주고 10분간 답하게 했다. 이어 각 집단별로 임진왜란에 관한 서로 다른 양식의 텍스트를 주고 읽게 한 다음, 반응을 측정하기 위한 네 개의 서술형 문항에 50분간 답하게 했다. 임시정부 텍스트에 대한 실험도 같은 절차를 거쳐 진행되었다.

텍스트를 읽게 한 다음 학생들에게 주어진 서술 문항은 동일한 주제를 다른 목적과 양식으로 서술한 텍스트에 대한 학생들의 신뢰, 그리고 그 텍스트로부터 학생들이 추출해내는 지식 · 이해 · 해석 · 판단 능력을 살펴보기 위한 문항으로 구성되었다.[22] 특히 텍스트를 읽은 후 해당 역사 사실에 대한 자신의 이해를 여러 형식의 글쓰기를 통해 표현하게 했다. 작문의 형식은 시, 수필, 일기, 논설문 등 다양한 방식 가운데 자유롭게 선택하게 했다. 이러한 글쓰기 작업은 학생들의 비판적 읽기 수준을 더욱 분명히 파악하기 위한 것으로, 학생들이 이해 측정의 문항에서 표현하지 못했던 자신의 생각을 좀 더 자유롭게 드러낼 수 있게 하는 데 목적이 있었다. 그리고 학생들이 창조적으로 자신의 역사 지식을 만들어가는 능력을 보여줄 것이라는 기대가 반영된 조치이기도 했다.

먼저 주어진 텍스트의 신뢰성을 묻는 질문에서 절반 정도의 학생들이 임진왜란과 임시정부에 대한 텍스트 모두 '믿을 만하다'고 응답했다. 그러나 학생들의 반응은 텍스트의 유형에 따라 차이가 있었다. 특히 주목할 만한 점은 교과서식 설명문 형식으로 서술된 텍스트의 신뢰성에 대해 상대적으로 부정적인 평가가 나왔다는 것이다. 하지만 이는 교과서 내용에 대한 비판적 분석에 의한 것이 아니라, 국사 교과서에 대한 피상적인 인상에 의존하거나 일본과 관련된 역사 기술에 대한 의심에서 비롯되었다. 즉 '교과서 내용이 자세하지 않아서 믿을 만하지 못하다'거나, '국사 교과서 서술이 일제의 식민사관에 크게 영향을 받고 있기 때문에 의문이 간다' 또는 '일본과의 관계에 관한 내용이므로 우리에게 우호적으로 역사 서술을 왜곡할 수 있다'는 것이다. 한편으로는 교과서 내용을 신뢰하여 다른 텍스트를 평가하는 기준으로 활용한 경우도 볼 수 있었다. 즉, 저자의 관점이 드러나 있는 임시정부 텍스트에 대해 '교과서와 일치하므로 믿을 만하다'고 응답했다.

또한 학생들은 텍스트 내용과 관계없이 저자의 권위나 텍스트 문구만으로도 내용을 그대로 믿는 경향을 보였다. 사료를 읽은 학생들은 유성룡과 김구, 즉 사회에서 일반적으로 '긍정적'인 평가를 받은 인물이 쓴 기록이기 때문에 텍스트 내용을 믿을 만하다는 반응이었다. 사료가 연도를 언급하는 등 구체성을 띠고 있기 때문에, 또는 사료에 '사실만을 말하겠다'는 문구가 들어 있기 때문에 내용을 신뢰한다고도 했다. 이러한 반응은 학생들이 텍스트의 속성과 한계를 분석하는 데 익숙하지 않음을 의미한다.

임진왜란에 대한 텍스트를 읽은 학생들은 텍스트 유형과 관계없이 비슷한 반응을 보였다. 학생들은 임진왜란 당시 한국과 일본의 상황을 언급하고, 올바른 정세 판단이 필요했음을 지적했다. 또한 당시 국방에 대한 대비가 없었다는 데 아쉬움을 표했으며, 전쟁을 맞아서도 별다른 대책 없이 백성을 내버려두고 도망가기에 급급하였던 지배층을 비판했다. 하지만 좀 더 구체적으로 살펴보면, 텍스트의 유형에 따라 나타난 반응에 약간의 차이가 있었다.

사료를 읽은 학생들은 모두 전쟁에 대한 대비가 없었다는 문제점을 집중적으로 지적했다. 이이의 십만양병설이 실행에 옮겨지지 못했음을 아쉬워하거나, 전쟁을 승리로 이끌 구체적인 방안을 제시하기도 했다. 이러한 반응은 사료 내용이 임진왜란 초기의 전쟁 전개 과정을 중심으로 구성되었기 때문일 것이다. 교과서를 읽은 학생들은 주로 조선과 일본의 정세에 대해 언급했다. 일본이 임진왜란을 일으킨 정치적·사회적 배경과 조선이 이에 대한 대비를 제대로 하지 못한 상황을 살폈다. 하지만 학생들의 반응은 교과서에서 언급한 내용의 범위나 깊이를 넘지 못했다.

이야기 형식으로 된 자료를 읽은 학생들은 무엇보다 지배층의 문제점을 지적했다. 무능한 지배층이 백성을 버리고 자신들만 피신했다는 점을 강도 높게 비판하면서, 다른 유형의 텍스트를 읽은 학생들에 비해 더욱 적극적으로 자신의 감정을 표현했다. 이는 글의 내용이 정서적 표현을 상당히 많이 담고 있기 때문이며, 학생들은 그 정서에 동감한 것으로 보인다. 당시 지배층에게 해주고 싶은 말을 묻는 문항에 대한 응답인 [사례 4-1]과 [사례 4-2]가 이를 잘 보여준다.

[사례 4-1]
백성은 나라의 근본입니다. 그 백성들을 버리고 자신의 안위만을 챙기는 당신들은 반성해야 할 것입니다. 백성을 위한 정책을 시행하고, 임진왜란의 왜구를 물리칠 방도를 마련해야 할 것입니다.

[사례 4-2]

(왕에게) 백성을 버리고 도망치다니 무엇하는 것인가? 자기 목숨이 위태롭다 하지만 그들과 함께해야만 진정한 왕이다. 백성들이 없다면 왕도 없는 것이다. 백성들과 함께 왜적을 물리칠 생각이 없는가? 이제라도 백성들과 힘을 합쳐 고통을 나누며 왜적을 물리쳐주길 바란다.

임시정부에 대한 텍스트를 읽고 학생들이 보인 반응은 자료에 따라 달랐다. 먼저 사료를 읽은 학생들은 독립 의지와 민족 단결의 필요성을 강조하며 강한 민족의식을 보였다. 임시정부 준비 세력이 얼마 가지 않아 분열된 것에 대한 안타까움도 표현했다. 이는 사료의 필자가 민족 단결을 위해 힘쓴 것으로 알려진 김구인데다, 사료가 주로 여러 세력이 힘을 모아 임시정부를 수립하는 과정에 대한 내용이었기 때문일 것이다.

교과서식 설명문 형식의 텍스트를 읽은 학생들은 임시정부의 역사적 의의와 활동이 충분하지 못했다는 점을 지적했는데, 자신의 정서를 드러내지 않고 비교적 담담한 어투로 서술했다. 주로 교과서의 내용을 그대로 옮겼지만, 자료에 언급되지 않은 임시정부의 활동에 대해 아쉬움을 표시한 경우는 학생들 자신의 사전 역사 지식에 근거한 것 같았다.

저자가 드러난 텍스트를 읽은 학생들 역시 임시정부의 역사적 의의에 대해 집중적인 반응을 보였다. 민족 주체성이나 민족운동의 전환점이라는 의의 못지않게 임시정부에 의해 공화정이 시작되었다는 점에도 주목했는데, 이는 주어진 텍스트의 저자가 주장하고 있는 내용이기도 했다. 텍스트에는 이러한 주장이 저자 자신의 관점이라고 드러나 있지만, 학생들은 텍스트 내용을 개인적 견해나 해석이라기보다 역사적 사실로 받아들였다. 특히 공화제와 복벽(復辟) 간의 이념 차이, 백성들의 처지를 대변하는 임시정부의 건설 등에 관심을 표하면서, 교과서를 읽은 학생들보다 더욱 강한 정서적 표현을 드러냈다.

텍스트를 읽고 어떻게 이해했는지를 글로 표현해보라는 요구에 대해 학생들은 설명문이나 논설, 시, 편지, 신문기사 등 다양한 형식으로 글을 썼다. 일기나 수필, 연극 대본, 소설 등과 같은 형식도 보였다. 글의 표현 형식은 텍스트의 유형과 관계가 없었지만, 내용은 텍스트에 따라 조금씩 달랐다. 사료나 이야기 형식의 글 또는 저자가 드러난 텍스트를 읽은 학생은 교과서를 읽은 학생에 비해 감정 표현이나 자신이 드러난 서술을 했다. 저자가 드러난 글을 읽은 학생의 경우에는 논설에서도 자신의 감상을 포함하기도 했다. 이에 반해 교과서를 읽은 학생의 경우에는 비록 시나 일기라는 형식을 취했다 하더라도 그 내용을 역사적 사실 자체로 옮겨놓았다. [사례 4-3]과 [사례 4-4]는 이러한 차이를 잘 보여준다.

[사례 4-3]

나에게 '대한민국 임시정부'는 어렸을 적부터 책에 자주 등장한 탓에 임시정부의 중요성을 알고 있긴 했지만, 그 당시의 사회적 배경과 임시정부의 역사적 활동, 의의에 대해서는 무지했던 게 사실이다. 오늘 이 기회를 통해 임시정부에 대해 좀 더 생각해볼 시간을 가진 것은 매우 뜻 깊은 일이라 생각한다. ……이렇듯 우리가 지금 자유·평화를 누리며 나라의 주인이 되어 권리를 주장하며 살 수 있는 것은 모두 '대한민국 임시정부' 등 우리 선조들의 조국 광복 의지와 노력의 산물이라고 생각한다.

〔사례 4-4〕

To: 정완

안녕 정완아.

편지 잘 받았어.

그럼 오늘은 임진왜란에 대해 이야기해볼까?

오랜 세월 동안 지속된 평화에 조선은 군대가 약화되고 붕당 정치는 점점 더 악화돼갔어. 마침 이때, 일본을 통일한 도요토미 히데요시는 전란을 수습하고, 국내의 관심을 외국에 돌릴 목적으로 임진왜란을 일으켰지. 그들은 거침없이 조선을 공격했고 점령했어.

……그럼 이만 쓸게.

잘 지내~.

　

이상에서 살펴본 바와 같이 교과서를 읽은 학생들은 텍스트 유형을 막론하고 내용을 비판적으로 읽지 못했다. 그리고 교과서와 일치된 내용만을 언급하며 건조한 문체로 표현했다. 이에 비해, 사료나 이야기 형식의 글 또는 저자가 드러난 텍스트를 읽은 학생들은 좀 더 적극적으로 자신의 관점을 포함하는 반응을 보였다. 단, 사료를 읽은 학생의 정서가 대체로 사료를 쓴 사람과 맥을 같이하는 이유는 학생들이 사료 저자의 권위를 그대로 받아들이거나, 아니면 사료에 익숙하지 않은 상태에서 사료를 교과서와 같은 형식으로 받아들였기 때문일 것이다. 또한 학생들의 글쓰기가 주어진 텍스트의 내용을 그대로 옮기거나 일반적인 사실을 설명하는 데 치우쳐 있다는 사실은 주체적인 역사적 관점과 인식에 기초한 글쓰기의 어려움을 잘 보여준다.

5. 세계사 교재의 비판적 읽기와 쓰기

세계사 교재의 주제는 '르네상스'와 '프랑스혁명'이었다. 르네상스에 관한 텍스트는 ① 교과서 내용을 토대로 한 설명문(교과서식 설명문), ② 사료, ③ 저자가 드러난 글을 사용했다. 프랑스혁명에 관한 텍스트 역시 ① 교과서 내용을 토대로 한 설명문(교과서식 설명문), ② 사료, ③ 이야기 형식의 글을 사용했다.[23]

먼저 세계사 주제를 다룬 서로 다른 형식의 텍스트에 대해 학생들이 어느 정도 신뢰를 보이는지 살펴봤다. 르네상스를 주제로 한 내용에 대해서 학생들은 '있는 그대로의 사실'을 기록한 것이라고는 믿기 힘들다는 반응을 보였다. 교과서식 설명문을 읽은 다섯 명의 학생들 중에서도 두 명은 '틀린 내용이거나 왜곡이 있을 수 있다'고 반응했다. 저자가 드러난 글과 사료에 대해서는 대부분 주관적이고 부분적인 자료라고 보았는데, 그 이유는 저자의 의견이 들어가 있기 때문이라고 하였다. 한편 프랑스혁명 자료를 읽은 학생들은 교과서식 설명문과 사료에 대해 그 내용을 거의 '믿을 만하다'고 반응을 보인 반면, 이야기 형식의 글에 대해서는 '믿을 수 있는 역사적 사실'이라는 반응과 '약간의 오류와 왜곡이 있을 것'이라는 반응으로 갈렸다.

그렇다면 이처럼 르네상스 자료에 대해서는 대체적으로 낮은 신뢰도를 보인 반면, 프랑스혁명 자료에 대해서는 상대적으로 높은 신뢰도를 보인 이유가 무엇일까? 그것은 자료에 담긴 내용의 특성 때문이라고 추측된다. 즉 르네상스 자료는 고대 문화유산의 계승 및 개성 추구 같은 인문주의의 특징과 전개 과정에 관한 내용이었다. 따라서 학생들은 비교적 자신의 감정 동요 없이 역사 서술이 갖고 있는 임의성이라는 약점을 지적할 수 있었던 것 같다. 그에 반해 프랑스혁명 자료들의 내용은 대체로 당시 프랑스 국민의 고통과 분노, 왕실의 폭정 등을 담은 것이었다. 따라서 학생들은 텍스트의 형식과 상관없이 그 내용에 정서적으로 상당한 공감을 하였고, 이것이 곧 자료에 대한 신뢰로 나타난 것이 아닌가 보인다.

르네상스 자료에 대한 학생들의 반응을 살펴보면, 교과서식 설명문을 읽은 학생들의 의견은 '인간 중심, 개성적 개인의 등장, 긍정적 인간관, 근대 문화 창조' 등 주로 '신과 종교, 집단으로부터 인간이 자유로워졌다' 는 데 모아졌다. 이는 교과서식 설명문에 기술된 내용과 매우 비슷한 것들이다. 그런데 사료를 읽은 학생들은 자기 나름의 비판적인 시각과 판단을 드러냈다. 즉 당시 사람들이 '신을 지나치게 낮게 보았고 신에 대해 냉소적이었다' 고 평가했다. '또한 르네상스 시기의 유럽인들이 그리스·로마 시대의 문화만 너무 좋아하고 동경한 것 같다' 고도 했다. 그리고 '성직자보다 예술가와 학자가 인정받는 사회였고, 인간의 자유와 구원의 길을 찾고자 했다' 고 르네상스의 의의를 평가하기도 했다. 하지만 인간의 지식이 악용될 수 있는 위험도 언급했다.

세 가지 형식의 텍스트들 중에서 저자가 드러난 글을 읽은 학생들의 반응이 가장 다양하고 적극적이었다. '억압받던 사람들이 해방되어 진실로 자기 자신을 위해 살게 되었다', '수동적인 인간의 의식을 바꾸어놓은 사건이자 획기적인 시대의 변화였다', '순조로운 시기는 아니었으나, 사람들은 즐겁게 살았다' 같은 반응을 보였다. 그리고 '당시 사람들이 개인적인 삶을 그토록 즐기고 싶어했던 이유가 무엇이며, 과연 르네상스 시대에 대해 후손들이 알고 있는 사실들이 얼마나 근거가 있는가?' 라는 질문을 던지기도 했다. 또한 르네상스 사람들이 문화의 상대성과 다양성을 인식하지 못한 채 고대 예술만을 존경하고 미화한 점을 지적하면서, 중세 예술품과 문화에 대한 당시의 지나친 부정적 시각을 비판하기도 했다.

이처럼 학생들은 르네상스 내용을 다루는 세 종류의 텍스트들 중에서 저자가 드러난 글을 읽고 가장 자신의 목소리를 강하게 드러냈으며, 사료를 읽은 학생들도 르네상스 시대의 특징을 이해함과 동시에 그에 대한 자신의 해석을 덧붙이기도 하였다.

프랑스혁명 자료를 읽은 학생들 가운데는 이야기 형식의 글을 읽은 학생들이 가장 풍부하고 다양한 반응을 보였다. 그 반응들을 인용해보면 [사례 5-1], [사례 5-2]와 같다.

[사례 5-1]

귀족과 왕의 호화스러운 생활은 불합리한 것이다. ……억눌린 채 살아온 평민이 정당한 몫을 요구하는 것은 당연하다. ……시민 스스로 자유와 평등을 쟁취한 것은 바람직한 일이다. ……그런데 지금의 우리 현실은 봉건제 사회와 닮았다. 중·하류층은 아무리 노력해도 지금 자신의 위치를 벗어날 수 없기 때문이다. 자본주의 사회는 빈부격차라는 자기모순의 위기에 놓여 있다. 어쩌면 국민들의 세금으로 무위도식하는 일부 상류층을 타도하기 위해 혁명을 바라고 있는지도 모른다…….

〔사례 5-2〕

아래로부터의 정당한 혁명이었다. 산업혁명과 자본 축적으로 종속적인 계급 관계에 놓인 피지배계층의 분노가 폭발한 것이다. 부르주아의 정당한 노력이었고 그들이 없었다면 우리는 아직도 불행한 운명을 살고 있을지도 모른다. ……그들의 용기를 칭찬해주고 싶다. ……인류 사회의 큰 전환기를 마련했고, 반역이 아니라 혁명이었다. 우리도 그 정신을 이어받아 시민 스스로가 사회 개혁을 위해 노력해야 한다.

이러한 반응은 프랑스혁명에 대한 자신의 평가를 진술한 것으로, 어떤 부분에서는 지나치게 격앙된 감정을 읽을 수 있다. 또한 프랑스혁명의 의의를 현재 사회에 대입해 오늘날의 사람들이 어떻게 살아야 하는지에 대해 고민한 흔적도 보인다. 동시에 학생들은 〔사례 5-3〕, 〔사례 5-4〕에서 보는 바와 같이 프랑스혁명에 대한 다양한 의문점들을 제기하기도 했다.

〔사례 5-3〕

혁명의 동기가 과연 순수한 농민들 스스로의 자각에 의한 것이었을까? ……진정한 자유와 평등이 무엇이라고 생각합니까? 그리고 그것이 혁명을 통해 실현되었다고 생각하나요? …….

〔사례 5-4〕

마리 앙투아네트에 대해 상당히 비판적으로 이야기하는데, 그녀가 그렇게 부정적인 인물이었는지 의심스럽다. 역사가는 혁명이 성공한 후에 역사서를 썼으므로, 평민들 처지에서 혁명을 정당화하기 위해 왕비의 단점만을 왜곡하고 확대하지는 않았나? 당시 프랑스 국민들이 갖고 있었던 보편적인 의식은 어떠하였나? 국민들의 생활상과 특권 층들의 횡포 정도는 어떠하였나?

사료를 읽은 학생들 역시, '프랑스혁명은 고통받는 백성들이 전제 왕권에 저항해 일어난 당연한 결과'라는 반응을 보였다. 이들도 당 시 프랑스 지배층을 비난하면서 '왕권의 칼바람에 맞서 죽음을 무릅 쓰고 싸운 백성들'의 절망에 공감을 표했다. 또한 프랑스혁명을 '시 민의 피와 눈물로 일궈낸 혁명이며, 힘없는 국민들이 자유를 얻기 위해 분개하여 일으킨 봉기'라고 정의했다. 하지만 '당시 참여자들 이 각자 뚜렷한 목적의식을 갖고 참여하였는가?', '왕과 귀족들을 몰아낸 후 어떻게 정치를 이끌어갈지에 대해 계획을 세워놓았는 가?' 등에 대해 의문을 나타냈다. 또한 프랑스혁명을 통한 현재 읽 기를 시도하여, '돈과 명예에만 눈이 어두운 정치가들은 한심한 사 람들이며, 프랑스혁명과 같은 역사가 있었기 때문에 지금 시민이라 는 이름이 큰 영향력을 행사할 수 있게 되었다'고 보았다.

그러나 교과서식 설명문을 읽은 학생들의 반응은 소극적이었다. 학생들은 '구제도의 모순에 의해 일어난 사건으로서 인권 회복과 근 대 민주주의에 기여한 점'을 들어 프랑스혁명을 평가했다. 교과서에 기술된 용어를 사용해 표현은 건조했지만, 자유와 정의를 위해 싸운 프랑스 백성들에 대한 공감, 왕실에 대한 경멸과 증오도 담겨 있었 다. 하지만 '부르주아가 농민들이 아니라 자신들의 이익을 위해 혁 명을 주도한 것이 아닌가?'라는 의문을 제기한 한 명을 제외하고는, 교과서에 기술된 내용과 다른 자기 나름의 판단이나 시각을 드러낸 학생은 없었다.

이처럼 학생들은 저자가 드러난 글과 이야기 형식의 글에 가장 주체적이고 적극적인 역사 이해와 반응을 보였다. 사료는 학생들이 많이 접해보지 못한 자료이고, 따라서 사료의 특성이나 그것을 다루는 방법에 익숙하지 못했던 것 같다. 하지만 교과서식 설명문보다는 사료를 읽은 학생들이 더 자유롭게 자신의 생각과 감정을 기술했다. 학생들이 가진 사전 지식의 차이는 미미했고, 사전 지식이 텍스트 이해에 미치는 영향력은 거의 찾아볼 수 없었다. 다만 프랑스혁명에 대한 이야기 형식의 글을 읽은 학생들 가운데 사전 지식 테스트에서 가장 높은 점수를 받은 두 명이 포함되어 있어, 그들의 비판적인 반응이 텍스트의 형식 때문이 아니라 텍스트 주제에 대한 많은 사전 지식과 이해 때문이었을 가능성은 있다.

결론적으로 학생들은 '읽을 수 있는 글', 즉 저자가 드러나 있거나 과거 사람들의 숨결을 느낄 수 있는 이야기 형식의 글에 대해 비판적 읽기를 시도했다. 그러나 텍스트에 함축되어 있는 저자의 주관성을 깨닫지 못했고, 사료 비판을 통해 그 내용의 한계를 지적하지 못한 경우가 많았다. 더구나 주어진 자료에 기초하여 스스로 자신의 관점과 해석을 구축하는 역사 쓰기도 학생들에게는 힘든 작업임이 밝혀졌다.

6. 맺음말

역사 텍스트에는 저자의 역사인식과 관점이 내포되어 있다. 하지만 역사 읽기는 텍스트에 포함되어 있는 저자의 의도를 읽는 것에 그치지 않는다. 역사 읽기는 독자에 의한 텍스트의 재해석이자 재구성이다. 역사 교재를 읽는 학생들 역시 텍스트의 비판적 읽기를 통해 나름의 역사 지식을 구성하고 이것을 쓰기 표현으로 생산할 수 있다.

그러나 교과서라는 설명적 양식의 글은 텍스트에 대한 학생들의 적극적 개입을 이끌어내지 못하는 것으로 드러났다. 교과서식 설명문에 대한 학생들의 신뢰도는 주제와 내용에 따라 다소 달랐지만, 의외로 국사와 세계사 교재 모두 그리 높지 않았다. 사료에 대한 학생들의 반응을 보면, 사료를 교과서와 같은 형식의 역사 서술로 받아들이는 경우가 많았고 저자의 관점을 비판적으로 읽지 못했다. 무엇보다 본 연구결과가 보여주는 바는, 저자가 드러난 글과 이야기 형식의 글에 대한 학생들의 자유롭고 적극적인 반응이었다. 사료를 읽은 학생들도 자기 나름의 역사 이해를 시도하기는 했지만, 학생들은 저자가 명백히 드러나 있는 글과 이야기 형식의 글을 읽으면서 역사 이해에 더욱 주체적으로 임했다. 또한 학생들은 '자신'이 드러나는 글, 즉 역사 쓰기를 통해 역사 지식의 의미를 탐구했다. 이러한 현상은 국사 교재를 읽은 학생들보다 세계사 교재를 읽은 학생들에게서 더욱 두드러졌다. 그러나 이들 학생들도 자기 나름의 역사적 시각과 해석을 체계화하는 데까지는 이르지 못했다.

이와 같은 연구결과는 역사 교재로 사용되는 텍스트가 좀 더 다양한 형식으로 서술될 필요가 있다는 점을 시사한다. 설명 형식만을 통해 많은 정보를 제공하는 텍스트는 학생들의 비판적 읽기와 쓰기에 별다른 도움이 되지 않는다. 오히려 학생들이 역사적 사실에 고정된 관점을 가지게 됨으로써 비판적 사고를 하지 못하게 된다. 심지어 사료나 저자가 드러난 글을 읽더라도 자신들의 사전 지식과 일치하면 사실 그대로 받아들이기도 한다. 따라서 학생들의 다양한 해석을 요구하는 여러 유형의 자료 제시가 필요하며, 이러한 자료를 비판적으로 평가할 수 있는 경험과 훈련이 요구된다. 이를 통해 학생들은 텍스트 읽기에 좀 더 적극적으로 개입할 수 있게 되고 자신의 텍스트 이해를 여러 방법으로 표현할 수 있을 것이다.

특히 역사 교재를 비판적으로 읽고 자신의 역사 이해를 '쓰기' 활동으로 표현하게 하는 것은 장기간의 학습 지도와 경험을 필요로 한다. 주어진 역사 텍스트에 대한 이해를 활발한 글쓰기로 표현한 학생들도, 저자의 관점에 대해 근거를 들어 비판하거나 텍스트의 역사 지식이 만들어진 배경(context)까지는 주목하지 못했다. 즉 학생들이 스스로 자료를 탐색하고 그에 기초하여 자신의 내러티브를 만드는 것은 쉽지 않은 작업이다. 이는 텍스트 이해에 필요한 사전 지식, 텍스트 유형의 특성과 한계의 인지, 텍스트 내용에 대한 비판적 이해와 분석, 다양한 쓰기 표현 능력의 개발 등을 필요로 한다. 따라서 학생들로 하여금 스스로를 '작은 역사가'로 가정하고 나름의 역사를 써보게 하는 지속적인 노력이 이루어져야 할 것이다.

1. 사전 지식 확인 문항

【임진왜란】

1. 임진왜란은 언제 일어났습니까?

2. 임진왜란 때 일본이 조선을 침략한 구실은 무엇입니까?

3. 당시 조선의 조정에서는 일본의 정세에 대해 어느 정도 파악하고 있었다고 생각합니까?

4. 임진왜란 초기에 활약한 조선 장수의 이름을 아는 대로 적어보십시오.

5. 임진왜란의 역사적 의미는 무엇이라고 생각합니까?

【대한민국 임시정부】

1. 대한민국 임시정부는 언제, 어느 곳에 세워졌습니까?

2. 대한민국 임시정부에 앞서 세워진 임시정부로는 어떠한 것들이 있습니까?

3. 대한민국 임시정부가 상하이에 세워진 이유는 무엇입니까?

4. 대한민국 임시정부를 세우는 데 중요한 역할을 한 사람들의 이름을 아는 대로 적어보십시오.

5. 대한민국 임시정부의 역사적 의의는 무엇이라고 생각합니까?

2. 읽기 자료

【임진왜란】

① 교과서 내용을 토대로 한 설명문

다음 자료는 임진왜란이 일어났을 당시의 상황을 2002년 3월부터 사용할 중학교와 고등학교 국사 교과서 내용을 토대로 서술한 것입니다. 글의 내용을 찬찬히 읽고 질문에 답하십시오.

15세기에 비교적 안정되었던 일본과의 관계는 16세기에 이르러 대립이 격화되었다. 일본인의 무역 요구가 더욱 늘어난 데 대해 조선 정부의 통제가 강화되자 중종 때의 삼포왜란(1510)이나 명종 때의 을묘왜변(1555)과 같은 소란이 자주 일어났다. 이에 정부는 비변사를 설치하여 군사 문제를 전담하게 하는 등 대책을 강구하였고, 일본에 사신을 보내어 정세를 살펴보기도 하였다

16세기 말 동아시아의 국제 정세는 크게 변하고 있었다. 중국 대륙에서는 여진족이 다시 일어나 힘을 키워갔으며, 일본에서는 도요토미 히데요시가 100여 년에 걸친 전국시대의 혼란을 수습하여 통일국가를 이룩하였다. 도요토미는 불평 세력의 관심을 밖으로 쏠리게 하고, 자신의 대륙 진출 야욕을 펴기 위하여 조선에 대한 침략을 꾀하였다.

그러나 조선은 군역제도의 문란으로 국방력이 크게 약화돼갔다. 15세기 후반부터 발생한 부역제의 모순으로 군사동원 체계는 무너졌고, 국방 체제도 허술하여 많은 결함을 안고 있었다. 더구나 붕당의 대립으로 정치를 맡고 있던 양반사회는 분열되었다. 이로 인해 일본 정세에 대한 인식에서도 붕당 간의 차이를 보이는 등 국론이 일치되지 않아서 적극적인 대책이 강구되지 못하였다.

일본은 일찍이 서양에서 들여온 조총으로 군대를 무장시키고, 침략을 위한 준비를 철저히 하였다. 그러고는 명을 정복하러 가는 데 길을 빌리자는 구실을 내세워 20여만 명의 군사를 출병시켰다. 이를 임진왜란이라 한다. 왜군은 군대를 세 길로 나누어 북쪽으로 쳐들어왔다.

전쟁에 대한 준비를 제대로 갖추지 못하고 있었던 조선으로서는 조총으로 잘 훈련된 왜군을 막을 수 없었다. 1592년 4월, 왜군이 부산진과 동래성으로 침략해오자, 정발과 송상현 등이 힘껏 싸웠으나 막지 못하고 말았다. 조선 조정에서는 이일과 신립을 파견하여 상주와 충주에 진을 치고 항전하였으나 허사로 돌아가고 말았다. 왜군은 서울을 향하여 파죽지세로 북상하였다. 왜군이 한양 근처에 육박하자 선조는 평양을 거쳐 의주로 피난하였다.

왜군은 부산에 상륙한 지 20일도 못 되어 서울에 입성하였고 계속해서 평양을 거쳐 함경도까지 북상하였다. 평양과 함경도 지방까지 북상한 왜군은 한반도 전역을 그들의 손아귀에 넣으려고 하였다.

초기에 조선의 관군이 크게 패한 것은, 왜군이 해전에서는 강하나 육전에서는 약할 것으로 판단하고, 왜군이 상륙한 후 육전에서 승리하려고 적을 너무 쉽게 상륙시켜준 것도 커다란 요인이었다.

② 사료

다음 자료는 임진왜란 당시 군사 행정의 총책임을 맡았던 유성룡의 글을 모은 《서애집》에서 뽑은 것입니다. 전쟁이 끝난 다음 유성룡이 임진왜란이 일어날 당시의 상황을 말한 것입니다. 글의 내용을 찬찬히 읽고 질문에 답하십시오.

임진년의 난리로 나랏일을 그르친 당시의 대신들은 그 죄를 피할

길이 없다. 구구한 변명은 허물만 더 크게 할 뿐이다. 그러나 그 당시의 실정을 한두 가지 말하지 않을 수 없다.

당초에 황윤길과 김성일 등이 일본에 가서 적의 정세를 보고 와서 하는 말이 서로 달랐다. 내가 하루는 직접 김성일을 만나보고 물었다.

"그대가 말한 것이 황윤길과 다르니, 만일 왜군이 실제로 온다면 어떻게 할 것인가?"

김성일은 다음과 같이 말하였다.

"나도 반드시 왜군이 끝까지 오지 않을 것이라고 확신할 수는 없습니다. 다만 황윤길이 마치 왜놈들이 우리 사신들의 뒤를 바로 쫓아오는 것같이 이야기해서 인심이 흉흉해질 것을 우려해 이와 같이 말했을 뿐입니다."

나는 밤낮으로 왜군들이 올까 염려하여 변방의 수비를 위해 갖은 궁리를 다하였다. 한번은 조정에서 영의정과 같이 앉아서 왜적의 난리가 있을 것인지 없을 것인지를 상의했다. 내가 다음과 같이 말하였다.

"나는 왜병들이 꼭 올 것이라고 생각합니다. 오늘날 국가가 평화스럽게 지내온 지가 오래되어 국경 지방에 난리가 날 것을 생각하지 않을 수 없고, 또 한 가지 일로써 말한다면 동해에서 생산되는 고기가 요사이 서해로 이동하여 한강까지 오는 일도 있다 하니, 이것도 기류가 옮겨져서 그런가 염려됩니다."

적의 기세가 날로 거세지자, 조정에서는 나를 체찰사(전쟁이나 난리가 있을 때 지방에 나가 왕을 대신하여 군사 업무를 총괄하는 임시 직책)에 임명하여 여러 장수들을 독려하게 하였다. 나는 병조판서 김응남을 부관으로 삼아서 그와 함께 모든 일을 계획하고 시행하였다.

이때 의주목사 김여물이 법에 저촉되어 감옥에 있었는데, 병법과 계략이 제법 뛰어나므로 석방시켜 따라오게 할 것을 요청하였다. 갑자기 신립이 밖에서 뛰어 들어와 나와 부관에게 말하였다.

·"듣자니 적군이 벌써 밀양을 지나 머지않아 조령 밑까지 당도할 것이라 하는데, 조정에서는 이일 홀로 구원군 없는 군대를 가지고 전선에서 싸우게 하고 뒤에는 도와주는 장수가 없으니 지금 전세가 매우 위급합니다. 체찰사께서 비록 내려가신다고 해도 싸우는 장수가 아니시니, 만일 적의 형세가 느슨하다면 후방에 계시면서 여러 장수들을 독려해도 되겠지만, 지금 적의 세력이 매우 급한데 왜 용맹한 장수를 시켜 시간을 다투어 먼저 내려가서 이일의 군사를 계속 지원하게 하지 않으십니까?"

나는 그의 말이 옳다고 여겨 곧 대답하였다.

"공의 말이 옳습니다. 다만, 무장으로서 갈 만한 사람이 없으니 어떻게 해야 좋겠습니까?"

신립이 다시 말하였다.

"국가의 일이 시간을 다투어 급한데 누가 간들 어떻겠습니까? 비록 소인에게라도 만약 가라고 명하시면 감히 가지 않겠습니까?"

내가 그 앞에서 탄식하여 말하였다.

"공이 국가에 바치려는 충성이 보통 사람으로는 미처 따라갈 수 없는 일이오. 그러나 이것은 중대한 일이니, 우리들이 곧 왕을 만나 뜻을 전달하겠습니다. 전하께서 반드시 공을 불러 물어볼 것이니, 지금과 같이 말씀드리십시오."

나와 부관은 왕을 뵙고 신립이 말한 대로 전달하였다. 내가 물러나오자 신립이 곧이어 들어가 순변사의 임무를 받고 나왔다.

내가 부관과 같이 돌아와 군관 모집에 지원한 자 80명을 점검하여 명부를 작성해가지고 올리려고 하는데, 신립이 또 내 자리로 와서 말하였다.

"나도 궐문 밖에 나가서 군관을 모집하겠습니다."

얼마 후에 들어와서는 노여워하는 기색을 하면서 마당에 있는 군관들에게 말하기를

"너희들은 무엇 때문에 괴로운 일을 싫어하여 내가 모집하는 데 응하지 않느냐?"

하면서 나에게 군관에 한 사람도 응모하는 사람이 없으니 이건 너무 정도에 지나친 일이라고 하였다. 내가 타이르기를, "다 이것이 나라의 일인데 너나를 가릴 필요가 있겠습니까? 내가 모집해놓은 사람들을 공이 먼저 인솔해가면 나는 후방에 있으니 다시 모집하여 가겠습니다" 하고 이어 군관의 명단을 주니, 신립이 명단을 집어들고 마당에 있는 군관들을 돌아보며 오라고 하더니 인솔해가지고 갔다. 김여물도 함께 갔다.

나는 신립이 이미 갔으므로 며칠 기다려 적의 전세를 듣고 준비를 갖춰 출발하는 것이 좋다고 생각하였다. 그러나 일이 급해져 어쩔 줄 몰라 하다가 급한 김에 실수가 생길까 염려하여 군관을 다시 모집하여 떠나려 하는 터에, 뜻밖에 28일 저녁에 신립이 패하였다는 소식이 들렸다. 이로 인해 인심이 몹시 어지러워져 어떻게 할 방도가 없었다.

날이 어두워지자 승정원의 승지가 와서 내가 왕의 피난 행렬을 모시기로 결정되었으니 그리 알라고 말했다. 그리하여 이튿날 새벽에 왕을 모시고 피난길을 떠났다.

— 유성룡, 《서애집》, '임진년 일의 시말을 적어 아동들에게 보임'

③ 이야기 형식의 글

다음 자료는 임진왜란이 일어났을 당시의 상황을 쓴 글의 내용을

재구성한 것입니다. 글의 내용을 찬찬히 읽고 질문에 답하십시오.

1590년 3월 조선은 황윤길과 김성일을 통신사로 하여 일본에 파견하였다. 100년간 계속되던 전국시대를 통일한 일본의 움직임이 심상치 않자 사정을 알아보기 위한 것이었다. 조선에서 온 통신사 일행을 만난 일본의 최고 통치자 도요토미 히데요시는 거만을 떨며 말했다.

"명나라를 치겠으니 조선이 길 안내를 하라."

두 사신은 기가 막혔다.

'왜적이 감히 황제의 나라를 치겠다니!'

그렇지만 이들은 이곳저곳 둘러보면서 일본의 정세를 살피고 귀국하였다. 그런데 조선에 돌아온 황윤길과 김성일의 보고는 서로 달랐다.

"일본의 분위기는 심상치 않습니다. 군대가 잘 정비되어 있고, 무사들도 전쟁으로 단련되어 있습니다. 도요토미도 예사롭지 않은 인물로 보였습니다. 충분한 대비가 필요할 것으로 생각됩니다."

황윤길은 일본의 침공에 대비하여야 한다고 말하였다. 그러나 김성일의 말은 황윤길과 달랐다.

"그것은 지나친 우려입니다. 일본은 오랜 전쟁에 지쳐 있어서 더이상 싸움을 하려고 하지 않을 것입니다. 도요토미 히데요시도 그리 경계할 인물로 보이지는 않았습니다. 공연히 확실하지도 않은 전쟁에 대비한다고 떠들썩하면 백성들만 힘들어지고, 민심은 동요할 것입니다."

조정에서는 누구의 말이 옳은지를 놓고 격론을 벌였다. 그러나 결론은 내리지 못한 채 차츰 의논하기로 하였다. 일본은 다음 달에 조선에 사신을 보내 명나라를 치겠으니 길을 빌려달라고 고약한 요구를 다시 하였다. 그러나 조선은 이 말도 한 귀로 듣고 흘렸다. 상대할 가치가 없는 요구로 여겼던 것이다.

그러나 일본의 위협은 거짓이 아니었다. 그러는 동안에도 일본은 정탐꾼을 보내 조선에 관한 정보를 세밀하게 모으고 있었다. 그리고 서양의 총포술을 받아들이고 무기를 꾸준히 개발하였다. 오래 계속돼 온 전쟁 기간 동안 다양한 전술이 개발되고 군대는 실전 경험도 풍부하였다. 일본의 무사들은 어서 빨리 전쟁이 일어나기만을 바라고 있었다. 그러나 조선은 건국한 지 200년 동안 전쟁다운 전쟁이 없었던 탓인지 무사태평이었다. 그러니 일본에 대한 대책을 제대로 세울 리는 만무하였던 것이다.

1592년 음력 4월 초여름, 부산 앞바다를 가득 메운 수많은 배들이 모습을 드러냈다. 드디어 왜군이 조선 침략에 나선 것이다. 7년간이나 계속된 임진왜란이 시작되는 순간이었다. 왜군의 병력은 20여만 명에 달했다. 왜군의 함대는 부산으로 몰려들었다.

별다른 준비 없이 불의의 공격을 받은 조선군이 조총으로 무장하고, 잘 훈련된 왜군을 당해낼 수는 없었다. 가장 먼저 적을 맞은 부산 첨사 정발은 기겁을 하였다. 그렇지만 그는 백성들과 함께 있는 힘을 다하여 싸웠다. 그러나 끝내 전사하고 성도 함락되었다.

다음날에는 동래성이 공격을 당하였다. 왜군 중에는 평소에 조선을 왕래하면서 동래 부사 송상현과 잘 아는 자가 있었다. 그는 송상현에게 권하였다.

"항복하십시오. 부사의 병력으로는 저희와 맞서 싸울 수 없습니다."

그러나 송상현은 큰소리로 왜적을 꾸짖었다.

"너희들은 평소 우리의 은혜를 입고 살아왔는데, 배은망덕도 유분수지 어찌 침략을 할 수 있단 말이냐? 나라의 녹을 먹는 자로서 나는 너희 왜적들에게 한 치의 땅도 내주지 않을 것이다. 나는 이 자리에서

한 걸음도 물러나지 않겠다."

　송상현은 한 치도 물러서지 않았다. 동래성의 백성들도 온 힘을 다해 왜군과 맞섰다. 그러나 결국 성은 무너지고 많은 백성들도 운명을 같이하였다. 10여 년 뒤에 동래부사로 부임한 이안눌(1571~1637)은 〈4월 15일〉이라는 시에서 그날의 비극을 이렇게 읊고 있다.

사월이라 보름날

아침에 집집마다 곡하는 소리

천지도 변하여 소슬하고

쓸쓸한 바람 나무숲을 흔든다

깜짝 놀라 늙은 아전에게 묻기를

"웬 곡성이 저다지 애달프냐?"

임진년 왜놈들 쳐들어와서

오늘이 바로 동래성 함락된 그날입지요

당시 송 사또께옵서

방어를 굳게 하여 충절을 지키시니

온 고을 백성들 성안으로 밀려와서

동시에 피바다를 이루었지요

쌓인 시체 밑에 숨어

목숨을 건진 사람 천의 하나 둘

이런 까닭에 오늘만 되면

모두 제사를 지내느라 통곡을 하지요

　안일하게 지내던 왕과 대신들은 갑작스레 왜군이 밀려 들어오자 매우 당황하였다. 조정에서는 당시 이름 있는 장수였던 이일과 신립을 연이어 내려 보내 왜군을 막도록 하였다. 이일은 상주에 진을 치고 왜군과 맞섰으나 역부족이었다. 여진족 토벌로 이름을 떨친 신립은 명령을 받고 떠나기 위해 병력을 모집하였다. 그러나 겨우 수백 명의 병사를 모으기도 힘들었다. 그나마 소집에 응한 병사들도 노약자나 환자투성이였다. 조선의 병력 동원 체계는 뿌리째 무너져가고 있었던 것이다. 신립은 고민을 하였다.

"그래! 탄금대에 배수진을 치자. 이 병력을 가지고는 어떤 전술을 써도 왜군을 상대하기 어렵다. 죽기를 각오하고 싸우는 수밖에 없다. 왜군은 보병뿐이라니까. 혹시 지난번 여진족과 싸울 때처럼 기병전술을 쓰면 승리할 수 있을지도 모른다!"

신립은 결사항전의 의지를 다졌다. 그러나 신립의 이러한 전술과 죽음을 각오한 항전도 왜군의 조직적인 공격 앞에서는 별 효과가 없었다.

이일과 신립이 연이어 패하였다는 소식을 들은 조정은 커다란 충격을 받았다. 조정은 불안에 휩싸였고, 인심은 뒤숭숭해졌다. 그럼에도 조정에서는 아무런 대책도 세우지 못한 채 우왕좌왕하였다.

"서울을 버리고 일단 평양으로 피하십시오. 그런 다음 새롭게 대책을 세우고, 기회를 엿보아 왜군을 몰아내면 될 것입니다."

"아닙니다. 끝까지 서울을 지켜야 합니다. 제대로 싸우지도 않고 서울을 왜적에게 내준다면 백성들이 뭐라고 하겠습니까? 힘을 합해 죽을힘을 다해 싸운다면 지켜낼 수 있을 것입니다."

왕과 대신들은 어찌할 바를 몰랐다. 그러나 왜군이 계속 다가온다는 소식을 듣자 밤에 몰래 서울을 버리고 북쪽으로 달아났다. 서울을 방어할 계획을 세우려는 엄두도 내지 못했던 것이다. 이들은 비를 맞으며 울부짖는 백성들을 외면한 채 피난길에 올랐다. '백성은 나라의 근본'이라고 떠들다가 막상 위험이 닥치자 백성들을 버려두고 먼저 도망한 것이다.

무능하고 무책임한 정부의 행동에 백성들은 분노가 치솟았다. 난리를 맞은 혼란 속에서 어찌할 바를 몰라 하던 백성들은 왕이 있던 경복궁으로 몰려들었다. 그러나 경복궁에는 아무도 없었다. 백성들은 궁궐 여기저기에 불을 질렀다. 자신들을 버리고 떠난 국왕과 대신들에 대한 분풀이였다. 백성을 버리고 피난을 떠난 왕의 행렬은 비참하였다. 어느 고을에 들어가도 누구하나 기꺼이 맞아들이지 않았다. 왕을 비난하고 돌을 던지는 백성들까지도 있었다.

그렇지만 백성들은 곧바로 왜군과 싸움에 나섰다. 왕과 대신들은 밉지만 왜군이 나라를 유린하고 사람들을 해치는 것을 그대로 지켜볼 수 없었던 것이다. 백성들은 자기 고장을 지키기 위해 의병에 가담하여 용감히 싸우기 시작하였다.

【대한민국 임시정부】
① 교과서 내용을 토대로 한 설명문
다음 자료는 대한민국 임시정부의 수립에 대하여 2002년 3월부터 사용할 중학교와 고등학교 국사 교과서 내용을 토대로 서술한 것입니다. 글의 내용을 찬찬히 읽고 질문에 답하십시오.

3·1운동은 전 민족이 참여한 대규모의 독립운동이었으며, 그때까지의 민족 독립운동을 새로운 단계로 전환시킨 중요한 분기점이 되었다. 이 운동은 우리 민족에게 독립의 희망을 주었고, 민족의 주체성을

확인하게 해주었다.

3·1운동으로 곧바로 독립을 이루지는 못하였으나, 우리 민족은 독립에 대한 희망과 의지를 가지게 되었다. 그리하여 더욱 조직적으로 독립운동을 추진하기 위하여 정부를 수립하려는 움직임이 국내외에서 일어났다.

이미 3·1운동이 일어나기 전에 연해주에 대한광복군정부가 조직되어 활동하기도 하였으나, 정부 수립 운동이 본격화한 것은 3·1운동을 통해서였다. 만세 시위운동이 전개되는 중에 서울에 13도의 대표가 모여 앞으로의 독립운동을 체계적이고 조직적으로 전개해갈 정부 수립을 선포하였다. 이것이 한성정부였다.

이 한성정부를 비롯하여 중국의 상하이에서는 대한민국 임시정부가 조직되었고, 미국 등지에서도 임시정부의 수립을 추진하였다. 또 연해주에서도 대한국민의회라는 임시정부가 조직되었다.

이와 같이 여러 임시정부가 각지에서 수립되자, 민족운동가들은 전국민을 대표할 수 있는 통합된 정부라야 강력한 독립운동을 전개할 수 있다고 생각하였다. 그리하여 국내외에 수립된 여러 임시정부를 상하이의 대한민국 임시정부로 통합하였다.

당시 상하이는 일제의 영향력이 미치지 않았으며, 세계 여러 나라와의 외교 활동이 편리한 곳이어서 많은 민족지도자들이 모여 독립투쟁을 도모하기에 적합한 지역이었다.

대한민국 임시정부는 민주주의에 입각한 근대적 헌법을 갖추고, 대통령제를 채택하였다. 입법기관인 임시의정원, 사법기관인 법원, 행정기관인 국무원의 헌정 체제를 갖춘 민주공화제 정부였다.

② 사료

다음 자료는 백범 김구가 쓴 《백범일지》에 나오는 대한민국 임시
정부 수립 당시의 상황에 관한 내용입니다. 《백범일지》는 김구가 두
아들과 동지들에게 자신의 생각과 활동을 전하기 위해 쓴 책입니다.
글의 내용을 찬찬히 읽고 질문에 답하십시오.

　　이날부터 그의 집에서 나의 상해 생활은 시작되었다. 주인 김 군을
안내자로 하여 10여 년 동안 밤낮으로 그리던 이동녕 선생을 찾아갔
다. 수년 전 양기탁의 사랑방에서 서간도 무관학교 설립과 지사들을
소집하여 광복 사업을 준비할 책임을 맡았던 그때에 비해, 10여 년 동
안 숱한 고생을 겪은 탓인지 그분의 풍성하던 얼굴에 주름살이 잡혀
있었다.
　　당시 상해에 있는 한인은 500여 명가량 되었다. 그 가운데 약간의
상업 종사자와 유학생, 10명 남짓의 전차회사 검표원을 제외하면, 대
부분 독립운동을 목적으로 본국 · 일본 · 미주 · 중국 · 러시아 등에서
모여든 지사들이었다.
　　본국 13도 각 대도시는 물론이고, 궁벽한 항구나 시골에서도 독립
만세를 부르지 않은 곳이 없을 정도로 물 끓듯했고, 해외 우리 한인들
도 어디에 거주하든지 정신으로나 행동으로나 독립운동을 전개하였
으니, 그 원인은 대체로 두 가지로 설명할 수 있다.
　　첫째, 이른바 한일합병의 참된 의미를 그 전까지는 깨닫지 못하였
기 때문이다. 단군 개국 이후 명의상으로 이민족의 속국이 된 때도 있
었고, 우리 스스로도 이씨가 왕씨를 혁명으로 몰아내고 왕이 된 전례
가 있었다. 때문에 왜놈에게 병탄당해도 당 · 원 · 명 · 청의 시대와 같
이, 우리가 완전 자치를 하고 명의상으로만 왜의 속국이 되는 것으로

아는 동포가 대부분이었다. 베트남·인도에서의 영국·불란서 식민 정치를 절충하려는 왜놈의 악독한 계략을 꿰뚫어보는 인사는 100분의 2, 3에 불과하였다. 그러나 합병 후 가장 먼저 안악 사건을 조작해 내고, 다음으로 선천 105인사건의 악독한 짓을 보고 나서는 "언제 일본이 망하려나" 하는 감정이 폭발할 징조가 농후하였다.

둘째, 제1차 세계대전이 종료되고 파리강화회의에서 미국 대통령 윌슨이 민족자결주의를 제창하였다. 이상 두 가지 원인으로 만세운동이 폭발되었다.

그러므로 상해에 모여든 500여 명의 인원은 어느 곳에서 모여들었든지, 우리의 지도자인 연로한 선배요, 젊고 굳센 청년 투사들이다. 당시 상해에 먼저 도착한 인원은 벌써 신한청년당을 조직하여 김규식을 파리회담의 대표로 보내고, 김철을 본국 대표로 파견하였다.

상해에 모여든 여러 청년들을 중심으로 정부 조직이 독립운동을 진전시키는 데 절대적으로 필요하다는 소리가 점차 높아져, 각 곳에서 상해에 온 인사들이 각각 대표를 선출하고 임시의정원을 조직하여 임시정부를 만드니, 이것이 바로 대한민국 임시정부이다.

이승만을 총리로 임명하고, 내무·외무·군무·재무·법무·교통 등의 부서가 조직되었다. 도산 안창호는 미주로부터 상해에 와서 내무총장으로 취임하였고, 각 부 총장은 멀리서 미처 도착하지 못했기 때문에 차장들을 대리로 하여 국무회의를 진행하였다. 이동휘·문창범은 러시아령 연해주로부터 왔고, 이시영·남형우 등은 북경으로부터 모여들었다.

한편 정부의 실마리가 잡혀가기 시작할 무렵 한성에서 비밀리에 각도 대표가 모여 이승만을 집정관 총재로 하는 별도의 정부를 조직하였다. 그러나 본국에서 활동하기 어려워 그 권한을 상해로 넘기니, 미리 짜거나 의논하지 않았는데도 비슷한 두 개의 정부가 생겨나게 되었다. 이에 두 정부를 개조하여 이승만을 대통령에 임명하고, 4월 11일 헌법을 반포하였다. 이런 내용은 운동사와 임시정부 회의록에 상세히 기록되어 있으니, 여기서는 나에 대한 사실만을 쓴다.

— 김구,《백범일지》

③ 저자가 드러나 있는 텍스트

다음 자료는 대한민국 임시정부에 대해 어느 역사학자가 쓴 글입니다. 글의 내용을 찬찬히 읽고 질문에 답하십시오.

일제에 강제로 나라를 빼앗긴 다음, 만주나 중국 본토, 러시아 땅에는 여러 독립운동 단체들이 생겨났다. 이들 단체의 성향은 매우 다양하였다. 애국계몽운동을 했던 사람들이 만든 단체도 있고, 의병항쟁에 참여하였던 사람들이 만든 단체도 있었다. 조국을 되찾는 투쟁의 방법에 대해 생각이 서로 다른 경우가 많았다. 군대를 길러 일제와 직접 전쟁을 해서 빼앗긴 조국을 되찾아야 한다는 사람도 있고, 우리가 힘이 없으므로 세계 여러 나라에 일제의 부당성을 폭로하고, 외교를 통해 압력을 가해야 한다는 사람도 있었다. 당장 일제와 싸우는 것보다는 장기적으로 힘을 길러야 한다고 주장하기도 하였다. 어쩌면 이들 사이에 생각의 차이가 너무도 컸는지도 모른다.

1910년대 후반에 들어서면서 독립운동 단체들을 하나로 통합하려는 움직임이 나타났다. 이러한 움직임이 나타난 배경은 무엇일까? 이에 대해 이야기할 때 흔히 독립운동가들의 성향이나 노선은 차이가 있지만, '항일 의지'와 '조국 광복'의 신념은 하나였다는 점을 가장 먼저 떠올리곤 한다. 그렇지만 나는 역사적 사실을 이해하는 데는 이러한 관념보다 당시의 사회적 맥락이 훨씬 중요하다고 생각한다. 사실 독립운동가들이 조국을 떠나 낯선 땅에서 활동을 하는 데는 어려움이 많았을 것이다. 이들은 일본의 감시뿐 아니라, 일본과 결탁하거나 일본의 눈치를 보는 중국 군벌이나 러시아 당국의 탄압을 받기도 하였다. 또한 작은 규모의 여러 단체로 나뉘어져 있어서는 커다란 힘을 발휘할 수도 없었다. 이런 처지에서 독립운동가들은 한편으로는 자신들을 통일적으로 지휘하고, 다른 한편으로는 든든한 배경이 되어 줄 수 있는 강력한 단체의 필요성을 절실하게 느끼는 것은 당연하다고 생각된다.

독립운동의 힘을 하나로 모으는 결정적 계기가 된 것은 1919년 일어난 3·1운동으로 보아야 할 것이다. 3·1운동은 독립운동가들에게 우리 민족도 하나로 뜻을 모아 독립투쟁의 길로 나설 수 있다는 자신감을 주었다. 3·1운동 이후 독립투사들 간에는 서로 힘을 합쳐야 한다는 목소리가 더욱 높아지고, 임시정부를 세우는 일에 힘을 모으게 된 것은 지극히 당연한 현상이었다.

임시정부 수립 움직임이 가장 먼저 일어난 곳은 러시아령 연해주 지역이었다. 이곳에서는 1919년 2월 '대한국민의회'라는 망명 정부가 세워졌다. 대한국민의회는 3·1운동이 일어나자 이에 호응하여 3월 17일 '독립선언서'를 발표하고, '일제와의 혈전을 선포'하였다. 그리고 손병희를 대통령으로 하는 정부 각료 명단을 발표하였다. 연해주에서 가장 먼저 임시정부가 만들어진 이유는 무엇일까? 아마도 그것은 이 지역에 일제와 무장독립전쟁을 주장하는 사람들이 많았기 때문일 것이다. 일제와 무력으로 싸우기 위해서는 그만큼 힘을 한군데로 모을 필요성이 더욱 절실하지 않았을까? 나중에 통합된 임시정부의 출범을 위해, 자신들이 세운 정부를 해체하고 임시정부의 위치를 만주에 두자는 주장을 포기한 것도 그런 이유 때문이라고 보아야 할 것이다.

중국 본토에 있는 상해에서도 망명 정부를 세우려는 준비가 진행되고 있었다. 이 무렵 상해에는 이동녕, 이시영, 김동삼, 신채호 등 이름이 잘 알려진 쟁쟁한 애국지사들이 몰려들었다. 원래 유명한 사람들이 여럿 모이면 단합이 되기는 더욱 어렵게 마련이다. 하지만 1919년 4월 상해의 사정은 그렇지 않았다. 4월 10일 여러 지역에서 모여든 1천여 명의 대표들은 프랑스 조계 지역에서 '임시의정원(지금의 의회)'를 구성하고, 이동녕을 의장에 선출하였다. 밤샘 회의를 거친 의원들은 다음날 임시정부의 국호와 연호를 '대한민국'이라 정하였다. 또 '관제'와 '대한민국 임시헌장(지금의 헌법)' 10개 조와 '헌장선포문'을 통과시켰다. 이 회의에서는 이승만을 국무총리로 하는 '국무원(내각)' 조직을 구성하였다.

나라 안에서도 또 하나의 임시정부가 구성되었는데, 그것을 '한성정부'라고 불렀다. 한성정부는 13도의 대표를 뽑고, 이들이 국민대회를 여는 형식으로 전개되었다. 정식으로 선출된 국민의 대표에 의해 임시정부를 구성하는 형식을 취한 것이다. 한성정부가 이러한 형식을 취한 것은 임시정부로서 정통성을 얻자는 데 목적이 있었던 것으로 생각된다.

이처럼 3 · 1운동을 전후하여 세 개의 임시정부가 수립되자 무엇보다도 이들을 통합하여 하나의 정부로 출범하는 것이 가장 시급한 과제였다. 결국 상해 임시정부가 이해 9월 11일 대한국민의회를 흡수하고, 한성정부의 정통성을 이어받는 형식을 거쳐 하나의 정부로 출범하게 되었다. 임시정부는 대통령 중심제를 도입하고 임시 대통령에 이승만을, 국무총리에 이동휘를 선출하였다. 비록 '임시'라는 꼬리가 붙기는 하였지만, 우리 손에 의한 정부가 탄생하는 순간이었다. 사실 이때가 일제 통치 시기 전체를 통틀어서 독립운동 단체들이 이념이나 노선, 방법에 구애받지 않고 하나로 힘을 합친 유일한 시기로 보아야 할 것이다.

임시정부의 수립으로 우리 민족은 강력한 독립운동을 행할 수 있는 발판을 마련하였다. 그러나 대한민국 임시정부의 역사적 의의를 우리 손에 의한 정부 수립이라든지, 독립운동 세력을 하나로 모았다는 데 한정시켜서는 안 될 것이다. 그 못지않은 대한민국 임시정부의 커다란 의의는 '민주공화제'를 채택하여 우리나라가 봉건적인 틀을 벗고 민주주의의 틀을 마련하는 데 크게 이바지하였다는 데서 찾아야 한다고 나는 생각한다. '민주공화제'란 나라의 주인이 '임금이 아니라 국민'이라는 정치 체제이다. 이로써 우리나라는 봉건국가에서 벗어나 근대국가로 발걸음을 디디게 된 것이었다.

나라 밖으로 망명한 유생 출신 의병장 중에는 아직도 독립운동이 조선왕조를 부활시키는 것으로 생각하는 사람들도 많았다. 그러나 그러한 생각은 점차 힘을 잃어갔다. 어떤 유생들은 "임금이 없고 어찌 백성이 있단 말인가" 하면서 조선이 독립하면 왕손을 임금으로 다시 받들어야 한다고 주장하기도 하였다. 그러면 젊은 사람들은 이렇게 반박하였다.

"아, 양반들이 나라를 팔아먹은 주제에 무슨 임금을 다시 세운다는 말인가?"

더욱이 3·1운동 과정에서 백성들은 그들이 나라의 주인이 되고도 남음을 보여주었다. 일제의 식민지에서 독립을 한다면 백성들이 나라의 주인이 되어야 한다는 생각은 이제 너무도 당연한 것이었다고 할 수 있다. 나라 안에 있던 민중은 3·1운동이 격렬했던 것만큼, 일제를 쫓아내지 못했다는 생각에 실망도 컸다. 그러나 임정이 수립되었다는 소식에 다시 한번 용기를 북돋을 수 있었다.

3. 자료를 읽은 후 학생들의 반응을 알아보기 위한 질문

【임진왜란】

1. 위 글을 읽고, 임진왜란에 대해 어떤 생각이 드십니까?
2. 위 자료의 내용은 어느 정도 믿을 만하다고 생각하십니까? 위 자료의 내용은 모두 역사적 사실이라고 생각합니까, 아니면 그 와는 다른 내용도 있다고 생각하십니까? 그렇게 생각하는 이유 도 함께 적어주십시오.
3. 만약 임진왜란 당시 조선 조정의 왕이나 대신들이 옆에 있다면 어떤 이야기를 해주시겠습니까?
4. 위 글과 자신이 알고 있는 역사 지식을 토대로 임진왜란의 발생 에 대해 다른 사람에게 소개하는 글을 써보십시오(글의 분량은 A4용지 1장 정도면 됩니다. 글의 형식은 시, 일기, 편지, 수필, 소설, 논설문 등 자유롭게 하십시오).

【대한민국 임시정부】

1. 위 글을 읽고, 대한민국 임시정부에 대해 어떤 생각이 드십니 까?
2. 위 자료의 내용은 어느 정도 믿을 만하다고 생각하십니까? 위 자료의 내용은 모두 역사적 사실이라고 생각합니까, 아니면 그

와는 다른 내용도 있다고 생각하십니까? 그렇게 생각하는 이유
도 함께 적어주십시오.

3. 만약 대한민국 임시정부의 주요 직책을 맡은 사람이 옆에 있다
면 어떤 이야기를 해주시겠습니까?

4. 위 글과 자신이 알고 있는 역사 지식을 토대로 대한민국 임시정
부의 수립에 대해 다른 사람에게 소개하는 글을 써보십시오
(글의 분량은 A4용지 1장 정도면 됩니다. 글의 형식은 시, 일기, 편지,
수필, 소설, 논설문 등 자유롭게 하십시오).

1. 사전 지식 확인 문항

【르네상스】

1. 르네상스는 언제 시작되었습니까?
2. 르네상스가 가장 먼저 시작된 곳은 어디이며, 그 이유는 무엇입니까?
3. 르네상스 시기의 대표적인 인물들을 아는 대로 적어보십시오.
4. 르네상스시대의 특징은 무엇입니까?
5. 르네상스의 역사적 의미는 무엇이라고 생각합니까?

【프랑스혁명】

1. 프랑스혁명은 언제 일어났습니까?
2. 프랑스혁명의 원인은 무엇이었습니까?
3. 프랑스혁명 때 발표된 선언은 무엇입니까? 그리고 그 주요 내용에 대해 아는 대로 적어보십시오.
4. 프랑스혁명의 진행 과정은 어떠하였습니까?
5. 프랑스혁명의 역사적 의의는 무엇이라고 생각합니까?

2. 읽기 자료

【르네상스】

① 교과서 내용을 토대로 한 설명문

다음 자료는 르네상스에 대한 고등학교 세계사 교과서 내용을 토대로 서술한 것입니다. 글의 내용을 읽고 질문에 답하십시오.

14~16세기에 걸쳐 서유럽 각지에서는 르네상스 운동이 전개되었다. 르네상스라는 말은 본래 '재생'을 뜻하나, 이 운동은 단순히 그리스·로마 고전 문화의 부흥에 그치지 않고, 이를 바탕으로 새로운 인간과 세계를 발견하여 근대 문화를 창조한 데 더 큰 역사적 의미가 있다.

르네상스 시기에 그리스, 로마 문화의 부흥에 앞장선 사람은 인문주의자들이었다. 그들은 고전 고대 작가의 작품을 수집하고 연구하였으며, 이러한 기풍을 인문주의라고 하였다. 인문주의자들은 그리스와 로마 고전을 중세인들과 다른 태도를 가지고 연구한 최초의 근대인들이었다.

단테도 새로운 경향을 보였으나, 최초의 인문주의자는 페트라르카였다. 그는 당시의 국제어인 라틴어 대신 모국어인 이탈리아어로 아름다운 서정시를 쓰고, 라틴 작가의 작품을 수집하여 연구하였다. 그의 친구인 보카치오는 《데카메론》에서 그동안 은폐돼왔던 인간의 욕망과 세속적인 생활을 자유롭게 묘사하고, 그리스어를 공부하였다.

그 후 인문주의는 널리 퍼지고, 15세기에는 비잔틴제국의 멸망으로 그리스 계통의 학자들이 이탈리아로 많이 건너와서 인문주의의 발전에 박차를 가하였다.

고전 고대 문화의 부흥은 현세적이고 자유로운 르네상스 정신을 낳았고, 그것은 세속적이고 인간 중심적인 근대 문화 발전의 초석이 되었다. 인간은 이제 종교나 집단의 속박에서 벗어나서 개성적인 존재가 되었고, 자연을 있는 그대로 관찰하고, 그 아름다움을 즐기고 묘사하기에 이르렀다.

르네상스시대에 나타난 기라성 같은 천재적 예술가들은 고전 미술과 자연을 스승으로 삼아 찬란한 예술의 꽃을 피웠다. 이 시대의 미술은 기독교적인 주제를 다루면서도 그 표현 방법에는 세속적이고 인간적인 것이 나타나 있었다. 보티첼리, 레오나르도 다 빈치, 라파엘로, 미켈란젤로 등의 작품에는 이러한 낡은 요소와 새로운 요소가 함께 나타났다. 건축에서도 중세의 고딕 양식에 그리스와 로마의 양식을 절충한 르네상스 양식이 나타났는데, 그 대표적인 것이 로마의 성베드로 대성당이었다.

② 사료

다음 자료는 르네상스 시기 이탈리아 작가들이 남긴 글에서 뽑은 것입니다. 글의 내용을 읽은 후 질문에 답하십시오.

1. 다음은 시인이자 소설가였던 사케티(1332~1400)의 콩트집 《3백 개의 이야기》에 실린 내용이다.

피렌체의 한 교회에 사람들이 모여, 예수의 전기를 그린 벽화를 보면서 서로 농담을 주고받고 있었다. 그중 한 사람이 말했다.

"이봐, 이 그림에서도 그렇지만 어째서 요셉은 언제나 어두운 얼굴을 하고 있을까?"

곧 한 사람이 이 말에 대꾸를 하였다.

"그야 뻔하지. 자기 약혼자의 배가 불룩해졌는데도 아비가 누군지 알 수 없으니까!"

약혼자라면 하나님의 아들 예수를 잉태한 성모 마리아를 말한다. 폭소가 터지고 사람들은 그 사나이의 훌륭한 재치를 칭찬하였다.

이 사람들이 당시 피렌체의 예술가와 휴머니스트들이다. 그들은 예배를 드리러온 길에 벽화를 바라보고 있었을 것이다. 사나이의 이름은 피렌체에서 한창 이름을 떨치기 시작한 천재 화가 조토(1266~1337)였다.

2. 다음은 최초의 인문주의자이자 이탈리아어로 서정시를 썼던 페트라르카(1304~1374)가 로마의 역사가인 티투스 리비(Titus Livy)를 흠모하여 쓴 편지의 일부이다.

……우리는 당신이 로마인의 역사에 관하여 142권의 책을 저술했다고 알고 있습니다. 당신의 정열과 불굴의 의지를 존경합니다. 그런데 그 중에서 현존하는 것은 겨우 30권도 못 됩니다. ……나는 가끔 인간들이 금과 은이라든가, 감각적이고 육체적인 쾌락 이외엔 아무런 가치를 두지 않는 오늘날의 도덕에 대하여 쓰디쓴 분노를 느낍니다. 그런 목표를 추구하는 인간들은 짐승만도 못합니다. ……나는 당신의 책에 몰두하면서 현재의 악을 잊고 더 행복한 시대로 여행을 합니다. 나는 책을 통해 로마시대의 사람들과 어울려 사는 것이지, 내가 불운하게 태어난 오늘날의 부정한 사람들과 어울려 사는 것이 아닙니다. 그리고 오, 만일 당신의 전부를 소유할 수 있는 행운이 돌아온다면. ……이 사악한 시대를 아주 망각할 수 있을 텐데! ……비길 데 없는

역사가여! 지금 내가 살고 있고, 당신이 태어나서 묻힌 곳, 바로 당신의 묘비가 보이는 곳에서, 지금 이 글을 쓰고 있습니다(1350년 2월 22일).

3. 다음은 14세기 이탈리아의 역사가였던 브루니(Leonardo Bruni)가 당대의 역사에 대하여 쓴 글의 일부이다.

······이전 시대의 사람들이 역사를 잘 기록해놓았다면 우리는 그처럼 완전히 무지의 암흑 속에 있지는 않았을 것이다. 나는 로마시대가 60년 전의 시대보다 훨씬 더 친숙하게 느껴진다. 왜냐하면 그 시대가 ······시간이 한참 흘러간 후까지도 찬란한 빛을 비추고 있기 때문이다. 그러나 지난 몇 백 년 동안 믿을 수 없는 무지가 우리를 내리 눌렀다. ······요즈음 이탈리아에서는 문학에 대한 관심이 매우 높아졌다. 왜냐하면 700년 동안 우리 국민들 사이에 널리 알려지지 않았던 그리스에 대한 지식을 얻기 시작했기 때문이다. ······비잔티움의 작가들은 그리스에 대한 지식을 우리들에게 전해주었다. ······700년 동안 이탈리아에서는 아무도 그리스 문학을 몰랐지만, 우리는 우리의 모든 학문이 그곳으로부터 유래했다는 것을 인정한다. 그리스어를 앎으로써, 당신은 학문을 더욱 깊게 연구하고 명성을 얻을 수 있으며 많은 즐거움을 누리게 된다.

4. 다음은 14세기 이탈리아의 역사가였던 조반니 빌라니의《연대기》와 마키아벨리의《피렌체 역사》의 일부이다. 마키아벨리는 르네상스의 중심지였던 피렌체의 역사를 기술하면서 메디치 가문의 업적을 예찬했다.

……당시(1336년) 피렌체의 인구는 9만 명 정도였는데, ……글을 읽을 줄 아는 아이들도 1만 명에 달했다. ……양모 조합의 점포는 200개가 넘고, ……60명의 의사가 있었다. ……향료를 파는 가게는 100개가 넘었으며 상점과 시장도 수를 헤아릴 수 없을 정도로 많았다.

……로렌초 메디치는 피렌체를 더욱 웅장하고 화려하게 만들기 위해 애썼다. 도로를 놓고 방치되어 있던 빈터에 건물을 세웠다. 도시는 확장되고 더욱 아름다운 모습을 갖추게 되었다. ……그는 예술적 재주가 뛰어난 인물은 누구를 막론하고 사랑했고 학자를 좋아하였다. ……로렌초는 건축, 음악, 시에도 매우 조예가 깊었다. 많은 젊은이들이 힘써 공부할 수 있도록 피사라는 도시에 대학을 세워, 이탈리아의 일류 학자들을 여기에 초빙하였다.

③ 저자가 드러난 글

다음 자료는 르네상스 시대에 대해 어느 역사학자가 쓴 글을 재구성한 것입니다. 글의 내용을 읽고 질문에 답하십시오.

나는 어떤 시대도 과거와 완전히 단절될 수 없다고 생각한다. 르네상스도 많은 점에서 중세의 연속이었을 것이다. 그런데 르네상스 사람들의 생활을 보면 분명히 삶에 대해 새로운 관점을 갖게 된 것 같다.

무엇보다 중세에서는 볼 수 없었던 '개인'의 등장이 두드러진다. 우리는 사실 중세 시대의 예술가들의 이름을 많이 들어보지 못했다. 그들은 훌륭한 작품들을 만들었지만, 대체로 개인으로서의 명예를 얻지는 못한 것 같다. 그것은 모든 성취를 개인의 영광이 아니라 신의 영광을 위한 것이라고 생각했기 때문이 아닐까? 그래서 중세 기사들의 이야기인 《롤랑의 노래》 같은 문학작품도 작가가 알려져 있지 않은 것 같다. 그러나 1300년대에 북부 이탈리아의 예술가와 작가들은 달랐다. 그들은 세상에 자신의 이름을 남기기를 원했다. 이때부터 우리는 예술 작품을 만든 사람들의 이름을 알게 된다. 예술가들뿐만 아니라 부유한 후원자들도 하나의 개인으로 알려지고 기억되기를 열망했던 것 같다. 그것은 그들이 우리에게 남겨준 많은 초상화와 자서전을 보면 짐작할 수 있다.

이처럼 자신과 자신의 삶을 드러내고 싶어했던 르네상스 사람들은 세속적인 기쁨을 매우 즐겼던 것 같다. 내가 이탈리아의 박물관을 방문했을 때 보았던 르네상스시대의 의복은 그 자체가 거의 예술 작품이었다. 여성의 겉옷은 진주나 금 구슬들로 온통 장식되었다. 남자들은 색깔 있는 스타킹과 화려한 재킷을 입고 깃털 장식을 한 모자를 썼다. 그리고 남자와 여자 모두 옷과 머리에 향수를 뿌렸다. 그들은 아름다운 저택에서 세련된 음악을 듣고 맛있는 음식을 즐겼다고 한다. 이처럼 물질적인 사치와 세속적인 취향을 즐긴 것은 분명 새로운 태도였던 것 같다. 나는 중세 사람들이 누추하고 천한 옷을 입고 검소한 식사를 함으로써 그들의 신앙을 증명하려 했다고 알고 있다. 하지만 르네상스 사람들은 인간이 신을 거역하지 않고서도 삶을 사랑하고 즐길 수 있다고 생각한 것 같다.

또한 여러분은 르네상스시대 사람들이 고대 그리스와 로마의 책들을 얼마나 사랑하고 그 고전들을 배우고 싶어했는지를 알면 아마 깜짝 놀랄 것이다. 르네상스 학자들은 중세를 '암흑시대'로 부르며 중세의 예술과 문학을 경멸했다. 그들은 로마가 몰락한 이후 유럽 사람들이 어둠과 무지 속에서 살았다고 생각했다. 심지어 지금 우리의 눈에 너무나 아름다운 고딕 양식의 성당들을 그들은 야만인들의 작품으로 여겼다. 그들은 오직 그리스와 로마의 예술만을 존경하였다. 한 르네상스 예술가는 "이 사악한 고딕 건축을 발명한 자에게 저주 있기를!"이라고 울부짖었다. 나는 이런 그들의 절규에서 중세를 벗어나고자 했던 그들의 간절한 열망을 읽을 수 있었다. 그리고 고대 그리스와 로마의 전통은 그들에게 하나의 해방구가 아니었을까 하고 생각해본다.

【프랑스혁명】

① 교과서 내용을 토대로 한 설명문

다음 자료는 프랑스혁명에 대한 고등학교 세계사 교과서 내용을 토대로 서술한 것입니다. 글의 내용을 읽고 질문에 답하십시오.

구제도의 모순

시민혁명의 전형인 프랑스혁명의 깊은 원인은 혁명 전의 프랑스 사회, 즉 구제도(앙시앵레짐)의 모순에 있었다. 그것은 봉건적 요소와 전제적 요소가 혼합된 체제로 신분제 사회였다. 제1신분의 성직자와 제2신분의 귀족은 특권계급으로서, 광대한 토지를 소유하면서도 면세 혜택을 누렸고 중요한 관직을 독점하였으며 사회적 우위를 유지하고 있었다.

그러나 국민의 대다수를 차지하는 평민, 즉 제3신분은 열악한 상황에 놓여 있었다. 그중 상공업자와 금융업자, 그리고 전문 직업인을 중심으로 한 시민계급(부르주아지)이 새로 성장하고 있었으나, 수적으로 많지 않았고 그들의 경제력에 맞는 정치적 권리나 사회적 지위를 갖지 못하고 있었다. 하지만 그들은 나날이 경제력이 증대하였고 계몽사상을 받아들여 봉건적이고 귀족적인 잔재가 남아 있는 절대주의를 타파하여, 자유롭고 평등한 시민사회를 건설하기 원하고 있었다. 수적으로 가장 많은 농민은 아직도 봉건적 공납을 면하지 못하고, 세금의 대부분을 부담하고 있었다. 도시의 수공업자와 소상인들은 생활의 불안정을 느끼고 있었으며, 곡물 가격의 앙등으로 빈곤에 시달리고 있었다.

혁명의 발생과 국민의회

구제도의 모순을 드러내고 혁명의 도화선이 된 것은 왕실 재정의 위기였다. 루이16세 때의 프랑스 재정은 미국 독립전쟁을 지원함으로써 파산 직전에 있었다. 더구나 18세기 말 경제 불황과 흉작이 겹쳐 재정의 위기가 극심해졌다. 루이16세는 재정 개혁을 단행하려 하였으나, 세금을 내지 않으려는 귀족들의 저항으로 실패하였다. 결국 국왕은 귀족들의 요구에 따라 1614년 이후 거의 150년 이상 동안 소집되지 않았던 신분제 의회인 삼부회를 소집하여 그들의 협력을 얻어보려고 하였다.

1789년 5월, 베르사유에서 삼부회가 개최되자, 평민 대표는 종전의 신분별 표결 대신 머릿수 표결을 주장하고, 새로운 헌법이 제정될 때까지 해산하지 않겠다는 '정구장의 서약'으로 뜻을 모아 국민의회를 구성하였다.

국왕이 특권계급의 편에 서서 이를 무력으로 탄압하려 하자 7월 14일 파리에서는 민중 봉기가 일어났다. 그들은 전제정치의 상징으로 생각된 바스티유 감옥을 습격하였다. 이를 계기로 혁명은 전국에 확산되고, 농민들도 궐기하였다(대공포). 농민들은 영주들을 습격하고 장원의 문서들을 불태웠다.

국민의회는 농민을 무마하기 위하여 8월 4일 밤 회의에서 봉건제의 폐지를 공식적으로 선언하고, 8월 26일에는 인권선언을 채택하여 혁명의 기본 이념을 천명하였다. 이 선언은 자연권 사상과 계몽사상을 표현한 것으로 인간의 자유와 평등, 국민 주권, 언론·출판·신앙의 자유, 그리고 재산권의 신성함 등을 선언하였다. 인권선언은 시민사회의 기본 원리를 밝힌 것으로서 영국의 권리장전, 미국의 독립선언과 더불어 근대 민주주의 발전의 초석이 되었다.

국민의회는 교회 재산의 몰수, 길드와 내륙 관세의 폐지, 행정 구역과 사법제도의 정비 등 일련의 개혁을 단행하고, 마침내 1791년 9월에 제한선거에 의한 단원제 의회와 입헌군주제를 내용으로 하는 헌법을 제정하였다. 그러나 그것은 일정한 수준의 재산을 가진 부유한 시민에게만 참정권을 부여하였기 때문에 무산대중의 불만이 컸다.

이보다 앞서 6월에 루이16세가 국외로 도망가려다 실패한 사건으로 왕의 권위는 실추되고, 국민의 왕에 대한 신뢰감도 사라졌다. 또한 끊이지 않는 반혁명의 기운 속에 혁명은 점차 과격해갔다.

② 사료

다음 자료는 프랑스혁명 시기에 살았던 사람들이 남긴 글에서 뽑은 것입니다. 글의 내용을 읽은 후 질문에 답하십시오.

1. 다음은 아서 영(1741~1820)의 《프랑스 여행기》(1792)의 일부이다. 그는 영국의 농업경제학자이자 중농주의자로서, 선진국 사람의 처지에서 혁명을 전후한 시기의 프랑스 상황을 골고루 관찰하고 그것을 기록으로 남겨놓았다.

1787년 6월 10일, 전에 보지 못했던 불쌍한 걸인들을 많이 만났다.

어디에서나 소녀와 아내들이 신발이나 양말을 신지 않았고, 일하는 농민들도 맨발이었다. 이것은 나라의 번영을 파멸시키는 가난 때문이다. ······이러한 불행은 아일랜드의 비참한 모습을 생각나게 했다.

1787년 8월 11일, 루르드에는 왕의 명령으로 체포된 죄수들이 갇혀 있는 성이 있다. ······그 대부분은 무기징역수이다. 그들은 냉혹한 폭정 때문에 안락한 가정의 품에서 끌려나온 사람들이다. 자기가 짓지도 않은 죄 때문에, 아니 오히려 공덕 때문에, ······절망의 고문을 받게 된 사람들이다. 오오, 자유여! 자유여! 이것이 우리 영국을 제외하고는 유럽에서 가장 온화한 정치를 한다는 나라의 모습이란 말인가?

1787년 10월 17일, 나라가 정치적 대혁명의 직전에 놓여 있다는 소문이 파리에 널리 퍼졌다. ······재정의 대혼란이 벌어지고 있다. ······ 왕은 이런 위기에 대처할 능력이 없다. 궁정은 환락과 방탕 속에 묻혀서······ 점점 더 곤궁해졌다. 모든 계층의 사람들이 기대하거나 바라는 것이 무엇인지도 모르면서 어떤 변화를 열망하고 있다. 미국 독립혁명 이후로······ 사람들은 더 많은 자유가 생기지 않는다면 이 나라가 무너질 것이라고 생각하고 있다. 그렇지만 나는 자유에 대해서 올바른 생각을 갖고 있는 사람을 거의 만나보지 못했다. ······그들은 국민의 기본적인 인권조차 모르고 있다.

1789년 7월 12일, 나는 마침 한 불쌍한 여자와 함께 가게 되었다. 그녀는 시국을 한탄하면서 나라꼴이 비참하게 되었다고 말했다.

"우리 서방님은 겨우 한 뼘밖에 안 되는 토지에다 소 한 마리와 비쩍 마른 망아지 한 마리밖에 가지고 있지 않아요. 그런데 우리는 영주에게 밀과 암탉, 돈 등 무거운 인두세와 공납을 바쳐야 해요. ……우리에게는 자식이 일곱 명이나 있지만 수프도 제대로 먹지 못한답니다. ……우리처럼 가난한 사람들을 위해서 윗분들이 뭔가 하시려고 한다는데, 우리들은 누가 어떻게 하는지 알 수 없어요. 하지만 하나님께서 우리를 보살펴주시겠지요……."

이 여자는 힘든 일을 했기 때문인지 허리가 굽어 있고, 얼굴은 주름투성이여서 60세를 넘은 것 같다. 그런데 그녀의 말로는 자기가 겨우 28세라는 것이다. 이곳에 와본 적이 없는 영국인으로서는 프랑스 농촌 여자들 대부분이 어떤 모습을 하고 있는지를 상상할 수 없을 것이다. ……하층계급의 생활 상태가 두 나라 사이에 이렇게 다른 이유는 무엇 때문인가? 그것은 바로 정치 때문이다.

2. 다음은 시에예스(1748~1836)의 《제3신분이란 무엇인가》(1789)의 일부이다. 당시 자신의 이름을 선전하고 또 프랑스 국민들을 계몽하기 위해 각지에서 팸플릿이 출판되었는데, 그중에서 이 글이 가장 큰 반응을 불러일으켰다. 시에예스는 원래 성직자였는데 제3신분의 의원으로 당선되었다.

……특권계급이 없어도 공적인 일 중에서 힘든 일은 모두 제3신분이 훌륭히 해내고 있다. ……만약 특권계급이 돈과 명예를 얻을 수 있는 지위를 모두 가로챈다면, 그것은 대다수 국민에 대한 모독이다. ……특권층 패거리들은 국민에게 도움을 주기는커녕, 오히려 국민을 고통스럽게 하고 있다. 귀족층은…… 국민의 짐일 수 있지만 국민의 일부가 될 수 없다. ……국민이란 무엇인가? 공통의 법률 아래서 생활하고, 하나의 입법 기관에 의해 대표되는 공동체이다. ……그러므

로 제3신분이 곧 국민이며, 제3신분이 아닌 것은 모두 국민으로 간주할 수 없다. ······제3신분의 의회는 2,500만 명을 대표하며 국민의 이익에 관해 토의하는 데 반해,······ 두 특권 신분의 의회는 기껏해야 2만 명을 대표하며 자기의 특권밖에 생각하지 않는다. ······아아! 그래서 결국 제3신분은 국민의회를 구성할 것이다.

3. 다음은 마리 앙투아네트의 남동생이었던 조셉 웨버(Joseph Weber, 1755~?)의 글이다. 그는 프랑스 왕실에서 지냈으며, 혁명 와중에 많은 중요한 사건들을 목격하였다.

> ······나는 프랑스혁명에 관하여 세 가지의 직접적이고도 중요한 원인들을 인정한다. 즉 재정의 혼란, 정신 상태, 미국 독립전쟁이 그것이다. 만일 국고의 질서가 확립되고 지출과 수입의 균형 상태가 완전하였다면, ······만일 루이16세 통치 아래에서의 정신 상태가 루이14세 치하에서와······ 같았더라면, ······그리고 미국에서의 전쟁이 없었다면. ······갑자기 폭동으로······ 치닫지는 않았을 것이다. ······이 세 가지 원인 중에서 한 가지를 피했더라면 다른 두 가지는 무력해졌을 것이다. ······루이16세는 이것들을 극복하는 방법을 알지 못했다. ······불행한 루이16세의 성격을······ 네 번째의 중요한 원인으로 제시할 수 있을 만큼 혁명의 발발에 영향을 미쳤다는 것은 명백한 사실이다. ······그러나······ 한 인물이 없었더라면 다른 인물이 나타나게 되었을 것이다.

③ 이야기 형식의 글

다음 자료는 프랑스혁명에 대해 어느 역사가가 쓴 글을 재구성한 것입니다. 글의 내용을 읽고 질문에 답하십시오.

1774년에 왕이 된 루이16세는 마음이 착하고 관대하였다. 그러나 그는 강한 지도자가 아니었다. 그에게는 마리 앙투아네트라는 예쁘고 발랄하며 매력적인 아내가 있었는데, 그녀는 프랑스에 발을 내딛는 날부터 인기가 없었다. 왜냐하면 그녀는 프랑스의 오랜 적이었던 오스트리아의 왕가 출신이었기 때문이다. 왕비는 비싼 옷과 보석을 사들이는 습관 때문에 더욱 인기가 없어졌다. 당시 많은 빈민들은 굶주리고 있었고, 미국 혁명가들을 돕기 위해 많은 돈을 써버린 정부의 재정 창고는 바닥나 있었기 때문이다.

그러던 어느 날 루이는 귀족들이 삼부회 소집을 조건으로 세금을 납부하겠다는 의사를 전달받았다. 그래서 1789년 5월 1일에 삼부회를 소집하였다. 그런데 예상치 못했던 암초가 기다리고 있을 줄 누가 짐작이나 했겠는가? 바로 제3신분인 평민들의 대표가 더는 성직자와 귀족의 하수인 노릇을 하지 않겠다고 나서는 것이 아닌가? 루이는 그들에게 규칙을 따르라고 명령했지만, 제3신분의 대표자들은 이미 자신들의 힘을 행사하기로 결심을 굳혔다. 그들은 프랑스 국민의 이름으로 개혁 법안들을 통과시킬 새로운 의회, 즉 '국민의회'를 만들었다.

이러한 위기에서 루이16세는 우유부단하게 행동했다. 그는 제3신분의 요구를 들어주고 그들을 다독이려 하는 한편, 스위스에 있는 그의 용병 군대로 하여금 파리를 향해 행진해올 것을 명령하였다. 그가 스위스 군대를 부른 이유는, 더 이상 프랑스 군인들의 충성심을 믿을 수 없었기 때문이다. 그러자 제3신분인 부르주아 대표들은 당연히 용병 군대가 국민의회를 무너뜨리기 위해 오고 있다고 두려워하였다.

파리에서는 이미 많은 사람들이 비싼 빵 값 때문에 폭동을 일으키고 있었다. 폭동은 바스티유 감옥을 쳐들어가는 데서 절정에 달했다. 폭도들이 원했던 것은 바스티유의 화약을 차지하는 것이었다. 왕이 불러들인 외국 군대에 대항하여 국민의회와 파리를 방어하기 위해서였다. 결국 루이16세는 용병 군대를 파리로 불러들이지 못했고, 이 승리로 인하여 파리 시민들은 바야흐로 혁명의 선두에 나서게 되었다.

오래지 않아 반역은 파리에서 시골로 퍼져가고 있었다. 이 마을에서 저 마을로, 귀족들이 산적들을 고용하여 농민들을 죽이려 한다는 소문이 퍼져갔다. '대공포'의 물결이 프랑스를 휩쓸었다. 농민들은 함께 무리를 지어 숲 속이나 동굴로 숨었다. 그들 중의 일부는 스스로 도적이 되어 갈퀴와 횃불을 들고 귀족들의 장원 저택으로 쳐들어갔다. 그들은 자신들을 봉건적 의무로 묶어두었던 문서들을 찢어버리고 저택을 불태웠다.

수천 명의 파리 여성들은 빵 값이 오른 것에 항의하여 폭동을 일으켰다. 그들의 분노는 곧 왕과 왕비에게로 향했다. 그들은 "왜 왕과 왕비는 베르사유에서 호화롭게 살고 자신들은 굶주려야 하는가?" 하고 부르짖었다. 여자들은 칼과 도끼를 쥐고 베르사유로 행진하였다. 그러곤 궁전을 부수고 들어가 왕비의 방을 약탈하고 호위병을 죽였다. 결국 루이와 그의 가족은 베르사유를 떠나 파리로 왔으며 다시는 그곳에 돌아가지 못했다.

1789년 8월 4일 밤에는 프랑스의 역사에서 가장 놀라운 사건이 일어났다. 국민의회가 봉건제, 농노제, 교회십일조, 그리고 귀족과 성직자들의 특권들을 온통 없애버린 것이다. 귀족들은 한 사람씩 의회 연단에 나와 자유와 평등을 지지한다는 열정적인 연설을 했지만, 속으로는 공포에 떨고 있었다. '대공포'는 절정에 다달았고 농민의 무리는 농촌을 공포에 몰아넣었다. 이제 구제도는 죽었다. '자유, 평등, 형제

애'가 혁명의 표어가 되었다. 그리고 인권선언이 채택되고 입헌군주제 헌법이 제정되었다.

그 와중에 루이16세와 그의 가족은 오스트리아가 지배하는 네덜란드로 도망가려 하였다. 그러나 그들이 프랑스 국경에 다다랐을 때 한 우체국장이 지폐에 그려진 왕의 초상화를 보고 왕을 알아봤다. 왕의 가족은 호위를 받으며 파리로 돌아왔다. 루이16세는 스스로 자신의 명예를 짓밟은 꼴이 됐으며, 더 이상 자신의 앞날을 예측할 수 없었다.

3. 자료를 읽은 후 학생들의 반응을 알아보기 위한 질문

【르네상스】

1. 위 글을 읽고 르네상스에 대해 어떤 생각이 듭니까?

2. 위 자료의 내용은 어느 정도 믿을 만하다고 생각합니까? 위 자료의 내용을 모두 역사적 사실이라고 생각합니까, 아니면 그와는 다른 내용도 있다고 생각합니까? 그렇게 생각하는 이유도 함께 적어주세요.

3. 만약 르네상스시대의 작가, 예술가들이 옆에 있다면 그들에게 어떤 이야기를 하겠습니까?

4. 위 글과 자신이 알고 있는 역사 지식을 토대로 르네상스시대를 다른 사람에게 소개하는 글을 써보세요(글의 분량은 A4용지 1장 정도면 되고, 글의 형식은 시 · 일기 · 편지 · 수필 · 소설 · 논설문 등 자유롭게 하세요).

【프랑스혁명】

1. 위 글을 읽고 프랑스혁명에 대해 어떤 생각이 듭니까?

2. 위 자료의 내용은 어느 정도 믿을 만하다고 생각합니까? 위 자료의 내용을 모두 역사적 사실이라고 생각합니까? 아니면 그와는 다른 내용도 있다고 생각합니까? 그렇게 생각하는 이유도 함께 적어주세요.

3. 만약 프랑스혁명에 참여했던 사람들이 옆에 있다면 그들에게 어떤 이야기를 하겠습니까?

4. 위 글과 자신이 알고 있는 역사 지식을 토대로 프랑스혁명을 다른 사람에게 소개하는 글을 써보세요(글의 분량은 A4용지 1장 정도면 되고, 글의 형식은 시 · 일기 · 편지 · 수필 · 소설 · 논설문 등 자유롭게 하세요).

■ 주

1. 이영효, 〈포스트모던 역사인식과 역사 학습〉,《역사교육》74, 2000, pp. 15~27.

2. 조사 대상은 학교 성적이 상위 10퍼센트에 드는 고등학교 2학년 학생들이었다. 서울 지역 학생 15명에게는 국사 교재를, 광주 지역 학생 15명에게는 세계사 교재를 나눠주었다. 성적을 상위권으로 제한한 이유는 사전 지식의 차이가 텍스트 이해에 미치는 영향을 최소화하고, 학생들의 성실한 응답과 글쓰기를 이끌기 위해서였다. 텍스트는 사료, 교과서 내용을 토대로 한 설명문, 이야기 형식의 글이나 저자가 드러난 서술을 취했다.

3. Peter Seixas, "Schweigen! die Kinder! or, Does Postmodern History Have a Place in the Schools?" in Peter N. Stearns, Peter Seixas and Sam Wineburg(ed.), *Knowing, Teaching and Learning History : National and International Perspectives*, New York : New York Univ. Press, 2000, pp. 19~23.

4. Ibid., pp. 24~26.

5. J. Derrida(trans. by G. C. Spivak), *Of Grammatology*, Baltimore, MD : Johns Hopkns Univ. Press, 1976, p. 14.

6. Sigrun Gudmunsdottir, "The Narrative Nature of Pedagogical Content Knowledge", in Hunter McEwan and Kieran Egan(eds.), *Narrative in Teaching, Learning, and Research*, New York : Teachers College, Columbia University, 1995, pp. 32~33.

7. 롤랑 바르트,《텍스트의 즐거움》, 김화영 옮김, 동문선, 1999, pp. 9~35.

8. 위 책, p. 47; p. 92; p. 105.

9. Donna E. Alvermann, "Narrative Approaches", *Reading Online* 4(5), Nov., 2000, pp. 1~14.

10. Samuel S. Wineburg, *Historical Thinking and Other Unnatural Acts : Charting the Future of Teaching the Past-Critical Perspectives on the Past-*, Philadelphia : Temple Univ. Press, 2001.

11. 텍스트나 역사 텍스트를 구분하는 방식은 다양하다. 서술 형식에 따라 짧은 이야기, 소설, 드라마 등과 같이 이야기 형식으로 구성되는 내러티브 텍스트(narrative text), 기계의 작동법을 설명하는 매뉴얼이나 약의 처방전과 같은 절차적 텍스트(procedural text), 논문이나 리포트와 같이 자신의 견해나 정보를 제공하기 위한 설명 텍스트(expository text)로 구분하기도 하며 (Bachrudin Mustha, "Learning from Texts and Reading Instruction", ERIC ED 395 268, 1996, p. 10), 논리 – 과학적이며 보편적인 입증을 추구하는 패러다임 (paradigm) 양식과 동화나 신화, 우화에서 볼 수 있듯이 맥락에 따른 개별적인 해석을 추구하는 내러티브로 나누기도 한다(Jerome Bruner, "Narrative and Paradigmatic Modes of Thought", in Elliot Eisner(ed.), *Learning and Teaching the Way of Knowing*, Part 2, Chicago : The University of Chicago Press, 1985). 한편 차하순은 역사 설명을 분류 · 비교적 설명, 묘사 · 기술적 설명, 개념적 설명, 인과적 설명, 도덕적 설명으로 나누고, 역사 서술은 이 가운데 하나 또는 둘 이상의 유형이 결합된 형식을 취한다고 말하고 있다(차하순,《역사의 본질과 인식》, 학연사, 1988, pp. 202~214). 역사 서술의 이러한 다양한 형식 가운데 이 글의 논의와 관련하여 주목할 부분은 설명식 서술과 내러티브가 될 것이다.

12. 김한종,〈역사의 표현형식과 국사 교과서 서술〉,《한국사론》31, 국사편찬위원회, 2001, pp. 238~239.

13. R. Paxton, " 'Someone Like a Life Wrote It' : The Effects of a Visible Author on High School History Students", *Journal of Educational Psychology* 89(2), 1997, pp. 239~242.

14. Tamara L. Jetton and Patricia A. Alexander, "Learning from Text : A Multidimensional and Developmental Perspective", *Reading Online*

5(1), July, 2001, pp. 1~12.

15. Samuel S. Wineburg, "On the Reading of Historical Text: Notes on the Breath between School and Academy", *American Educational Research Journal* 28(3), Fall, 1991, pp. 495~519.

16. Michael Pressley, "Comprehension Instruction: What Makes Sense Now, What Might Make Sense Soon", *Reading Online* 5(2), Sep., 2001, pp. 1~13.

17. Michael F. Graves, "Fostering High Levels of Reading and Learning in Secondary Students", *Reading Online*, 1999.

18. Jetton and Alexander, "Learning from Text", p. 9.

19. Seixas, "Schweigen! die Kinder!", pp. 26~33.

20. Fred Stopski, *Social Studies in a Global Society*, New York: Delmar Publishers, Inc., 1994, pp. 231~232.

21. 김환수, 〈극화학습에서의 낯익게 하기와 갈등〉, 《역사교육의 방향과 국사교육》, 솔, 2001, pp. 239~246. 여기에서 보면 두 교사가 학생들과 함께 '만적의 난'을 소재로 한 연극 대본을 쓰는데, 역사적 사실에 대한 자신의 해석과 관점, 그리고 목소리를 어떻게 포함시키는지가 드러나 있다.

22. 학생들에게 주어진 텍스트와 질문 문항 등 조사자료는 부록 1 참조.

23. 학생들에게 주어진 텍스트와 질문 문항 등 조사자료는 부록 2 참조.

05

역사 수업 도구로서 내러티브의 구성 형식과 원리

김한종

이 글에서는 먼저 역사 수업에서 나타나는 내러티브의 형식을 수업 소재·전달 방식·수업 내용·역사인식이라는 기능에 따라서 검토하고, 그 성격을 살펴봤다. 이어서 역사 수업에서 내러티브 구성의 기본 원리를 살펴보고, 수업 조직의 방안으로 이건의 이야기 활용 모델을 소개했다. 특히 수업 사례에 대한 검토와 실제 예시를 통해 역사 수업에서 내러티브의 구체적인 모습을 확인하고, 실제 수업 현장과의 관련성을 높이고자 했다. 이를 통해 역사교육에서 내러티브 이론에 대한 논의를 진전시키고 앞으로의 연구를 위한 바탕을 마련하자는 취지다.

1. 머리말

최근 역사학이나 교육학은 물론 역사교육에서도 내러티브에 대한 관심이 높아지고 있다. 이는 역사 연구나 인식론, 교육적 관심의 변화에 따른 것이라고 할 수 있다.

1970년대에 들어서면서 과거의 변화를 과학적으로 설득력 있게 설명하려는 사회과학적 역사에 대한 회의론이 강하게 대두되었다. 인류가 남긴 사건을 총체적으로 설명할 수 있는 단일한 틀이 있다는 믿음이 무너지면서 역사 변화에 미치는 인간의 힘이 강조되고, 인간 존재의 다양한 측면들에 대한 새로운 관심이 나타났다.[1] 이러한 경향은 자연히 내러티브식 역사의 부활을 가져왔다. 특히 역사가 과학과 구별되는 독자적인 학문적 인식 체계를 갖추고 있다고 주장하는 많은 학자들은 역사인식이나 서술의 대표적인 방식으로 내러티브를 내세운다. 이들에 의하면 역사적 사실 자체는 내러티브적 구조를 가지고 있다. 역사학이란 바로 역사적 사실에 내재되어 있는 내러티브

형식을 밝혀내는 것이다.[2]

교과특정인지(subject-specific cognition)를 주장하는 사람들도 내러티브를 주목해왔다. 교과특정인지 이론에서는, 피아제의 인지발달론 같은 총체적 발달단계이론(global developmental stage theory)에서 말하는 사고가 역사적 사고의 본질과 거리가 멀고, 이 때문에 역사적 사고의 발달을 제대로 밝혀내지 못했다고 비판한다. 다수의 학자들은 교과특정인지의 관점에서 보면 역사적 사고나 역사 서술이 특히 내러티브 형식에 적합하다고 보고 있다. 예를 들어, 이건(Kieran Egan)은 초등학교 학생들에게 인과관계를 형식적으로 조작할 수 있는 능력을 기대하기는 어렵지만, 일반적으로 이야기 개념 속의 인과관계에 대한 인식은 가지고 있다고 주장한다. 즉 피아제 이론에 토대를 둔 학자들이 주장하듯, 인과관계의 개념은 16세기경에 갑자기 형식적 개념으로 나타난 것이 아니라 그보다 훨씬 이전에 이야기 형식 속에 존재한다는 것이다.[3]

양호환은 이러한 논의들을 종합해 내러티브가 역사 학습에서 이용될 수 있는 배경과 효과를 다음의 네 가지로 요약하고 있다.[4]

첫째, 내러티브는 역사가들이 주로 사용하는 서술 형식으로 아동에게도 친숙한 장르이다.

둘째, 내러티브는 역사 이해의 고유 개념이라고 할 수 있는 다른 시대·장소·사건들에 대한 이해를 가능하게 한다.

셋째, 내러티브는 경험을 이해하게 하는 해석의 한 형식이며 인간의 구체적인 행위와 의도, 결과를 다룬다.

넷째, 아동들은 내러티브에 담긴 시간에서의 전후관계를 통해 역사적 인과관계를 인식할 수 있다.

역사교수법에 대한 연구에서도 내러티브는 관심을 끌고 있다. 내러티브 형태의 자료는 역사 수업에서 유용하게 활용될 수 있다. 예를 들어, 생활사 내러티브를 다루는 역사 수업은 학생들로 하여금 정해진 틀 속에서 역사를 보는 것에서 벗어나게 할 뿐 아니라 반성적으로 사고할 수 있게 만든다는 것이다.[5]

한국의 역사학계에서도 신문화사나 신지성사 등 새로운 역사학의 동향에 대한 소개와 함께 '언어로의 전환'이라는 이름 아래 내러티브 문제에 대한 논의가 활발해지고 있다. 그동안 역사교육에서는 영역특정인지(domain-specific cognition)의 입장에서 내러티브에 대한 관심이 제기되는 정도에 머물러왔다. 하지만 최근 내러티브적 역사인식론과 영역특정인지이론에 입각한 역사적 사고에 대한 논의를 바탕으로, 내러티브가 역사 학습에서 인과관계와 역사적 맥락의 이해에 어떻게 활용될 수 있는지에 대한 검토가 이루어지기 시작했다.[6] 역사교육에서도 내러티브에 대한 논의가 더욱 본격화되고 있는 것이다.

이 글에서는 실제 역사 수업에서 내러티브가 어떠한 형식으로 나타나며 어떤 기능을 하는지를 검토하고, 이를 역사 수업에 적용하는 원리를 제시하기로 하겠다. 내러티브에 대한 이론적 검토를 토대로 하되, 실제 사례를 통해 논의를 더욱 구체화하고자 한다.[7]

2. 역사 내러티브의 개념

(1) 이야기, 내러티브, 역사 내러티브

흔히 내러티브란 하나 또는 일련의 사건을 글이나 말의 형태로 전달하는 것, 또는 그러한 글이나 말을 의미한다.[8] 따라서 내러티브는 전달 대상과 전달 방식의 두 부분으로 나뉜다고 볼 수 있다. 여기에서 일반적으로 사건은 이야기(story), 전달 방식은 담론(discourse)을 가리킨다. 이야기는 내러티브를 구성하는 사건·인물·환경 등을 포함하며, 담론은 이야기를 말하고 표현하거나 제시하고 내레이션하는 것 등을 포함한다.[9] 내러티브의 개념과 성격에 대한 견해는 이 두 부분의 관계를 어떻게 보느냐에 따라 달라진다.

원래 내러티브란 학문적 전통의 차이와는 상관없이 이야기를 구성하는 데 필요한 구조, 지식, 기능을 가리키는 말이었다.[10] 따라서 내러티브의 기본 요건은 내용보다 그것을 전달하는 담론이나 언어였다. 이에 따르면, 내러티브는 의사전달 수단으로서 언어가 가지는 본질적인 성격 때문에 생겨난다. 내러티브는 기본적으로 담론과 동일한 형식적 구조를 가지게 마련이다. 시작과 끝, 등장인물의 성격 묘사, 사실 가능성 같은 형식을 갖추고 있어야 내러티브라고 할 수 있다는 것이다.[11] 따라서 내러티브의 성격은 이러한 형식적 구조를 전개하는 방식에 따라 달라진다.

역사 내러티브도 기본적으로 그 안에 포함되어 있는 역사적 사실이 일어나게 된 사회적 맥락보다는 구성 형식에 의해 결정된다. 화이트(Hayden White)는 이런 점에서 역사도 문학과 마찬가지라고 주장하면서, 역사 서술의 내러티브에서 이야기와 플롯(plot)을 구분한다. 플롯이란 전승된 형태의 이야기를 확인함으로써 거기에 의미를 부여하는 일이다.[12] 플롯의 구성은 곧 일련의 사건을 특수한 형태의 이야기로 전환하는 것이며, 그 구성 형식이 내러티브의 구조가 된다. 즉 플롯의 구성은 인과법칙에 의해 역사적 상황의 전개 과정을 설명하는 것이 아니라 언어 형식으로 내러티브를 제시하는 것이다. 내러티브가 사건을 발생 순서에 따라 제시하는 만큼 내러티브적 서술 안에도 인과적인 요소가 들어가게 마련이다. 하지만 내러티브는 인과적 설명처럼 원인과 결과를 직접적으로 연결하거나 다른 원인들을 배제하는 교조적 설명을 하지 않는다. 다음의 서술을 보자.

> 여러 가지 노력에도 영세소작농으로 몰락한 농민들의 생활은 가난에 쪼들렸다. 더구나 흉년이 되면 각지에 굶주린 사람의 수가 늘고 아사자가 속출하였다. …….
>
> 농민들의 불만과 불평은 사회 내부에서 음성적인 형태를 띠고 나타나기도 하였다. 각지에서 오늘날의 벽보와 같은 괘서(掛書), 방서(榜書) 등의 사건이 연거푸 일어나서 인심을 소란케 한 것은 그 하나의 표현이었다. …….
>
> 농민들의 불만은 그러나 이러한 음성적인 것에만 그치지를 않았다. 우선 도적의 무리가 되어 사방을 소란케 하였다. …….
>
> 민란이 빈발하였다. 그 주체는 물론 농민이었다.
>
> — 이기백, 《한글판 한국사신론》, 일조각, 1999, pp. 275~276

이 글은 '농민 생활의 어려움 → 사회 내부의 음성적 저항 → 도적화 → 민란의 발생'이라는 시간의 경과에 따라 역사적 사건을 서술하고 있다. 그런데 '농민 생활의 어려움 → 사회 내부의 음성적 저항'이라는 서술을 보면, 앞의 사건으로 인해 뒤의 사건이 일어났다는 느낌을 받는다. 그런 측면에서 두 사건은 인과관계를 맺고 있다고 할 수 있다. 하지만 엄밀히 말해 '사회 내부의 음성적 저항'은 '농민 생활의 어려움'의 필연적 결과가 아니라 그로 인해 초래될 수 있는 여러 가지 결과 가운데 하나일 뿐이다. 이러한 서술 형식이 내러티브적 서술의 특징이라고 할 수 있다.

역사 내러티브가 문학 또는 다른 분야의 내러티브와 성격이 같다는 견해에서 보면, 내러티브의 내용은 곧 대상이 되는 이야기이며, 이야기는 내러티브의 단위이다. 이야기는 시작과 끝, 그리고 이를 연결하는 줄거리를 가지고 있다. 하지만 역사 내러티브가 단순히 사건을 순서대로 구성하거나 앞에서 일어난 일을 이어받아서 뒤의 내용을 서술하는 것은 아니다. 토폴스키(Jerzy Topolsky)는 역사 내러티브를 그 속에 담겨 있는 시간의 내용에 따라 세 가지 유형으로 나누고 있다.[13] 토폴스키가 들고 있는 사례를 통해 이 세 가지 유형을 구분해보기로 하자.

  A. 1939년 9월 1일 독일군은 폴란드를 침공했다.
  B. 20년간 지속된 평화의 시대는 유럽에서, 아마도 전 세계에서 끝났다. 독일은 폴란드를 침공했고, 이로써 유럽에서 전쟁을 일으켰다.
  C. 1939년 9월 유럽에서 제2차 세계대전이 일어났다.

  A는 일어난 사건을 그대로 기록한 것이다. 이와 같은 유형의 서술은 연보(annals)다. 연보는 당대의 사람들이 일어났던 사건을 순서대로 기록한 것이다. 연보 기록자는 연보에 기록할 사건을 선택한다. 따라서 연보에는 당대의 세계관, 인간관, 역사의식이 반영되어 있다. 하지만 연보 기록자는 이전 사건에 대해 자신이 알고 있는 지식을 활용하지 않으며, 기록하는 사건들의 연속성과 이후의 사건을 반영하지 않는다.

  B도 A와 마찬가지로 사건을 일어난 대로 서술하고 있다. 그러나 이전의 역사적 사실 가운데 이와 관련이 있는 사건에 주목하며, 그

에 대해 자신이 가지고 있는 역사적 지식도 활용한다. 이와 같은 유형의 서술을 연대기(chronology)라고 할 수 있다. 연대기에는 과거에서 미래까지의 시간적 순서가 포함되어 있으며, 여러 가지 해석이 가능한 인과관계로 사건들이 연결되어 있다. 연대기 작가도 그 속에 들어갈 사건들을 선택하고 위계화한다. 따라서 연대기에는 연대기 작가가 살던 시대의 사회적 의식에 내포되어 있던 인간관과 세계관, 연대기 작가 자신의 가치판단과 지식이 반영된다.

이에 비해 C는 성격이 다르다. 1939년 9월 1일이라는 시점에서는 그 사건이 '제2차 세계대전'의 시작이었는지 알 수 없다. 연보 기록자나 연대기 작가는 '제2차 세계대전'이라는 말을 쓰지 못한다. 하지만 C의 서술에는 이후 전개된 역사적 사실, 즉 1939년 9월 1일에 발생한 역사적 사건의 결과에 대한 지식까지 활용되고 있다. '제2차 세계대전'이라는 말에는 이전에 발생한 사건이든 이후의 사건 결과이든 간에 그와 관련 있는 역사적 사실에 대한 인식이 내포되어 있는 것이다. 이런 식의 역사 서술은 교과서나 개설서에서도 흔히 나타난다. 다음의 서술을 보자.

> ……고려사회의 출발은 단순한 왕조 교체의 차원을 넘어 중세사회로의 전환을 의미하는 것이었다. 그리하여 고려 태조 왕건은 후삼국시대의 혼란을 수습한 후 통일국가의 기반을 확충하고 사회의 안정을 위하여 노력하였다. …….
>
> ― 교육부, 고등학교《국사》상, 1996, p. 105

이 글은 '고려사회의 출발 → 왕건의 개혁'이라는 순서로 서술되어 있다. 하지만 고려사회의 출발을 중세사회로의 전환이라고 서술한 것은 역사 연구와 인식을 바탕으로 고려사회의 성격을 규정지은 것이다. 이와 같이 내러티브 서술에도 쓰는 사람의 역사인식이 개재되게 마련이다. 이러한 역사적 내러티브는 시간의 관점에 의해서만 가능하다. 토폴스키는 이를 가리켜 '엄밀한 의미의 역사(strict historical statement)'라고 말하고 있다.

역사가 다루는 내용이 역사적 사실에 바탕을 둔 역사인식을 반영한다는 점에 주목한다면, 내러티브의 구성 형식을 중시하는 문학 등과 구별되는 역사 내러티브의 독자성이 좀 더 부각된다. 즉 역사도 일반적인 픽션과 마찬가지로 사건과 행위에 대한 내러티브지만, 픽션과 가장 커다란 차이점은 내레이터든 듣는 사람이든 간에 모두 과거에 실제로 있었던 사실을 표현하는 것이라고 받아들인다는 사실이다. 과거에 있었던 사실이란 곧 역사적 사건이다. 역사 내러티브는 기본적으로 역사적 사건들을 서술 형식에 따라 얼마나 잘 구성하는지보다 이야기의 성격이나 내용을 얼마나 잘 전달하는지에 초점을 맞추게 마련이다. 따라서 역사 내러티브의 성격은 담론의 구성 형식보다 소재인 역사적 사건의 성격에 따라서 달라진다.

역사 수업에서 다루는 내러티브는 소재에 따라 크게 두 가지 형태로 구분할 수 있다.

하나는 일련의 개별적인 사건들을 하나로 묶은 역사 내러티브이다. 여기에 포함되는 개개의 사건들은 그 자체로서 줄거리를 가지고 있을 수 있다. 하지만 중·고등학교 역사 수업의 수준과 깊이에서는 개별적인 사건들의 줄거리가 관심 대상이 아니다. 여러 사건들을 하나의 줄거리로 묶어서 구성한 역사적 사건을 단일한 내러티브로 다루게 된다.

이러한 사건들에 대한 역사가들의 주된 관심사도 마찬가지다. 물론 역사가들은 개별적인 사건들을 다루는 데서 작업을 시작한다. 하지만 사건들 자체가 아니라 그 사건들을 어떻게 기술할지에 관심을 쏟는다. 어떤 사건이 먼저 일어나고 나중에 일어났는지보다 사건들의 공통적인 성격이나 사건들 간의 관계에 주목하거나, 일련의 사건들을 일정한 유형으로 묶음으로써 설득력 있는 내러티브를 제시하려고 힘쓴다.[14] 이처럼 일정한 줄거리로 묶여진 일련의 사건들이 역사 수업에서 다루는 내러티브의 한 가지 형태를 이룬다.

다른 하나는 우리가 흔히 '이야기'라고 부르는 것이다. 신화나 전설, 설화, 일화, 위인의 일대기 등이 여기에 해당한다. 이야기는 작가가 일련의 사건이나 연대기를 하나의 틀로 묶은 것이다. 따라서 이야기에는 이미 내러티브적 구조가 포함되어 있게 마련이다. 이러한 이야기를 소재로 활용하는 것이 역사 수업에서 나타나는 또 하나의 내러티브 형태이다. 이야기의 내용을 역사 내러티브의 소재로 할 경우, 내러티브의 구조는 바로 이야기의 구조에 의해 정해지며, 역사 내러티브는 구성된다기보다 발견된다고 할 수 있다.[15]

이러한 관점에서 보면, 역사와 문학의 내러티브를 같은 성격으로 보는 화이트식 내러티브에 대한 관점은 사실과 허구의 구분이 불명확해진다는 문제점을 가진다. 화이트식 관점에 의하면, 모든 역사적 내러티브는 역사가의 상상력에 의해 구성되는 것인데, 실제로 일어난 역사적 사건 중에는 홀로코스트(Holocaust)처럼 역사적 상상력으로 다룰 수 없는 것도 있다.[16]

어떠한 형태의 이야기라도 발생한 일이나 행위, 변화하는 상황 같은 역사적 사건에 토대를 두고 구성된다. 역사에서 담론이란 이들 사건의 전달, 즉 '무엇이 일어났는지'를 보여주는 것이다. 이러한 형태의 담론이 내러티브이다.[17] 역사적 이야기에는 그 이야기가 만들어진 사회적 맥락, 즉 이야기에 나오는 사람들의 가치관, 당시 사회가 공유하고 있던 문화의 본질과 변화, 여러 가지 사회적 요인들이 반영되어야 한다. 그런데 형식적 구조에 집착하면 내러티브를 단선적인 일련의 사건으로만 파악하기 쉽다. 이처럼 역사 이야기는 사회적 맥락을 가지고 있음을 강조하는 학자들은, 서술 형식에 따라 역사 내러티브를 정의하는 것은 너무 제한적이라고 생각한다. 이에 따라 역사 내러티브를 다른 사람에게 어떤 일이 일어났는지를 말해줄 목적으로 배열된 일련의 언어적·상징적·정신적 활동을 총칭하는 개념으로 사용하려고 한다. 내러티브를 올바로 이해시키기 위해서는 이와 관련된 사회적 맥락, 내레이션을 하는 이유, 내레이터의 내레이션 능력 등이 모두 중요한 요소라고 보는 것이다.[18]

이와 같은 입장에서는 내러티브를 구성하는 담론의 형식적 구조가 그리 중요하지 않다. 내러티브의 기본 구조는 으레 '이것이 일어났다. 그런 다음 저것이 일어났다(this happen, then that)'는 형태를 띠게 마련이다. 내러티브의 구성에서 더욱 중요한 문제는 메시지를 효과적으로 전달할 수 있도록 이야기나 역사적 사건을 변형해나가는 것이다.[19]

(2) 내러티브식 역사 수업의 형식

일련의 역사적 사건들을 일정한 줄거리를 가지고 일어난 순서대로 서술하거나 이야기하는 순수한 의미의 내러티브식 역사 수업은 거의 찾아볼 수 없다. 정치사 수업의 경우는 대개 사건의 발생 순서에 따라 내용을 다루지만, 포함된 사건들 간의 인과관계를 분석적으로 따지거나 줄거리 없이 나열적으로 제시되는 경우가 많다. 사회경제사나 문화사 수업의 경우에는 수업 내용을 시대순으로 다루기 어려울 수 있다. 그렇다고 해서 역사 수업에서 실제로 내러티브 형식이 나타나지 않는 것은 아니다. 그럼 역사 수업에서 내러티브라고 했을 때, 머리에 떠올릴 수 있는 수업 형태에 대해 생각해보도록 하자. 다음은 흔히 있을 수 있는 역사 수업의 사례이다.

[사례 1]

통일신라의 전제왕권을 다루는 고등학교 1학년 국사 시간이다. 교사는 먼저 지난 시간의 수업을 복습하면서 고구려와 백제의 멸망 원인을 상기시킨다. 이어서 삼국통일의 의미를 부정적 · 긍정적 측면에서 설명한다. 계속해서 수업이 전개되는데, 대체로 다음과 같은 내용으로 구성된다.

'무열왕, 문무왕, 신문왕으로 이어지면서 삼국 간의 전쟁 과정에서 왕권이 강화되었다. 신문왕은 자신에게 협조적이지 않은 귀족들을 대대적으로 제거함으로써 전제왕권을 확립하였다. 신라 하대에 들어서면서 왕권이 약화돼갔다. 혜공왕 때는 많은 귀족의 반란이 있었다. 김헌창은 아버지가 왕이 되지 못한 데 대한 불만으로 난을 일으켰다. 진성여왕 때는 정치가 더욱 문란해졌다. 이런 정치에 대해 육두품들은 사회개혁을 주장하였다. 지방에서는 호족과 군진세력이 성장하였다. 그중에서 장보고는 청해진을 장악하고 중앙에 진출하려다가 수포로 돌아가자 난을 일으켰다.'

이 수업에서 교사는 김유신과 김춘추 사이에 얽힌 일화와 만파식적 설화 등 두 가지 이야기를 도입한다. 이 가운데 김유신과 김춘추 사이에 얽힌 이야기를 소개하는 내용은 다음과 같다.

교사는 학생들에게 김유신과 얽힌 무열왕의 일화를 중학교에서 들어보았느냐고 묻는다. 많은 학생들이 "아니오"라고 대답한다. 교사는

"그러면 잠깐 이야기해보자"는 말과 함께 이야기를 시작한다. 먼저 김유신의 두 여동생 가운데 동생인 문희가 언니인 보희의 꿈을 산 이야기를 한다. 이어서 후에 무열왕이 된 김춘추가 유능해 왕이 될 가능성이 있다고 생각한 김유신이 책략을 꾸며 문희와 김춘추를 맺어주는 이야기를 한다. 그리고 김유신은 가야 출신으로 책략이 풍부한 사람이었다는 이야기로 끝을 맺는다(1998년 5월, 울산광역시 B고등학교).

[사례 2]

통일신라의 예술을 다루는 중학교 2학년 국사 수업이다. 교사는 먼저 지난 시간에 배웠던 삼국 예술의 특징이 귀족적이고 불교미술이 발달했음을 질의 응답을 통해 확인한다. 그리고 신라 미술은 소박하고 조화의 미를 갖추었는데, 통일이 되면서 고구려·백제·당의 특징이 가미되었음을 상기시킨다. 통일신라 예술의 특징은 불상·탑·범종 등과 같은 불교미술이 발달했고, 사실적 기법을 사용했으며, 생동감이 넘치고 조화미가 있었다고 설명한다. 또한 귀족적이고 당과 서역의 영향을 받았다는 말도 덧붙인다. 이어서 교사는 각 문화재에 대해 설명하는데, 관련된 설화를 덧붙인다. 통일신라 때 만들어진 탑의 이름을 제시한 다음에는 아사달·아사녀 설화를, 불국사와 석굴암을 설명할 때는 김대성 설화를, 범종과 사리장치 같은 공예품을 설명할 때는 에밀레종에 얽힌 설화를 소개했다. 이어서 향가, 글씨, 그림 등에 대해 설명하고 수업을 끝맺는다. 전체적으로 수업은 교사의 설명에 의해서 진행되지만, 중간 중간에 학생들을 수업에 끌어들이기 위해 질문을 한다(1996년 6월, 충북 보은 B중학교).

[사례 3]

개화운동과 척사운동을 다루는 중학교 3학년 국사 시간이다. 교사는 먼저 질문을 통해 전 시간에 배운 병인양요에 대해 확인한다. 이어서 대원군 집권기에 외국의 통상 요구와 그에 대한 조선 정부의 대응 과정에서 일어난 일련의 사건들을 다룬다. 가장 먼저 남연군묘 도굴 사건을 간단히 언급하고, 이어서 제너럴셔먼호 사건을 구실로 미국이 신미양요를 일으켰음을 설명한다. 두 차례 서양의 침입을 물리친 대원군은 쇄국정책을 강화하고 각지에 척화비를 건립했다는 설명이 이어진다. 다음으로 교사는 우리나라에서도 문호개방을 해야 한다는 주장도 점차 싹트고 있었음을 유의시킨다. 먼저 사료를 이용해 박규수·오경석·유홍기를 중심으로 개화파가 형성되었음을 확인시키고, 이어서 개화파가 김옥균 등으로 확산되었음을 설명한다. 수업은 중간 중간에 학생들에게 질문을 던지고 그 대답을 기다려 설명을 이어가는 문답식이 가미되기는 했지만, 전체적으로 교사의 설명을 중심으로 진행된다. 교과서 외의 사료가 교사의 설명을 확인하는 수단으로 사용된다(1996년 6월, 충북 청원 O중학교).

[사례 1]과 [사례 2]는 설화, 즉 전해오는 이야기를 수업의 소재로 사용하고 있다. 설화가 역사 수업의 소재로 자주 사용되는 이유는 자체에 내러티브 구조를 가지고 있기 때문이다. 하지만 두 수업에 내포되어 있는 내러티브에는 차이가 있다. [사례 1]의 경우는 수업 전체가 내러티브식 구조로 진행되며, 설화는 수업의 줄거리를 뒷받침하는 구실을 한다. 반면 [사례 2]의 경우에는 수업 전체를 일관하고 있는 내러티브 구조는 없다. 수업 중간 중간에 소개된 각각의 이야기가 별개의 내러티브 구조를 가지고 있을 뿐이다. 그러면서도 아

사달·아사녀 이야기, 김대성 설화, 에밀레종 설화 등 몇 가지 이야기가 통일신라의 예술이라는 수업에 공통 소재로 활용됨으로써 학생들은 마치 수업 전체가 내러티브식으로 진행된다는 느낌을 받는다. 짤막한 몇 가지 이야기를 같은 주제 아래 하나로 묶어서 진행하는 일종의 옴니버스(omnibus)극 같은 효과를 낸다고 할 수 있다.

[사례 3]은 여러 가지 사건들을 내러티브식으로 묶은 것이다. 수업은 '병인양요 → 남연군묘 도굴 사건 → 신미양요 → 척화비 건립 → 초기 개화파의 형성 → 개화파의 확산' 순으로 진행되고 있다. 물론 사건이 순서대로 다뤄지지 않았기 때문에 이 수업을 내러티브식이라고 하기에는 조금 무리가 있다. 제너럴셔먼호 사건과 개화파의 형성이 바로 그것이다. 하지만 제너럴셔먼호 사건은 독립적인 사건이 아니라 신미양요의 일부로 다뤄진 것이며, 개화파의 형성은 그 앞에서 제시된 사건과 시기적으로 일부 겹치지만 이곳에 위치한다고 해도 전체적인 이야기 흐름에 큰 무리가 없다. 전체적으로 수업은 조선의 문호를 개방하게 만들려는 외세의 압력과 이에 대한 조선 내부의 대응에 초점이 맞춰져 진행되고 있다. 즉, 이 수업의 줄거리인 셈이다.

[사례 3]에서 다루는 사건들은 수업의 소재 수준에서 이야기의 구조를 가지고 있지 않다. 즉, 내러티브의 구조를 가지고 있지 않은 사건들을 선별하여 하나의 주제 아래 묶어서 줄거리를 만든 것이다. 이와 같은 수업 구성의 사례는 그리 드문 편이 아니다. 예를 들어, 무신정변을 다루는 교사는 흔히 '문벌귀족 중심의 사회에 따른 문무 차별 → 이자겸의 난과 묘청의 서경천도운동 이후 문무 차별의 심화 → 무신의 불만 증대 → 의종의 사치 향락 → 보현원에서 대장군 이소응의 수모 사건 → 무신정변의 발생' 순으로 수업을 구

성한다. 물론 중간에 '무신들의 성장'이라는 항목을 추가하기도 하지만, 전체적인 구성은 이러한 틀에서 크게 벗어나지 않을 것이다. 이 경우 내러티브의 줄거리는 무신들이 문무 차별에 저항하여 난을 일으키는 과정에 초점이 맞춰져 진행된다고 할 수 있다. 교사는 줄거리를 구안하고, 이를 진행할 사건들을 선정하여 하나의 내러티브로 묶는 것이다.

위의 세 가지 수업 사례에 나타나는 내러티브의 형식을 살펴보기로 하자.

첫째, 수업의 소재로 사용된 내러티브들을 볼 수 있다. [사례 1]에서는 보희의 꿈을 문희가 산 것과 문희가 김춘추의 부인이 된 것 등의 두 가지 이야기가 수업의 소재로 사용되고 있다. 이 두 이야기는 《삼국유사》〈기이(紀異)〉 1 '태종춘추공(太宗春秋公)' 조에 다른 여러 이야기들과 함께 실려 있는데, 실제 수업에서는 단일한 내러티브의 대상으로 취급되고 있다. [사례 2]에서는 여러 가지 설화들이 수업의 소재가 되고 있다. [사례 3]의 기본 소재는 개별적인 사건들이지만, 실제 수업의 소재는 사건들을 하나의 줄거리로 묶어서 구성한 '척사와 개화의 대립'이다.

둘째, 세 수업은 모두 주로 교사의 설명에 의해 진행된다. [사례 1], [사례 2]의 이야기나 [사례 3]에서 하나의 줄거리로 조직된 사건들은 내러티브라는 수단을 통해 학생들에게 전달된다. 여기에서 내러티브는 하나의 담론 형식을 취하고 있는 것이다.

셋째, 실제 수업에서 다루어지는 내러티브로, 이는 수업 내용이라고 할 수 있다. [사례 1]과 [사례 2]의 경우에는 이야기가 변형의 과정을 거쳐 수업 내용으로서 내러티브가 되고 있으며, [사례 3]의 경우에는 개별적인 사건들을 묶어서 내러티브를 새로 만들었다.

넷째, 내러티브식 수업 자체가 학생들의 역사인식에 영향을 미친다. 김유신에 관한 이야기가 신라 사회에서 김유신의 위치나 정치적 의도를 내포하고 있다는 사실을 학생들이 안다면, 김유신을 수업에 도입하는 것은 곧 학생들에게 당시 사회나 김유신에 대한 어떠한 인식을 하게 만드는 수단이 될 수 있다. 마찬가지로 설화가 사회 상황을 반영하고 있다는 사실을 학생들이 알고 있다면, [사례 2]의 수업에서 학생들은 설화를 통해 통일신라의 사회상을 머릿속에 그릴 것이다. [사례 3] 같은 주제를 다룰 때, 이 수업 방식과 달리 어떤 인물을 중점적으로 학습한다거나 문호개방의 여부를 둘러싼 주장들을 분석하는 방식을 취한다면 학생들의 역사인식은 달라질 수 있다. 이때 내러티브는 역사인식의 도구라고 할 수 있다. 이렇듯 역사 수업에서 내러티브의 형식은 곧 수업 전개 과정에서 일정한 기능으로 연결된다.

3. 역사 수업에서 내러티브의 기능

(1) 수업 소재로서 내러티브

역사 수업에서 다루는 내러티브의 소재는 수업 내용에 나오는 사실이나 인물과 관련된 이야기인 경우가 많다. 특히 사료에 나오는 신화나 전설, 설화 등은 역사 수업에서 가장 자주 사용되는 내러티브의 소재라고 할 수 있다. 고구려, 백제, 신라의 건국에 대한 수업에서 많은 교사들이 《삼국사기》, 《삼국유사》 등에 나오는 주몽설화나 온조와 비류 이야기, 박혁거세 이야기 같은 건국설화를 학생들에게 소개할 것이다. [사례 2]와 같이 통일신라의 예술에 대한 수업에서는 김대성이 불국사와 석굴암을 창건한 이야기나 에밀레종 설화를 소재로 하는 경우가 많다. 또한 [사례 1]의 김유신 여동생에 관한 이야기처럼 인물에 얽힌 일화 등도 자주 등장하는 내러티브의 소재 가운데 하나이다.

경우에 따라서는 학생들의 이해를 돕기 위해 다른 시대나 현재의 어떤 사건 또는 인물에 관한 이야기를 소재로 삼기도 한다. [사례 2]의 수업에서 교사는 에밀레종을 만들 때 아기를 넣었다는 설화가 실제로 무엇을 의미하는지를 추정하면서, 현대의 본차이나 도자기에서 그릇의 강도를 높이기 위해 동물의 뼈 성분을 섞는다는 이야기를 끌어들였다. 이는 유추에 의한 방법으로, 학생들의 이해를 돕기 위해 교사가 이야기 과정에서 자주 사용하는 방법이다. 이 경우 교사들은 학생들이 경험적으로 익숙한 소재를 선택하는 것이 일반적이다. [사례 1]의 수업에서도 신문왕 시기의 왕권 강화를 설명하면서, 조선 태종이 왕권 강화를 위해 자신의 처남들을 제거하는 이야기를 수업 당시 방영되고 있던 한 TV 프로그램에서 도입하고 있다.

하지만 교사는 수업에서 다루는 내용과 관련 있는 모든 이야기를 내러티브의 소재로 삼는 것이 아니라 수업의 목적에 따라 이야기를 선택한다. [사례 1]의 수업에서도 《삼국사기》에 나오는 김유신에 관한 여러 가지 이야기를 제외하고, 《삼국유사》에 나오는 두 가지 이야기만을 소재로 삼고 있다.

[사례 2]의 수업에서 교사는 이야기를 통해 학생들의 흥미나 호기심을 자극하고 있다. 학생들을 수업에 끌어들이려는 교사의 의도가 잘 드러난다. 하지만 다른 한편으로 문화재에 얽힌 이야기를 통해 당시의 시대상을 설명하기도 한다. 교사가 이 이야기를 한 까닭은 학생들로 하여금 문화재에 담긴 사회적 의미를 파악하게 하는 데도

중요한 목적이 있다. 그리고 학생들이 다른 문화재도 이러한 관점에서 봤으면 하는 생각도 포함되어 있다. 교사 자신의 이야기는 이를 위한 하나의 동기가 되는 것이다. 즉, 학생들이 교사가 해준 이야기를 통해 다른 문화재를 학습할 때에도 '아, 문화재에는 그런 의미가 담겨 있구나'라든지 '문화재를 볼 때는 그런 의미도 생각해야겠구나'라는 생각을 하게 하려는 것이 이 이야기를 선택한 목적이라고 할 수 있다.

이에 반해 [사례 1]의 경우는 학생들로 하여금 역사적 인물의 어떤 측면에 관심을 가지게 하려는 의도가 없어 보인다. 다만 김유신과 김춘추의 관계를 아는 것 자체에 의미를 두고 있다. 학생들 또한 잘 알려진 두 인물 간의 관계에 대한 이야기를 새롭게 안다는 사실만으로도 만족감을 느낄 수 있을 것이다.

여기에서 보듯이, 학생들의 흥미나 호기심을 자극하려는 것과 학생들로 하여금 지적 만족감을 느끼게 하려는 것, 이 두 가지는 역사 수업에서 이야기를 활용할 때 흔히 보이는 현상이다. 교사는 둘 가운데 어느 한쪽에 비중을 두면서 수업을 전개하기도 한다. 하지만 실제 수업에서 교사가 이 두 가지 가운데 어느 한쪽의 기준을 명확히 가지고 선택하지 않는 경우도 많으며, 결과적으로 두 가지의 기준이 잘 구분되지 않을 수도 있다. [사례 2]의 경우, 교사는 학생들에게 교과서에 나오는 신라 문화재에 얽힌 설화 자체를 알게 하는 것에 상당한 의미를 부여하고 있으며, 학생들 자신도 설화를 아는 것 자체에 만족할 수 있다. 또한 [사례 1]의 경우에는 교사의 취지가 어디에 있던 간에 이를 계기로 김유신에 대해 더 많이 알기 위해 새로운 이야기를 찾는 학생들도 있을 수 있다.

(2) 전달 수단으로서 내러티브

교사가 알고 있는 이야기의 내용은 내러티브를 통해 수업 내용으로 바뀌는 경우가 많다. 교사는 흔히 수업 내용을 전달하는 방식으로 내러티브라는 형식을 사용한다. 여기에서 내러티브는 교사가 알고 있는 이야기나 사건을 수업 내용으로 변형시키는 도구 기능을 한다. 이러한 담론으로서 내러티브에는 이야기의 내용과 그에 대한 교사의 해석, 교사의 수업관이나 학생들에 대한 생각, 그리고 이야기를 전달하는 교사의 기법이 혼합되어서 나타난다. 즉, 교사가 알고 있는 이야기는 내러티브를 통해 교수 내용으로 변형되는 것이다.[20]

전달 수단으로서 내러티브는 보통 담론의 형태를 띤다. 담론이란 언어로 텍스트를 만드는 언술 행위, 텍스트와 컨텍스트 같은 언술 행위의 결과, 그리고 언술을 하는 규칙들을 의미한다.[21] 그러므로 전달 수단으로서 내러티브는 언어의 특성을 반영한다.

언어에 의한 역사인식이라는 관점에서 볼 때 이야기는 모두 하나의 텍스트이다. 현재 남아 있는 사료는 실제 일어났던 역사적 사실에 사료 편찬자의 역사 해석이 들어간 언어에 의해 변형된 텍스트이며, 역사가의 역사 서술은 사료에 역사가의 새로운 해석이 덧붙여져 언어로 서술된 또 다른 텍스트이다.[22] 역사 교사의 역사인식 또한 사료나 역사가의 서술을 텍스트로 하여 만들어진 또 다른 텍스트이며, 수업 내용 또한 여기에 교사의 수업관, 학생이나 수업 환경에 대한 인식이 합쳐진 텍스트이다. 학생들은 수업 내용을 텍스트로 하여 자기 나름의 텍스트를 만들게 된다. 즉, 언어는 하나의 텍스트를 또 다른 텍스트로 변형시키는 구실을 하며, 이것이 전달 수단으로서 내러티브의 기능이라고 할 수 있다.

내러티브는 이야기의 시작부터 끝까지 하나의 통합적인 줄거리를 가지고 있다. 하지만 이야기의 방향이나 줄거리의 흐름은 교사가 이야기를 어떻게 변형하느냐에 따라서 달라질 것이다. [사례 2]에서 다루고 있는 김대성 설화를 예로 들어보자. 이 이야기는 대체로 '가난한 김대성이 부잣집에서 스님에게 시주하는 모습을 목격 → 시주할 것이 없어서 고민하다가 유일하게 가지고 있는 조그만 땅을 시주 → 김대성이 죽은 후 부잣집에서 다시 출생 → 전생의 어머니를 모셔다가 현생의 어머니와 함께 한 집에서 생활 → 곰을 사냥했다가 꿈에 곰 귀신이 출현 → 곰을 위한 절 건축 → 불국사와 석굴암 건축'이라는 줄거리를 가지고 있다. 이 설화를 당시의 불교 신앙에 초점을 맞추어 전달하려는 교사는 전생과 현세의 인연과 절을 짓는 이야기를 강조할 것이다. 반면 불국사와 석굴암의 뛰어난 예술성을 강조하는 교사는 두 건축물의 구조를 자세히 설명하는 데 이야기의 절정을 둘 것이다. 이 경우 교사는 아마도 석굴암의 훼손이나 불국사의 현재 모습 등을 부연 설명할 것이다. 물론 부잣집에서 태어나기 이전에 김대성이 시주 때문에 고민한 모습이나 시주한 결과로 잘살게 되었다는 이야기를 통해 당시 귀족과 민중의 생활 모습을 전달하고자 하는 교사도 있을 것이다. 이야기의 전달 시간이나 흐름뿐 아니라 말투나 억양 등의 기법도 이야기의 변형에 따라 달라질 것이다.

각각의 이야기는 별개의 내러티브를 구성하고 있다. '시작 → 전개(갈등, 절정) → 종결'이라는 내러티브적 구조의 관점에서 보면, 교사가 알고 있는 원래의 설화는 형식상으로 불완전한 경우가 많다. 이것이 내러티브에 의한 전달 과정을 거치면 완전하거나 설득력 있는 이야기로 변형된다. 교사는 내러티브의 과정을 통해 이야기 방향을 정하고, 목적과 초점을 명확히 한다. 내러티브라는 형태로 전달되는 이야기는 교사에 의해 선택되거나 배제되고, 변형되며, 새로운 의미가 부여된다. 학생들은 변형 과정에 포함된 내러티브의 형식에 따라 이야기를 기억하거나 재미를 느끼고 해석하게 된다.[23]

(3) 수업 내용으로서 내러티브

수업 내용으로서 내러티브는 이야기나 사건, 즉 교사가 가지고 있는 수업 소재에 대한 내용지식이 변형의 과정을 거쳐서 만들어진 것이다. 따라서 수업 내용으로서 내러티브는 가르치는 데 직접 활용되는 내용지식의 성격을 가지고 있다. 여기에서 관심을 가져야 하는 부분은 수업 내용으로서 내러티브에 교사의 내용지식 가운데 어떤 요소가 주로 포함되는가 하는 점이다. 그로스먼(P. L. Grossman) 등은 교사가 가르치는 데 직접 활용하는 내용지식의 네 가지 영역을 제시한 뒤, 이를 다시 가르치기 위한 교과 내용지식(subject matter knowledge)과 교과 내용에 대한 믿음이라는 두 가지 영역으로 구분하고 있다.[24]

가르치기 위한 교과 내용지식에는 다음의 세 가지 영역이 포함된다. 첫째, 내용지식이다. 여기에는 사실적 정보, 조직 원리, 중심 개념 등이 포함된다. 둘째, 존재적 지식(substantive knowledge)이다. 존재적 지식은 학문의 본질에 관한 지식으로, 학문 내부의 지식을 결합하고, 조직하고, 의미를 부여하는 이론적 틀이다. 흔히 학문의 구조(structure of discipline)라고 말한다. 셋째, 구문론적 지식(syntactic knowledge)이다. 구문론적 지식은 새로운 지식을 도입하고 그 교과 분야에 편입시키는 수단에 관한 지식이다. 구문론적 지식은 내용지식을 발달시키고 가르치는 형식으로 변형하는 토대가 된다.

두 번째 영역은 교과 내용에 대한 믿음이다. 교과 내용에 대한 믿음은 교사가 수업에서 어떤 교과 내용을 포함시키거나 우선시해야 하는지와 관련된 믿음이다. 즉, 학생들이 중요하게 알아야 한다거나, 학생을 가르치는 데 무엇이 적합하거나 부적합한지에 대한 생각이 여기에 해당한다. 그로스먼 등은, 교과 내용에 대한 믿음은 교사의 수업에 큰 영향을 미치는 학생·학교·학습·교수의 본질에 대한 믿음과 결부되어 있으며, 교과 내용에 대한 교사의 선행지식이나 관점과도 관련이 있다고 보고 있다.

이러한 네 가지 구성 요소 가운데 역사 수업 내용으로서 내러티브에 가장 큰 영향을 미치는 부분은 가르치기 위한 교과 내용지식 중 내용지식과 교과 내용에 대한 믿음이다. 많은 교사들은 자신이 잘 알고 있는 내용일수록 자세히 다루는 경향이 있다. 교사가 수업에 끌어들이는 이야기 소재는 주로 설화와 같이 잘 알려졌거나, 교사 자신이 잘 알고 있는 내용이다. 그리고 이야기 내용을 잘 알수록 교사의 설명은 길어진다. 자세한 내용지식이 곧 수업 내용으로 바뀌는 것이라고 할 수 있다. 하지만 다른 한편으로 교사가 학생들에게 반드시 가르치거나 강조해야겠다고 생각하는 역사적 사실도 수업의 소재로 중시된다. 이러한 수업 내용에는 수업 소재로서 내러티브에 대한 교사 자신의 해석이 들어가며, 내러티브가 나타내고 있는 당시의 시대 상황을 보는 교사 자신의 관점이나 역사관이 내포된다. 아울러 학생들이 이러한 사실이나 역사 이야기의 의미는 알아야 한다는 수업관 내지 학생관도 포함되게 마련이다. [사례 2]와 같은 내용을 다루는 고등학교 국사 수업에서 어느 한 교사는 김대성 설화에 대해 다음과 같이 말하고 있다.

[사례 4]

"김대성의 어머니는 몹시 가난해 아이를 기를 수가 없게 되었다." 대성을 키울 수가 없게 되었다는 말이죠. "그래서 고리대업자에게 땅을 받고 고용살이를 하다가 이 땅을 중에게 시주했다"는 말이 나와 있습니다. 그러니까 엄마가 자식을 키울 수 없으니까 결국 고리대업자에게 가서 자기 자식을 맡기고 고용살이를 한 거야. 몸을 맡기고 고용살이를 한 거죠. 이런 경우와 비슷한 예가 굉장히 많아요(1993년 9월. 서울 J고등학교).

[사례 2]의 교사는 김대성 설화에 대해 45분의 수업 중 무려 7분 가량 이야기했다. 그에 비해 [사례 4]의 수업에서 교사가 김대성 설화에 대해 이야기한 것은 위의 서술이 전부이다. 이 수업은 '통일신라의 예술'을 다루는 시간이 아니라 경제생활을 다루는 시간이었다. [사례 4]에서 교사가 김대성 설화를 수업에 도입한 이유는 학생들의 흥미를 끌어내기 위한 것이 아니며, 단지 김대성 설화를 통해 당시 민중의 삶을 파악하고자 했던 것이다. 따라서 김대성 설화에 대해 자세히 이야기하는 것보다는 같은 성격의 여러 가지 이야기를 소재로 끌어들이는 것이 낫다고 생각하고 있다. 실제로 교사는 김대성 설화에 이어 효녀 지은 설화와 모죽지랑가 이야기를 같은 맥락에서 소개하고 있다. 교사의 이러한 수업 구성에는 학생의 역사인식의 수준 차이, 수업 시수의 차이 등과 그 밖의 여러 요인이 영향을 미쳤겠지만, 역사가 무엇이고, 학생들에게 어떤 역사를 가르쳐야 하는지에 대한 교사의 역사관이나 역사교육관, 당시의 신라 사회에 대한 인식이나 관점 등이 크게 작용한 것이라고 할 수 있다.

(4) 역사인식 도구로서 내러티브

많은 역사학자들은 내러티브가 역사적 사실과 역사학의 성격에 비추어 가장 기본적인 역사인식의 도구이며, 역사 서술의 방식이라고 주장한다. 내러티브식 역사가 강조되는 이유도 이 때문이다. 밍크(Louis Mink)는 내러티브를 과학의 이론이나 문학의 비유와 비견할 만한 역사의 기본적인 인지 도구라고 주장한다. 내러티브가 역사의 기본적인 인지 도구가 될 수 있는 까닭은 경험의 흐름을 이해할 수 있게 해주기 때문이다. 내러티브는 그 속에 담겨 있는 어떤 일련의 사건이나 현상의 연속적인 상호 관계를 이해할 수 있게 해주는 형식이다.[25] 이를 위해 내러티브는 두 가지 이상의 역사적 사실들을 결합한다. 과학에서 두 가지 현상 사이의 관계는 오직 한 가지 형태로만 존재한다. 연대기는 '무엇이 일어나고, 그런 다음에는…… 그런 다음에는……'과 같이 일어난 순서 관계를 보여주는 것만으로 충분하다. 그러나 내러티브는 사건이나 현상을 관계 맺는 다양한 방식을 내포하고 있다. 이러한 다양한 내적 관계를 묶어서 단일한 하나의 틀로 만든 것이 곧 내러티브이다. 우리는 내러티브를 통해 무수히 많은 내적 관계를 맺고 있는 일련의 역사적 사실을 하나의 이야기로 인식하는데, 이것이 역사인식의 기본적 성격이다.[26]

내러티브의 내용 자체가 역사인식의 기능을 하기도 한다. 많은 경우 교사는 내러티브에 들어 있는 이야기나 사건에 대해 학생들이 알았으면 하고 생각한다. 이에 대한 지식을 갖는다는 것은 그 지식을 공유하는 사회의 일부가 된다는 의미이기도 하다. 이런 지식이 없다면 사람은 자신이 속한 사회적 공동체에 충분히 참여할 수 없다. 더구나 그 이야기와 관련되거나 그것이 포함되어 있는 더욱 광범한 포괄적인 이야기를 이해하기 어려워진다.[27] 예를 들어, 이순신에 대한 이야기를 제대로 알고 있지 못하면 임진왜란 주제의 대화에서 소외되기 쉽고, 전쟁의 전개 과정을 이해하기 어렵다.

하지만 이와 같이 내러티브의 내용에 관한 지식이 역사인식에 유용한 기능을 한다는 주장에 대한 비판도 강하다. 먼저 논란의 여지가 많아 문제가 되는 부분은, 내러티브에 어떤 이야기와 사건을 포함시키고 빼느냐 하는 점이며, 이에 대해 대부분 의견이 일치되지 않는다는 점이다. 또한 어떤 이야기의 개요만 알고 있어도 관련된 역사를 충분히 알 수 있다는 주장도 나오고 있다. 이순신 개인의 성격이나 활동, 일화에 대해 일일이 알지 못하더라도 중요한 활동만 알고 있으면 임진왜란의 전개 과정을 이해하는 데는 별지장이 없다는 것이다. 잭슨(P. W. Jackson)은 이야기 내용에 관한 지식이 인식론적 기능을 가지고 있다는 견해의 문제점을 다음의 세 가지로 정리하고 있다.[28]

첫째, 어떤 이야기가 가르칠 만한 가치를 가지고 있는 이야기인지에 대한 의견이 일치되지 못하고 있다.

둘째, 이야기를 듣고, 읽는 것보다 더 우선해야 할 교육목표가 있을 수 있다.

셋째, 우리는 이미 나면서부터 많은 이야기들을 듣거나 배워오고 있는데, 그렇게 많은 이야기를 기억하거나 그 이상의 이야기를 더 들을 필요가 있는지 의문이다.

내러티브의 형식에 익숙해지면 역사적 사건들 간의 관계를 내러티브식으로 이해하게 된다. 교재 등에 사건들 간의 관계가 분석적으로 서술되어 있더라도 내러티브식 수업을 받는 학생들은 이를 내러티브로 이해한다. 고등학교 국사 교과서는 무신정변을 다음과 같은 구조로 서술하고 있다.

• 무신정변의 원인: ① 숭문천무정책으로 인한 문·무반 차별 대우와

그로 인한 두 세력 간의 대립, ② 힘든 군대 생활과 처우를 제대로 하지 않는 데 대한 군인들의 불평과 불만, ③ 의종의 정치적 무능, 문신의 무신 멸시로 인한 무신들의 반감

• 보현원 놀이를 틈타 무신정변 발생
• 무신정변의 결과: 무신 중심의 독재정치 출현, 무신 간의 권력 쟁탈전 발생

— 고등학교《국사》상, 교육부, 1996, p. 122

이러한 구조는 전형적인 인과관계의 형태를 띠고 있다. 하지만 앞에서 지적했듯이 많은 교사들은 무신정변을 내러티브식으로 이야기한다. 이러한 수업을 받은 학생들은 위의 내용을 '숭문천무정책으로 인한 문무 차별 → 힘든 군대 생활과 군인들의 대우 소홀 → 의종의 정치적 무능과 문신의 무신 멸시 → 무신정변 → 무신들의 권력 장악 → 무신 중심의 독재정치 → 무신들 간의 권력 쟁탈전'과 같이 순차적으로 일어난 사건으로 이해한다. 무신정변과 관련된 사건들을 분석적으로 이해하는 것이 바람직한지, 아니면 내러티브식으로 이해하는 것이 바람직한지는 논란의 여지가 있다. 따라서 여기서는 단지 내러티브식 수업이 관련 사건들 간의 관계에 대한 이해 방식에 구체적인 영향을 미친다는 점에서 역사를 이해하는 하나의 중요한 인지 도구라는 사실을 지적하는 데 그치기로 하겠다.

4. 내러티브식 역사 수업의 구성 원리

(1) 내러티브 구성의 기본 원리

역사 수업에서 내러티브를 구성하는 방식은 일반적으로 내러티브의 구조적 특징과 그것을 받아들이는 학습자에 대한 고려에 따라 달라진다. 앞 장에서 보았듯이 역사 수업에 나타나는 내러티브의 존재는 대체로 '수업 소재로서 이야기나 조직된 사건 → 이야기나 조직된 사건의 전달 방식 → 수업 내용으로서 내러티브 → 학생들의 역사인식 도구' 라는 형태로 나타난다. 따라서 내러티브의 구조를 결정하는 데 먼저 고려해야 할 문제는 어떤 이야기나 사건을 수업 내용의 소재로 하느냐이다.

교사들은 자기 나름의 기준에 따라 내러티브의 구성에서 어떤 사건을 포함시킬지를 결정한다. 내러티브에 포함되는 사건은 시간적으로 이어지는 사건이다. 하지만 시간적인 연결성 외에도 고려해야 할 점들이 있다. 레먼(M. C. Lemon)은 내러티브 구성에 어떤 사건을 넣고 뺄지를 결정하는 데 고려해야 할 요소로 '이치에 맞아야 한다' 와 '듣는 사람이 문화적으로 공유할 수 있는 이야기여야 한다' 는 두 가지 점을 지적한다.[29]

'이치에 맞아야 한다' 는 말은 다른 사람을 납득시킬 수 있는 이야기여야 한다는 뜻이다. 어떤 사람이 이야기를 읽거나 들었을 때, '그럴 수 있겠구나' 하고 인정해야 한다. 하지만 이 말이 곧 '이야기가 반드시 사실이어야 한다' 는 의미는 아니다. 건국신화는 정말 있었던 일이라고 볼 수는 없지만 내러티브를 구성하는 이야기로 누구나 활용한다. 우리는 건국신화를 듣고 고개를 끄덕인다. 이는 건국신화 자체가 역사적으로 발생한 사건이 아니더라도, 신화로서 이치에 맞기 때문이다. 단, 건국신화의 모든 내용을 실제로 일어났던 사건인 것처럼 다루어서는 안 된다.

듣는 사람과 문화적으로 공유해야 한다고 해서 사건을 선택하는 목적 등의 외적 동기가 반드시 일치해야 한다는 것은 아니다. 하지만 듣는 사람이 내러티브를 구성하는 사건들 속에 내포된 문화에 대한 내레이터의 이해를 공유할 수 있어야 그 이야기가 제대로 받아들여질 수 있다. 앞의 [사례 1]에서 만일 학생들이 권력을 가진 사람과 가까이하려는 김유신의 생각을 공유하지 못한다면, 내러티브에 포함되어 있는 주제를 이해하기 힘들어질 것이다.

교사가 내러티브의 소재인 이야기를 선택하는 또 하나의 기준은 학생에 대한 고려일 것이다. 교사는 학생들이 그것에 대해서 어떻게 생각하고, 그 내러티브를 소재로 어떤 학습 활동을 할지를 염두에 두고 이야기를 선택한다. 이러한 선택에서 교사가 어떤 점에 신경을 써야 하는지에 대해서는 상반된 두 가지의 견해가 있다.

첫째, 이야기는 학생들의 흥미나 호기심을 자극해야 한다는 주장이다. 이러한 생각을 하는 교사들은 학생들의 호기심을 자극하고, 알고자 하는 욕구를 불러일으키는 이야기를 내러티브의 소재로 삼을 것이다. 단, 이를 위해서는 하나의 이야기가 완결된 형태여서는 안 된다고 주장한다. 완결된 형태의 이야기는 학생들에게 지적 충족감을 주지만, 지적 욕구가 충족되면 학생들은 더 이상 이에 대해 알려고 하지 않는다는 것이다. 내러티브는 학생들의 지적 호기심을 자극하는 내용으로 구성되어야 하며, 학생들이 다른 책이나 인물을 통해 지적 호기심을 충족하려는 욕구가 생겨나게 해야 한다는 뜻이다. 학생들의 의욕을 이끌어내는 것이 바람직하다는 측면에서 보면, 내러티브는 가르치는 행위와 성격이 같다고 일컬어지기도 한다.[30] 단적으로 말해서 듣는 것만으로도 호기심이 충족되는 이야기는 수업의 소재로서 적당하지 않다는 것이다.

이에 반해 이야기 자체가 완성적이고 학생들에게 만족감을 주는 경우에도 충분한 가치가 있다는 주장도 있다. 이야기가 완결된 형태로 끝을 맺었을 경우, 학생들은 즐거움과 지적 충족감을 느낀다. 이로 인해 당장은 지적 욕구가 사라지는 것같이 보이지만 오히려 얼마 뒤 새로운 지적 욕구가 생겨난다는 것이다.

그러나 실제 역사 수업에서 내러티브를 조직하는 작업이 반드시 어떤 이야기나 사건을 소재로 선택할지에 대한 문제에서 시작되어 내러티브를 통해 학생들이 역사를 인식하는 것으로 끝나는 일관된 과정이나 순서에 따라 이루어지는 것은 아니다. 기본적으로 수업 소재로 선택된 이야기나 조직된 사건, 그리고 수업 내용에는 이미 교사의 역사인식이 내포되어 있다. 따라서 단원이나 수업 주제와 관련해 교사가 가지고 있는 교수 내용지식에 따라 수업 소재로 선택되는 이야기나 사건의 조직 방식이 달라지는 경우가 많다. 수업 소재의 전달 방식도 어떠한 수업 기법이 바람직한지에 대한 교사의 관점이 내포되게 마련이다. 즉, 교사의 역사교육관은 내러티브식 수업의 여러 단계에 영향을 미치며, 이 가운데 교사가 어느 단계에 초점을 맞추느냐에 따라 내러티브 구조나 수업의 전개 방식도 달라진다.

학습자의 지적 · 정의적 특성도 내러티브의 구성에서 고려해야 할 주요 요인이다. 수업의 구성이 학습자의 인지구조나 사고 과정에 적합해야 한다는 것은 극히 당연한 원리이다. 학습심리학이나 각 교과교육에서 사고의 개념을 명확히 하고 인지구조를 밝히려는 노력을 하는 이유도 여기에 있다고 하겠다. 브루너(Jerome Bruner)는 여기에서 한걸음 더 나아가 학습자의 생각까지 이해해야 한다고 주장한다. 교사는 학습자의 입장을 고려하여 수업의 형태를 결정하므로, 학습자의 생각과 활동을 파악해야 한다. 그러나 이것만으로는 충분하지 않다. 즉, 학습자 스스로 자신이 무엇을 하고 있으며, 그것을 하는 이유가 무엇이라고 생각하는지를 밝혀야 한다. 학습자도 자신들이 가진 세계에 대한 믿음에 토대를 두고 행동하기 때문이라는 것이다.[31]

이러한 주장에 따르면 역사 수업에서 내러티브를 구성할 때 고려해야 할 점은 내러티브의 구조나 거기에 내재되어 있는 의미에 대한 학생들의 이해 능력이다. 하지만 역사 내러티브를 접했을 때 학생들이 어떤 생각을 하는지를 파악하는 것도 그에 못지않게 중요할 수 있다. 먼저 역사 내러티브를 배울 때 학생들이 스스로 무엇을 배우고 있다고 생각하는지가 검토되어야 할 것이다. 즉, 단순히 하나의 재미있는 이야기를 듣는다고 생각하는지, 알아두어야 할 하나의 역사 사실이라고 생각하는지, 그것을 소재로 당시의 사회 모습을 학습한다고 생각하는지를 밝혀야 한다. 그리고 이를 학생들이 역사를 배워야 하는 이유에 대한 생각과 연결해야 할 것이다. 특히 여기에서 문제가 되는 부분은 내러티브의 종류에 따라 학생들의 생각도 달라질 수 있다는 점이다. 그러므로 각 연령이나 단계의 학생들이 내러티브식 역사 수업에 대해 각 유형별로 가지는 생각이 내러티브의 소재를 선택하거나 이를 수업 내용으로 변형시키는 기준이 될 것이다.

수업 전개 과정에서 학생들이 수업 내용을 얼마나, 그리고 어떻게 인식하는지에 따라 교사는 전달 방식을 달리하기도 한다. 일반적으로 교사는 수업에서 정보를 어떻게 제공할지를 미리 계획한다. 하지만 학생들은 반드시 교사가 생각한 대로 정보를 받아들이는 것은 아니다. 따라서 교사는 수업이 진행되는 동안에도 학생들이 제시된 정보를 어떻게 이해하고 있는지를 파악해야 한다. 그리고 학생들의 반응에 따라 새로운 정보와 그것을 제시하는 방법을 조정해야 한다.[32] 즉, 학생들이 역사인식으로서 어떠한 내러티브를 가지느냐에 따라 수업 소재로서 내러티브냐 전달 수단으로서 내러티브냐가 달라지기도 하는 것이다.

이러한 구조적 특징은 역사 수업 도구로서 내러티브의 구성 원리를 앞에서 논한 네 가지 단계별로 따로따로 검토하는 것보다 내러티브에 의한 역사 수업을 하나로 묶어서 그 구성 방안을 검토하는 것이 더 효과적임을 말해준다.

(2) 이야기 활용 수업 모델

아직까지는 내러티브의 종류나 학생들의 역사 이해 단계에 따라 내러티브식 수업을 어떻게 진행해야 하는지에 대한 연구는 별로 없다. 단지 이야기를 이용한 일반적인 수업 원리나 모델이 제시되어 있을 뿐이다. 이런 원리를 제시한 학자로 이건을 들 수 있다. 이건은 피아제의 인지발달론 같은 발달심리학이 역사적 사고를 제대로 밝히지 못했다고 비판했다. 그는 역사적 사고의 본질적인 성격을 이야기 같은 형식이라고 보고, 그에 따라 역사적 이해의 단계를 신화적 단계(mythic stage, 7세까지) → 낭만적 단계(romantic stage, 8~13세) → 철학적 단계(philosophic stage, 14~20세) → 풍자적 단계(ironic stage)로 구분했다.[33]

이건은 이러한 역사 이해 단계의 특징을 토대로 이야기를 이용한 학습 방안을 제시하고 있다. 이건이 제시한 이야기를 활용하는 역사 수업의 기본 원리에서 이야기는 기본적인 구조상 하나의 줄거리에 의해 진행된다. 따라서 줄거리를 리듬감 있게 만들어야 한다. 그러기 위해서는 시작할 때 설정된 갈등이 해결될 때까지 일관되게 추구돼야 한다. 수업을 시작할 때는 수업이 어떻게 진행될지에 대한 기대감을 불러일으키고, 중간에는 정교하고 복잡해지며, 마지막에는 충족되어야 한다. 그리고 이러한 리듬에 들어맞지 않는 어떤 사건이나 요소는 이야기에서 배제해야 한다.[34]

이건은 이러한 리듬감을 극대화하는 방법으로 수업이나 단원을 시작할 때 갈등을 크게 하거나 극적인 긴장감을 조성하는 것이 좋다고 주장한다. 아동을 대상으로 하는 이야기에서 발견할 수 있는 가장 명확한 구조적 장치 가운데 하나로 이항적 대비(binary opposite)를 들고 있다. 이항적 대비는 이야기의 내용을 선택하고 조직하는 기준이며, 이야기 전개에서 주요한 구조적 줄거리가 된다.[35] 사실 이러한 이항적 대비는 아동을 대상으로 하는 이야기에서만 나오는 것이 아니다. 우리가 내러티브식으로 역사를 이해하거나 서술할 경우, 이항적 대비를 내세우고 이와 관련이 없는 사실은 배제하는 경우를 흔히 찾아볼 수 있다. 예를 들어, 고려 말기의 정치적 변화를 생각해 보자. 고려 말기의 정치적 상황을 우리는 대체로 '권문세족의 횡포 → 신진사대부의 등장 → 권문세족과 신진사대부의 대립 → 신진사대부와 신흥 무인세력의 결합 → 위화도회군 이후 신흥무인세력과 신진사대부의 정권 장악 → 과전법으로 신진사대부의 경제적 기반 확립 → 조선의 건국' 같은 순으로 이해한다. 그리고 이 시기의 정치적 성격을 흔히 권문세족과 신진사대부의 갈등으로 이해한다. 권문세족과 신진사대부의 갈등이 이야기를 이끌어나가는 줄거리가 되는 셈이다. 그리고 이와 직접적인 관련이 없거나, 줄거리에서 벗어나는 개인들 간의 관계는 수업에서 제외시키는 것이 보통이다.

이건은 이러한 원리들을 종합해 초·중등학교에서 활용할 수 있는 이야기를 이용한 두 가지의 교수모델을 제시하고 있다. 첫째는 이야기 형식 모델(Story Form Framework)로 8세까지의 아동에게 사용하기 적합하며, 둘째는 낭만적 모델(Romantic Framework)로 8~15세에 적합하다고 한다. 이 가운데 초등학교 상급학년과 중등학교 학생들을 대상으로 하고 있는 낭만적 모델을 보면 다음과 같다.[36]

1. 낭만적 시각을 가지기

토픽(topic)을 낭만적으로 바라보면 어떤 이미지에 초점이 가장 선명하게 맞추어지는가? 학생들로 하여금 낭만적 연상을 할 수 있게 하는 인간의 자질 중 어떤 것이 두드러지면서도 접근하기 쉬운가?

2. 내용을 이야기 형태로 조직

• 접근 제공: 학생들이 낭만적 연상을 잘할 수 있는 내용 중 어떤 것이 토픽의 낭만적 성격을 가장 생생하게 예시해주는가?

• 단원/수업의 조직: 낭만의 원리에 기초하여 토픽을 이야기의 전개에 맞추어 나누기에 가장 적합한 내용은 무엇인가?

• 세부항목과 맥락의 추적: 학생들에게 토픽의 어떤 측면을 세부적으로 철저히 가장 잘 추적할 수 있게 해주는 내용은 무엇인가? 어떤 관점이 학생들로 하여금 토픽을 더욱 넓은 맥락에서 바라보게 하는가?

3. 결론

단원/수업에 내재되어 있는 극적인 긴장을 해결할 수 있는 가장 좋은 방법은 무엇인가? 낭만적으로 중요한 토픽 내용을 그 외의 다른 토픽으로 이어지도록 하는 종결을 어떻게 만들 수 있을까?

4. 평가

토픽이 이해되었는지, 적절한 낭만적 능력이 자극받고 발달되었는지를 어떻게 알 수 있을까?

낭만적 모델은 이건이 주장하는 해당 연령 아동의 인지적·정의적 특성을 반영하고 있다. 정서적으로 이야기에 흥미를 가지며, 추상적인 이항적 대비가 내러티브의 의미를 단순화해, 명료하게 이해하게 하는 것은 이 연령의 학생들에게도 마찬가지다. 하지만 이 단계의 학생들은 영웅들이 가지는 뛰어난 인간적 자질에 관심이 많으며, 이야기를 좀 더 세부적으로 파악하려 하고, 더욱 광범한 맥락에서 이야기의 의미를 알 수 있다. 낯설고, 감탄스럽거나 신비스러운 내용일수록 이 단계 학생들의 지적 활동을 촉진하며, 다른 사람의 삶 속에서 구체화된 이야기일수록 학생들의 이해를 도울 수 있다.[37]

사실 이건도 지적했듯이 많은 교사들은 이미 이러한 수업 기법을 사용하고 있다. 조선 전기의 정치적 변화에 대한 수업을 하면서 남이(南怡)에 대한 이야기를 소재로 활용한다고 하자. 교사가 남이의 이야기를 수업에 끌어들이는 이유는 이렇다. 20대의 나이로 병조판서 자리에 올랐다는 남이가 지은 한시(漢詩)의 한 구절인 '남아이십미평국(男兒二十未平國)' 중 '미(未)' 자 한 자를 '득(得)'으로 바꾸어 그가 역모를 꾸몄다는 근거로 삼았다는 사건 전개의 극적인 긴장감, 남이라는 인물의 억울함과 사건을 처리한 유자광(柳子光)의 간교함의 두드러진 대비 등이 학생들의 관심을 끌 것이라고 생각하기 때문이다. 여기에서도 나타나듯 많은 역사 교사들이 수업에 활용하는 이야기는 대체로 일반적인 사람들의 이야기가 아니라 위인이나 예외적인 활동을 한 인물이다. 그들의 활동 중에서도 일상적이거나 지극히 당연한 행동이 아니라 흔하게 볼 수 없는 눈에 띄는 행동이나 말인 경우가 대부분이다. 그러한 말이나 행동은 학생들의 관심을 촉발하고, 상상력을 자극한다. 단, 피상적인 언어로서가 아니라 구체적인 상황 속에서 제시되었을 때 학생들의 관심을 더 끌 수 있다. 이건이 제시하고 있는 것은 이를 어떻게 조직화할 수 있는가 하는 방안이라고 할 수 있다.

하지만 이건이 제시한 이야기를 이용한 수업 모델도 실제 내러티브식 수업에 이용하기에는 제한적이다. 이 모델들은 애초 내러티브 구조를 가진 설화 등의 이야기를 수업에 활용하는 방안을 제시하고 있는 것이다. 따라서 그렇지 않은 역사적 사건들을 내러티브식으로 묶어서 수업을 하는 데는 적용하기 어렵다.

5. 맺음말

내러티브가 역사인식이나 서술의 특징적인 한 가지 방식이며, 많은 역사 수업이 내러티브식으로 전개된다는 점에서 내러티브 이론은 역사교육에서도 관심을 가질 만한 문제다. 이 글에서는 먼저 역사 수업에서 나타나는 내러티브의 형식을 수업 소재 · 전달 방식 · 수업 내용 · 역사인식이라는 기능에 따라서 검토하고, 그 성격을 살펴봤다. 이어서 역사 수업에서 내러티브 구성의 기본 원리를 살펴보고, 수업 조직의 방안으로 이건의 이야기 활용 모델을 소개했다. 특히 수업 사례에 대한 검토와 실제 예시를 통해 역사 수업에서 내러티브의 구체적인 모습을 확인하고, 실제 수업 현장과의 관련성을 높이고자 했다. 이를 통해 역사교육에서 내러티브 이론에 대한 논의를 진전시키고 앞으로의 연구를 위한 바탕을 마련하자는 취지다.

하지만 여전히 여러 가지 과제가 남아 있다. 우선 수업 사례를 검토하기는 했지만, 수업에 초점을 맞추어 세밀한 분석을 한 것이 아니라 개괄적인 검토를 통해 이론적 논의를 확인하는 정도였다. 따라서 실제 역사 수업에서 내러티브의 구체적인 전개 양상이나 구성 요소를 확인하기 위해서는 앞으로 세밀한 수업 분석이 필요하다. 역사 수업에서 활용할 수 있는 내러티브의 구성 방안 역시 기본적인 원리의 제시에 머무르고 있다. 이를 바탕으로 각 유형 또는 주제에 따라 구체적으로 내러티브를 조직하는 작업이 이어져야 할 것이다.

내러티브를 둘러싼 이론적 견해의 차이나 역사교육에서의 내러티브 이론에 대한 체계화도 여전히 남아 있는 과제이다. 먼저 역사 내러티브의 성격을 어떻게 규정할지가 커다란 문제이다. 역사 내러티브의 성격이 문학과 마찬가지로 내용보다는 플롯의 구성 형식에 따라 정해진다고 보느냐, 아니면 소재인 역사적 사실에 따라 정해진다고 보느냐에 따라 역사 수업에서 활용되는 내러티브의 성격이나 구성도 달라질 수 있다.

이건이 제시한 수업 모델이 기존의 내러티브 구조를 가지고 있는 이야기를 활용한 수업 모델이라고 할 때, 수업의 전개 자체를 내러티브식 구조로 조직하기 위한 방안을 모색하는 일도 앞으로의 연구 과제이다. 이야기 구조를 가지지 않은 사건들을 내러티브 구조로 조직하는 수업 모델이 개발되어야 할 것이다.

내러티브의 성격상, 시작할 때 설정한 문제에 초점을 맞추어 줄거리를 구성해야 한다는 점도 역사 수업에 내러티브를 활용하는 데 어려움이 될 수 있다. 다원인(多原因)을 가진 사건들을 어떻게 내러티브화할지, 여러 사건들을 하나로 묶는 고리를 어떻게 정할지가 어려운 문제로 남는다. 또한 이야기의 초점을 흐리지 않기 위해서 줄거리와 관련 없는 이야기를 배제했을 때 흔히 나타나는 문제점으로 학생들의 역사인식을 단순화, 평면화한다는 점을 들 수 있다. 이러한 문제들은 앞으로 내러티브에 관한 역사교육 연구에서 더욱 구체적으로 논의돼야 할 것이다.

■ 주

1. G. G. Iggers, *Historiography in the Twentieth Century: From Scientific Objectivity to the Postmodern Challenge*, Hanover: Wesleyan University Press, 1997, p. 97.

2. Louis Mink, "Narrative Form as a Cognitive Instrument", in Brian Fay, E. O. Golob and R. T. Vann(eds.), *Historical Understanding*, Ithaca: Cornell University Press, 1987, pp. 187~188.

3. Kieran Egan, *Teaching as Story Telling*, Chicago: The University of Chicago Press, 1986, p. 23.

4. 양호환, 〈내러티브의 특성과 역사 학습에의 활용〉, 《사회과학교육》 2, 서울 대학교 교육종합연구원 사회교육연구소, 1998, p. 15.

5. Michael Huberman, "Working with Life-History Narratives", in Hunter McEwan and Kieran Egan(eds.), *Narrative in Teaching, Learning, and Research*, New York: Teachers College, Columbia University, 1995, p. 131.

6. 양호환, 앞 글.

7. 내러티브(narrative)는 '이야기' · '설화' 또는 '구화' 로 번역되기도 하고, 내 러티브라는 말 그대로 사용되기도 한다. 이는 아직까지 내러티브와 관련된 개념들에 대한 적절한 논의가 부족함을 말해주는 것이다. narrative를 '이야 기' 라고 번역해 story와 '설화' 라는 말로 사용하였을 때는 이야기의 한 장르 인 설화와 혼동될 우려가 있다. 또한 '구화' 는 말로 의사를 전달하는 것을 뜻하는데, narrative는 글쓰는 것까지를 포함하므로 의미가 달라질 수도 있 으며, 입 모양으로 하는 말도 '구화' 라고 하므로 의미의 혼동이 올 수도 있 다. 이 글에서는 '내러티브' 라는 말 그대로 사용하기로 한다. 이 글에서 사 용된 이야기는 story를 가리키는 용어이다.

8. 양호환은 내러티브의 개념에 대해 "최근에 논의되고 있는 좁은 의미에서의

내러티브는 연대기적 계열 순서를 조직하고 내용을 단일하고 조리 있는 이 야기로 집중시키는 역사 서술의 형태를 의미한다"(양호환, 앞 글, p. 3)고 말 하고 있으며, 조지형은 역사 서술은 내러티브를 통해 언어의 영향을 받는다 고 주장하면서, "여기에서 내러티브라는 용어는 서술적 진술이라는 뜻으로 서 하나의 사건이나 일련의 사건을 말하되, 글로 썼거나 말로 된 담론을 말 한다"(조지형, 〈'언어로의 전환'과 새로운 지성사〉, 안병직 외, 《오늘날의 역사학》, 한겨레신문사, 1998, p. 230)고 규정하고 있다.

9. Sigrun Gudmundsdottir, "The Narrative Nature of Pedagogical Content Knowledge", in McEwan and Egan(eds.), *Narrative in Teaching, Learning, and Research*, 1995, p. 25.

10. Ibid., p. 24.

11. L. B. Cebik, "Understanding Narrative Theory", *History and Theory* 25(4), 1986, pp. 58~81.

12. Hayden White, *The Historical Imagination in the Nineteenth-Century Europe*, Baltimore: The Johns Hopkins University Press, 1973, p. 18.

13. Jerzy Topolsky, "Historical Narrative: Towards a Coherent Structure", *History and Theory* 26(4), 1987, pp. 77~82.

14. John Passmore, "Narratives and Events", *History and Theory* 26(4), 1987, pp. 70~71.

15. Mink, "Narrative Form as a Cognitive Instrument", pp. 201~202.

16. Alex Callinicos, *Theories and Narratives*, Cambridge: Polity Press, 1995, p. 56.

17. M. C. Lemon, *The Discipline of History and the History of Thought*, London: Routledge, 1995, p. 42.

18. Gudmundsdottir, "The Narrative Nature of Pedagogical Content Knowledge", p. 25.

19. Lemon, *The Discipline of History and the History of Thought*, p. 47.

20. Gudmundsdottir, "The Narrative Nature of Pedagogical Content Knowledge", p. 30.

21. 조지형, 〈'언어로의 전환'과 새로운 지성사〉, 안병직 외, 《오늘날의 역사학》, 한겨레신문사, 1998, p. 254.

22. 김기봉, 〈'이야기체 역사'의 부활과 신문화사〉, 《성대사림》 12·13합집, 1997, p. 794.

23. Gudmundsdottir, "The Narrative Nature of Pedagogical Content Knowledge", p. 34.

24. P. L. Grossman, S. M. Wilson and L. S. Shulman, "Teachers of Substance: Subject Matter Knowledge for Teaching", in M. C. Reynolds(ed.), *Knowledge Base for the Beginning Teacher*, Oxford: Pergamon Press, 1989, pp. 26~32.

25. Mink, "Narrative Form as a Cognitive Instrument", pp. 185~186.

26. Ibid., pp. 197~199.

27. P. W. Jackson, "On the Place of Narrative in Teaching", in McEwan and Egan(eds.), *Narrative in Teaching, Learning, and Research*, pp. 5~6.

28. Ibid., p. 8.

29. Lemon, *The Discipline of History and the History of Thought*, pp. 49~50.

30. Jackson, "On the Place of Narrative in Teaching", pp. 19~20.

31. Jerome Bruner, *The Culture of Education*, Cambridge, Massachusetts: Harvard University Press, 1996, pp. 48~49.

32. L. M. Anderson, "Classroom Instruction", in Reynolds(ed.), *Knowledge Base for the Beginning Teacher*, p. 104. 이와 같은 새로운 정보의 제시를 '반응 정교화(responsive elaboration)', 이러한 학습 관점을 '인지 – 조정 관점(cognitive-mediational perspective)'이라고 부른다.

33. Kieran Egan, "Accumulating History", *History and Theory* 22(4), 1983, pp. 71~80.

34. Egan, *Teaching as Story Telling*, p. 24.

35. Ibid., pp. 25~27.

36. Kieran Egan, "Layers of Historical Understanding", *Theory and Research in Social Education* 17(4), 1989, p. 289.

37. Ibid., pp. 286~287.

06

내러티브 양식의
역사 서술체제 개발

이 영 효

내러티브적 역사 서술은 설명적 텍스트에 비해 글의 양이 많다는 단점이 있지만, 그 교육적 활용 가능성은 무한하다. 내러티브 역사 서술은 학생들에게 '읽히는' 글에 그치지 않고 학생들의 적극적인 사고와 개입을 유도함으로써 학생들의 역사 이해 및 인지 능력을 함양할 수 있다. 다만 학생들이 내러티브 화자의 관점과 가치판단을 비판 없이 받아들이거나 역사를 픽션 같은 재밋거리로 받아들이지 않도록 읽기를 위한 안내와 생각할 문제 등을 함께 제시한다면 교사들의 현장 적용에 도움이 될 것이다.

1. 머리말

20세기 역사 서술은 '진리'와 '실제(reality)'를 권위의 무기로 삼아 이성과 표상의 담론을 추구해왔다. 역사가들은 '단순한' 묘사보다 설명을 중시했고 내러티브를 평가 절하했다. 역사 서술의 '보편성'은 역사가를 독자 위에 군림하는 전지적 존재로 만들었다. 역사 교재인 교과서도 이른바 '객관적' 역사 서술을 지향했고, 설명 텍스트(expository text) 양식에 따라 기술되었다. 일부 읽기 자료는 일기·편지·수필·소설 등 다양한 서술 형식을 보이고 있지만, 본문의 서술은 많은 양의 역사 지식을 지나친 단순화와 설명의 비약으로 요약하고 있다. 이러한 글은 학생들에게 '읽히지' 않았고, 역사 서술을 통해 의도했던 '역사적 설명'에도 실패함으로써 역사 이해와 역사 사고의 두 영역에서 모두 소기의 교육목적을 달성하지 못했다.

최근 연구결과에 따르면, 설명 텍스트 형식의 교과서는 학생들에게 많은 정보를 제공해줄지 모르지만 텍스트에 대한 학생들의 개입을 적극적으로 이끌어내지 못하는 것으로 드러났다. 오히려 학생들은 '저자가 드러난 글'이나 '이야기 형식의 텍스트'에 대해 '읽기'를 시도했다. 학생들은 비록 자기 나름의 역사적 시각과 태도를 논리적으로 구축하지는 못했지만, 저자의 의도를 파악하고 비판을 제기하거나 역사적 사건을 저자와 다른 의미로 해석하기도 했다. 이는 '읽기'가 단순히 '대상'으로서의 텍스트 내용을 읽고 습득하는 것이 아니라, 텍스트를 기술한 주체 또는 텍스트와 '대화'를 행하는 과정임을 보여준다.[1]

역사학계에서는 과학적 역사에 대한 비판과 함께 내러티브, 즉 스토리가 새롭게 부각되고 있다. 내러티브는 흔히 '하나의 중심 주제를 둘러싸고 인물, 배경, 행위, 사건의 시작·전개·반전·결말 등 일정한 구성 양식을 갖춘 일련의 이야기'를 의미한다. 또한 내러티브는 과거 사건을 계기적, 인과적으로 설명하고 사건에 의의를 부여하는 서술 방식으로 알려져 있다. 하지만 각 학문 영역에 따라 사용되는 '내러티브'의 개념에 차이가 있고, 그것을 구분 없이 차용함으로써 벌어지는 혼선도 있다. 내러티브는 역사 서술체제로서뿐 아니라 사고 양식으로 주목받고 있는데, 역사인식에서의 기능에 대해서도 다른 견해가 대립하고 있다. 역사 학습에서의 내러티브는 '양날을 가진 칼'로 평가되기도 한다.[2]

이 글에서는 역사 학습의 관점에서 내러티브에 접근하기에 앞서 그 개념과 특성을 파악하고 역사 서술과 인식 도구로서 내러티브의 유용성과 한계를 살펴보고자 했다. 그리고 역사 교재가 좀 더 다양한 서술 양식으로 기술될 필요가 있다는 전제 아래 기존의 설명적 텍스트가 아닌 내러티브 양식의 역사 서술체제 개발을 시도했다.

2. 내러티브의 개념과 특성

(1) 내러티브의 부활

역사 서술의 문학성은 동양과 서양에서 모두 오래된 전통이다. 하지만 중국인들이 도덕적 교훈으로서의 역사를 더 중요하게 여긴 반면, 고대 그리스인들은 역사가 아니라 신화를 더 중요하게 여겼다. 중국에서의 정사(正史)의 전통은 역사 해석의 정통성을 확보함으로써 정치적 지배를 정당하게 하는 것이었다. 이런 중국의 사학사 전통에서 소설 같은 허구의 담론은 억압되거나 하찮게 여겨졌다. 반면 서구에서는 문학이 역사보다 우월하며 소설적인 역사가 사실적인 역사보다 더 진실하다는 전통을 지니고 있었다. 서양의 고대 역사가들은 실제로 일어난 사실을 정확하게 알리고자 하면서도 문체와 수사를 통해 신화적 글쓰기를 병행했다. 아리스토텔레스 이후 문학은 역사보다 더욱 철학적이며 보편적인 진리를 다루는 수준 높은 것으로 정의되었다.[3]

이후 서구 역사 서술은 본질적으로 문학적인 전통에서 분리되지 않았다. 낭만주의 역사학에 이르러 내러티브, 상상력, 문학적 힘은 역사학의 도구가 되었다. 역사는 영웅들의 이야기이자 '무수히 많은 전기(傳記)의 정수' 였다. 하지만 계몽주의 역사가들은 논리적·분석적 사고에 의한 인과적 역사의 마력에 지배되어 '낭만적 역사' 를 경멸했다. 볼테르(Voltaire)는 '역사란 진실하게 설명된 사실의 명세서' 라고 주장하면서 "진실은 역사가의 손에서 나오는 것이며, 진실보다 더 중요한 것은 아무것도 없다"고 말했다.[4] 19세기의 역사 내러티브에서 내레이터는 사건을 설명하는 특권을 지닌 '보이지 않는' 리포터였다. 역사는 공정하고 객관적인 시간의 흐름에 자리잡았고, 역사가는 과거에 대한 전지적 · 개요적(synoptic) 태도를 견지했다. 랑케 (L. von. Ranke)는 엄격한 사료 비판을 강조하면서 '과거가 실제로 어떠했는지'를 증거와 사실들을 통해 기술하고자 했다.

　그러나 랑케의 역사 서술은 아날학파 역사가들에 의해 단순한 사건사와 연대기에 지나지 않는다는 비난을 받았다. 브로델(Fernand Braudel)은 "랑케가 소중히 여겼던 내러티브 역사는 단기간의 극적인 갈등과 위기로 구성된 정치사에 지나지 않으며 문학적 진술에 가까운 것"이라고 했다.[5] 아날학파는 '이야기'의 기능을 중시하는 내러티브식 역사를 사건사에 불과하다고 비판하면서, 구조사와 대립되는 개념으로 파악했다. 그들은 사건을 역사의 표면으로 간주하고 문제, 구조에 초점을 맞추면서 내러티브에서 멀어졌다. 특정한 개인이나 사건 대신 장기적인 추세, 기후, 인구 등에 대한 분석적 인과모델을 추구했다. 구조사가들은 내러티브가 역사를 '드라마화' · '소설화'한다고 비난했고, 전통적 내러티브가 단순한 이야기 논리로 수용할 수 없는 사회 · 경제 체제 같은 과거의 중요한 면들을 경시한다고 지적했다. 내러티브는 소설과 유사한 맹점, 즉 개인의 성격과 의도에 따라 설명되는 속성을 지닌다는 것이다.

　이처럼 20세기에는 사건과 인물 중심의 정치사, 고립된 현상들을 기술하는 역사에 대한 도전이 시작되었다. 역사가들은 특정적이고 개별적인 것보다 일반적이고 보편적인 것, 그리고 양적인 모델을 사용한 분석적 비(非)내러티브(non-narrative)를 추구하기 시작했다. 역사학은 내러티브 역사로부터 문제 중심의 역사로 변해갔다. '역사'에서 '스토리'를 없애는 것이 역사학을 과학으로 변형시키는 첫 단계였다. 역사가들은 독특한 사건과 경험을 묘사하는 대신 연구 대상을 개념화하여 명확히 분석하고 문제를 설명하고자 했다. 역사는 공동체, 친족 집단, 가족, 개인들에 의해 작동되는 복합적인 행동이라기보다 모든 주관적 이해를 뛰어넘어 사회적 관계를 지배하는 구조나 메커니즘으로 정의되었다.

동시에 스토리텔링으로서 역사인식도 지속되었다. 니체(F.W. Nietzsche)는 역사가 일종의 예술 형식이 됨으로써 삶에 기여할 수 있으며, 역사를 과학으로 변모시키려는 작업은 삶에 활기를 없애는 것이라고 역설했다. 콜링우드는 역사가를 스토리텔러로 정의하면서 파편적인 과거 사실들로부터 그럴듯한 스토리를 만들어내는 일, 즉 구성적 상상력(constructive imagination)이 역사가의 역량이라고 했다. 크로체(Benedeto Croce)는 "이야기가 없는 곳에는 역사도 없다. 역사가들은 '설명' 하기 위해서 역사를 서술하지 않았다"고 말했다.[6] 또한 "역사는 형식이 아니라 내용이다. 법칙을 추구하지 않으며 개념을 구성하지도 않는다. 귀납법도 연역법도 사용하지 않는다. 표현 형식이 아니라 이야기(narration)를 지향한다. 보편성과 추상 개념을 구성하는 것이 아니라 직관을 전제로 한다"고 했다. 즉, 역사는 보편적이거나 일반적인 지식이 아니라 '특수성' 에 관한 지식이고, 개별적이며 구체적인 실체를 지각하는 것이다. 역사는 언제나 이야기라는 것이다.[7]

최근 내러티브에 대한 새로운 관심은 곧 과학적 역사의 분석적 설명 방식에 대해 점증하는 불신을 반영하고 있다. 구조사는 종종 환원주의 또는 결정주의라고 비난받았다. '과학으로서의 역사' 는 인간 주체의 역할보다 구조적 조건을 강조했고, 역사는 대중으로부터 멀어졌다. 자연과학은 대중이 이론을 이해하지 못해도 실제적인 유용성에 가치가 있다. 하지만 대중이 이해하지 못하는 역사학은 실제적 가치를 상실한다. 사실을 수집하고 증거를 검토하는 것은 과학적이다. 하지만 사건의 원인과 결과를 찾는 것은 그렇지 않다. 이제 역사가들은 세계를 총체성의 시각에서 파악하려는 거대서사가 아닌, 그리고 전통적인 19세기 모델과도 다른 방식으로 스토리를 이야기하고 있다. 평범한 과거 사람들의 행동 및 상징을 강조하면서 상상, 성찰, 해석, 문학의 혼합물로서 역사를 기술한다. 스토리의 내러티브 구조는 역사적 사건과 과정을 묘사하고 설명하는 진정한(legitimate) 방식으로 주장된다. 스톤(Lawrence Stone)은 이를 '내러티브의 부활'이라고 말했다.[8]

내러티브적 역사 서술의 예를 들자면, 먼저 라뒤르(E. Le Roy Ladurie)의 《카니발》을 들 수 있다.[9] 그는 16세기 말 로마의 한 작은 마을에서 일어난 사건들을 다루지만 사건 자체보다 사건들이 드러내고 있는 문화에 주목했다. 그는 전통적 구조를 파괴하고 새로운 것으로 대체하는 '창조적 사건'의 중요성을 지적했다. 진즈부르그(Carlo Ginzburg)의 《치즈와 구더기》역시 독자가 저자의 사고와 추론을 따라가면서 그와 다른 견해를 가질 여지를 남기고 있다.[10] 나탈리 데이비스(Natalie Z. Davis)의 《마르탱 게르의 귀향》은 프랑스 농민 가족의 구조만이 아니라 농민들의 정서와 감정, 남편과 아내의 관계, 부모와 자식의 관계 등을 치밀하게 묘사했다.[11] 리처드 프라이스(Richard Price)는 18세기 수리남(Surinam)에 대한 이야기를 네 명의 다른 목소리로 전한다.[12] 흑인 노예들, 네덜란드 행정가들, 모라비아교 선교사들, 그리고 역사가 자신의 목소리다. 이것은 과거와 현재, 교회와 국가, 흑인과 백인 사이의 견해 차이를 보여주고, 역사가의 견해 역시 전지적이거나 공정하지 않을 뿐 아니라 여러 다른 목소리들 가운데 하나임을 보여준다. 조너선 스펜서(Jonathan Spencer)는 중국 역사에서 주된 인물이 아닌 평범한 개인들에게 미친 외부 사건의 영향을 그리면서 그들의 감정을 예리하게 묘사했고, 그들의 개인적 경험을 통해 과거 시대의 본질을 보여주고자 했다.[13]

(2) 내러티브 이론

역사 서술로서 내러티브의 '부활'은, 프랑스 철학자들과 영미 문학비평가들이 내러티브의 개념을 새롭게 정의하고 그것을 역사 서술에 적용하며 발전시킨 이론과 흐름을 같이한다. 먼저 밍크는 스토리텔링을 가장 보편적 인간 활동이라고 하면서 역사를 스토리라고 정의한다.[14] 그에 의하면, 역사 내러티브는 사건들의 필연성을 보여주는 것이 아니라 사건들을 연결짓는 스토리를 드러냄으로써 사건들을 '이해'할 수 있게 만든다. 즉, 사건들 간의 상호 관계를 하나의 단일한 전체로 일관성 있게 조합(ensemble)하는 것이다. 따라서 밍크는 '역사적 지식'이란 말 대신 '이해(understanding, comprehension)' 또는 '인식도구로서 내러티브'란 용어를 사용한다. 그리고 '소설에서처럼 역사 서술에서 내러티브 양식은 상상적인 구성(construction)의 산물'이라고 주장한다. "과거의 중요성은 역사가의 상상에 의해서만 결정된다"는 것이다. 따라서 내러티브 형식의 역사 서술은 과거의 실제 사건과 행위를 표상할 수 없다. 사건들로부터 내러티브가 구축되는 것이 아니라, 오히려 사건은 내러티브로부터 추출(abstraction)되는 것이다.

이러한 주장을 이어받은 사람은 화이트이다. 화이트 역시 역사 내러티브를 은유적 설명에 의한 문학적 인공물(literary artifact)로 보았다.[15] 내러티브는 역사적 사건들에 의미를 부여하는 비유(allegories)의 산물이다. 역사가가 스토리를 구성할 때 사용하는 은유, 환유, 제유, 역설 같은 플롯은 곧 사건들을 '상징'한다. 플롯은 구성 요소들을 배열하는 원리이자, 일련의 사건들을 특정한 스토리로 전환하는 방식이다. 역사적 사건들은 그 자체로 스토리를 구성할 수 없는 가치중립적인 스토리 요소에 지나지 않기 때문에 '플롯'이 부여되어야 비로소 역사적 의미를 띠게 된다. 플롯화(emplotment)는 역사가가 사건들에 특징과 배경, 논조와 관점을 부여하고 사건들 간의 관계를 묘사하는 전략이다. 사건들은 특정한 플롯 구조를 통해 기호화되어 비극, 희극, 로망스, 풍자 등의 스토리로 '만들어진다'. 역사가가 부분들을 전체에 연결하고 사건들을 정황 속에 자리잡게 함으로써 이해될 수 있도록 의미를 부여하는 일, 이것이 바로 플롯 구성에 의한 설명이다. 내러티브는 여러 사건들을 연관시켜 조직하는 플롯을 통해 의미 있는 컨텍스트를 창출한다. 따라서 역사는 플롯을 이해하는 것이다. 화이트에 의하면, 역사가는 추론적인 논증에 의한 설명뿐 아니라 스토리의 플롯을 구성하는, 즉 예술과 과학의 임무를 동시에 수행하고 있다.

하지만 화이트는 모든 역사 현상의 표상이 상대적임을 분명히 한다.[16] 표상의 상대성은 과거 사건을 묘사하고 설명하는 데 사용하는 언어(language mode)의 기능이다. 스토리들은 언어적 존재(entities)이며 담론의 질서에 속한다. 스토리들은 역사가가 무수한 사건과 사실들에 어떤 질서와 의미를 부여하기 위해 언어와 레토릭(rhetoric)을 사용하여 발명한 것들이다. 하나의 사건은 다른 내러티브에서 각기 다른 의미를 갖게 되며, 이는 언어적 작동에 의해 부과된 의미의 허구성을 암시한다. 즉, 어떤 언어도 세계에 대한 절대적인 표상이 될 수 없다는 것이다. 역사 서술은 소설과 달리 과거 사건들의 기록에 근거하지만, 역사 해석은 '구성'이며, 일련의 과거 사건들에 부과된 일관된 내레이션은 상상적 발명이다. 내러티브는 실제 사건들을 일관된 이미지로 나타내려는 소망에서 나온 것이다. 하지만 이는 단지 상상일 뿐이다. 역사가의 플롯 구성은 역사 내러티브의 허구성을 보여준다.[17] 결국 사건들은 그것들이 일어났기 때문에 실재하는 것이 아니라, 그것이 기억되고 기술되었기 때문에 실재하는 것이다.[18]

또한 화이트는 어떠한 역사 서술도 언어의 속성상 이데올로기적으로 순수할 수 없다고 보았다.[19] 이는 내러티브가 이데올로기의 도구일 뿐 아니라 특정 이데올로기를 따르게 하는 담론이라고 본 바르트의 견해와 유사한 것으로,[20] 현상에 대한 모든 역사적 설명은 현재가 과거와 '연속'되고 있는 한 반드시 이데올로기적인 요소를 내포한다는 것이다. 역사 서술의 내러티브는 역사적 사실들의 중립적 용기가 아니다. 특정한 플롯을 채택하는 일은 역사 자료나 증거의 본질에 의해 결정되는 것이 아니라 특정한 이데올로기적·정치적 함의를 가진 선택의 결과이다. 화이트는 내러티브를 '사건을 서열화하려는 특정 문화나 집단의 욕구가 발현된 것'으로 정의한다. 그리고 내러티브의 목적 가운데 하나가 '사건들을 도덕적으로 설명하는 것'이라고 했다. 즉, 스토리를 구성하는 과정은 인간 행동에 대한 역사 해석이며, 이는 그 동기와 의도에 대한 윤리적인 태도를 취하는 것이라고 보았다. 이처럼 내러티브, 즉 텍스트는 주어진 '문화' 속에서 어떤 비유 형식에 따라 기호화되므로 탈기호화에 의해 해체되어 읽혀야 하며, 독서는 독자 자신의 관점에서 재해석하는 재기호화 과정이라고 했다.

앵커슈미트(F. R. Ankersmit) 역시 과거는 본질적으로 표상될 수 없다는 데 동의한다.[21] 그는 역사 내러티브를 복합적 언어 구조로 정의하고, 역사 서술을 표상적 회화(representational painting)와 같은 것으로 여긴다. 내러티브는 과거에 대한 수많은 개별적·기술적 진술이 아니라, '과거에 대한 그림'이다. 이 그림이론(picture theory)에 따르면, 내러티브는 그것이 '표상하는' 것과 다르며 단지 불명료함으로 대체될 뿐이다.[22] 따라서 앵커슈미트는, 역사 내러티브는 은유처럼 의미의 산실이며 최상의 역사 내러티브는 가장 은유적인 것이라고 말했다. 역사 내러티브는 과거에 대한 묘사와 설명이라기보다 해석이며, 해석은 과거의 반사나 과거에 대한 번역이 아니다. 즉, 과거에 조응하는 것이 아니라 적용하는 것이다. 해석의 과정에서는 과거 실제에 대한 어떤 번역 규칙도 없으며, 역사 실제의 본질은 어떤 선험적 탐구 수단에 의해서도 발견할 수 없다.

리쾨르(Paul Ricoeur)는 우리가 세계를 내러티브를 통해 경험할 수 있으며, 시간 속에 사는 인간 존재의 의미를 내러티브에서 찾을 수 있다고 말했다.[23] 그는 사건들을 뮈토스(muthos) 즉 플롯의 변수로 정의하면서, 역사 서술은 플롯화를 통한 모사(mimesis)와 유사하다고 했다. 즉, 과거 실제를 사실대로 보여주지는 못하지만 '마치 그러했던 것처럼(as if)' 과거를 창조하고 구성한다는 것이다. 리쾨르는 내러티브를 단순한 설명 양식이 아니라 사건을 상징화하는 수단으로 보았다. 사건들을 상징화하지 않고서는 역사적 사건들의 의미를 나타낼 수 없고 그 역사성이 드러나지 않는다. 따라서 리쾨르에 의하면, 사실상 역사 서술의 모든 형식에 내러티브 형식이 내재하며, 역사와 문학은 지시 대상과 내러티브 양식을 공유한다.

이들 이론가들은 공통적으로 역사 내러티브의 사실적 해석(realistic interpretation)을 부정한다. 우리의 실제 경험은 의미 없는 무질서와 혼돈인데, 내러티브는 그러한 과거에 부과된 지적 고안장치(artifice)이다.[24] 내러티브나 스토리는 과거 실제로부터 발견되는 것이 아니라 구성되고 투사(projected)된 것이다. 따라서 내러티브는 실제 구조의 표상일 수 없으며 비유이다. 비유는 실제와 표상 사이의 구제할 수 없는 거리, 즉 불연속을 의미한다. 이는 내러티브 언어와 실제의 관계가 본질적으로 불안정하기 때문이다. 결국 모든 역사적 표상은 관점과 의지의 요소가 작용하는 창조의 산물이다. 내러티브는 과거에 대한 해석이자 레토릭이다. 과거는 '오직 혼돈의 형태들로서만 존재' 하는데, 내러티브가 이들 과거 세계에 의미를 부여하여 새로운 것을 창조한다. 내러티브는 곧 세계 이해의 도구이다.[25]

그러나 이러한 내러티브 이론에 대한 비판도 만만치 않다. 만델바움(Maurice Mandelbaum)은 역사의 원래 의미는 스토리가 아니라 탐구(inquiry)임을 상기시킨다.[26] 즉, 역사 서술이 본질적으로 스토리와 내러티브를 구축하는 것이라는 데 동의하지 않는다. 그는 화이트를 '역사적 상대주의자' 라고 비판하면서, 역사가는 사실을 발견하는 탐구에 종사하며 그것을 꾸며내지 않는다고 주장한다. 역사의 본질은, 인간 행동 주체의 의도와 선택을 강조하는 문학적 표현이 아니라 사료의 분석과 설명이라는 것이다. 역사를 내러티브로 보려는 시도는 역사가의 탐구 기능을 무시할 뿐 아니라 지나치게 단순한 이야기 서술 모델을 만든다고 비판했다.[27] 샤르티에(Roger Chartier) 역시 "경험은 결코 담론으로 축소될 수 없다"고 말하면서, 모든 것을 텍스트로 다루려는 태도를 경계했다.[28] 그는 역사가가 진리 추구를 위해 사료와 그 사료를 남긴 과거에 의존하는 점에서 문학적 서술과 다르며, 역사가 생산하는 지식은 확인할 수 있고 증명할 수 있다고 주장했다. 즉, 역사는 사료를 수집하여 정보를 확인하고 가설을 검증하며 해석을 구축함으로써 지식을 생산하는 학문이라는 것이다. 따라서 비판적 리얼리즘을 통해 과거의 왜곡과 신화화에 저항할 수 있다고 말했다. 피셔(David Hackett Fischer)도 "역사 서술은 스토리를 이야기하는 것이 아니라 문제를 해결하는 것이다. 역사 내러티브는 '설명의 한 형식'이다"고 주장했다.[29]

카(David Carr)는 스토리텔링과 내러티브가 인간 삶의 자연스럽고 불변하는 속성임을 인정한다. 하지만 언어가 실제 사물을 표상할 수 없다거나 세계가 언어의 창조물이라는 주장에 동의하지 않는다.[30] 역사가의 내러티브가 과거의 실제 세계를 거울처럼 비추는 것은 아니지만 과거 실제 세계를 표상한다는 것이다. 또한 모든 인간 경험은 자체로 원초 내러티브(proto-narrative) 구조를 갖고 있으며, 세계는 이미 어떤 정해진 방식으로 구조화되어 있다고 본다. 인간의 경험과 인식은 무질서하고 혼돈스러운 형태가 아니라 의미 있는 형태로 구성되어 있다는 것이다. 역사적 사실들은 고립되어 있는 개체들이 아니며, 독특한 구조와 시간성을 지니고, 다른 사실들과의 관계 속에서 질서를 드러낸다.[31] 따라서 역사가는 이미 내러티브적으로 구조화되어 있는 플롯화된 과거에 목소리를 입힐 뿐이다. 즉, 내러티브는 '인식 도구'일 뿐 아니라 '존재 양식'이라고 주장한다.

이러한 논의는 '역사는 과학인가, 문학인가?', '역사 서술이 과거 실제를 표상하는가, 언어적 허구의 한계를 지니는가?'라는 논쟁의 연속이다. 이는 곧 '역사가는 자체로 이미 완결적인 과거 내러티브를 복원하는 사람인가, 무질서한 낱개의 과거 개별 존재들에 상징과 의미를 부여하여 재구성하는 사람인가?' 하는 문제이다. 그리고 이러한 시각의 차이는 궁극적으로 역사가 개개인의 가치관과 역사관에 따른 선택에 달려 있다. 하지만 분명 내러티브 이론은 내러티브를 단순한 '이야기체'의 전통적 과거 서술이 아닌 역사 텍스트와 담론으로 재정의했고, 그 역사 서술로서의 한계와 함께 가능성을 제시

했다.[32]

(3) 내러티브, 스토리, 텍스트

흔히 역사가의 목적은 연대기에 숨어 있는 '이야기'를 '발견'하고 '확인'하며 '드러내 보임'으로써 과거를 설명하는 데 있다고 말한다. 즉, '역사'와 '소설'의 차이는 역사가가 이야기를 '발견'하는 데 반해, 소설가는 그것을 '창작'한다는 것이다. 하지만 역사가의 임무에 대한 이러한 개념은 역사가가 수행하는 일의 어디까지가 '창작'인지를 설명하지 못한다. 소설가와 달리 역사가는 사실적인 사건의 혼돈과 직면하게 되며, 그로부터 역사가는 자신이 하고자 하는 이야기의 구성 요소들을 선택하지 않으면 안 된다. 역사가는 포함, 배제, 강조, 경시의 과정을 통해 이야기를 '구성한다(emplot)'.[33] 따라서 내러티브를 사실(경험)과 허구(상상)의 영역으로 나누는 것은 무의미하다. 내러티브는 경험을 서술하지만, 동시에 '허구적 상상력'을 통해 경험의 한계를 뛰어넘기 때문이다.[34]

내러티브 이론은 과학성 · 합리성 · 객관성을 목표로 한 역사 사실주의(역사적 리얼리즘)에 대한 비판이며, 이는 역사 내러티브라는 언어적 존재를 부각시키면서 전개되었다. 역사 내러티브는 과거 실제에 일관성과 형식, 의미를 부여함으로써 실제를 회복시키는데, 이때 과거는 언어의 대상이며 역사 담론은 이미 자체가 언어인 사료로부터 구축된 언어의 속성을 갖는다. 이러한 역사 텍스트의 언어적 성격 때문에 역사 내러티브는 더 이상 '실제' 존재와 상황의 복사가 아니다. 실제와 표상 간의 관계가 고정된 것이 아니라 불투명하듯 사료와 과거 실제 간의 관계도 일대일 대응이라는 단선적 관계가 아니다.[35]

그렇다면 내러티브는 무엇인가? 그것은 스토리, 즉 이야기를 의미한다.[36] 내러티브는 인물·상황·사건이 펼쳐지는 이야기이며, 이야기는 시간적 존재로서의 인간 경험을 다룬다. 즉, 특정한 화자를 내세우고 특정한 인물과 사건을 시공간 속에서 엮어가는 것이다. 인간 경험은 하나의 중심 주제 아래 일정한 구성 형식, 즉 시작·전개·반전·결말을 갖춘 일련의 이야기로 구조화되며, 이때 시간적 계기·인과성·허구성의 도식이 작용한다. 과거 내러티브에서 억압되었던 이질적이고 우연적인 요소들도 개연적 또는 필연적 인과관계로 연결된다. 우연성이란 아직 맥락 속에 놓여지지 않은 사건을 나타내는 표지(標識)일 뿐이다. 또한 허구성은 인간이 세계의 의미를 파악하는 특수한 도식 가운데 하나이며, 실제 존재하지 않지만 가능한 세계를 열어보이는 방식이다.[37] 하지만 모든 스토리에 시작, 중간, 결말이 있는 것은 아니며 미완의 이야기도 가능하다.

역사 내러티브는 집단적이고 일반적인 것보다 개별적이고 독특한 것을 다룬다. 하지만 독특하게 제시된 역사의 각 주제와 사건은 '다양성 내의 통일성(unity in diversity)' 속에서 묘사되고 설명되며 해석된다. 내러티브는 각각의 분리된 사건, 행동을 연속적인 순간들의 통일체로 만들고, 의미 있는 전체적 실체(entities)를 구축하여 하나의 스토리를 이룬다. 개별적으로 존재하는 과거 경험을 전체적인 맥락 안에 배치함으로써 과거의 사건들에 질서를 부여해 이해 가능한 형식으로 변환시키는 것이다. 따라서 개별성(individuality), 독특성(uniqueness)은 전체적인 관계들의 네트워크 속에서 강조된다. 과거 사실들은 개별적이고 복합적이지만, 궁극적으로는 연결된 사건들의 흐름으로 조직되고 구조화된다. 따라서 내러티브는 개별적 행위와 사건들을 단순히 묘사한 것이 아니라 관계들을 연결하여 '유의미하

게 연속되는' 이야기로 구성한 것이다.[38]

또한 내러티브는 분석적 설명보다 기술적 묘사(descriptive re-counting)에 가깝다. 하지만 실제에 대한 이해(intelligibility)와 설명을 함께 도모한다. 설명은 역사적 사건이나 인간 행위의 인과관계를 규명하려는 것, 이해는 행위의 의도·동기·목적·이유 등을 당시 상황에 비추어 파악하고 드러내는 것이다. 역사 이해는 행위의 동기, 이유, 이해관계에 대한 내러티브에 내재되어 있는(self-explanatory) 설명을 통해 이루어진다. 설명적이지 않은(non-explanatory) 내러티브는 일관성이 없는 모순된 내용에 지나지 않는다.

그런데 내러티브의 설명 방식은 불확정적이다. 내러티브는 행위와 사건들에 내적 연관성을 부여하지만, 인간 행동을 인과적 반작용(caused reaction)이 아니라 이해할 수 있는 반응(intelligible response)으로 본다. 즉, 인간의 행동이나 사건을 원인에 의해 결정된 결과라기보다는 상황에 대한 인물 주체의 적절한 반응으로 제시한다는 것이다. 따라서 인과성은 내러티브의 본질적 구성 요소가 아니라 보완적 요소이다. 내러티브는 중심 주제와 관련된 사건들의 시간적 전후 관계를 진술하지만 그것을 반드시 인과관계로 서술하지 않는다. 즉, 인과적 설명처럼 원인과 결과를 직접적으로 연결하거나 다른 원인들을 배제하는 배타적 설명을 하지 않는다.[39] 따라서 내러티브가 과거를 지나치게 단순한 인과 원리에 따라 기술한다는 비판이나,[40] 과거 사건들에 대한 만족할 만한 설명을 하지 못한다는 지적은 모두 잘못된 것이다.

내러티브의 묘사와 설명에서 중심 초점은 상황이 아닌 인간에 맞춰진다. 내러티브 중심 플롯의 주인공은 국가나 민족이 아니라 지역이나 민중, 즉 인간이다. 설명적 텍스트가 '사람 없는 역사(history without people)'에 적합하다면, 내러티브는 '구조'보다 '인간'과 '문화'를 이야기한다. 내러티브는 구체적이고 내밀한 개인적 행위와 의도를 시간적으로 연관된 사건들을 통해 드러낸다. 따라서 인간 주체의 역할을 중시하며 인간 정서와 감정을 전달하는 데 유효하다.

내러티브는 역사가의 사고 과정을 그대로 드러내기도 한다. 역사가는 자신이 사료 등의 증거 자료를 읽고 이를 토대로 의문을 제기하고 역사적 맥락을 구성해내는 과정을 기술한다. 저자는 사료를 선택한 이유, 사료를 통해 파악한 과거 사실 및 상황 등을 독자에게 이야기한다. 이때 자신을 '나'라고 표현해 목소리를 직접 전달하고 관점도 선명하게 드러낸다. 이는 역사가의 내러티브가 더 이상 '객관적 사실'이 아니라 역사가의 '구성물'이라는 점을 독자에게 자각시킨다. 독자는 비로소 역사가의 글을 상대화하고 자기 스스로 의미를 구성하면서 글을 읽게 된다.[41] 데이비스는 스스로를 '나'로 표현하여 서술 속에 등장하고 자신의 목소리를 직접 전달함으로써 역사 서술에서 보편적인 전지적 시점을 탈피하고자 했다.[42] 즉, 저자가 자신을 숨김으로써 객관성과 중립성을 보장받는 담론을 대체하고자 했다. 사료 읽기 과정이 잘 드러난 진즈부르그의 서술에는 각주가 없다. 그는 독자가 글을 읽어나가는 데 흐름을 방해하지 않기 위해 각주를 달지 않았다고 밝히고 있다.[43]

무엇보다 내러티브는 텍스트로 정의된다. '작품'이 단일하고 안정된 의미를 지닌다면, 텍스트는 고정된 의미로 환원될 수 없는 무한한 시니피앙(signifiant, 기호)들의 짜임이다.[44] 텍스트는 무한한 의미 생산이 가능한 열린 공간이다. 텍스트로서 역사 내러티브 역시 언어의 위험성 때문에 어떤 관점도 확고한 특권적 권위를 주장할 수 없다. 따라서 저자의 고유한 권위는 해체되며, 저자의 이미지는 탈신성화된다. 바르트(Roland Barthes)는 내러티브가 "초국가적이고 초역사적이며 초문화적으로 존재한다"고 말했다.[45] 이 말은 사실 언어를 설명한 것이다.

따라서 텍스트 읽기는 더 이상 단순한 의사소통의 모델로 설명될 수 없다. '작품'에서 '텍스트'로의 관점 이동은 일방적인 서사의 강요로부터 독자의 능동적인 참여로의 변화이다. 모든 텍스트는 독자의 새로운 해석을 위해 열려 있다. 독서는 소비가 아니라 유희·작업·창작·생산의 경험이며, 복수적 의미 실천의 장이다. 난해한 텍스트에서 느끼는 권태는 바로 독서를 소비로 축소시키기 때문이다. "독자는 자신의 충동이나 욕망에 따라 텍스트를 자유롭게 넘나들며 해체하는 사람이다." 내러티브는 저자와 독자, 글쓰기와 글읽기의 이분법적 경계를 무너뜨리고, 텍스트를 즐거움의 대상으로 실천하는 양식이다.[46]

3. 내러티브의 활용

역사 지식의 상대성에 바탕을 두고 있는 내러티브 이론은 비판적인 독자의 역할을 부각시킨다. 내러티브 언어는 실제와 비정립적인 관계에 있으며, 과거를 '지시'하는 방식으로 보여주지 않는다. 즉, 내러티브는 자기 충족적인 작품이 아니라 하나의 텍스트이다. 따라서 내러티브의 다성성(多聲性)은 독자와의 관계로부터 비롯된다. '과학적' 역사 서술이 삼인칭·직설법·과거(완료)시제를 쓰는 익명적 글쓰기로 내용을 '보편적' 진리인 양 믿도록 하는 데 반해, 내러티브는 일인칭·삼인칭 등 다양한 화자의 목소리를 통해 사실과 해

석이 구분되므로 독자가 이야기 전개에 스스로의 판단을 개입시킬 수 있다.[47]

따라서 내러티브를 활용한 역사 수업은 독자인 학생들의 주체적인 텍스트 해석과 비판을 동반한다. 학생들은 역사 서술을 더 이상 과학적 탐구 과정을 거친 일반화 또는 논리적 설명으로 여기지 않는다. 내러티브는 화자의 목소리를 드러냄으로써 역사가 역사가의 해석에 의해 구성된 것임을 인식하게 한다. 따라서 학생들은 나름대로의 해석과 가치판단을 통해 내러티브에 개입되어 있는 이데올로기를 해체한다. 더 나아가 스토리를 통해 세계를 이해하고 발견하며 재창조한다.

내러티브를 통한 독자의 부활은 역사 텍스트 읽기를 '세계 만들기(world-making)'로 정의하게 한다. 내러티브는 세계와 주체를 잇는 매개이며, 이야기를 이해하고 표현하는 행위는 자신과 타자의 관계를 조망하는 성찰적 세계 인식의 과정이다. 즉, 세계와 연관된 존재로서 자아를 탐구하는 일이다. 또한 능동적으로 의미를 재구성하는 읽기는 자체로 곧 '쓰기'이다. 읽기는 일종의 해석 약호(略號)를 가지고 텍스트를 자신의 관점에서 '다시 쓰는' 행위이다. 따라서 읽기는 소비 행위이고, 쓰기는 생산적 창조 행위라는 양분법은 무용하다.[48] 학생들 스스로 의미를 재구성하고 자신의 역사 내러티브를 만드는 태도는 곧 '역사를 하는 것(doing history)'이다.

역사 내러티브가 설명적 텍스트와 근본적으로 다른 점은 학생들에 의해 쉽게 '읽힐 수 있다'는 것이다. 사실이나 사건의 나열에 그치거나 과도한 인과관계를 들이밀기도 하는 설명적 텍스트와 달리, 내러티브는 주인공이나 저자의 시선과 관점에 따라 사건과 상황의 배경, 맥락을 서술함으로써 학생들로 하여금 상호 관계를 이해할 수 있게 한다. 또한 개별 사실들을 일관된 관점으로 개관할 수 있는 전체성(totalities)을 만들어낸다. 내러티브는 일종의 '회화적' 표현 방식으로서 '사실들을 함께 보는 것'이고, 개별 사실은 전체적인 의미 속에서 이해된다. 내러티브에 담긴 갈등과 인과적 연속성은 역사 사건의 동기와 의미를 생각하게 함으로써 지적·도덕적 각성을 통해 독자를 변모시키거나 회심을 일으키기도 한다.[49]

내러티브가 설명적 텍스트보다 학생들에게 호소력을 갖는다는 것은 여러 연구에서 밝혀졌다. 내러티브는 독자와 텍스트 사이의 상호 작용을 자극하고, 일관성 있는 텍스트 이해를 돕는다. 반면 설명적 텍스트에서 부족한 것은 의사소통이다. 설명적 텍스트는 저자가 드러나지 않음으로써 독자와 저자, 그리고 독자와 텍스트 사이의 거리를 멀게 한다. 저자가 서술 대상으로부터 멀어질수록 독자와도 멀어진다. 저자를 자각하는 것은 읽기에서 중요한 구실을 한다. 단순히 읽기의 즐거움을 느끼게 해줄 뿐 아니라 비판적 분석과 해석의 도구도 될 수 있기 때문이다. 저자의 '목소리가 들리는' 글은 학생들의 흥미를 불러일으키고 텍스트 내용에 대한 이해에 효과적으로 작용한다.[50] 팩스턴의 연구도 학생들이 익명의 저자(또는 제삼자의 관점에서)가 쓴 교재보다는 일인칭 저자가 개인적인 견해를 드러내는 교재를 읽을 때 저자와 활발한 상호 작용을 하며 텍스트에 개입한다는 사실을 보여준다.[51] 이처럼 설명적 텍스트가 무미건조하고 지루하다거나 개개인의 개입과 해석을 위한 여지가 없다는 독자의 평가에도 독자의 권위와 신뢰를 받는다는 것은 역설적이다.

최소옥은 역사 수업에서 내러티브를 활용한 결과, 내러티브 역사 서술이 과거의 사회상을 등장인물과 갈등 구조를 통해 구체적이고 생생한 이미지로 구축함으로써 역사적 사실에 대한 학생들의 기억을 돕는다는 점을 발견했다.[52] 내러티브는 인간 행위의 의도, 동기, 의미를 상황에 비추어 파악하는 맥락적 이해뿐 아니라 학생들의 감정이입적 · 상상적 이해 능력도 향상시킨다. 내러티브가 역사적 행위자의 의도와 사상, 감정을 당시 상황 속에서 구체적으로 묘사하기 때문이다. 그에 반해 설명적 서술은 인간을 사회적 조건과 관계 속에서 규정함으로써 인간의 심정과 의지 등을 잘 드러내지 않는다.

이제 스토리를 이야기하는 것은 역사를 가르치는 데 하나의 강력하고도 불가피한 수단이다. 역사 교사는 학생들에게 역사 개념과 일반화를 가르치거나 자료를 분석, 평가하게 하지 않고 이야기를 읽게 하는 것에 죄의식을 느낄 필요가 없다. 비판적으로 사고하고, 사실들의 진위를 논하고, 일반화를 만드는 과정이 역사 스토리들을 다루는 수업에 더해질 수 있다.[53] 내러티브는 수업의 도입부에 동기를 불러일으키고 당대의 분위기를 환기시키기 위한 용도, 수업 중간에 내용을 보강하기 위한 용도, 수업 마무리에 내용을 예증하는 사례 등으로 다양하게 활용될 수 있다. 아니면 학생 스스로 내러티브를 구상하게 하는 방법도 있다. 독자와 텍스트 간의 쌍방향 과정을 통한 역사 이해를 위해서는 내러티브의 내용과 구조뿐 아니라 학생들의 읽기 능력과 배경 지식, 인지적 흥미를 고려해야 한다.[54] 내러티브를 활용할 때 상상과 감정이입에만 치우치지 않고 역사적 문맥 및 역사적 사고와 연결시키는 체계를 잡는 일도 중요하다.[55] 즉, 역사 내러티브를 어떻게 구성해서 서술하느냐 하는 것 못지않게 내러티브를 역사 교실에서 어떤 방식으로 활용하느냐 하는 것도 역사적 이해와 사고를 함양하는 데 관건이 된다.

한편 내러티브는 역사 서술체제가 아닌 사고 양식으로도 정의된다. 브루너는 인지적 사고의 한 방식으로 내러티브 사고 양식을 정의하고 그것을 패러다임 사고 양식과 구별했다.[56] 그에 따르면, 두 방법은 현실을 구성하고 진리를 추구하는 과정이 완전히 다르다. 패러다임 사고 양식은 가설의 추론, 논리적 이론과 분석, 형식적 증명 절차, 범주화와 개념화에 기초하면서 맥락과 독립적인(context free) 보편적 설명을 모색한다. 반면 내러티브 사고 양식은 인간의 의도와 행동 또는 그 과정을 맥락에 민감하게(context sensitive) 묘사하며, 인간 경험을 시간적으로 조직한다. 즉, 흩어져 있는 사실과 사건들을 연결지어 질서를 부여함으로써 의미 있는 것으로 구축한다. 이처럼 내러티브적 사고는 로고스(logos) 중심의 사고와 대립되는 뮈토스적 사고를 뜻한다.

또한 내러티브는 역사 교사의 설명 방식 또는 수업 담론으로 정의된다.[57] 정선영은 역사 교재에 역사가의 역사관이 포함되는 것과 마찬가지로 역사 교사의 설명에도 교사의 역사상이 반영된다고 주장했다.[58] 교사의 설명은 학생들에게 역사 사실을 단순히 전달하는 것이 아니라 역사 사실이 왜, 어떻게 일어났는지에 대한 교사 자신의 역사 이해를 변형하여 창출한 표현이다. 그런데 역사 교사의 내러티브적 설명, 즉 이야기식 설명은 개념적 설명이나 총괄적 설명과 달리 엄밀한 논리적 증거에 의해 뒷받침되거나 납득될 수 있는 합리적 논리가 결여되어 있었으며, 인과 연결의 필연성이 희박하거나 불분명하다는 사실이 관찰됐다.

사실 내러티브 서술체제 역시 사료 분석 및 증거 활용을 통해 역사 사실을 체계적으로 조직하여 결론을 도출하거나 명료한 인과관계를 설명하는 데 도움이 되지 않는다는 비판을 받는다. 학생들은 과거를 지나치게 이야기처럼 생각하고, 때로는 사건 발생의 전후관계와 인과관계를 혼동하기도 한다는 것이다. 내러티브는 역사적 인물의 감정과 정서를 부각시킴으로써 독자들이 쉽고 즐겁게 스토리를 이해하게 하지만, 개념이나 복잡한 이슈들을 설명하는 데는 한계를 보였다.[59]

그러나 내러티브는 본질 자체가 설명적이거나 분석적이지 않다. 이른바 과거의 '진실'을 밝히는 것을 목적으로 하기보다는 구체적인 인간의 행위와 의도, 결과를 포함한 인간의 총체적인 경험의 이해를 강조한다. 과거의 모습은 '사료에 근거한 그럴듯한 이야기'에 가깝다고 보기 때문에 논리적 사고보다 은유와 유추에 의한 의미 구축을 더 중시한다. 일정한 줄거리로 묶인 사건들을 통해 드러나는 저자의 가치판단과 해석은 텍스트와 학생들의 의사소통을 돕고 동시에 학생들의 비판과 재해석을 유도하는 도구가 된다.[60]

그런데 내러티브의 활용에서 또 다른 문제점은 언제나 화자(storyteller, narrator)의 관점이 작용한다는 것이다. 이 화자의 권위와 내러티브의 일관성은 학생들로 하여금 내러티브의 가치관에 무비판적으로 몰입하게 한다.[61] 내러티브 독자들은 저자가 내린 역사 해석의 관점이나 정확성에 문제를 제기하는 대신에 잘 꾸며진 이야기를 역사 사실 그대로 믿어버리는 경향이 있다. 즉, 저자의 해석에 대해 '그럴 수 있다', '아마 그럴 것이다'라고 받아들인다. 이는 잘 만들어진 이야기(good story)가 역사적 정확성을 압도하는 현상을 말한다. 이러한 현상을 '자의적인 진실성의 부과'라고 하는데, 특히 일인칭 시점의 내러티브에는 화자의 진실성과 권위가 깊게 배어 있기 때문에 독자가 내용을 비판적으로 분석하기 어렵다. 따라서 학생들은 이야기의 자의성을 진실로 받아들이게 된다. 또한 화이트의 지적처럼 모든 완결된 언표(言表)는 이데올로기화될 위험성이 있는데, 이데올로기는 세계관과 달리 독자를 회유하고 설득한다. 학생들은 종종 과거 행위에 대한 내러티브 저자의 도덕적·정치적·사회적 판단의 정당성을 수용하고 자신의 주체적인 가치판단을 유보한다.

그러므로 학생들은 주어진 텍스트를 역사적 맥락에서 검토하고 저자의 의도를 반추하며 비판적으로 읽는 방식을 체득해야 한다. 그 하나의 방식으로 브레히트(B. Brecht)는 감정이입이 아니라 '낯설게 하기'를 제안한 바 있다. 브레히트는 연극의 경우 관객과 배우 모두가 인물에 감정이입하고 있을 때, 관객의 비판 정신이 사라진다는 사실을 발견했다. 그래서 사건을 '보여주어야' 할 뿐 '감정이입을 해서는 안 된다'고 주장했다. '보여주는 것'과 '감정이입을 하는 것'의 차이는 곧 우리가 알고 있는 사건의 진리를 '진리의 한계'로서 제시하느냐 아니면 '진리로서' 제시하느냐의 차이이다. 감정이입은 진리를 절대적 진리로 만들 위험성이 있다. '보여준다'는 것은 자기가 알고 있는 만큼만 나타낸다는 것이다. 즉, 자기 해석의 한계가 어디까지인지를 관객과 스스로에게 보여주어야 한다는 것이다. 그럼 관객은 배우가 표현하는 인물과 사건이 특정하게 해석된 하나의 세계라는 사실을 깨달을 수 있다. 즉, 과거 사건을 또 다르게 해석할 수 있는 가능성이 존재한다고 생각할 수 있다. 반면 감정이입에서는 배우가 보는 만큼만 보게 되고, 줄거리 자체로 감정이입돼 진리로 인식할 위험성이 높아진다. '감정이입'은 배우와 관객을 주어진 사건 해석을 그대로 수용하는 수동적 존재로 전락시킨다. 브레히트가 '보여주기'를 통해 얻으려고 했던 것은 관객의 비판성이었다.[62]

역사 내러티브의 경우에는 배우, 즉 역사가의 감정이입은 독자의 통제 밖에 놓여 있다. 다만 관객, 즉 독자인 학생들이 역사가의 관점을 어떻게 대면하는지는 역사 학습의 영역에 속한다. 따라서 '감정이입을 통한 역사 이해'가 지닌 문제점을 고려하여 브레히트의 '낯설게 하기' 기법을 역사 내러티브 읽기에 적용한다면, 이는 내러티브에 내재한 역사가의 설명 논리와 주관적 관점을 학생들이 비판적으로 해석할 수 있도록 하는 한 방안이 될 것이다.

4. 내러티브 역사 서술의 사례

역사 내러티브는 소재인 역사적 사실과 플롯의 구성 형식에 따라 달라진다. 따라서 어떤 주제, 인물, 사건을 소재로 삼을지를 결정하고 학생들의 흥미와 관심, 지적 능력을 고려하여 내러티브를 구성한다. 내러티브 양식의 역사 서술은 많은 역사 정보의 집약체를 지향하지 않는다. 허구가 아닌 사실에 근접한 기술을 추구하며, 주요 사실과 개념의 전달보다는 역사적 행위, 사건의 의미에 대한 해석과 가치판단을 유도한다. 따라서 역사 교과서의 전형적 기술 방식, 즉 "봉건체제 아래에서 도시와 무역이 성장하기 시작하면서…… 봉건제는 자본주의로 발전했다" 같은 설명과는 다르다.

다음은 1930년대에 미국 남서부 대평원을 휩쓴 장기간의 흙먼지 폭풍(dust bowl)에 대한 두 개의 역사 서술이다.

그것은 강인하고 용기를 가진 사람들의 이야기였다. ……그들은 가난에 찌든 패배자들이 아니라 의지에 찬 미래의 건설자들이었다. 자연의 도전에 직면하여 힘든 가운데서도 그들은 교회, 기업, 학교, 대학, 공동체를 건설했다. ……그들에게 고난은 낯선 것이 아니었다. …… 그들은 도망가지 않고 힘든 시기를 견뎠으며…… 그 결과 지금은 훨씬 나은 생활을 누리고 있다.

— Paul Bonnifield, *The Dust Bowl*, Albuquerque, 1979, p. 202

그것은 20세기 남부평원의 역사에서 가장 어두운 순간이었다. ……
흙먼지를 만든 것은 지구 역사에서 가장 최악의 생태학적 실수 가운
데 하나였다. ……그것은 문맹, 인구과잉 또는 사회 무질서가 아니라
문화 때문이었다. ……의도적 · 의식적으로 토지를 지배하고 착취하
려 한 잘못된 문화의 불가피한 결과였다.

— Donald Worster, *Dust Bowl*, New York, 1979, p. 4

첫 번째 글은 흙먼지 폭풍을 자연재해로 보고 생존을 위한 인간
승리와 공동체 정신의 승리를 묘사한 반면, 두 번째 글은 자연을 지
배하려 한 인간들의 실패 사례로 기록하고 있다. 역사는 이처럼 서
로 다른 내러티브들 사이의 끝없는 투쟁이다.[63]
  따라서 내러티브 저자들은 다양한 수사적 도구를 사용하여 끊임
없이 독자에게 말 걸기를 시도한다. 예를 들어 '의심의 여지없이',
'매우 중요한', '불행하게도', '그럼에도 기록은 확실하지 않다' 등
의 표현을 사용한다.[64] 이는 설명적 텍스트에서는 찾아보기 힘든 표
현으로 진술의 확실성, 과거 사건의 중요성 등에 대한 역사가의 태
도와 관점을 더욱 솔직하게 드러낸다. 때로 저자들은 인간 주체의
활동과 반응을 직접적 · 구체적 · 역동적으로 묘사한다. 이것은 독자
가 생생한 그림을 그릴 수 있도록 하는 일종의 시나리오 구실을 한
다. 또한 수동태가 아닌 능동태로, 문어체가 아닌 구어체나 대화체
로, 과거시제보다는 현재시제로 표현하며, 강세 용법을 사용하고,
감정을 실으며, 사실들 사이의 관계를 부각시키는 등 독자가 텍스트

내용에 개입하도록 유도한다.[65]

잘 기술된 내러티브는 텍스트와 독자 사이의 의사소통을 원활하게 함으로써 텍스트를 저자와 독자가 만나는 적극적인 공간으로 만든다. 그리고 그 안에 담긴 저자의 관점과 세계관, '이데올로기'를 독자가 느끼고 판단할 수 있게 한다. 따라서 독자는 내러티브에 드러난 해석과 관점의 주체를 파악하고 그에 대한 자신의 비판적 읽기를 시도할 수 있다.

다음은 중·고등학교 학생들에게 읽힐 수 있는 역사 내러티브를 세계사를 소재로 개발한 것이다. 역사적 인물·사건·지리 환경·과거 역사에 대한 역사가들의 평가 등을 주제로 다섯 개의 사례를 개발했고, '생각할 문제'를 추가하여 학생들의 읽기 안내에 도움이 되도록 했다.[66]

〔사례 1〕 나일 강의 선물

사막 한가운데 세워져 있는 피라미드와 스핑크스의 모습은 언제나 우리들의 끝없는 호기심을 자극한다. 몇 천 년 전의 고대 이집트인들은 어떻게 그 거대한 건축물들을 세울 수 있었을까? 이집트 문명의 힘과 뿌리는 과연 무엇이었을까?

사람들이 나일 강 계곡에 모여들기 시작한 것은 약 1만 년 전이었다고 한다. 아마 사막의 나라인 이집트에서 작물이 자랄 수 있는 몇 안 되는 곳 가운데 하나가 나일 강 계곡이었기 때문일 것이다. 이집트인들은 이곳에서 풍부한 물과 다양한 식물, 그리고 야생동물의 무리를 발견했다. 그리고 이 신석기 사람들은 점차 나일 강을 따라 농사를 지으며 정착하기 시작했다.

그런데 이집트 문명은 그보다 먼저 번성했던 메소포타미아 문명과 매우 달랐다. 잦은 외침에 시달렸던 메소포타미아 도시국가들과 달리, 일찍부터 이집트는 하나의 단일한 왕국으로 통일되었고 3,000년이 넘는 기간 동안 통일과 안정을 유지했다. 역사가들은 그 이유를 대체로 지리적 특성에서 찾는다.

먼저 나일 강의 양 측면에는 거대한 사막이 자리하고 있다. 그것은 자연스럽게 이집트와 주변 지역들을 가로막는 장애물이 되었다. 사막이 외부 침입자들을 막아줌으로써 나일 강 주변에 모여살던 이집트인들은 오랜 기간 외침과 전쟁을 겪지 않아도 되었다.

또한 나일 강 물은 남쪽에서 북쪽으로 흐르고 바람은 주로 북쪽에서 남쪽으로 불었기 때문에 나일 강 상류와 하류 지역이 강을 이용해 쉽게 접촉할 수 있었다. 그것은 이집트의 통일과 지역 간의 상호무역을 증진시켰다.

하지만 더 흥미 있는 사실은 나일 강의 홍수가 이집트인들에게는 놀라운 자연의 선물이었다는 것이다. 티그리스와 유프라테스에서는 홍수를 예측하지 못해 종종 메소포타미아의 붕괴를 초래했다. 하지만 나일 강의 홍수는 매우 주기적으로 정확하게 일어났다고 한다. 따라서 이집트인들은 언제 홍수가 시작되는지 알고 그 주기를 효율적으로 이용하게 되었다.

나일 강은 매년 7월에 눈 녹은 물과 비가 내려 범람했다가 10월에 강물이 빠지면서 아주 비옥한 흑토(mud)를 남긴다. 그러면 이집트인들은 뜨거운 태양이 그 토양을 말리기 전에 소 쟁기를 이용해 땅을 갈고 씨를 뿌린다. 그리고 수로를 만들어 물을 대면서 가을과 겨울 내내 밀과 보리를 가꾼 후 봄에는 수확을 한다. 이처럼 범람, 경작, 수확이 매년 반복되는 것이다. 이집트인들은 나일 강이 가져다준 풍요로움 때문에 나일 강을 생명의 신으로 숭상했고, 고대 그리스 역사가 헤로

도토스는 이집트를 '나일 강의 선물'이라고 불렀다.

■ 활용 안내

: 중학교 1학년을 대상으로 이집트 문명을 다루는 도입부에 활용한다.

■ 생각할 문제

1. 이집트를 왜 '나일 강의 선물'이라고 할까?

2. 이집트 문명과 메소포타미아 문명의 지리 환경은 어떻게 달랐을까?

3. 문명 형성과 발전을 설명하는 데 '지리적 요인' 외의 다른 배경은 없을까?

〔사례 2〕 알렉산드로스의 전설

기원전 336년에 훤칠한 키의 잘생긴 젊은 청년이 아버지의 뒤를 이어 소아시아 마케도니아의 왕위에 올랐다. 20세의 이 젊은이는 바로 알렉산드로스(Alexandros, 기원전 356~323)였다. 그는 어려서 아리스토텔레스의 가르침을 받았는데 과학, 지리, 문학에 큰 흥미를 보였다. 특히 트로이 전쟁 영웅들의 이야기를 좋아하여 호머의 《일리아드》를 항상 자신의 베개 밑에 두고 즐겨 읽었다고 한다.

그는 또한 말 타기를 좋아했고 일찍부터 무기 사용법과 군대 지휘법을 배웠다. 그래서 왕이 되자마자 탁월한 군사전략가의 모습을 보이기 시작했다. 당시 그리스의 도시 테베에서 마케도니아의 지배에 저항하는 반란이 일어났는데, 알렉산드로스는 테베 시민 약 6,000명을 죽이고 생존자들을 노예로 삼았다. 그의 잔혹함에 놀란 다른 그리스 도시들은 이후 반란을 일으킬 생각을 포기했다.

그리스를 확보한 알렉산드로스는 아버지의 계획을 이어받아 거대한 제국 페르시아를 침략했다. 그는 수적 열세를 보였지만 다리우스3세의 군대를 정예부대로 공략했다. 놀란 다리우스가 제국의 3분의 1의 영토를 주겠다고 평화협정을 제안했지만 그는 거절했다. 알렉산드로스는 페르시아제국 전체를 차지하려는 야망을 갖고 있었기 때문이다. 그는 페르시아의 영토인 이집트로 행군하여 해방자로 환영받은 후, 다시 메소포타미아로 가서 25만 명의 다리우스 군대와 맞닥뜨렸다. 하지만 이번에도 밀집보병과 기병대가 이끄는 공격으로 다리우스를 패배시켰고, 결국 페르시아제국 전역이 그의 손아귀에 들어왔다.

그러나 그는 영토를 다스리기보다 확장하는 데 더 관심이 있었다. 바빌론으로 돌아오는 대신에 중앙아시아의 산과 사막을 건너 3년간이나 동쪽으로 행군해갔다. 그는 대륙의 끝에 도달하고자 했다. 드디어 기원전 327년에 200마리의 코끼리가 이끄는 인도 군대를 물리치고 인더스 계곡을 건넜다. 하지만 그의 군대는 11년간 계속 전쟁을 했고 사막과 몬순 장마를 견디며 11,000마일 넘게 행군해왔다. 그들은 매우 지쳐 있었고 고향에 돌아가기를 열망했다. 크게 실망한 알렉산드로스는 결국 바빌론으로 돌아왔다. 그리고 새로운 도시와 도로, 항구를 건설하여 제국을 정비하고 아라비아를 정복한다는 계획을 발표했다. 하지만 그의 계획은 실현되지 못했다. 그는 돌아온 지 1년 후에 열병에 걸렸고 며칠 뒤 사망했기 때문이다. 이때 그의 나이는 33세였다.

알렉산드로스는 참으로 드라마틱한 짧은 생애를 살았다. 전광석화처럼 아시아 대륙을 가로질러 진군했고 정복에 나선 이후로 단 한번도 전투에서 패배하지 않았다. 그의 군사 정복은 너무나 놀라운 것이어서 훗날 나폴레옹은 그를 역사상 가장 위대한 장군이라고 했다. 하지만 서양문명의 역사에서 그가 갖는 진정한 중요성은 단순히 군사적 천재성에만 머물지 않는다. 만민의 평등과 협조에 바탕을 둔 세계국가 이념이야말로 그의 업적이 갖는 진정한 역사적 의의이다. 실제로 그는 스스로 페르시아의 옷을 입고 그들의 관습을 따랐으며, 페르시아 여성과 결혼했고, 페르시아인과 다른 지역민들을 자신의 군대에 합류시켰다. 동방으로 행군할 때는 수천 명의 그리스 예술가, 상인, 관리들을 동행시켰다. 그래서 그가 죽은 후에 그리스, 이집트, 페르시아, 인도의 관습과 문화가 혼합된 새로운 문화가 등장했고 그것이 곧 헬레니즘 문화이다.

■ 활용 안내

: 고등학교 2학년을 대상으로 마케도니아제국의 역사 정리 부분에 제시한다.

■ 생각할 문제

1. 알렉산드로스는 군사적 천재인가, 잔혹한 압제자인가?

2. 13년 동안의 알렉산드로스 치세의 의의는 저자의 해석처럼 '만민평등주의'에 입각한 세계국가 이념에 있는가?

[사례 3] 비잔티움 - 세계의 또 다른 절반

비잔티움제국은 서로마가 멸망한 후에도 1,000년 넘게 역사를 유지했다. 하지만 우리는 서유럽의 역사만큼 비잔티움의 역사에 대해 잘 알지 못한다. 그 이유는 무엇일까? 비잔티움제국이 서유럽의 여러 국가들에 비해 더 힘없고 볼품없는 역사를 지니고 있기 때문일까?

비잔티움 역사에 대한 부정적인 평가는 에드워드 기번(Edward Gibbon) 같은 '계몽주의' 역사가들에게서 비롯되었다. 기번은 비잔티움제국을 허약하고 불행했던 나라로 그렸다. 그에게 비잔티움은 자신이 그토록 찬양했던 로마제국의 종말을 초래한 장본인이었다. 이후 역사가들은 독살과 음모, 배신과 형제 살해, 사제 · 환관 · 여자들의 술책으로 얼룩진 나라로 비잔티움 역사를 기술했다.

하지만 오늘날에는 더 이상 이런 평가를 찾아볼 수 없다. 비잔티움에 대한 역사적 평가는 완전히 바뀌었다. 비잔티움 역사는 더 이상 비열하고 천박하거나 단조롭고 지루한 이야기로 여겨지지 않는다. 예술, 문학, 정치, 외교, 전쟁 등 각 방면에서 비잔티움의 업적은 오늘날 널리 긍정적으로 평가되고 있다. 어떤 역사가는 비잔티움 문화를 고대 로마의 문화보다 더 우수한 것으로 평가하기도 한다.

물론 비잔티움 역사에는 부패와 허약함으로 얼룩진 불명예스러웠던 시기가 있었다. 황제의 정치에 불만을 가진 대중이 '폭동'을 일으켰다가 경기장에서 3만 명이 학살되기도 했고, 서유럽 군대의 약탈로 콘스탄티노플이 함락된 적도 있다. 그러나 1,000년에 걸친 비잔티움의 역사는 중요하고도 인상 깊은 것이다. 실제로 비잔티움제국은 단순히 로마제국의 연장선상에 위치하는 존재가 아니었다. 이 제국은 또 하나의 새로운 국가였다. 비록 로마를 배경으로 성장했지만, 로마와는 본질적으로 달랐다. 서유럽의 게르만-로마 문화와 동유럽의 그리스적인 문화 사이에는 근본적인 차이가 있었다. 비잔티움은 그리스 문화와 헬레니즘 문화를 융합한 독특한 문화를 발전시켰다.

무엇보다 비잔티움 문화는 고전 유산을 보존하고 르네상스가 시작되기 오래전부터 서유럽에 지속적인 영향을 미쳤다. 또한 비잔티움제국이 수백 년에 걸쳐서 이슬람교도의 압력을 물리치지 않았더라면, 서유럽의 역사는 매우 다른 방향으로 진행되었을 것이다.

■ 활용 안내

: 고등학교 2학년을 대상으로 비잔티움제국의 역사를 마무리하는 시간에 제시한다.

■ 생각할 문제

1. 비잔티움제국은 역사가들에 의해 어떻게 평가받아왔는가?

2. 역사가들이 그러한 평가를 한 이유는 무엇일까?

3. 비잔티움제국의 역사적 의의에 대한 저자의 해석을 어떻게 생각하는가?

[사례 4] 수수께끼의 인물, 엔리케

지금으로부터 500여 년 전, 폭풍우가 심하게 몰아치던 어느 날 유럽 대륙 서남단 절벽 위에 자리 잡은 작은 성에서 한 군주가 마지막 숨을 거두었다. 그는 우리가 '항해왕자 엔리케'라고 부르는 포르투갈의 군주이다. 그는 유럽의 작은 나라 포르투갈을 세계 역사상 가장 광대한 제국으로 만들겠다는 꿈을 안고 가장 부유한 해외 무역로를 개척한 사람이다. 그러나 불행히도 그의 후손들 중 누구도 그가 이룬 업적을 이어받지 못했다.

엔리케는 우리가 이해할 수 없는 인물이다. 이는 동시대 사람들에게도 마찬가지였다. 사실 그가 세운 계획이 무엇이었는지, 그리고 그로 하여금 세계지도를 다시 그리게 한 힘이 과연 무엇이었는지 알지 못한다. 그는 어디에도 자신의 희망과 꿈에 대한 글을 남기지 않았다. 그러므로 우리는 실제 발생했던 사건들을 통해 추측만 할 수 있을 뿐이다.

당시 포르투갈은 북아프리카의 도시 세우타(Ceuta)를 정복하고자 했는데, 엔리케 왕자가 바로 그 임무를 담당하게 되었다. 이 도시의 점령은, 과거에 이슬람 무어족의 침략으로 포르투갈이 당했던 모욕에 대한 보복을 의미했다. 하지만 정복보다도 이 지역을 지키는 것이 더 어려웠다.

이 무렵 바야흐로 불같이 일어나던 거대한 이슬람 세계는 기독교 세계를 에워싸며 위협하고 있었다. 유럽인들은 나날이 강대해지는 투르크 세력 앞에 소모적인 내분만 일삼고 있었다. 그로 인해 1415년 엔리케의 세우타 함락이 궁극적으로 역사의 흐름을 뒤바꿈으로써 유럽이 마침내 전 세계를 제패하게 되리라고 예상하는 사람은 아무도 없었다.

그렇다면 엔리케가 세우타에서 본 것은 무엇이었을까? 그것은 후추와 향료 등 이국적 물건들이 가득 찬 상점들이었다. 아마 그는 처음으로 유럽 건너에 있는 눈부신 부를 엿볼 수 있었고, 그 충격이 그로 하여금 부의 근원지인 동양에 갈 결심을 하게 만들었을 것이다. 또한 그는 당시 서유럽에 퍼져 있던 프레스터 존(Prester John) 전설을 믿고 이슬람 세계의 배후를 기습할 계획을 세웠다. 그 전설에 의하면, 이슬람 세계의 동쪽 경계선 너머에 기독교인들이 살고 있으며 그 왕국을 세운 사제이자 왕이 곧 존이라는 것이다. 그 왕국에 갈 수 있는 길은 단 하나, 바다를 이용하는 방법뿐이었다. 그러기 위해서는 아프리카 해안을 따라 남쪽으로 항해해야만 했다.

드디어 1419년 엔리케는 항해 학교를 세우고 배 만드는 사람, 지도 제작자, 과학자, 선장들을 모집하여 훈련시켰다. 그리고 수년 내에 포르투갈 배들은 아프리카 서해안을 들락거릴 수 있었다. 1460년 헨리가 사망할 즈음 포르투갈은 아프리카 해안을 따라 여러 개의 무역거래소를 건설했고, 아시아로 가는 바닷길을 찾기 위한 대담한 계획을 실천에 옮기고 있었다.

엔리케의 활동은 결과적으로 서유럽 역사상 위대한 일련의 과학적 실험이 되었다. 그 실험은 지구 표면의 전체 구도를 송두리째 뒤바꿔놓고 세계사의 새로운 시대를 열게 했다.

: 고등학교 2학년을 대상으로 신항로 개척의 내용을 다룬 후에 제시한다.

■ 생각할 문제

1. 엔리케는 왜 동쪽으로 가는 새로운 바닷길을 열고자 했을까?

2. 엔리케의 활동은 저자 평가대로 '유럽의 세계 제패'를 이끈 초석이었을까?

[사례 5] 아메리카 영국 식민지들의 반란

1760년에 영국에서는 조지3세가 왕위에 올랐다. 하지만 이때 아메리카의 영국 식민지인들 가운데 혁명이나 독립을 생각하는 사람은 거의 없었다. 그들 대부분은 자신들을 영국 왕의 충성스러운 백성으로 생각하고 있었다.

하지만 그들이 영국에서 건너와 아메리카에 살게 된 지도 거의 150년 가까이 되었다. 그들의 인구는 200만 명을 넘어섰으며 경제도 번성하고 있었다. 이들 대서양 연안의 13개 식민지는 각각의 정부를 갖고 상당한 독립을 누리고 있었다. 영국 또한 오랫동안 식민지인들에 대한 통치를 강화할 필요를 느끼지 못했다. 아메리카 식민지의 원료를 값싸게 사고 영국 상품을 식민지에 팔 수 있었기 때문이다.

그런데 상황이 갑자기 변하기 시작했다. 영국은 아메리카에서의 주도권을 놓고 프랑스와 7년간 프렌치 인디언 전쟁(French Indian War)을 벌였는데, 이 전쟁으로 엄청난 빚을 지게 되었다. 1763년에 전쟁이 끝나자 영국은 식민지인들이 전쟁 비용의 일부를 부담해야 한다고 생각했다. 그 방안으로 영국 의회는 아메리카 식민지의 모든 우편물에 인지세를 부과하는 법을 통과시켰다. 하지만 이것은 식민지인들의 분노를 촉발했다. 이제까지 식민지인들은 영국 정부에 직접적으로 세금을 내본 적이 없었기 때문이다.

아메리카 식민지인들은 '대표 없는 곳에 과세 없다' 는 표어를 내걸고 저항했다. 그들은 "우리가 투표로 선출하지도 않은 사람들이 만든 법을 왜 따라야 하는가?" 라고 항변했다. 그들은 세금을 내지 않겠다는 의지를 분명히 표현했다. 하지만 영국 의회의 생각은 달랐다. 영국 의원들은 "아메리카 식민지를 지키기 위한 비용을 식민지인들이 마땅히 지불해야 하지 않는가?" 라고 주장했다.

식민지인들은 자신들이 얼마나 화났는지를 영국에 보여주기로 했다. 그래서 영국 물건은 사지도, 먹지도, 마시지도 않겠다고 맹세했다. 그들은 "영국인들이 잃게 될 돈을 생각해봐. 이제 그들은 따끔한 교훈을 얻게 될 거야" 라고 비웃었다. 식민지 의회도 세금을 걷지 않았다. 가장 과격한 행동은 '자유의 아들들(sons of liberty)' 이라는 무리에 의해 일어났다. 그들은 세리(稅吏)들의 집을 부수고 그들을 마을에서 쫓아냈다.

결국 영국 의회와 왕은 세금을 걷는 것이 너무 많은 문제를 일으킨다고 느꼈다. 영국은 세금을 거두려는 시도를 포기했고, 그리고 몇 년 동안 아메리카 식민지는 조용해졌다.

하지만 1773년에 영국은 아메리카 식민지로 수입되는 차에 다시 세금을 부과했다. 그러자 식민지인들은 보스턴 항구에 있던 배들을 급습하여 배에 실린 차를 몽땅 바다에 던져버렸다. 이 보스턴 차 사건(Boston Tea Party)으로 영국 군대는 보스턴 항구를 폐쇄하고 도시를 점령했다. 그러자 이에 저항하여 아메리카 식민지인들도 대륙의회를 결성하고 영국군의 철수를 요구했다. 그리고 드디어 1775년에 영국 군대와 아메리카 민병대 간의 최초의 총성이 들렸고, 그것은 미국 독립전쟁의 시작이었다.

■ 활용 안내

: 중학교 2학년을 대상으로 미국의 탄생을 다루는 도입부에 제시한다.

■ 생각할 문제

1. 미국 독립전쟁은 단순히 영국의 세금 부과에 저항해서 일어난 것일까?

2. 미국 독립전쟁은 식민지인들의 '반란'일까, 아니면 '혁명'이라고 부를 수 있을까?

3. 미국 독립전쟁에 대한 저자의 설명을 여러분은 어떻게 평가하는가?

5. 맺음말

내러티브의 부활은 최근 역사학계의 최대 화두이다. 과학적 역사에 대한 신뢰의 상실과 함께 '이야기로서의 역사'가 복원되고 있다. 하지만 '새로운' 내러티브는 단순히 선악의 이분구도에 따라 영웅들의 무용담을 묘사한 신화적 이야기가 아니다. 그것은 역사 지식의 상대성, 담론으로서 역사 텍스트, 그리고 해체적 읽기와 쓰기라는 내러티브 이론에 바탕을 두고 있다. 역사 서술 양식으로서 내러티브는 설명적 텍스트에 대한 하나의 서술 대안이다. 내러티브 양식의 역사 텍스트는 개념·일반화·이론·설명의 대상이 아닌, 이해·해석·판단·의미 부여의 대상으로 변모한다. 이는 역사학의 중심이 '구조'에서 '인간'으로 이동하는 것과 궤를 같이한다.

인간은 개인적으로, 사회적으로 이야기된 삶을 이끄는 유기체이다. 인간은 서사적 존재이며 이야기 속에서 살아간다. 왜냐하면 스토리는 인간 경험의 기본 구조이자 인간 생활의 의미를 구축하는 수단이기 때문이다. 즉 내러티브는 세계 해석의 도구이다. 내러티브는 또한 역사 서술의 보편적이고 전통적 양식이며, 트리벨리언(G.M. Trevelyan)의 말처럼 "역사 불변의 본질은 이야기체(narrative)에 있다". 그런데 텍스트로서 내러티브가 의미하는 비판적 독자의 부활은 역사 서술 양식으로서 내러티브가 지닌 다성적(多聲的) 의미 생성의 가능성을 암시한다.

 지금까지 내러티브의 개념과 특성을 살펴보고, 역사 서술체제로서 유용성을 검토한 뒤 역사 내러티브 사례를 개발해봤다. 예전의 역사소설이나 전기, 에세이 등에서 사용돼온 이야기식의 역사 서술을 역사 교과서 같은 교재에 적용한 것이다. 그럼으로써 무미건조하고 딱딱한 설명체 글에서 벗어나 학생들의 관심과 흥미를 끌 수 있는 부드럽고 흥미진진한 교재로의 전환을 시도했다. 내러티브적 역사 서술은 설명적 텍스트에 비해 글의 양이 많다는 단점이 있지만, 그 교육적 활용 가능성은 무한하다. 내러티브 역사 서술은 학생들에게 '읽히는' 글에 그치지 않고 학생들의 적극적인 사고와 개입을 유도함으로써 학생들의 역사 이해 및 인지 능력을 함양할 수 있다. 다만 학생들이 내러티브 화자의 관점과 가치판단을 비판 없이 받아들이거나 역사를 픽션 같은 재밌거리로 받아들이지 않도록 읽기를 위한 안내와 생각할 문제 등을 함께 제시한다면 교사들의 현장 적용에 도움이 될 것이다.

■ 주

1. 김한종 · 이영효, 〈비판적 역사 읽기와 역사 쓰기〉, 《역사교육》 81, 2002.

2. 양호환, 〈내러티브의 특성과 역사 학습에서의 활용〉, 《사회과학교육》 2, 서울대학교 사회교육연구소, 1998.

3. 김기봉, 〈역사의 문학화와 문학의 역사화〉, 《역사와 문화》 6, 2003.

4. 헤이든 화이트, 《19세기 유럽의 역사적 상상력 -메타역사》, 천형균 옮김, 문학과 지성사, 1991, p. 68.

5. Fernand Braudel, "The Situation of History in 1950", trans. by Sarah Matthews, in On History, Chicago, 1980, p. 11.

6. 베네데토 크로체, 《크로체의 미학》, 이해완 옮김, 예전사, 1994, p. 44.

7. 화이트, 앞 책, pp. 439~513.

8. Lawrence Stone, "The Revival of Narrative : Reflection of a New Old Story", Past and Present, 1979, p. 85.

9. Emmanuel Le Roy Ladurie, Carnival in Romans, trans. by Mary Feeney, New York : G. Braziller, 1979.

10. Carlo Ginzburg, The Cheese and the Worms : the Cosmos of a Sixteenth-century Miller, trans. by John and Anne Tedeschi, Baltimore : Johns Hopkins Univ. Press, 1980.

11. Natalie Z. Davis, The Return of Martin Guerre, Cambridge, Mass. : Harvard Univ. Press, 1983.

12. Richard Price, First-Time : The Historical Vision of an Afro-American People, Baltimore : Johns Hopkins Univ. Press, 1989.

13. Peter Burke, "History of Events and the Revival of Narrative", in Geoffrey Roberts(ed.), The History and Narrative Reader, New York : Routledge, 2001, pp. 305~317.

14. Louis O. Mink, "Narrative Form as a Cognitive Instrument", in R. H. Canzry and H. Kozicki(eds.), *The Writing of History*, Madison: Univ. of Wisconsin Press, 1978, pp. 143~147; Mink, "History and Fiction as Modes of Comprehension", in B. Fay, E. O. Golob and R. T. Vann(eds.), *Historical Understanding*, Ithaca & London: Cornell Univ. Press, 1987, pp. 42~60; Mink, "Narrative Form as a Cognitive Instrument", in Roberts(ed.), *The History and Narrative Reader*, pp. 211~220.

15. Hayden White, *Tropics of Discourse: Essays in Cultural Criticism*, Baltimore & London: Johns Hopkins Univ. Press, pp. 18~94; White, *The Content of the Form: Narrative Discourse and Historical Representation*, Baltimore & London: Johns Hopkins Univ. Press, 1987, p. 45; 화이트, 《19세기 유럽의 역사적 상상력》, pp. 23~25; White, "Historical Emplotment and the Problem of Truth", in Roberts(ed.), *The History and Narrative Reader*, pp. 375~389.

16. White, *Tropics of Discourse*, p. 117, p. 129; White, *The Content of the Form*, pp. 20~24.

17. Alex Callinicos, *Theories and Narratives: Reflections on the Philosophy of History*, Polity Press, 1995, pp. 44~56.

18. 화이트의 이러한 주장은 바르트(Roland Barthes)의 다음과 같은 언급을 연상시킨다. "내러티브는 '사실주의(realism)'가 아니다. 내러티브는 '표상' 하지 않고 장면을 구성할 뿐이다. 내러티브는 보여주지도 모방하지도 않는다. 내러티브에서 '일어나는 것'은 실제의 관점에서 보면 '無'이다. '일어난 것'은 언어뿐이다." 롤랑 바르트, 《텍스트의 즐거움》, 김희영 옮김, 동문선, 1997, p. 115.

19. 화이트, 《19세기 유럽의 역사적 상상력》, pp. 35~43.

20. 바르트, 앞 책, p. 33.

21. F. R. Ankersmit, *Narrative Logic: A Semantic Analysis of the Historian's*

Language, Boston, MA: M. Nijhoff, 1983; Ankersmit, "Hayden White's Appeal to the Historians", *History & Theory* 37(2), 1998, pp. 182~193; Ankersmit, "Six Theses on Narrativist Philosophy of History", in Geoffrey Roberts(ed.), *The History and Narrative Reader*, New York: Routledge, 2001, pp. 237~245.

22. Roberts(ed.), *The History and Narrative Reader*, p. 11.

23. Paul Ricoeur, *Time and Narrative*, trans. by K. McLaughlin & David Pellauer, Chicago: Univ. of Chicago Press, 1984.

24. White, *The Content of the Form*, p. 175, p. 181.

25. Hans Kellner, "Narrativity in History: Post-structuralism and Since", *History and Theory* 26, 1987, pp. 1~29.

26. Maurice Mandelbaum, "A Note on History as Narrative", in Roberts(ed.), *The History and Narrative Reader*, pp. 52~58.

27. Chris Lorenz, "Can Histories be True? Narrativism, Positivism, and the 'Metaphorical Turn'", *History and Theory* 37(3), 1998, pp. 309~329.

28. Roger Chartier, *On the Edge of the Cliff: History, Language, and Practices*, tran. by Lydia G. Cochrane, Baltimore & London: Johns Hopkins Univ. Press, 1997. pp. 19~35.

29. David Hackett Fischer, *Historians' Fallacies: Toward a Logic of Historical Thought*, New York: Harper & Row, 1970, p. xii, p. 131.

30. David Carr, *Time, Narrative, and History*, Bloomington, Indianapolis: Indiana Univ. Press, 1986, pp. 1~17; Carr, "Getting the Story Straight", in Roberts(ed.), *The History and Narrative Reader*, pp. 197~208.

31. Perez Zagorin, "History, The Referent, and Narrative: Reflections on Postmodernism Now", *History and Theory* 38(1), 1999, pp. 1~24.

32. W. H. Dray, "On the Nature and Role of Narrative in History", in Roberts(ed.), *The History and Narrative Reader*, pp. 25~39.

33. 화이트, 《19세기 유럽의 역사적 상상력》, p. 17.

34. 우한용 외, 《서사교육론》, 동아시아, 2001, pp. 3~8, pp. 104~111.

35. Lionel Gossman, *Between History and Literature*, Cambridge: Harvard Univ. Press, 1990, pp. 244~256, 292~293.

36. 내러티브가 스토리와 담론으로 구성되었다고 보는 견해도 있다. 이때 스토리는 인물 · 행위 · 사건 · 배경 등 내러티브의 내용을 구성하는 것들이고, 담론은 스토리 즉 내용을 나타내기 위한 표현 · 진술을 말한다. Sigrun Gudmundsdottir, "The Narrative Nature of Pedagogical Content Knowledge", in H. McEwan and K. Egan(eds.), *Narrative in Teaching, Learning, and Research*, New York: Teachers College Press, 1995, pp. 24~38.

37. W. B. Gallie, "Narrative and Historical Understanding", in Roberts(ed.), *The History and Narrative Reader*, pp. 40~51.

38. Robert F. Berkhofer, Jr., *Beyond the Great Story: History as Text and Discourse*, Cambridge & London: Harvard Univ. Press, 1995, pp. 27~44.

39. M. C. Lemon, *The Discipline of History and the History of Thought*, London & New York, 1995, pp. 42~79.

40. Francois Furet, "From Narrative History to Problem-oriented History", *in In the Workshop of History*, trans. by Jonathan Mandelbaum, Chicago, 1982, p. 56.

41. 이미미, 〈역사가의 사고 과정이 드러나는 서술의 특징과 교재개발 방향〉, 서울대학교대학원 석사 학위논문, 2000.

42. Davis, *The Return of Martin Guerre*.

43. Ginzburg, *The Cheese and the Worms*.

44. 바르트, 앞 책, p. 8.

45. Roland Barthes, "Introduction to the Structural Analysis of Narratives", *New Literary History* 16(2), 1975, pp. 237~272.

46. 바르트, 《텍스트의 즐거움》, pp. 9~47.

47. 곽차섭, 〈역사, 소설, 미시사의 글쓰기〉, 《역사와 문화》6, 2003.

48. 우한용 외, 앞 책.

49. Philip W. Jackson, "On the Place of Narrative in Teaching", in McEwan and Egan(eds.), *Narrative in Teaching, Learning, and Research*, pp. 3~23.

50. Isabel L. Beck, Margaret G. McKeown, and Jo Worthy, "Giving a Text Voice can Improve Students' Understanding", *Reading Research Quarterly* 30(2), 1995, pp. 220~238.

51. Richard J. Paxton, " 'Someone With Like a Life Wrote It' : The Effects of a Visible Author on High School History Stdents", *Journal of Educational Psycholoogy* 89(2), 1997, pp. 235~250.

52. 최소옥, 《내러티브를 통한 중학생의 역사 이해》, 서울대학교대학원 석사학위논문, 2000, pp. 14~51.

53. 윌스는 자신의 역사 수업에서 중국 역사의 정치질서 · 경제구조 · 사회적 유동성 · 과거제도 · 유교 등 다양한 주제를 다루었지만, 학생들이 가장 흥미를 느낀 부분은 태평천국의 난을 일으킨 홍수전(洪秀全)이라는 인물이었다고 말했다. 이후 윌스는 전기처럼 인물들의 삶을 다룬 역사 내러티브를 통해 과거 중국 사회의 많은 부분을 다루었다. 즉, 그들이 어떤 정부체제 아래에서 살았고, 사회적 지위는 어떠했으며, 당시의 가족구조 및 계급구조, 종교와 철학 등이 어떠했는지를 그들의 인생 경험과 함께 가르칠 수 있었다. John E. Wills, Jr., "Lives and Other Stories: Neglected Aspects of the Teacher's Art", *History Teacher* 26(1), 1992, pp. 33~49.

54. Beck, et. al., "Giving a Text Voice can Improve Students' Understanding", 1996, pp. 220~238; James F. Voss and Laurie Ney Silfies, "Learning From History Text: The Interaction of Knowledge and Comprehension Skill with Text Structure", *Cognition and Instruction*

14(1), pp. 45~68.

55. Bruce Vansledright and Jere Brophy, "Storytelling, Imagination, and Fanciful Elaboration in Children' s Historical Reconstructions", *American Educational Research Journal* 29(4), 1992, pp. 837~859.

56. Jerome S. Bruner, *Acts of Meaning*, Cambridge, Mass.: Harvard Univ. Press, 1990.

57. 김한종은 역사 수업에서의 내러티브를 수업 소재인 사료로서 내러티브, 교사의 수업 담론으로서의 내러티브, 교수 내용지식으로서 내러티브, 역사인식 도구로서 내러티브로 나누었다. 김한종, 〈역사 수업도구로서 내러티브의 구성 형식과 원리〉, 《사회과교육학연구》 3, 한국사회과교육연구회, 1999.

58. 정선영, 《과학적 역사설명 논리와 역사교육에의 적용》, 서울대학교대학원 박사 학위논문, 1993.

59. Isabel L. Beck, Margaret G. McKeown, Gale M. Sinatra, and Jane A. Loxterman, "Revising Social Studies Text from a Text-Processing Perspective: Evidence of Improved Comprehensibility", *Reading Research Quarterly* 26(3), 1991, pp. 251~276.

60. Kieran Egan, *Teaching as Story Telling: An Alternative Approach to Teaching and Curriculum in the Elementary School*, Chicago: Univ. of Chicago Press, 1986, pp. 26~38, p. 115.

61. 최소옥, 《내러티브를 통한 중학생의 역사 이해》, pp. 24~32,

62. 베르톨트 브레히트, 《서사극 이론》, 김기선 옮김, 한마당, 1999.

63. William Cronon, "A Place for Stories: Nature, History and Narrative", in Roberts(ed.), *The History and Narrative Reader*, pp. 409~434.

64. Richard J. Paxton, " 'Someone With Like a Life Wrote It' : The Effects of a Visible Author on High School History Students", *Journal of Educational Psychology* 89(2), 1997, pp. 235~250.

65. Beck, et. al., "Giving a Text Voice can Improve Students' Under-standing", pp. 220~238.

66. [사례 2], [사례 3], [사례 4]는 다음 책을 주로 참조하였음. 윌리엄 L. 랭어 엮음, 《호메로스에서 돈키호테까지》, 박상익 옮김, 푸른역사, 2001, pp. 215~216.

3부

민족·세계의 인식과 역사교육

07

포스트모던 역사 이론의 '민족' 논의와 역사교육

양 정 현

포스트모던 역사 이론이 제기한 '민족', '민족주의', '민족주의 사학' 담론은 어떤 역사를 가르칠지에 관한 역사과의 위상, 내용 구성 체계 전반에 대한 문제 제기인 동시에 한국 사학계와 역사교육계에 자기 성찰의 기회를 제공했다는 점에서 중요한 의의를 가진다. 그러나 세계화 시대의 다국적 자본과 강대국의 공격적·탐욕적·자민족 중심주의의 실체가 엄존한 상황에서, 포스트모던 역사 이론은 다양한 얼굴을 갖는 민족주의의 부정적 측면만을 비판 대상으로 삼아 결과적으로 가치의 무정부 상태를 초래할 위험성을 안고 있다.

1. 머리말

최근 역사학계뿐 아니라 언론, 정계 등에서 역사교육에 관한 논의가 자주 등장한다. 역사교육 위기론, 세계사 교육 고사론, 일본 역사 교과서 왜곡 파동, 그리고 최근 《한국 근현대사》 검정 교과서의 현 정부 서술에 대한 논란 등이 이어지고 있다. 이런 논의의 한편에서는 역사 교사들이 학생들과의 소통에 심각한 어려움을 토로한다. 역사교육의 총체적 위기라고 할 만하다.

역사교육과 관련한 이러한 논의들의 발단이나 근거는 다양하며, 논의가 진전되면서 논점이 중첩되기도 한다. 논의는 역사교육 관련 영역을 넘어 정치 차원에서 정권의 정당성에 대한 논란으로 이어지기도 하고, 일본 역사 교과서 왜곡 파동에 이르러서는 동아시아 삼국의 외교 문제로까지 번지기도 한다.

역사교육 위기론은 역사학·역사교육 관련 단체와 연구자들에 의해 제기된 것으로, 사회과 통합의 흐름 속에 역사 과목의 위상이 약화돼가는 추세에서 촉발된 것이다. 즉, 제6차 교육과정에 이어 제7차 교육과정에서 역사 과목이 해체·굴절되고, 비중이 축소된 데 대한 문제 제기인 것이다.[1]

세계사 교육 고사론 역시 제7차 교육과정에서 세계사의 비중이 지나치게 낮고 불공정하게 편성됨으로써 학생들이 세계사를 학습할 수 있는 기회가 줄어든 안타까운 현실을 개탄한 데서 비롯되었다.[2] 결국 '역사교육 위기론'과 '세계사 교육 고사론'은 중등학교 교육과정 내 사회과 통합의 추세 속에 역사 과목의 위상 축소와 과목 존폐의 기로에서 역사교육계가 느끼는 위기의식이라고 할 수 있다.

이에 비해 일본 역사 교과서 왜곡 파동과 고등학교 《한국 근현대사》 서술에 관한 논란은 주로 서술 시각과 내용 구성 체계의 문제라고 할 수 있다. 일본 역사 교과서 왜곡 파동은 일본에서 검정을 통과한 중학교 역사 교과서의 우리나라 관련 부분에 관한 문제 제기로, 특히 《새로운 역사 교과서》(후소샤 출판사)가 심각한 논란의 대상이 되었다.[3] 고등학교 《한국 근현대사》 검정교과서의 경우는 정치권 일각에서 현 정부 찬양 일변도의 편향적인 서술이라는 점을 문제 삼고 있다.

이렇듯 최근의 역사교육 관련 논의들은 크게 교육과정 및 교과서 제도에 관한 것과 역사인식 체계 및 서술 내용에 관한 것으로 나눌 수 있다. 그런데 문제는 이러한 논의들이 학생들에게 어떤 역사를 가르쳐야 할지에 대한 숙고가 부족하다는 점이다.[4] 물론 이런 논의들이 역사학계 밖을 향한 주장과 요구이기 때문에 어떤 역사를 가르칠지에 대한 논의까지 담을 수는 없었을 것이다. 그러나 역사 과목의 위상 재정립을 위해서는 어떤 역사를 가르칠 것인지에 대한 실질적이고 구체적인 논의와 대안 제시가 요구되는 것이 사실이다. 이와 관련해 최근 활발하게 논의되고 있는 주요 경향이 포스트모던 역사 이론이다.

이 글에서는 포스트모던 역사 이론에서 제기한 '민족' 논의를 중심으로 최근의 역사교육과 관련한 주요 논점들을 정리해보고자 한다. 포스트모던 역사 이론은 민족의 실체, 민족주의, 민족주의 사학을 하나의 범주로 파악하여 논의를 전개하고 있다. '민족주의' 문제는 자국사 교육, 자국사와 세계사, 일본 역사 교과서 왜곡 사건 등의 논의에서도 주요 논점이 되며, 세계화 시대에 세계사의 위상과도 관련된다. 역사교육에서 '민족' 담론에 대한 논의의 갈래를 더욱 선명하게 파악한다면 교육과정에서의 역사과의 위상, 국사와 세계사의 연계성, 내용 구성 체계에 대한 논의를 진전시킬 수 있을 것이다.

2. 포스트모던 역사 이론의 '민족' 논의와 한국사 인식

'민족', '민족주의'는 근대 한국 사학과 역사교육의 핵심 개념이며, 내용 구성 체계의 원리이자 내용 자체였다. '민족'을 중심 개념으로 한 역사학은 '민족주의 사학'이라고 불리며, 한국 근대 역사학의 큰 흐름을 이뤄왔다.[5] 따라서 '민족', '민족주의'에 대한 비판적 검토는 곧 한국 역사학계와 역사교육 전반에 대한 문제 제기를 의미한다.

최근 한국의 '민족', '민족주의', '민족주의 사학'에 대한 비판적 검토가 포스트모던 역사 이론에서 개진되었다. 포스트모던론자들에게 역사 서술은 세계와 인간에 대해 의미를 부여하는 여러 담론 가운데 하나다.[6] 즉, 역사학에서 중요한 것은 실제 일어난 역사가 아니라 담론으로서 역사라는 것이다. 나아가 모든 역사 이야기는 본질적으로 인위적인 구성물, 특정 집단의 이해관계(이데올로기)를 반영하는 것으로 간주된다. 결국 역사는 저자(著者)의 태도를 유효하게 만드는 권력의 분포를 반영할 뿐이라는 것이다.[7] 또한 과거와의 대화 방식에 따라 역사 서술이 달라지고 그 서술 방식에 따라 역사의 의미가 규정되므로, 서술 형식 자체를 '담론'으로 파악해야 한다는 것이다. 이른바 '언어로의 전환'인 셈이다. '민족', '민족주의', '민족주의 사학'도 하나의 담론이며, 거대 담론이다.

포스트모던 역사 이론에서도 역사를 과거와 현재와의 대화로 보지만, 대화의 주체에 대한 견해가 다르다. 사회, 민족, 계급 같은 어느 하나의 거대 추상 주체가 아니라 이데올로기와 태도에 따라 달라지는 복수의 주체인 것이다.[8] 따라서 '민족', '계급' 개념에 입각한 역사인식을 실체가 아닌 허상으로 간주하고, 이것을 해체하자고 제안한다. 즉, 진보·이성·계급·민족 등과 같은 근대 역사학의 주류 지배 담론 체제를 해체하고, 유럽·백인·남성·이성 중심 등 주류 담론의 관점에서 벗어나야 한다는 것이다.[9]

'민족'의 실체와 구성 요건에 대한 이해는 논자마다 다르며,[10] '민족주의'는 역사 조건에 따라 구체적인 내용이 채워져야만 실체가 드러나는 추상적인 개념인 동시에 자기 완결적 논리를 갖지 못하는 '이차적 이데올로기'다.[11] 세계사 속에서 민족주의와 접목되는 이데올로기의 스펙트럼은 사회주의에서 극우 파시즘까지 폭넓게 걸쳐 있다.[12] 따라서 '민족', '민족주의', '민족주의 사학'에 관한 논의는 결국 이러한 개념들이 운위(云爲)되는 현실과 그 안에서의 기능을 전체적인 맥락에서 조명할 필요가 있다.

포스트모던 역사 이론의 관점에 입각하면, 우리나라 역사학계의 연구 경향과 관점에서 문제가 되는 것은 '민족' 실체의 모호성, '민족주의'의 협애함과 폐쇄성, '민족주의 사학'의 국수주의적인 경향이다. 한국사 연구자들이 민족적 형식을 강조한 나머지 민족을 초역사적, 자연적 실재로 부당 전제함으로써 역사 연구의 인식론적 가치를 훼손했을 뿐 아니라, 인식 지평을 고정된 민족적 형식에 가둠으로써 현실에 열려 있는 건강한 실천적 지향을 굴절시키고 있다는 것이다.[13] '민족의 얼'이나 '민족정신' 같은 추상적 관념도 결국 '민족'에 대한 부당 전제로부터 나오는 것이며, 민족사를 이의 실현으로 간주하는 것 역시 한국사를 심하게 왜곡하게 될 것이라고 본다.[14]

그러나 포스트모던 역사 이론이 한국 사학계에 차용되어 우리나라의 학문 풍토와 현실을 파악하고 대안을 모색하는 논리적 기반으로 작용할 경우 몇 가지 난맥상을 노출할 수 있다. 우선 이념으로서 포스트모던 논리는 절대적 진리와 단선적 진보를 거부한다는 점에서 서구를 근대화의 전형으로 간주했던 근대화론의 서구 중심적 편향으로부터 벗어날 수 있는 여지를 마련한다. 그러나 세계화의 추세 속에서 다국적 자본과 강대국의 패권주의, 국민국가의 위상을 놓고 볼 때, 제삼세계의 신종속과 저발전 현실에는 주목하지 못하고 있다.[15] 즉, 포스트모더니즘이 한국 근대화 과정에서의 분단 체제가 안고 있는 모순, 국민 경제의 왜곡, 민중 주권의 배제 등 우리나라 현실 인식에 대한 문제를 중대성만큼 비중을 두고 다룰 수 있을지에 대해서는 회의적이다.

포스트모던 논의는 말 그대로 근대의 해체를 통한 탈근대사회를 지향한다. 그러나 종종 거대 담론 자체를 부정하고 미시 담론만을 추구하여, 실제로 근대 자본주의 · 제국주의 체제에 대한 근본적인 비판과 총체적인 대안 마련에 소홀하다는 점을 간과할 수 없다.[16] 애초 포스트모더니즘이 서구에서 주류 담론에 대한 일종의 저항 담론으로 발원하여 탈중심을 지향하고 있긴 하지만, 원심화는 형식에 놓여 있을 뿐 내용 면에서는 서구 중심으로의 구심화가 더 크게 작용하고 있다는 것이다.[17] 요컨대 우리나라에서 포스트모던 역사 이론은 '보편' 지향, 서구 지향의 계몽적 특성을 지니고 있다.

이러한 역설은 포스트모던 역사 이론의 한국 사학에 대한 이해에서도 찾아볼 수 있다. 서구의 포스트모던 역사 이론은 근대 역사학을 서구 · 백인 중심의 거대 담론으로 비판하면서 이를 해체하자는 저항 담론적 특성을 띠고 있다. 그런데 문제는, 획일적 서구문명화에 희생된 개별 고유문화에 주목하자는 논리가 한국 사학계에 이르면 민족 중심의 거대 담론에 대한 비판으로 나아간다는 점이다.[18]

포스트모던 역사 이론에서는 당위로써 민족이 아니라 현실로써 민족을 탐구 대상으로 삼아야 한다고 주장한다. 민족이라는 실체에 대한 이야기가 역사를 구성하는 게 아니라, 역사 이야기가 민족을 구성한다는 것이다. 그렇게 민족이라는 실체가 무엇인지도 분명하지 않은 현실 속에서도 민족 담론이 막대한 힘을 발휘할 수 있는 이유는 민족이 사회적 실재라기보다 담론적 실재로 존재하기 때문이라고 본다.[19]

한국 민족주의 사학에 대한 이해에서 포스트모던론자들은 한국 현대사에서 민족주의라는 이름의 국가주의적 양상에 주목한다. 포스트모던 역사 이론은 한국 사회에서 '민족' 논의가 지금까지 해방 담론으로 작용했는지, 아니면 억압 담론으로 작용했는지를 묻고 있다. 남북 분단 상황에서 한국의 정치권력은 독재정권을 유지, 합리화하고 저항 세력을 억압하는 수단으로 '민족주의'를 내세웠다고 본다.[20] 즉, 한국사 연구자들이 한국사 인식에서 민족이나 계급의 관점으로 접근하고 역사에 절대적인 의미를 부여함으로써, 진보와 해방을 내세운 민족 계급 담론이 인간을 한층 더 나은 삶으로 이끌기보다 오히려 억압하고 왜곡하는 굴레가 되었다는 것이다.[21]

이 지적은 한국 현대사에서 '민족주의'의 이름으로 행해졌던 지배권력의 이념 지향에 대한 비판의 근거로 일정한 타당성을 갖는다. 민족과 계급은 '객관적' 또는 '선험적'으로 주어지는 것이 아니라 인간이 언어와 담론을 통해 규정한 집단적 정체성에 의해 만들어지는 일종의 언어와 담론의 소산으로 인식해야 한다는 주장은 정당하다. 민족, 계급 같은 특정 역사 주체가 과거를 전유함으로써 약자, 소수자들이 역사에서 배제되는 것이 우리의 현실이었다. 이때의 민족주의는 억압 담론이다. 포스트모던 논의는 이 점에서 근대 및 한국적 근대를 비판적으로 성찰할 수 있는 계기를 제공하고 있다. 역사 서술에서 국가·민족에 선험적으로 도덕적 정당성을 부여하지 않을 경우에만 주민 집단을 민족으로 통합할 수 있으며, 그 속에서 권력 관계에 의해 배제되는 다른 주민 집단의 고통을 역사적으로 복원할 수 있다는 주장이 한국 사학의 한계에 대한 비판적 성찰이 될 것이다.[22]

그러나 포스트모던 역사 이론의 한국 민족주의 비판은 비판 대상만을 민족주의의 범주로 묶고, 탈민족론을 보편적 가치라는 차원에서 옹호하고 있는 자의성과 불균형성을 보인다.[23] 박정희 정권이 내세운 민족주의가 국가주의 색채가 강한 것이라면,[24] 민주화 운동 세력이 바탕으로 삼았던 민족주의는 반외세·반독재 저항 담론의 구실을 했던 것이 사실이다.

억압적 측면을 말한다면, 세계화 추세에서의 초국적 자본과 자본주의 체제, 그리고 한국 현대사에서 자유민주주의가 억압 기제로 작용했던 측면도 따져볼 일이다.[25] 그리고 한국 사회, 나아가 동아시아에서 민족주의나 자유민주주의를 지배 이데올로기로 활용하는 국내외 지배 집단의 성격과 힘, 국가의 위기를 증폭시키는 국제정치의 역학 관계에 주목하고, 아울러 그것이 관철되는 사회적 토양에 대해 좀 더 유의할 필요가 있다.

오늘날 '민족'은 실체이고, '국민국가'는 현실이며, '자국사 교육'은 당위다. '민족'은 단순한 상상이나 날조의 산물이 아니다. 근대 사회에서 광범위한 사회집단을 결집하는 강력한 끈은 공통의 역사였고, 가장 강력한 집단적 정체성을 대변하는 것은 민족이었다. 따라서 국사 서술은 각 민족 구성원이 민족 정체성을 찾고 유지하는 가장 효과적인 단서가 되었다. 물론 역사학 자체에 대한 평가가 달라지고, 역사를 보는 시각이 다르며, 교육목표 역시 시대에 따라 다르게 마련이다. 따라서 이 당위성은 국사의 본질에 관한 부분과 함께 상황의 변화에 효과적으로 대응할 수 있는 경우에만 보장받을 수 있다.[26] 포스트모던 역사인식은 삶의 토대로서 민족과 국민국가 속의 개인을 자각하는 측면에서 좀 더 현실감을 가져야 하며, 한국 사학계는 논의의 흐름이, 개인이 민족에 매몰되지 않도록 유의해야 한다.

3. 포스트모던 역사 이론의 국사 교과서 이해와 교수·학습 방안 논의

국사 교과서에 대한 논의에서도 '민족', '민족주의', '민족주의 사학'이 문제가 된다. 국사 교과서가 안고 있는 문제점은 그동안 한국 사학계 내에서 무수히 지적돼왔다.[27] 그러나 포스트모던 역사 이론에서 제기하는 문제점은 한국 사학계 내에서 지적해왔던 것과 다른 맥락이다. 포스트모던 역사 이론에 의하면, 역사 교과서는 객관적이고 엄정한 사실만을 담은 교재라기보다 특별한 양식의 글이다. 즉, 역사 교과서는 한 사회의 전형적인 지배 담론으로, 특정한 필요와 이념에 의해 만들어지고 바뀌어왔다. 교과서에 실린 내용은 공식적인 지식이 되는데, 공식화의 배경과 과정은 사회체제의 유지와 밀접하게 관련된다. 그러면서도 역사 교과서는 서술의 주체와 관점을 집요하게 숨긴다.[28]

포스트모던 역사 이론은 우선 국사 교과서에서 '민족'을 어떻게 다루고 있는지를 문제 삼는다. 국사 교과서는 민족이 무엇인지에 대해 정의하지 않은 채 '민족'이라는 용어를 막연히 한국이라는 용어 대신 사용하는 경향이 있다는 것이다. 이럴 경우, 국사 교과서는 선험적으로 민족을 초역사적 실체로 가정하고 우리 역사를 서술하게 되는데, 이는 필연적으로 확대·과장·축소·왜곡을 수반하게 된다는 것이다.[29] 교과서에 그려져 있는 국가(우리나라, 조국)와 민족(우리 민족), 민족주의는 역사적 실재가 아니라 초역사적 당위나 규범 수준의 허구적 국가, 민족, 민족주의라는 것이다.[30] 이와 같은 포스트모던 역사 이론의 시각에서 보면 국정 국사 교과서는 '민족', '민족주의'의 억압성을 보여주는 전형이라고 할 수 있다.

실제로 국사 교과서가 이러한 관점으로 서술된 측면도 있다. 이는 포스트모던 역사 이론의 관점에 준하지 않더라도, 예전부터 이른바 '지배 이데올로기'라고 비판해오던 것들이다. 전근대사회 민족공동체를 서술할 때는 사회 내부의 신분·계급 구조와 관련지어 실상이 균형 있게 밝혀져야 한다. 그런데 민족의식이나 공동체 의식이 지금과는 달랐을 과거에 민족의 현재적 관점을 그대로 투영할 경우, 과거의 역사상이 왜곡되면서 정치권력의 지배 이데올로기로 작용하게 된다는 것이다.[31] 포스트모던론자들이 주요 논점으로 삼고 있는 지배 이데올로기로서 민족 담론과 국사 교과서의 민족주의 사관에 대한 비판은 짧지 않은 연원을 가진다. 즉, 1980년대를 전후로 한 사회·교육의 민주화 운동 과정을 거치면서 국사 교과서가 담고 있는 정치권력의 지배 이데올로기에 대한 비판이 끊임없이 제기돼왔다. 또한 대안을 찾기 위한 검토가 이뤄지고 있다는 점에도 주목할 필요가 있다.

이 같은 이데올로기 비판을 계급 담론으로 파악하면서 이 또한 하나의 거대·억압 담론으로 간주할 수도 있다. 그러나 1980~1990년대를 견뎌온 이러한 움직임의 역사성과 당시의 교육 환경을 생각한다면 역사교육 담당 주체들이 가진 현실 변혁에 대한 지향은 거대 담론일 수는 있어도, 결코 억압 담론으로 간주할 일은 아니다.

한편, 우리나라의 국사 교과서에는 사실의 나열만 있을 뿐 민족주의적 관점이 초지일관 관통하는 사관(史觀)으로 이뤄지지 않았다는 문제 제기도 있다.[32] 즉, 국사 교과서와 관련해 민족주의를 이야기하는 것은 무리라는 뜻이다. 이에 따르면 민족주의 코드로 일관된 교과서라고 하기에는 국사 교과서가 졸작이라는 비판이 나올 수 있다.[33] 이렇게 민족주의적 관점을 강하게 표방하고 있지만 민족주의적 관점으로 일관하지 못하고 있다는 주장과, 민족의식이 지나치게 반영되어 있어 문제라는 주장이 공존하는 것은 '민족주의', '민족주의 사학'에 대한 인식의 차이 때문이라고 할 수 있다.

전반적으로 국사 교과서는 민족주의적 지향에 걸맞은 내용을 담아내지 못한 채 형해(形骸)화되었다고 할 수 있다. 교과서가 지리한 사실만을 나열하고 있고, 암기 이외에는 다른 교육 방안을 찾기 어렵다는 비판도 여기에서 비롯한다. 국사 교과서의 실상이 이러한 탓에, 교과서가 민족주의로 윤색되었다는 점을 인정한다고 해도 그 교과서로 배운 아이들이 제대로 된 민족의식을 갖게 될 것인지는 의문이다.

결국 민족주의가 다양한 얼굴로 실체화될 수 있다면, 극복해야 할 민족주의와 지향해야 할 민족주의를 구분해야 한다. 예를 들어, 상호 충돌하는 사회 구성원들의 다양한 이해관계나 내부의 이해 갈등을 은폐, 또는 적대시하고, 지배권력=국가라는 등식을 통한 외부와의 대결을 조장하는 허위 이념으로서 기능하는 민족주의는 극복 대상이 된다.[34] 민중적·시민적 이해와 민주주의에 입각해 자주·통일을 담보해낼 수 있는 민족주의라면 그것은 우리가 지향해야 할 이념 지표가 될 수 있을 것이다.

이 점에서 민족주의를 표방하면서 민족의식을 고취하지 못하는 현행 국사 교과서의 한계는 '민족' 개념을 둘러싼 주류 한국 사학계와 포스트모던 민족 담론의 상이한 인식 양쪽의 지양을 통해서 극복될 수 있을 것이다. 전근대 역사 서술에서 운명 공동체로서의 민족을 지나치게 강조할 경우 사회 내부의 모순 구조를 극복해가는 역사 발전 과정, 민족 공동체 의식의 형성 과정을 제대로 드러내지 못하게 된다. 또한 민족은 신분·계층과 어떻게 연계되어야 하는지에 대해서도 당시의 실상을 통해서 말할 수 있어야 할 것이다. 예를 들어, 조선 시대 양반과 노비 간에는 과연 공동운명체라는 소속감이 어느 정도 있었을까 등은 좀 더 정밀한 고찰을 필요로 한다.

또한 근현대사 서술에서는 개인의 실존이 민족·민족사와 구체적으로 연계될 수 있어야 할 것이다. 학생들로 하여금 추상적이고 초역사적인 민족 개념을 수용하도록 하는 것이 아니라, 자신의 구체적인 삶에서 출발하여 그 삶의 토대로서의 민족·민족사를 생각해보도록 해야 할 것이다. 이를 통해서 형해화된 국사 교과서의 민족주의, 그로 인한 지리한 사실의 나열이라는 한계를 극복하고, 자주와 통일, 민중적 시각을 담아낼 수 있을 것이다.[35]

한편 포스트모던 역사 이론을 바탕으로 한 역사 교수·학습 논의도 주목된다. 포스트모던 역사 이론의 시각으로 역사 수업이 이루어지는 교실을 들여다보면, 학생들은 과거에 대한 여러 방식의 서술 체제를 접할 수 없어 어떤 해석이 가장 설득력 있는지를 살펴볼 기회를 갖지 못하는 현실을 보게 된다. 학교에서 가르치는 역사 지식은 의심되거나 비판되거나 재구성될 수 없는, 사실의 완성된 집합체로 여겨지는 것이다.[36]

이러한 양상에 대해 포스트모던 역사인식 및 연구 태도에서는 '역사를 가르치고 배우는 행위'의 의미와 과정을 새롭게 정의할 필요가 있다고 강조한다. 보편 지식에 대한 회의는 인식의 주체와 대상을 구분하는 이분법적 사고의 탈피를 의미하며, 이것은 곧 교수·학습의 본질에 대한 근본적인 문제 제기로 이어진다는 것이다. 이를 통해 '비판적 역사 읽기'와 '역사 쓰기'의 중요성이 부각되고 있다. 모색과 사유를 거듭함으로써 점차 생산적인 텍스트 읽기가 가능해졌을 때 비로소 '쓰기' 과정을 통해 더욱 선명하게 그 생성물을 드러낼 수 있다는 것이다.[37]

비판적 읽기와 쓰기는 주체로서 자신의 관점이 명확해졌을 때 가능한 일이지만, 이러한 활동을 통해서 자기 관점을 형성해나가는 계기가 되기도 한다. 포스트모던 역사 이론이나 포스트모던 역사교육론은 주체의 단위를 개인으로 설정하고 논의를 전개해간다는 점에서 학습자가 텍스트를 비판적으로 읽고 쓰는 주체로 설 수 있는 여지를 확대했다. 단, 이때 학습자의 자기 주체 인식은 학습자가 속한 한국 사회 현실에 대한 인식을 바탕으로 해야 한다. 즉, 민족의 일원으로서 자기 존재를 객관화해가는 과정이어야 한다는 뜻이다. 주체와 주관이 있어야 객관도 있는 법이다. 주체가 없는 주객의 구분은 성립하지 않으며, 주체 · 주관이 있음으로써 스스로에 대한 객관화도 가능하다. 나를 나로 인식하지 못하면 남도 남으로 인식할 수 없다.[38]

이러한 인식이 동반되지 않으면 포스트모던 역사교육의 자기 주체는 탈가치적인 개인주의로 흐르게 될 것이다. 학생 개인이 '주체'를 인식하는 데 민족이나 국가 또는 삶의 터전에 대해서 어떠한 관점을 가져야 하는지에 대한 논의는 끊임없이 이뤄져야 할 문제다. '민족의 일원'이라는 인식은 민족에 종속된 개인을 이야기하는 것이 아니다. 주체로서 개인인 동시에 민족의 일원이라는 인식이다. 물론 출발은 주체로서 '개인'이다.

역사 교수 · 학습 측면의 이러한 문제의식은 이미 교실 현장에서 구체화되고 있다. 역사교육은 스스로 역사적인 삶을 살고자 하는 교사와 주체적으로 자신의 미래를 개척해나가고자 하는 학생들이 만나 희망을 이야기하고 미래를 설계해가는 장이라는 인식이 바로 그것이다.[39] 따라서 학생들이 역사에 대해 자기 의견을 가질 수 있게 도와줘야 하고,[40] 호기심과 의문을 갖고 스스로 판단할 수 있으며 자기 생각을 표현할 수 있는 능력[41]을 길러줘 '현재를 올바르게 사는 데 도움을 줄 수 있는 역사'[42]를 구현해야 한다.

최근에 교사는 역사를 압축해 단순히 전달하고 학생들은 이것을 암기하는 단계를 벗어나, 교사와 학생 모두가 역사 지식의 생산자여야 한다는 논의가 계속되고 있다. 이러한 논의는 학생들이 스스로 읽고 탐구할 수 있는 학습지의 활용, 과거로 들어가 학습 대상 인물이 되어 글과 만화·신문 등의 다양한 방법으로 표현해보는 역사 글쓰기, 극화 수업 등에 관한 많은 사례로 발표되고 있다.[43]

이미 학생들은 포스트모던 시대에 살고 있으며, 포스트모던적 사고를 하고 있다. 이러한 상황에서 학생과 역사 사이의 소통을 중재하는 교사는 실존의 문제로 이미 포스트모던적 접근을 하고 있다. 따라서 포스트모던론자들은 포스트모던 역사인식론에 입각한 역사교육론을 소개하는 수준을 넘어서 좀 더 적극적으로 우리나라 현실과 역사 교실 현장의 문제의식을 담아낼 필요가 있다.

4. 포스트모던 시대 자국사 교육과 세계사 교육의 연계

민족, 민족주의, 민족주의 사학에 관한 포스트모던 역사 이론의 문제 제기는 역사교육에서 자국사와 세계사의 방향과 연계, 역사 과목 내에서 두 영역의 위상을 어떻게 설정할지에 대한 논의에도 하나의 실마리를 제공한다.

21세기의 세계는 세계화가 강화되는 한편 지방화의 경향도 보이고 있다. 이 과정에서 국민국가는 세계화와 지방화라는 양극의 원심력으로 인해 의미와 비중이 점차 약화돼가고 있다. 그러나 일각에서는 이러한 추세와 전혀 상반되는 민족주의와 인종주의가 분출하는 양상도 보이고 있다. 자본 거래의 자유화와 개방화를 통해 선진국과 다국적 자본이 최대 이익을 도모하고, 이러한 상황에서 국민국가 간에 나타나는 이해관계의 대립과 갈등은 첨예할 수밖에 없는 게 현실이다. 따라서 세계화에 속도가 붙는다고 해도 정치와 역사의 책임

주체인 '국민'의 중요성은 약화되지 않을 것이다. 국제 평화, 민주주의 유지의 결정 단위로서 가장 실체가 분명한 것은 여전히 국민국가이기 때문이다.

이러한 상황 변화에서 민족주의를 폐기해야 하는지, 아니면 더욱 강화해야 하는지에 대한 문제가 대두될 수 있다.[44] 그리고 이 문제는 자국사와 세계사(외국사)를 어떠한 관점으로 연계시켜서 교육과정에 반영할지에 대한 논의로 이어진다. 자국사와 외국사를 전혀 다른 관점으로 인식하느냐, 하나의 관점으로 인식하느냐는 '민족' 개념을 어떻게 파악하며, 민족주의를 어떻게 인식할지의 문제인 동시에 보편과 특수에 관한 문제이기도 하다.

이 문제는 근대국가 형성 과정에서부터 제기되었다. 근대 민족국가 수립 과정에서 역사교육은 국민 의식 형성에 중대한 기능을 담당했다. 이 당시 자국사와 세계사는 서로 보완 관계였다. 국사 교육을 통해 국가 성원으로서의 국민 의식을 갖도록 했으며, 외국사 교육을 통해 국제사회에서 민족 현실을 확인하고 국민국가의 진로를 모색하는 기반으로 삼고자 했던 것이다.

그러나 자국사와 세계사에 대한 인식과 서술은 상이한 논리였다. 이는 자국사 교육과 외국사 교육에 기대했던 바가 달랐다는 뜻이다. 근대 개혁기의 경우, 국사는 국체(國體)의 대요(大要)를 알게 하여 국민 지조(國民 志操)를 기르는 것을 목표로 삼았다.[45] 이러한 국체 관념은 이후 국수(國粹) 개념으로 구체화되는데, 국수란 그 나라에 전해져 내려오는 풍속·관습·법률·제도 등에 반영되어 있는 총체적인 정신이다.[46] 이러한 국사 교육의 목표는 오늘날 애국심 함양, 민족의식 고취로 이어진다고 할 수 있다.

이에 비해 외국사의 경우는 개화기 이후 시무(時務)의 필요성에 맞취 내용이 편성되었다. 외국, 특히 서구 제국의 정치체제, 풍토, 경제력, 국방 등에 대한 정보 습득을 통해 이를 시무의 자원으로 삼았던 것이다.[47] 내용은 서유럽사 중심이었지만 명칭은 '만국사'였다. 20세기 초 문명계몽론이 활기를 띠면서 우리나라 만국사는 일본의 외국사 인식 체계를 수용하게 되었는데, 이는 동·서양사 이분 체제였다. 이때 서양사는 서양 문명의 발달 과정을 중심으로 내용이 편성되었으며, 이는 문명화·근대화의 전거가 되었다.[48]

자국사와 외국사의 가치에 대한 상이한 인식은 오늘날에도 이어지고 있다. 여전히 국사는 민족의식과 애국심 고양을 주요 목표로 삼고 있으며, 세계사는 문명론적 관점에 입각해 있다.[49] 이는 역사학계의 인식 지평과 연계되어 있다. 한국사 연구자들은 '민족주의 사학'에 입각해 한국사에서의 발전 모습을 찾고 그 가운데 '세계사적 보편성'을 확인하는 데 주력했는데, 이때 보편적 기준을 이루는 것이 서구의 근대화 과정이었다.[50]

포스트모던 역사 이론은 이에 대해 민족사의 발전을 선험적으로 전제하고 서구 근대의 경험에 일치시키려고 한 근대주의적 관점이라며 비판한다. 포스트모던 역사 이론은 국사와 세계사의 연계성에 관해 민족주의 이념 아래에서 민족이 역사의 절대선으로 간주된 반면, 세계사는 우리에게 절대 타자로 인식되었다고 보고 있다. 따라서 세계사는 '우리'가 없는 세계의 역사로, 근본적으로 우리가 공유하거나 공감할 수 없는 시공간으로 전락했다고 보는 것이다. 결과적으로 우리나라의 역사학은 보편사적 세계사의 틈새에 갇혀 절대 주체로서 '우리'와 인간의 구체적인 삶을 성찰할 수 있는 학문적 기반을 마련하는 데 부족했다는 뜻이 된다.[51]

이렇게 한국사 연구공동체와 외국사 연구공동체 간의 역사인식

차이는 교육과정 편성에도 반영된다. 《한국 근현대사》와 《세계사》를 선택과목으로 편성한 것은 국사 교육 관련자들의 고육지책이었겠지만, 역사 교과 차원에서 보면 대안 부재였다.[52] 이것은 반대로, 역사교육은 국사와 세계사가 긴밀한 연계성을 가지면서 상보적으로 편성되어야 한다는 점을 극명하게 보여준 사례라고 할 수 있다.

국사는 고유성과 일관성이 유지되어야 하며, 더불어 세계사의 흐름 속에서 이해되어야 한다. 국사와 한국 근현대사가 분리되어서는 안 되며, 세계사를 고사 지경으로 몰아가서도 안 된다. 이 모든 경우가 역사교육의 파행으로 이어지는 것이다. 세계사 교육을 회생시키고, 역사교육을 제 모습으로 회복시키기 위해서는 먼저 교육과정에서 국사와 세계사가 대립 양상으로 파악되는 시각부터 극복할 필요가 있다.[53] 또한 세계사를 보편사적으로 정리해서도 안 되며, 국사는 국수 관념, 세계사는 시무 수준의 관념으로 파악하는 것도 시대착오이다. 서구 중심의 세계사 인식 체계가 전반적으로 재검토되어야 한다. 그리고 내용 구성 체계에서 국사와 세계사를 연계 운영하기 위한 전제 조건은 역사 과목을 독립 교과로 편성하는 것이다.[54]

그러나 핵심은 세계사 내용 체계를 어떻게 잡을지에 관한 구체적이고도 실질적인 방안이다. 물론 이전에도 다양한 방안들이 제시되긴 했지만, 교육과정과 교과서에 제대로 구현되지 못했다. 오늘날 포스트모던 역사 이론 진영에서도 세계사 교육과 관련한 구체안은 볼 수가 없다.

세계사의 범주, 구성 원칙과 형식에 관해서는 다양한 의견들이 제시되고 있다. 1950년대에는 학생들에게 아시아 중심의 세계사를 긴밀히 편성하여 제공하자는 제안이 있었다.[55] 또한 세계사 교육은 세계사적 사고방식과 관찰력 체득을 목표로 삼아야 하며, 우리나라 사람들의 처지에서 세계사를 구성하고 교육하는 노력이 필요하다는 점이 지적되었다. 세계사의 범주에 대해서도 동양사·서양사를 단순히 종합하거나 세계 제 민족 및 제 국민의 역사를 병렬하는 것이 아니라, '세계의 역사를 종합적으로 체계화한 보편사적 일반사를 지칭하는 것'으로 파악하고 있다.[56] 1960년대에는 현대사 중심의 세계사 교육과정 시안 사례도 찾아볼 수 있다.[57] 이 사례들 역시 일종의 보편사적 관점이라고 할 수 있다.

최근 미국의 '세계사' 연구와 교육에 관한 논의를 살펴보면, 세계사를 국가와 지역을 넘어 전 세계의 과거를 이해하기 위한 역사로 규정하고, 역사의 보편적 측면을 찾되 비교사적 접근으로 미국사와 비슷한 점, 다른 점을 찾아 자국사를 세계사적 관점에서 이해하려고 하고 있다. 즉, 알려진 사실의 단순한 종합이나 여러 나라 또는 지역의 역사를 상대적 중요성에 따라 병렬하는 것이 아니라, 국경과 시공을 넘어서 제도·습관·사상 등의 관련성을 찾으려 한다는 것이다.[58]

포스트모던 역사 이론에서 보면 보편사적 세계사는 지양되어야 할 근대적 세계 인식이다. 즉, 보편사적 세계사는 역사의 총체성을 추구하는 인식론이자 접근 방법으로, 내적 모순과 권력 논리를 가지고 있다는 것이다. 그 내용을 구체적으로 살펴보면 첫째, 보편사적 세계사는 역사의 특정 지역, 또는 특정 단계를 보편화함으로써 세계사뿐 아니라 역사 자체를 축소해왔다. 둘째, 유럽 중심의 역사 발전에서 도출된 보편사적 세계사는 서구의 제국주의적인 패권 역사를 당연하고 자명한 것으로 정당화했다. 셋째, 세계 강대국의 정치권력 및 그들의 전략을 반영하는 보편사적 세계사는 약소국의 열등한 지위와 상황을 재생산했다. 즉, 보편사적 세계사는 서구 패권의 역사이며, 강대국의 세계 지배 논리에 불과하다는 것이 비판의

핵심이다.[59]

세계사 내용 구성의 또 다른 방식으로 문화권 또는 문명권적 접근이 있다. 이것은 가장 일반적인 접근 방식 가운데 하나다. 그러나 문화권적 접근은 문화권 내의 발전을 다시 국가별, 왕조별로 나누어 서술함으로써 세계사를 국가 또는 왕조라는 파편들의 조합으로 만들 가능성이 크다. 이에 대한 대안으로 우리나라의 세계사 교육은 21세기 세계 변화를 담아내는 동시에 한국의 현실 인식이 반영될 수 있도록 세계사의 내용을 선정하고 조직하는 틀이 있어야 하는데, 이를 '상호 관련성의 원리'에 입각해 구성해볼 수 있다는 제안도 있다.[60]

한편 '지구사'의 개념을 제시한 사례도 있다. 즉, 지구촌 시대 · 세계화 시대에 역사학은 지구성에 대한 각성인 만큼, 새로운 세계사와 지구사를 통해 민족주의와 유럽 중심주의의 멍에를 벗고 자신과 세계를 성찰하는 과정을 통해 새로운 역사 대상과 역사적 관심을 갖게 해준다는 것이다.[61]

한국사를 중심으로 하고, 한국사와 관련이 깊은 세계사를 우선적으로 선택해 편성하는 것도 하나의 방법이다.[62] 최근 한국교육과정 평가원에서 제시한 역사 영역의 목표 및 내용 구성 체계가 여기에 해당한다고 할 수 있다.[63] 이 시안의 내용 체계는 초 · 중등교육의 목표와 계열성을 고려하여 체계화함으로써 교수 · 학습의 중복을 피하고, 학교급별로 심화 · 발전해나갈 수 있도록 구상하고 있다. 초등학교에서는 국사와 세계사의 미분화를 전제로 하고, 중학교에서는 전근대의 국사와 세계사, 고등학교에서는 근현대 국사와 세계사로 편성한 것이다.

이러한 다양한 방안들은 우리 세계사 교육의 범주와 내용 구성 체계에 관한 논의를 더욱 풍요롭게 할 것이다. 이 논의의 기초가 되는 몇 가지 원칙을 살펴보면, 우선 한국사의 정의적인 목표 측면과 세계사의 지적 이해 측면의 괴리를 좁혀야 한다. 한국사 인식과 교과서 서술은 비판의 대상이 되고 있는 '민족'에 대한 지나친 강조, 과장 왜곡의 요소를 줄이면서 세계사 전개 과정의 실상과 연계해 객관성을 추구할 필요가 있다. 그리고 세계사 교과서의 내용은 잡다한 사실의 나열에서 벗어나 자신을 비춰볼 수 있는 방안에 기초해 적극적으로 모색할 필요가 있다.

둘째, 외국사 특히 서양사 연구에서 오리엔탈리즘의 극복은 여전히 문제로 남는다. 우리나라의 포스트모던 역사 이론이 시각과 연구 방법, 연구 성과 등의 측면에서 오리엔탈리즘을 딛고 섰을 때 비로소 우리나라의 세계사 교육은 주체성을 확보하고 내용면으로도 더욱 풍요로워질 것이다.

셋째, 동양사·서양사 이분 체제를 지양하고, 중국사 중심의 동양사 틀에서 벗어날 필요가 있다. 이 부분은 '동아시아사' 인식 범주를 설정해볼 수 있고, 우리 역사와 직접적으로 연관되는 부분은 국사와 연계해서 서술할 수도 있다. 유목민족과 기마민족의 이동과 문화 교류, 8세기 전후 한반도를 중심으로 전개된 동아시아의 세력 각축, 임진왜란과 청일전쟁 등을 동아시아사 범주에서 파악한다면 국사를 객관적으로 보게 되는 계기가 될 것이다.

넷째, 탈근대 시대를 살아갈 학생들에게 인류 문명에 대한 비판적 성찰의 기회를 주는 것도 중요하다. 현대는 물질문명의 진보에 대한 성찰이 필요한 시점이다. 이러한 시각은 세계사의 인문학적 특성을 좀 더 부각하는 접근이 될 것이다.

5. 맺음말

역사교육과 관련한 급박한 논의들을 보면, 하나같이 현재가 역사 교육의 총체적 위기 국면이라고 간주하고 있다. 그러나 논의의 주요 부분은 교육과정에서 역사 과목의 위상이 약화된 데에 대한 문제 제기다. 어떤 역사를 가르칠지에 대한 문제는 여전히 남아 있다는 것이다.

이런 점에서 포스트모던 역사 이론이 제기한 '민족', '민족주의', '민족주의 사학' 담론은 어떤 역사를 가르칠지에 관한 역사과의 내용 구성 체계 전반에 대한 문제 제기인 동시에 한국 사학계와 역사 교육계에 자기 성찰의 기회를 제공했다는 점에서 중요한 의의를 가진다. 그러나 세계화 시대의 다국적 자본과 강대국의 공격적·탐욕적·자민족 중심주의의 실체가 엄존한 상황에서, 포스트모던 역사 이론은 다양한 얼굴을 갖는 민족주의의 부정적 측면만을 비판 대상으로 삼아 결과적으로 가치의 무정부 상태를 초래할 위험성을 안고 있다.

현대사회에서 국민국가는 현실이다. 따라서 국사 교육은 이러한 현실을 살아갈 학생들이 주체적 관점으로 세상을 바라보는 능력을 키울 수 있는 기회를 제공해야 한다. 즉, 국사 교육은 상황의 변화를 받아들이는 동시에 개방적 민족주의에 기반하여 미래에 대한 전망을 모색할 수 있는 기회여야 한다는 뜻이다.

국사 교과서가 민족주의라는 거대 담론, 억압 담론으로부터 자유롭지 못하다는 분석은 국가주의적 측면에서 교과서가 지배 이념을 정당화해온 실상을 파악할 경우 정당하다. 그러나 한국 현대사회 전개 과정에서 저항과 해방 담론으로서의 민족주의에 주목한다면 국사 교과서가 민족주의적인 관점으로 일관하고 있다고 보기는 어려울 것이다. 결국 국사 교과서는 자주와 통일, 민주화 과정을 드러낼 수 있어야 하며, 전국역사교사모임의 《살아있는 한국사 교과서》는 이런 점에서 하나의 대안 사례가 될 수 있다.

요즘 학생들은 교과 내용이나 학교 규칙 등 기성 권위를 부정하는 경향이 점차 강해지고 있다. 따라서 포스트모던 역사 이론으로 역사교육의 전망을 획득하려면 이러한 학생들과 소통하기 위해 교실 현장에서 시도되는 다양한 교수 · 학습 사례를 논의의 소재와 내용으로 삼아 이론화해나가는 작업이 필요하다.

'민족' 문제와 관련한 논의는 국사 · 세계사의 연계성에 관한 문제로 이어진다. 지금의 교육과정에서는 사회과 통합 논리가 위세를 떨치고 있지만 다른 과목과의 통합은 둘째치고, 국사와 세계사 간에도 통합적 접근을 할 수 없도록 되어 있다. 국사와 세계사가 안고 있는 내용 구성 체계상의 난맥을 풀어내고, 더욱 전향적인 틀을 모색하는 일은 여전히 과제로 남아 있는 셈이다.

물론 내용에 대한 새로운 대안을 제시한다고 해서 '세계사 교육의 고사', '역사교육의 위기'가 바로 극복되지는 않을 것이다. 국가 교육과정에서 '역사 교과'가 사회과 안에 들어가 있는 파행이 바로잡히지 않는다면 새로운 대안은 활착의 근거를 마련할 수 없다. 반대로 교육과정에서 역사과의 위상이 바로잡히는 것으로 역사교육의 위기가 극복되고, 세계사 교육이 고사 위기에서 소생할 수 있으리란 보장도 없다. 따라서 사회 변화 및 학생들의 심성에 유의하여, 교육계 일반에서 역사 교과의 정당성을 인정받을 수 있는 교과 내용 체계를 구성함으로써 교육과정에서의 위상 재정립에 힘을 실어야 할 것이다.

역사 교과가 사회과 통합 논의 속에 매몰되어 제 형태를 갖추지 못할 경우, 어떠한 내용 구성 체계도 무의미해질 것이다. 반면, 역사 교과가 교육과정 안에서 제 모양을 갖추게 되면 새로운 교육과정을 좀 더 짜임새 있게 모색하는 기반으로 작용할 것이다. 결국 역사교육의 위기 극복은 역사과의 독립 교과로의 환원을 위한 운동과 새로운 내용 구성 체계를 제시하기 위한 연구가 병행되어야 가능할 것이다. 운동과 연구의 병행은 상호 상승효과를 가져오리라 믿는다.

■ 주

1. 2000년 5월 제43회 전국역사학대회에서 역사 관련 단체들이 발표한 성명서에서는 제7차 교육과정 역사 관련 영역의 파행 운영을 문제삼고 있다. 국사가 독립 교과에서 사회과의 한 영역으로 위축되고, 수업시간이 줄었으며, 세계사가 필수 과목에서 선택 과목으로 약화된 실상을 위기로 인식하고 있다. 이에 대한 해결책으로 다음과 같은 방안을 제시하고 있다.

   • 첫째, 사회과 통합 중단 및 한국사와 세계사를 사회과에서 분리하여 역사과로 독립 편성, 필수 과목으로 지정.

   • 둘째, 고등학교 《한국 근현대사》의 실질적 시행 방안 마련.

   • 셋째, 국정 국사 교과서의 검인정 전환 및 학교 역사교육의 다양한 역사인식 역사관 인정.

   • 넷째, 중등 역사교육에 대한 지원 강화.

   • 다섯째, 사회교육의 차원에서도 역사 영역에 대한 교육 강화.

   • 여섯째, 인문교육의 육성.

   (〈성명서〉, 《역사교육》 76, 2000, p. 259).

2. 2002년 3월 동양사학회, 서양사학회, 역사교육연구회, 웅진사학회가 참여하여 '세계사 교육 이대로 좋은가?' 라는 주제로 세계사 교육 문제 대토론회가 열렸다. 이때 발표된 성명서에서는 다음과 같은 해결책을 제시하고 있다.

   • 첫째, 역사는 모든 학문의 기본이며 출발점이다. 교육 당국은 새 교육과정 편성에 최우선적으로 고려할 것을 요구한다.

   • 둘째, 세계화를 지향하는 우리나라에서 세계사를 필수 교과로 반드시 이수할 수 있도록 강력히 요구한다.

   • 셋째, 역사 관련 교육과정 개편에는 반드시 역사학계와 역사교육학계 및 현장 역사 교사들의 의견을 수렴하고 이를 적극 반영할 것을 요구한다.

   • 넷째, 세계사 교사 양성을 위한 적극적 지원과 입시정책 등 세계사 교육

정상화를 위한 정책적 배려가 있기를 촉구한다.

3. 한국 정부와 역사학계에서는 이 교과서가 일본의 역사를 미화하기 위해 한국사를 폄하하거나 일본의 침략 전쟁과 식민지 지배에 대한 책임을 회피, 전가하는 내용을 많이 담고 있다고 지적한다〔일본역사 교과서왜곡대책반(교육인적자원부), 《일본 중학교 역사 교과서 한국 관련 내용 수정 요구 사항 및 일본 정부 답변 자료》, 2002〕.

4. 양호환, 〈교육과정에서 역사과의 위상에 대한 논의의 허실〉, 《역사교육》 79, 2001, p. 244.

5. 한영우, 《한국민족주의역사학》, 일조각, 1994, pp. 259∼263.

6. 김기봉, 〈포스트모던 시대에서 역사란 무엇인가〉, 김기봉 외 지음, 《포스트모더니즘과 역사학》, 푸른역사, 2002, p. 29.

7. 임상우, 〈포스트모더니즘과 당혹스런 역사학〉, 앞 책, pp. 64∼67.

8. 김기봉, 앞 글, p. 57.

9. 임상우, 앞 글, p. 64.

10. 논자들에 따라서 민족을 구성하는 요소로 혈통, 언어, 종교, 지리 조건, 역사적 운명 같은 객관적 · 사실적 측면을 강조하기도 하고, 민족의 본질은 객관적 · 사실적 요소들에 존재하는 것이 아니라 민족정신 또는 민족의식 · 민족 감정 같은 주관적 · 심리적 요소에 존재한다고 주장하기도 한다 (한스 콘, 《민족주의》, 차기벽 옮김, 삼성문화문고, 1974; 차기벽, 《민족주의원론》, 한길사, 1990).

11. 임지현, 〈한국 사학계의 '민족' 이해에 대한 비판적 검토〉, 《역사비평》 30, 가을, 1994, p. 115.

12. 진덕규, 《현대 민족주의의 이론 구조》, 지식산업사, 1983; 박호성, 《사회주의와 민족주의》, 까치, 1989.

13. 임지현, 앞 글, p. 116∼118.

14. 안병직, 〈포스트모더니즘 역사론을 위한 변론〉, 《역사비평》 58, 봄, 2002, p. 39.

15. 임현진, 〈사회과학에서의 근대성 논의 -'근대화 프로젝트'를 중심으로〉, 역사문제연구소 편, 《한국의 '근대'와 '근대성' 비판》, 역사비평사, 1996, p. 197.

16. 김성보, 〈근대의 다양성과 한국적 근대의 생명력 -탈근대론적 역사해석 비판〉, 《역사비평》 56, 가을, 2001, p. 189.

17. 임현진, 앞 글, p. 208.

18. 서의식, 〈포스트모던 시대의 한국사 인식과 국사 교육〉, 《역사교육》 80, 2001, p. 10.

19. 김기봉, 〈포스트모던 역사이론 -'무기의 비판'인가 '비판의 무기'인가〉, 김기봉 외, 《포스트모더니즘과 역사학》, 푸른역사, 2002, p. 442.

20. 김기봉, 위 글, p. 443.

21. 안병직, 앞 글, p. 37.

22. 도면회, 〈한국 근현대사 서술에서의 민족·국가 문제〉, 《역사비평》 58, 봄, 2002, p. 63.

23. 김성보, 앞 글, pp. 203~204.

24. 김동춘, 《근대의 그늘》, 당대, 2000, p. 27.

25. 유용태, 〈거시역사와 미시분석 -분업과 협업〉, 《역사비평》 58, 봄, 2002, pp. 46~48.

26. 윤세철, 〈자국사, 그 당위와 실제〉, 《역사교육》 69, 1999, pp. 2~5.

27. 주로 '국사학계의 연구 성과를 어느 정도 담고 있는가?', '학생들의 인지 수준에 적절한가?', '도표와 삽화는 유효적절하게 배치되어 있는가?' 등에 대한 논의가 중심이었다(김한종, 〈국사교과서 연구 성과와 과제〉, 《경상사학》 6·7, 1992).

28. 양호환, 〈역사 서술의 주체와 관점, 그리고 역사 교과서〉, 《역사교육》 68, 1998.

29. 김기봉, 〈집중 토론: 한국역사학 역사교육의 쟁점〉, 《역사비평》 56, 가을, 2001, p. 80.

30. 지수걸, 〈집중 토론: 한국역사학 역사교육의 쟁점〉, 위 책, 2001, p. 82.

31. 양정현, 〈국사 교육에서 민족과 계급: 중학교 국사 교과서 고대사 서술 내용 고찰〉, 전국역사교사모임, 《살아있는 삶을 위한 역사교육 2》, 푸른나무, 1991, p. 253.

32. 서의식, 〈집중 토론: 한국역사학 역사교육의 쟁점〉, 《역사비평》 56, 2001, p. 69.

33. 송상헌, 〈집중 토론: 한국역사학 역사교육의 쟁점〉, 위 책, p. 69.

34. 박명림, 〈근대화 프로젝트와 한국 민족주의〉, 역사문제연구소 편, 《한국의 '근대' 와 '근대성' 비판》, 역사비평사, 1996, p. 348.

35. 전국역사교사모임이 펴낸 《살아있는 한국사 교과서》는 이러한 시각을 담아내고자 하는 대안 교재의 하나라는 점에서 주목된다. 전근대를 민족의 형성 과정과 민족문화를 중심으로 구성했고, 근현대는 근대 국민국가의 성립과 발전 과정으로 파악하면서 학생들로 하여금 21세기 새로운 미래를 전망해보도록 하고 있다. 그리고 학생들이 역사를 자신의 문제로 이해할 수 있도록 하는 데 중점을 두고 있는 점은 교사들의 현장 감각을 잘 담아낸 것이라고 할 수 있다.

36. 이영효, 〈포스트모던 역사인식과 역사 학습〉, 《역사교육》 74, 2000, p. 18.

37. 위 글, pp. 3~23.

38. 서의식, 〈포스트모던 시대의 한국사 인식과 국사 교육〉, p. 17.

39. 김육훈, 〈살아있는 삶을 위한 역사교육〉, 전국역사교사모임, 《우리 아이들에게 역사를 어떻게 가르칠 것인가》, 휴머니스트, 2002, p. 15.

40. 신병철, 〈전국역사교사모임과 함께 키워온 희망〉, 위 책, 2002, p. 29.

41. 이인석, 〈호기심을 갖고 스스로 판단하는 역사 수업〉, 위 책, 2002, pp. 34~41.

42. 전병철, 〈역사를 통해 배우는 '올바른' 삶〉, 위 책, 2002, p. 49.

43. 전국역사교사모임, 《우리 아이들에게 역사를 어떻게 가르칠 것인가》, 휴머니스트, 2002, pp. 259~260.

44. 박명림, 앞 글, p. 342.

45. 〈小學校敎則大綱〉(1895년 8월 1일), 學部令 제3호.

46. 신채호, 〈國粹保全說〉,《大韓每日申報》, 8월 12일, 1908.

47. 學部 編,《萬國略史》跋文, 1895.

48. 양정현,《근대 개혁기 역사교육의 전개와 역사 교재의 구성》, 서울대 박사 학위논문, 2001, pp. 134~149.

49. 교육부,《(제7차)사회과 교육과정》, 교육부 고시 제1997-15호, p. 57. 7차 교육과정 중학교 사회 7학년(중학교 1학년) '세계사 영역'의 8단원 '인간 사회와 역사'의 단원 목표는 다음과 같다.

"인류가 자연 환경에 적응하거나 극복하면서 각 지역별로 독특한 문화를 발전시켜왔으며, 이러한 독특한 문화를 상호 교류하면서 오늘의 사회 문화가 이룩되었음을 이해함으로써 좀 더 나은 역사를 만들고자 하는 의욕을 기른다."

8학년(중학교 2학년) 사회 제1단원 '유럽 세계의 형성'의 단원 목표는 "고대 지중해 문명의 특징과 그것이 서양 문화의 형성에 미친 영향을 이해한다. 그리고 지중해 세계가 분열되면서 등장한 중세 유럽사회의 발전과 해체 과정을 파악함으로써 서양 문화의 바탕과 유럽 주요 국가의 형성 배경을 역사적으로 인식하려는 태도를 기른다"이다.

50. 김인걸, 〈현대 한국사학의 과제〉, 한국역사연구회 엮음,《20세기 역사학, 21세기 역사학》, 역사비평사, 2000, p. 29.

51. 조지형, 〈새로운 세계사와 지구사: 포스트모던 시대의 성찰적 역사〉,《역사학보》173, 2002, pp. 338~342.

52. 현행 제7차 교육과정에서 중학 과정 세계사 영역은 사회과 안에 지리, 일반 사회와 함께 3분의 1 비중으로 들어가 있고, 10학년 사회에는 중단원 2개 분량으로 이뤄져 있다. 그리고 10학년 국사에서는 전근대 한국사를 주로 다루고, 11·12학년에 한국 근현대사와 세계사를 역사 선택 과목으로 두면서, 11·12학년 선택 중심 교육과정에서《한국 근현대사》와《세계사》

를 선택, 경합하게 하는 지경에 이르게 되었다.

53. 정선영, 〈바람직한 세계사 교육과 역사 교과서〉, 《세계사 교육 대토론회 자료집》, 2002, p. 23.

54. 양정현, 〈사회과 통합 논의와 역사교육〉, 《역사교육》 61, 1997, p. 197; 양호환, 〈교육과정에서 역사과의 위상에 대한 논의의 허실〉, 《역사교육》 79, 2001, p. 247; 허원, 〈바람직한 세계사 교육과 역사 교과서〉, 《세계사 교육 대토론회 자료집》, p. 23.

55. 이동윤, 〈세계사 교육의 당면 과제〉, 《역사교육》 2, 1957, pp. 12~13.

56. 이성수, 〈세계사의 성격과 그 교육론〉, 《역사교육》 4, 1959, p. 9; 황오성, 〈새로운 역사교육과정의 제문제〉, 《역사교육》 8, 1964, p. 47.

57. 최양호, 〈고등학교 현대사 중심 세계사 교육과정의 시안〉, 《역사교육》 9, 1966.

58. 윤세철, 앞 글, 1999, pp. 24~25.

59. 조지형, 앞 글, pp. 342~344.

60. 강선주, 〈세계화 시대의 세계사 교육: 상호 관련성을 중심 원리로 한 내용 구성〉, 《역사교육》 82, 2002, pp. 50~65. '상호 관련성 원리'를 중심으로 한 '간지역적 접근'은 첫째, 우리 세계사 교육의 서구 중심성을 극복할 수 있는 대안이 될 수 있다. 어느 한 민족이나 문화의 발전만을 강조하지 않고, 다양한 민족이나 문화의 참여와 상호 작용을 통해서 이루어진 인류의 경험을 강조하기 때문이다. 둘째, 모든 지역에서 발생한 대부분의 사건을 세계사에서 다루어야 한다는 부담감에서 벗어날 수 있다. 셋째, 지역을 달리해서 일어난 사건들 사이의 관련성 또는 인과성을 이해하고, 변화의 커다란 양상을 파악하는 데는 문화권적 접근보다 간지역적 접근이 효과적인 틀을 제공할 수 있다. 넷째, 인류 전체가 겪었던 공통적인 경험을 중심으로 인류사 전개의 큰 그림을 그리는 데 도움이 된다.

61. 조지형, 앞 글, pp. 363~365. 이러한 관점의 특징은 첫째, 역사의 총체성 · 보편성 · 절대성을 거부한다. 대신 다양한 역사들을 보여준다. 둘째,

유럽 중심적 분석틀과 방법론에서 벗어나 연구 대상 지역이 가지는 나름의 가치와 문화를 존중하려고 노력한다. 다문화주의적 · 문화 상호적 접근 방식을 통해 연구자가 가지고 있는 편견을 최대한 버리려고 한다. 셋째, 언어적 전환(linguistic turn)을 통해 단순화와 일반화에서 벗어나려고 한다. 즉, 새로운 언어와 역사 담론을 추구한다. 넷째, 문화에 대한 새로운 관점과 인식을 추구한다. 주요 관심사는 문화접촉이기 때문에 문화의 창조성 문제에 세심한 주의를 기울인다. 즉, 문화의 동화 · 융합 · 변용 · 변형 등이 공존하는 창조, 재창조의 연속 과정과 흐름이라는 관점에서 해명하고자 한다.

62. 안병직, 〈세계사 교육, 무엇이 문제이고 어떻게 고칠 것인가〉, 《세계사 교육 대토론회 자료집》, 2002, pp. 24~27.

63. 한국교육과정평가원, 《사회과 교육목표 및 내용 체계 연구 II》(연구보고 RRC 2001-5), 2001, pp. 315~353.

다원적 세계사와 아시아, 그리고 동아시아

유용태

유럽 중심주의가 강요하는 사회형태상의 일체화 문제와 관련해 근대주의적 기준에 의거하여 내용을 선정한 결과 배제돼버린 공동체의 지속과 변화에 대한 역사적 이해의 필요성을 다시 한번 강조하고 싶다. 역사상의 공동체는 극복해야 할 가부장성을 갖고 있는 동시에 받아먹어야 할 자양분도 내장하고 있다. 요컨대 동서양을 막론하고 농경공동체는 곧 인류의 문명적 자궁이었으니, 거기서 나온 유산을 발견하도록 이끄는 것이야말로 '현재에 이르는 길'을 찾기 위해 '과거의 힘'을 배우는 역사 학습의 지혜로운 모습이 아닐까.

1. 머리말

우리나라의 중·고교 세계사 교과서 내용은 제1차 교육과정부터 제7차 교육과정까지 유럽 중심 – 중국 부중심을 두 축으로 한 유럽 중심의 구성 체계를 고수하고 있다. 심지어 제7차 교육과정의 고등학교 《공통사회》는 신항로개척·시민혁명·산업혁명만을 선정하여 세계사 영역을 통합한 것으로 여겼을 정도로 유럽 중심 사관이 지배적이다. 교육과정이 일곱 차례나 개편되었고 1970년대 이후 '탈유럽 중심의 세계사'를 추구해왔지만, 실제로는 이 같은 기본 구도에서 비유럽 세계의 비중을 늘리는 부분적 수정만 이루어졌기 때문이다. 유럽 중심주의는 이데올로기일 뿐 아니라 거대한 지식 편제이자 학문 체계인 탓에 그것을 극복하고 새로운 대안을 마련하는 것이 쉬운 일은 아니다. 우리나라뿐 아니라 일본과 중국의 역사 교과서 역시 이 과제를 해결하지 못하고 있는 이유도 바로 이 때문이리라.[1]

'탈유럽 중심 세계사'의 모색은 20세기 후반 아시아의 산업화 성공에 의해 가속화된 측면도 있지만, 유럽의 근대 산업사회 시스템이 한계에 직면했다는 자각에서 출발한 것으로 보인다. 산업사회에 도달한 나라들이 시장 논리를 앞세워 노동생산성의 증대를 기업과 국가의 생존 전략으로 삼으면서 갈수록 공공성을 훼손하는 방향으로 치닫고 있는 점이야말로 후기 산업사회의 핵심 문제가 아닐 수 없다. 미국을 예로 들면, 최근 20년간 부의 집중도(상위 1퍼센트가 차지하는 부의 비중이 전체 20퍼센트에서 40퍼센트로 증가)는 두 배로 늘었고, 20 대 80의 사회경제적 격차는 정치적 민주주의까지 위협하여 미국의 민주주의마저 갈수록 퇴보시키고 있다는 진단이 나오고 있다. 20퍼센트의 국민이 80퍼센트의 국민과 권리를 나눠갖는 데 반대해 특권층화하고 있다는 것이다.[2] 미국뿐 아니라 후기 산업사회에 접어든 다른 나라들에서도 이 격차는 이른바 '구조조정', 즉 노동자 감원에 의한 노동생산성 증대 조치에 의해 갈수록 벌어지고 있다. 산업사회의 환경 파괴 역시 근대에 대한 재인식을 촉구하는 중대한 문제다. 미국 로스앤젤레스 시민의 생활 수준 정도로 전 세계인이 생활하려면 무려 다섯 개의 지구가 필요하다는 환경생태학자들의 경고는 하나뿐인 지구가 얼마나 심각한 과부하에 걸려 있으며, 산업사회 시스템이 인류의 생존을 얼마나 위협하고 있는지를 가늠케 해준다.

근대 유럽에서 기원한 자본주의와 국민국가를 기반으로 형성된 목적론적 세계사 구성은 이런 사태를 역사적으로 인식하려는 사람들에게 근본적으로 의심받기에 이르렀다. 따라서 탈유럽 중심의 세계사라고 하면, 단지 유럽이냐 아시아냐 하는 공간적 중심성의 문제뿐 아니라 근대 산업사회냐 그것과는 다른 어떤 사회냐 하는 '사회형태' 상의 문제까지 내포한다. 여기에서 전개할 논의는 둘 다에 관심을 두되, 주로 전자에 초점을 맞추기로 한다.

이 글은 이와 같은 문제의식을 갖고, 새로운 세계사를 어떻게 구성해야 하는지, 이때 유의할 점들은 무엇인지를 둘러싼 몇 가지 쟁점에 관해 살펴보긴 했지만, 구체적 대안을 제시하지는 못했다. 이것은 사실 필자 혼자 감당할 수 있는 문제도 아니다. 다만 그런 문제의식을 갖고 동아시아사에 한정하여 단편적으로 구상의 일단을 정리해본 적이 있을 뿐이므로.[3] 그 연장선상에서 몇 가지 유의해야 할 주제들에 관한 학계의 성과를 나름의 관점에서 정리하고 약간의 견해를 덧붙이는 정도로 글을 맺을까 한다. 필자는 세계사를 여러 독자적 지역 문명이 성립되어 발전하면서 상호 간의 관련성이 점점 깊어지는 과정으로 파악하고자 한다. 또한 근대 이후 그 관련성이 비약적으로 증대되었는데도 근대 이전의 지역 문명의 독자성은 여전히 변형된 채 존속하면서 다원적 세계사의 토양으로 작용하고 있다는 점에 유의하여, 다원적 세계사 구성을 위해 필요한 몇 가지 주제들에 관해 생각해볼 기회를 갖고자 한다.

2. 국가사, 지역사, 세계사

세계사를 구성하는 기본 단위는 무엇일까? 제7차 교육과정 고등학교 세계사 교과서는 세계사를 그저 "다른 나라의 역사" 또는 "세계의 많은 민족들이 만들어낸 역사"라고 하여,[4] 국가사 또는 민족사의 집합으로 보고 있다. 조금 나은 정도가 "다른 국가나 민족의 역사 및 그들 사이의 상호 관련의 역사"이다.[5] 이에 비해 제5·6차 교육과정 교과서는 상호 관련을 더욱 중시했는데, 세계사는 "여러 나라의 역사를 합쳐 모은 것이 아니라", "통일적인 연관성을 가진 하나의 전체로서의 인류의 역사"라고 정의했다.[6] 이때 연관이나 교류의 단위는 국가를 포함하는 지역 문명(동아시아, 지중해, 이슬람 등)으로 설정되었고, 이들 "지역 문명이 서로 직접적 · 근본적으로 영향을 주고받을 때 비로소 지구상의 인류 전체를 포괄하는 하나의 세계사가 성립한다"고 했다.[7] 또 이런 의미의 세계사는 신항로개척을 계기로 실마리가 마련되어 19세기 말에 성립되었으며, 이것은 당연히 "자본주의 경제 · 문화가 확산되어 지구를 일체화"한 결과라고 했다.

언뜻 보면 제7차 교과서가 국가사를 더욱 중시한 듯하지만, 실제 내용 구성 면에서는 자본주의를 향해 '일체화되어 가는 지구사'를 전제로 하고 있다. 1989년 개편된 현행 일본의 세계사 교과서도 일체화돼가는 지구사를 겨냥해 내용이 구성되었다. 그러나 꼭 그렇게 일체화된 지구사로 한정할 필요가 있을까 하는 생각이 든다. 이러한 한정 자체가 유럽 중심의 시각에 기초하여 다른 지역을 무시할 뿐아니라 자본주의와 국민국가를 도달점으로 하는 목적론적 세계사를 전제하고 있기 때문이다. 지역 문명을 기준으로 볼 때 신항로개척은 아메리카(잉카 · 마야) 문명권이 구대륙의 문명과 본격적으로 연계된 계기라는 측면에서 의미를 갖지만, 그것은 유럽 문명의 확장이지 문명 간의 상호 교류나 작용이라고 보기 어렵다. 두 문명의 만남이 잉카 · 마야문명에 대한 유럽 문명의 일방적인 정복과 파괴로 귀착되었기 때문이다. '일체화된 세계사'란 이처럼 유럽의 헤게모니 아래 '중심 – 주변'으로 위계화된 세계사의 다른 이름이 아닌가 한다.

역사란 원래 과거에 존재한 사실이라기보다 현재에 인식되어 재구성된 과거의 스토리다. 따라서 객관적으로 '존재하는' 지구나 세계는 사람이 주관적으로 '인식하는' 세계와 다를 수 있다는 점에 유의하여 세계사의 개념을 재정의할 필요가 있다고 생각한다. '세계'

에 대한 인간의 인식 능력은 역사적 조건의 제약을 받으므로, 이것이 진전될수록 '인식되어 재구성된 세계'의 범위 역시 점차 확장될 것이다. 이처럼 세계사를 구성하는 '세계'가 전 지구를 포괄하는 것이 아닌 바에야, '세계'의 범위와 내용을 상대화한다면 근대 유럽에서 창안된 것이 분명한 '일체화된 세계사', 즉 19~20세기의 자본주의적 세계사와는 다른 세계사도 가능할 듯하다. 자신의 문명권 바깥의 인간 사회를 '세계'로 인식하고 그것을 시간의 맥락 속에서 자기 문명권과 상호 연관지어 체계적으로 파악한 뒤 역사를 구성한다면, 꼭 일체화된 지구사가 아닐지라도 세계사라고 할 수 있을 것이다. 우리는 그 예를 이슬람 역사가인 라시드웃딘(Rashid úd-Din)의 《집사(集史)》에서 볼 수 있다. 그는 중국인, 몽골인, 프랑크인, 페르시아인 등으로 사료 수집 팀을 꾸린 뒤 영국부터 중국에 이르는 방대한 역사를 집필했다. 유럽·아시아·아프리카를 포괄했으되 아메리카는 아직 시야에 들어오지 못했지만, 버나드 루이스(Bernard Lewis)는 이 《집사》를 세계사로 간주하면서 라시드웃딘과 이슬람 문명은 자기 문명권 바깥의 세계사를 집필하는 데 유럽을 500년이나 앞질렀다고 했다.[8] 이렇게 본다면 세계사는 분명히 16세기 이전, 즉 유럽 헤게모니의 등장을 알리는 신호탄인 신항로개척 이전에도 존재한 것이다.

이처럼 세계사의 범주를 시대에 따라 확장되는 유동적 개념으로 파악할 경우, 우리는 비로소 자본주의적 일체화를 향한 목적론적 세계사가 아니라 다양한 색깔과 취향을 가진, 여러 지역 문명들이 상대와의 차이를 인정하면서 상호 교류를 통해 만들어가는 세계사를 구성할 수 있다. 즉, '과거'의 다원성뿐 아니라 '현재'의 다원성도 인정하여 장래 그 지역 문명들의 독특한 발전 가능성까지 열어두는 다원적 세계사의 구성에 이를 수 있을 것이다.

그런 점에서 세계사의 내용을 각 지역 문명 간의 상호 작용에 초점을 맞추어 구성하는 것이 바람직하다는 의견에 공감한다.[9] 한 나라의 역사에 지방사와 국가사가 있듯이, 일국사에서 세계사에 이르는 중간 단위의 지역사가 있게 마련이다. 더구나 최근에는 세계사가 여러 지역의 문명이 상호 작용하는 속에서 성립되고 발전된다는 시각에서 파악하는 경향이 강해지고 있는 만큼, 세계사의 구성 주체도 국가에서 지역 문명으로 옮아가고 있는 실정이다. 과거에는 주로 내셔널(national) 또는 인터내셔널(international)한 시각에서 역사를 파악했다면, 이제는 리저널(regional) 또는 인터리저널(interregional)한 시각에서 파악하자는 것이다. 이와 같은 '독자적 문명을 가진 지역의 역사'가 있을 때 비로소 우리는 국가사나 국가사 위주의 세계사가 간과하기 쉬운 부분을 포착해낼 수 있고, 그 기반을 바탕으로 동아시아와 그 밖의 다른 지역과의 상호 관계도 정확히 이해할 수 있다. 그래야 세계사가 유럽 중심주의로 흐르지 않고, 국가사도 감정적인 자국 중심주의로 빠지지 않을 수 있다.

요즘 우리나라에서도 국민국가를 넘어서자는 목소리가 갈수록 커지면서 '국사' 해체 주장까지 나오고 있지만, 유럽 통합에 따른 유럽 공통의 역사 교과서 《유럽의 역사》조차 국가사를 부정하지는 않는다. 아마도 국가사 · 지역사 · 세계사가 상호 보완 관계 속에 있음을 인정하기 때문일 것이다. 《유럽의 역사》는 "역사교육에서 국가적 차원 **옆에** 유럽적 차원을 더욱 적극적으로 도입하기"[10](강조는 필자, 이하 같음) 위해 만들어진 것인 만큼 결코 국가사를 대신하기 위한 것이 아니었다. 국가사에 포함되지 않는 부분을 보완하기 위한 '또 하나의 역사'로서 《유럽의 역사》가 기획된 셈이다. "역사는 이전에 **국민국가 건설** 과정에서 담당했던 만큼의 몫을 오늘날 **유럽의 건설**에서도 기여할 수 있을까?"라는 편집자 서문만 봐도, 기존의 (국민)국가사와 최근 새롭게 쓴 (유럽) 지역사에 부여된 국민통합의 구실이 전혀 다르지 않다는 사실을 알 수 있다. 유럽 통합은 국민국가의 해체나 종언이라기보다 기존의 국가 경계를 유럽 전체로 넓혀 미국의 패권과 일본의 경제력, 그리고 몰락한 소련을 대신할 만큼 급성장하는 중국 같은 거대 국민국가와 경쟁할 수 있는 '더 큰 국민국가'로서 유럽합중국의 탄생을 뜻하는 것이다.

요컨대 세계사란 여러 국가와 지역 문명이 상호 복잡하게 관련을 맺으면서 만들어온 역사인 만큼 국가사의 경계를 낮추고 상대화할 필요는 인정된다. 하지만 국가사를 해체하여 지역사나 세계사에 묻어버린다면 구체적인 인간 생활의 실상에 부합하지 않는 스토리가 만들어질 가능성이 크다.

3. 전근대 지역 문명의 비교사: 아시아 · 유럽 관계의 재인식

지역 문명의 상호 작용을 중심으로 세계사를 구성할 경우, 지역 구분은 시대구분만큼이나 중요한 문제가 아닐 수 없다. 유럽 중심 - 아시아(중국) 부중심의 구도처럼 전근대 시기의 유럽을 아시아와 대비한 것은 근현대 유럽의 힘을 고 · 중세로 소급해 적용한 난센스이며, 자아 위축의 한 표현이다. 왜냐하면 아시아사는 유럽과 같은 하나의 단위로 파악될 수 있는 범주가 아니라 "세계사적 관점에서 유럽 문명과 대등한 몇 개의 문명권으로 구성되어" 있기 때문이다.[11] 학계에서 동아시아, 서아시아, (동)남아시아, 내륙아시아가 각기 고유한 독자성을 형성해왔다는 점이 인정되고 있는 만큼, 중국으로 대표된 '하나의 아시아'를 부중심으로 설정하여 중심인 유럽에 대비시키는 구도는 온당치 않다. 물론 교과서의 아시아 단원에서는 동·서·(동)남의 3~4개 지역으로 나누어 장을 구성함으로써 아시아 내부의 다양성을 인정하고 있지만, 장 수준의 구분만으로는 유럽 중심 구도를 벗어나기 어렵다. 장의 배치나 내용 분량의 조정이라는 차원을 넘어서 세계사를 보는 시각 자체를 바꿔야 기존의 세계사상(世界史像)을 새롭게 재구성할 수 있다. 이를 위해서는 우선 근대 이전의 지역 문명부터 새롭게 검토할 필요가 있다.

유럽 중심의 세계사를 넘어서려는 연구자들은 18세기 말까지 중국과 인도의 경제성장이 유럽을 능가했음을 강조한다. 예를 들어, 미국의 중국사 연구가인 빈 웡(Bin Wong)과 포머란츠(Kenneth Pomeranz)에 따르면, 영국에서 가장 먼저 일어난 산업혁명은 그 이전부터 영국경제가 선진적이었기 때문에 자연스럽게 도달한 결과가 아니라, 18세기가 지나서 비로소 발생한 하나의 일탈이라는 것이다.[12] 우리의 관심을 끄는 부분은 무엇보다도 당시 유럽인의 시각에서 본 아시아와 유럽의 경제 비교인데, 경제학자 애덤 스미스(Adam Smith)가 1776년 《국부론》에서 "세계에서 가장 부강했던 중국, 이집트, 인도의 명성은 주로 농업과 제조업의 우위를 통해 얻은 것이다. ……현재 중국은 유럽 어느 지역보다도 부강한 나라다"고 밝힌 점이 인상적이다. 그에 따르면 유럽이 아시아를 앞지를 수 있었던 발판은 유라시아 무역에 거대한 이득을 가져다준 아메리카 은의 획득이었다.[13]

유럽 중심의 세계사를 넘어서려는 연구자들 또한 16세기 이전에 이미 유라시아 '세계시장' 또는 '세계 체제'가 성립되어 있었으며, 유럽은 그 주변부에 불과했다고 말한다. 유럽 헤게모니와 자본주의 세계 체제가 성립되기 전에 이미 아시아와 유럽 간 장거리 무역과 문화적 교환 체계를 중심으로 한 세계시장이 형성되었다면, 그 시기는 이슬람제국이 중동을 통일한 9세기 전후 또는 몽골제국이 유라시아를 통일한 13세기 전후부터라고 알려져 있다. 앞서 말한 《집사》가 이 무렵부터 최초의 '세계사'로 서술될 수 있었던 이유도 이런 배경이 있었기 때문이다. 중세 말 유럽 대도시의 성장 또한 아시아의 다른 문명들과 접촉함으로써 가능했고, 이 세계시장의 중심은 중국과 인도이며, 아시아 내부 무역이 아시아와 유럽 간 무역보다 훨씬 대규모로 이루어졌다. 미국의 주류 역사학자인 페어뱅크(K. Fairbank)도 이슬람제국의 흥기, 중국의 경제성장과 조선술 및 항해술의 발전 등에 힘입어 세계 역사상 최초로 8~13세기에 동아시아에서 아프리카에 이르는 "대양통상 시대"가 열렸다고 보고 있다. 그가 보기에도 신항로개척은 이와 같은 아시아 무역에 유럽인이 16세기 즈음 뒤늦게 뛰어들어 "서양 역사상의 대양 시대"를 연 것에 불과했다.[14]

바스코 다가마(Vasco da Gama)가 이른바 '인도항로를 발견'하기 오래전부터 인도는 북아프리카 - 인도 - 동남아에 이르는 세계시장의 중심에 있었다. 십자군전쟁 때 유럽 군사들의 철검이 인도산 강철로 만들어졌다는 점도 이런 사실을 입증하는 하나의 예다. 프랑크(A. G. Frank)는 여기서 한 걸음 더 나아가 거의 5,000년에 걸쳐 유라시아 세계시장이 형성되어 있었다고 하면서, 이때의 '세계시장'을 근대 자본주의 시기의 세계 체제와 다르지 않은 '세계 체제'라고 했다. 그러나 그 근거가 미흡하기 때문에 실제로 그럴 만한지는 검토되어야 할 것이다.[15]

이런 점들을 염두에 두고 아시아 각 지역과 유럽 간의 관계를 비교해보도록 하자. 우선 근대 역사학은 유럽 사회의 순수성과 자생성을 부각시키려고 그리스·로마 문명에 스며든 동방적 요소를 일부러 지워버린 채 왜곡하고 있다는 서양인의 연구가 주목된다.[16] 이때의 동방적 요소란 서아시아의 문화유산일 것이다. 유럽과의 관계에서 볼 때 서아시아는 아시아-아프리카 교역망을 유럽과 연계시킴으로써 근대 유럽이 아시아의 선진 문물을 수용해 탄생하는 데 기여한 중간자적 문명이었다. 이 과정에서 아랍어는 모로코-북아프리카-중동-인도-동남아에 걸친 장거리 무역망에서 사상 최초로 범세계적 통용어와 교신 수단이 되었다.[17] 따라서 보편사적 문명을 향한 진보의 약속은 유럽의 기독교 문명이 아닌 아랍인의 이슬람 문명에 있었다는 견해[18]를 음미해봤으면 한다. 보편은 관용, 특히 타 문명권 사람에 대한 관용을 바탕으로 해야 성립된다. 그 자랑스러운 로마법을 계승한 비잔틴제국의 치하보다 이슬람의 치하에서 약자에 대한 더 큰 관용, 예를 들어 그리스정교도나 유대교도 같은 이교도에 대한 종교적 관용, 노예와 외국인 및 여성에 대한 관용, 피정복지 주민에 대한 조세상의 관용 등등이 베풀어진 사실은 잘 알려져 있지 않다. 유럽 종교개혁의 기수 마르틴 루터(Martin Luther)조차 이 사실을 인정하여, 유럽에서 탄압받는 빈민들이 기독교 치하보다 오스만제국의 이슬람 치하에서 살기를 선호하고 있음을 경고한 바 있다.[19] 세계사 인식의 한 방법으로 널리 받아들여지는 이른바 '초기 근대(early modern, 近世)'라는 단계는 이슬람사회에서 가장 먼저 시작되었다는 견해[20]도 이 점과 관련해 되새겨볼 만하다.

서아시아 문명과 유럽 문명의 상호 작용은 이슬람교의 흥기 이전부터 이뤄졌다. 이는 인도와 중국의 고부가가치 상품을 획득하고 그 무역 이득을 더 많이 차지하기 위한 목적에서 이뤄졌는데, 평화적 교류보다는 주로 전쟁에 의존했다. 이 당시 페르시아는 로마와 인도·중국 사이의 유라시아 중계무역으로 10배(1000퍼센트)의 이익을 올리고 있었다. 그러자 기원전 25년 로마제국이 홍해와 페르시아를 거치는 인도항로의 무역 교두보를 확보하기 위해 원정대를 보냈으며, 그 이후 십자군전쟁과 콜럼버스의 항해에 이르기까지 양측의 동서무역로 쟁탈전은 계속됐다.[21] 홍해 무역로 확보에 실패하고 아프리카 남단을 우회하는 인도항로를 개척한 후에야 유럽 각국은 16세기 초부터 인도 무역을 위해 동인도회사를 세울 수 있었다. 네덜란드의 동인도회사 상선은 동남아시아의 바타비아에서 처음 향료를 싣고 돌아가서 25배(2500퍼센트)의 순익을 남김으로써 아시아 시장에 직접 개입해 대박을 터트리려는 오랜 숙원을 성취했다. 그러나 유럽인들의 조잡한 제조품은 아시아인들의 관심을 끌지 못해, 유럽인은 확대일로에 있었던 아시아 시장에서 국지적·주변적으로만 참여할 수 있었을 뿐이다.[22]

인도(남아시아)와 유럽을 비교하면 서아시아와 유럽보다 더 큰 격차를 발견하게 된다. 교과서에 나오는 인도나 동남아의 사회는 종교적이고 정적이며 낙후한 이미지로 가득 채워져 있다. 그래서 16세기 말 유럽이 처음부터 경제·정치·군사적 우위를 갖고 이 지역을 지배한 것처럼 오해하기 쉽다. 그러나 영국의 인도 사학자 스피어(P. Spear)에 따르면, 인도에 들어간 영국은 1700년까지 무굴제국의 신하와 같은 처지였고, 무굴제국은 유럽인을 자신의 정치적·상업적 게임에 고용된 졸(卒) 정도로 간주했다. 1750년 전후 왕위계승 전쟁으로 무굴제국의 국세가 급격히 약화되는 상황이 올 때까지는 유럽의 어느 나라도 정치·군사적으로 개입할 수 없었다.[23] 경제적으로는 더욱 말할 필요도 없었으니, 당시 세계 최고 품질의 면제품을 생산하고 수출하던 인도는 영국의 주요 산업인 고급 모직 옷감에 거의 관심이 없었으므로, 은으로 결제되는 무역수지에서 영국은 늘 적자였다. 특히 인도의 면화산업은 영국 중상주의자들의 은 유출을 부추기는 공포의 대상이었다. 은 유출로 인해 동인도회사는 영국에서 공격의 대상이 되었고, 이것이 결국 동인도회사로 하여금 아시아 내부무역을 통해 대체 지불수단을 찾아내도록 내몰았다.[24] 이를 계기로 인도에 대한 영국의 면밀한 연구가 이뤄지기 시작했고, 아편전쟁의 배경이 되는 인도 -영국 -중국의 삼각무역이 탄생했다. 이때까지도 유럽이 중국의 비단이나 도자기, 인도의 면제품, 동남아시아의 향료, 중동과 아시아산 설탕을 비롯한 고부가가치 상품을 수입하면서 그 대신 내놓을 만한 수출 상품이 없었다. 그 때문에 유럽은 은화로 수입 대금을 결제하거나 아시아산 상품의 중계무역을 할 뿐이었다.

18세기까지 중국과 유럽의 관계를 보면, 중국 경제가 세계 최고 수준을 유지했고 산업혁명 직전의 영국에 비해 전혀 뒤지지 않았다는 연구는 빈 웡보다 20여 년 앞서서 구미의 연구자들에게서 나왔다.[25] 아편전쟁은 영국이 산업혁명을 이룬 상황에서도 자신의 공장제 상품으로는 중국 시장을 효과적으로 파고들 수 없었음을 웅변한다. 이것을 어찌 중국의 공행제도(公行制度) 탓이라고 하겠는가? 이때부터 아편은 세계시장에서 중국의 반(半)식민지적 지위를 나타내는 표지가 되었을 뿐 아니라, 영국이 세계경제 속에서 아직도 우위를 점하고 있지 못함을 반증하는 상징물이 되었다. 16~18세기 유럽의 전쟁과 그 참상에 견주어 중국의 경제뿐 아니라 정치도 눈여겨볼 만하다. 문인관료에 의해 안정적이고 평화적으로 질서가 유지되고, 능력에 따라 지위가 부여되는 모습이 볼테르의 표현대로 "세상에서 가장 훌륭한 정체(政體)"로 비친 것은 시사하는 바가 크다. 이 기간에 동아시아 경제가 지속적으로 성장한 주요 원인도 바로 이러한 평화 덕분이었다.

문화 능력도 높이 평가되어, 19세기 초의 괴테(Johann W. von Goethe)는 "우리 선조들이 아직 산림 속에 살고 있을 때 중국인은 이미 보기 드문 소설을 쓰고 있었다"고 말했다.[26] 17세기에 이미 독일 대학에서 중국학을 가르치기 시작한 이유도 중국이라는 나라를 배움의 대상으로 간주했기 때문일 것이다. 일부에서는 이 선진적인 중국의 모습이 당시 중국에 관한 정보를 유럽에 전해준 선교사들의 의도된 과장이었다고 말하지만, 꼭 그런 것만은 아니라고 본다.

유럽인이 중국 문명의 우월성을 인정하고 배우려 애썼던 시기에는 유럽의 여행가나 박물학자들이 중국인을 백인으로 간주했지만, 18세기 말 이후 몰락하는 중국에 대한 경멸적인 이미지가 만들어지기 시작하면서 중국인을 황인종으로 분류했다.[27] 따라서 이 무렵 뼈대가 만들어진 '일체화된 세계사'는 인식 주체의 처지에 따라 얼마나 편의적으로 다르게 구성될 수 있는지를 잘 보여준다. 빈 웡은 이에 맞서 17세기 선교사의 시각에서 중국사를 인식하자고 제안했다.

이와 같은 전근대 아시아와 유럽의 비교를 바탕으로 유럽사를 다시 보면 서양 고대사상(古代史像), 곧 근대 역사학에 의해 '만들어진 고대'가 금방 드러난다. 양측의 경제 발전 정도는 19세기 들어 비로소 뒤바뀌었지만, 교과서의 세계사상(世界史像)은 후대의 상황을 거꾸로 투영한 것이어서 실제와 전혀 부합하지 않는다. 선진 아시아와 후진 유럽이라고 대비해야 옳을 전근대 세계사를 교과서는 시작부터 아시아를 낙후된 농업·농촌의 형상으로, 지중해나 유럽을 발달된 상공업·도시의 형상으로 그리고 있다. 이집트·메소포타미아·인도·중국 문명은 신석기와 청동기 시대를 거치면서 농업 생산이 발전함에 따라 성립된 농업 문명이라고 보고 농업과 농민·토지 문제에 관해서도 어느 정도 서술한 데 비해, 그리스·로마 문명은 처음부터 도시 문명인 것처럼 오해하기 쉽게 서술하고 있다. 그리스인의 생활은 도시국가(polis)와 식민 활동 및 무역을 지나치게 강조해서 서술된 탓에 마치 농촌과 농업 생산도 없이 생활한 듯한 인상을 준다. 로마인의 생활도 마찬가지여서, 노예제 대농장이 잠시 언급될 뿐 로마인의 대다수가 농민이었다는 사실은 어디에서도 파악할 수 없다. 또한 상공업이 중심을 이룬 그리스·로마인의 도시 생활이 자유롭고 창의적이며 민주적인 서양 문명을 만들어낸 것으로 서술되어 있다. 그리고 이것이 도시 중심의 르네상스로 이어지고, 그 연장에서 개인주의와 자유주의의 자본주의적 근대 유럽 문명이 탄생한 것으로 그려졌다. 왜 서양 고대사는 그리스·로마의 도시국가들로 채워져 있는지 이해할 수 없다. 그들에게 생활용품을 공급한 식민지나 속주는 대부분 농업·농촌 영역이었음에도 도시 중심의 식민 본국 역사로 채워져 있는 탓에 중세의 농업·농촌적 유럽과 연결되지 않는다. 이런 구도에서 장원 중심의 농업·농촌적 중세 유럽은 마치 하나의 일탈처럼 보일 수밖에 없다. 그러나 어찌 그것이 일탈이겠는가?

반면 아시아(서아시아·남아시아·동아시아) 문명은 시종일관 농업－농촌－전제(專制)의 형상으로 그려져 있다. 산업화 이전의 사회는 동서를 막론하고 농·목업에 의존해 의식주를 해결했고, 부차적으로 상업과 수공업이 이를 보완했다는 상식이 여기에서는 통하기 어렵게 돼 있는 것이다. 유럽에서든 아시아에서든 농경공동체야말로 인류가 의식주를 해결하는 일상생활의 토대였다는 점, 그리고 이 농경공동체는 산업혁명에 의해 붕괴되면서도 그 파도에 강하게 저항하여 극단적 개인주의와 신성불가침한 사적 소유의 폐단을 치유하는 덕목과 제도로 존속했다는 점에 유의해야 한다.[28] 이런 점에서 전근대 세계사가 유럽은 처음부터 도시 중심의 자유주의와 개인주의 문화이고, 아시아는 농촌 중심의 집단주의와 전제주의 문화인 것처럼 이분법적으로 구성되어서는 안 된다. 유목 지대를 제외한 지구상의 어느 곳에서도 인류는 농경공동체의 성립과 변화를 축으로 생활하면서 근대에 이르렀음을 균형 있게 서술해야 한다.

4. 전근대 동아시아 안의 국가사와 지역사: 중국사는 국가사인가, 지역사인가

눈을 동아시아 내부로 좁혀봐도 우리는 강자의 논리에 따라 만들어진 왜곡된 역사상과 쉽게 마주치게 된다. 무엇보다도 동아시아에서 '중국[사(史)]'이란 무엇이며 그 범위는 어디까지인지, 그리고 국가사로 파악해야 하는지 지역사로 파악해야 하는지를 새삼 재검토해볼 필요가 있다. 19~20세기에 유럽인이 자신의 의지대로 세계사를 형상화했듯, 중국도 중화(中華)의 의지대로 동아시아사를 형상화한 것으로 보이기 때문이다.

1951년 이후 중국 역사학계는 중국사의 범주에 관한 논의를 계속해왔는데, 이 논의는 "현재 중화인민공화국의 국토를 범위로 삼아 이를 상대(上代)로 소급하여 적용한다"는 원칙을 견지하고 있다.[29] 고구려사를 중국사의 일부로 간주하려는 최근 국가 차원의 움직임도 이런 원칙에서 나온 것으로, 이 문제는 베트남과의 관계에서도 논란거리가 되고 있다. 대부분의 학자가 현재주의라는 외피를 쓴 정치논리에 휩쓸려 이에 동조하는 상황인 만큼, 역대 왕조의 강역을 범위로 하여 당시의 조건에 따라 정해야 한다는 역사주의자는 설 땅을 잃고 만다.[30] 심지어 정사(正史)의 기록이 "흉노가 중국을 침략하여 포악한 짓을 했다"고 하여 한족 왕조만 '중국'이라 하고 그 나머지를 외족(外族)이라고 한 것에 대해 왕조 사관 또는 봉건 정통주의의 착오라고 비난하고 있다.

원래 '중국'이란 동·서·남·북의 '4토(四土)'와 대비된 '중토(中土)'라는 방위적 개념에서 유래된 말로, 후에 하나의 역사적 개념으로 발전한 것이다. 진(秦) 이전에는 '제하(諸夏)의 영역'이라는 뜻으로 가장 많이 쓰였고, 아주 가끔 경사(京師)나 왕기(王畿), 국중(國中, 國境之內의 뜻), 중앙지국(中央之國) 등을 지칭하기도 했다. 진·한 제국 성립 이후에는 중원지구(中原地區, 황하 중하류) 또는 중원왕조(中原王朝)를 의미했지만, 중원의 범위 역시 시대가 지나면서 확장된 것으로 처음부터 정해진 개념은 아니었다.[31] 중토에 생활 근거를 둔 농경민족인 제하(화하)〔諸夏(華夏)〕가 보기에, 변방 사토에 거주하던 비농경민족은 문화 수준이 낮았기 때문에 스스로 문화적 우월의식을 갖게 되었고 이로 인해 사토의 4이(四夷)와 중화(中華, 中土나 中國＋華夏)를 대비하는 화이의식(華夷意識)이 뚜렷해지기 시작했다. 이때 '중국' 범위의 끊임없는 확장은 '비중국' 지역이 '중국'에 의해 정복되거나 '비중국'이 '중국'을 정복하여 합치는 두 가지 형태로 진행되었다. 전자의 예로 줄곧 비중국이던 티베트, 신장, 타이완이 17세기 이후 청조의 지배 아래 들어가 중국화한 경우를 들 수 있으며, 후자의 예로는 비중국에 속하던 몽골과 만주의 몽골족·만주족의 중원 정복으로 형성된 몽골제국과 청제국을 들 수 있다. 이밖에도 지금의 윈난성 다리(大理)에는 송나라 이후 독자적 문화를 기반으로 한 회족(回族)의 정치 단위〔남조(南詔), 대리국(大理國) 등〕가 존재했다. 이들은 확장해온 '중국'의 공격을 받아 흥망을 거듭하면서도 19세기 후반까지 존속하다가 1855～1872년에 3만여 명의 회교도가 학살

되면서 정복되어 오늘의 중국 영토 범위로 편입되었다.[32]

이처럼 '중국'의 범위는 인구 증가에 따라 내부 식민화를 통해 끊임없이 확장되었다. 그럼에도 근대 이전에 '중국'이 국명으로 사용된 적은 거의 없었다. 네르친스크 조약(1689)에서 처음으로 자국을 '중국'이라고 표기한 적이 있지만, 이는 극히 예외적인 경우다. 20세기 중화민국 및 중화인민공화국의 성립에 이르러서야 비로소 '중국'이 국명의 약칭으로 자리잡으면서 오늘의 국경을 확정했다.

이동해온 게르만족과 로마 문명이 융합해 유럽이 형성되었다고 설명하듯이, '중국' 역시 북에서 이동해온 유목민족과 농경지대의 한족이 서로 융합해 형성된 것으로 파악해야 옳다. 장성(長城)을 경계로 한족과의 거주 공간이 분명히 구분되었던 유목민족의 일부가 남북조 시대 이후로 장성을 넘어와 같이 살고 왕조를 세워 중원을 지배하면서 혈통적·문화적·제도적으로 서로 뒤섞였기 때문에 수·당 제국시대부터는 진·한 시대처럼 한족 중심으로 중국사를 파악해서는 곤란하다. 예를 들어, 남조(南朝)의 인구 절반, 수(隋) 문제(文帝) 시기의 인구 절반 정도가 호족(胡族, 북방의 유목민족)이었고, 20세기 향촌건설운동 지도자인 량수밍(梁漱溟)이 자신은 몽골족의 후예라고 말한 것처럼, 농경지대에 들어와 오랜 세월을 살아가는 동안 호족과 한족의 구별이 무의미해진 점을 주목할 필요가 있기 때문이다.[33] 이 과정은 두 문화(농경문화, 유목문화)의 융합이므로 단지 한화(漢化)라고 일방적으로 이해해서는 안 된다.

그러나 이상의 호한융합은 장성 이남 농경지대에서의 일일 뿐 그 바깥에 남아 있던 민족들은 역사적·문화적으로 한족과 구별되는 정체성을 유지했다. 북아시아와 중앙아시아를 처음부터 '오랑캐'로 깔보는 화이론적 편견을 버리고, 그곳에도 지역의 조건에 맞는 고도의 문명이 성립되어 발전했으며, 이것이 중국·한국 및 동아시아에 지대한 영향을 미쳤음을 감안해야 할 것이다. 이런 점들을 고려해야만 비로소 '중국' 역시 로마제국이 그러했듯이 여러 민족과 문화가 흘러들어 모이는 드넓은 호수로 파악될 수 있으며, 이런 시각에서 접근해야 다양성과 통합성, 포용성이 제대로 이해될 수 있다. 중국의 다원성을 인식하기 위해서는 정사와 경전을 통해 파악된 왕조사·제도사·사상사가 그려내는 한족 위주의 단일한 중국상(中國像)에서도, 또한 마르크스주의의 발전단계론과 사회구성체론에 의거한 경제사가 그려내는 단일한 중국상(中國像)에서도 탈피해야 한다.

유목민족사는 주로 중국사의 일부나 동서 문화 교류 측면에서 일부 다뤄질 뿐 한국사와 관련해서 군사적 팽창을 비롯한 그 자체의 특징이 주목받지 못했다. 그들로부터 당한 침략사를 감추기보다 그들의 유목사회 구조와 메커니즘을 우리의 농경사회와 비교해서 이해할 필요가 있다고 본다. 해방 직후 신민족주의 사관을 제창한 손진태(孫晋泰)가 여진족의 금나라를 우리 민족사에 포함시키자고 한 문제의식에는 중국사를 호한(胡漢) 융합이란 시각에서 재인식하자고 한 취지와 상통하는 역사인식이 깔려 있다고 생각한다. 우리는 은연중에 북방민족을 우리의 역사와 무관한 야만적인 존재라는 편견을 갖고 있는데, 이 편견은 화이를 구별하려는 소중화주의와도 상통할뿐 아니라 우리 역사를 한반도에 국한하려는 반도사관으로 이어지기 쉽다. 북의 예맥족(濊貊族)과 남의 한족(韓族)을 엄격히 구분해, 전자는 한국사가 아니라 '요동사(遼東史)'로 범주화해야 한다는 어느 역사학자의 대담한 가설[34]에도 이와 같은 편견이 담겨 있지 않은가 염려된다. 안재홍에 따르면, 당에 의한 고구려의 멸망이 거란·여진·몽골족의 흥기를 초래하여 조선에는 물론이고, 중국에는 더 큰 재난을 가져왔다고 한다. 바꿔 말하면, 조선의 약소 민족화가 동아시아 안정의 균형추를 와해해 중국으로 하여금 늘 북방 위협에 시달리게 만들었다는 것이다.[35] 우리가 너무나 당연하게 받아들이는 중국 중심의 동아시아 역사상에 비해 이 얼마나 신선한 한국인다운 역사인식인가!

세계사에서 각 지역 문명 간의 교류를 지나치게 중시하다 보면 독자성이나 상호 갈등 관계를 간과할 우려가 있다. 동아시아 문명에서 중국 문물의 구실을 필자도 당연히 인정하지만, 그것은 어디까지나 지배층 위주의 고급문화 차원에서 전파되어 주요한 공통점을 만들어낸 것이라는 점에 주목하고 싶다. 민중문화 차원에서는 중국 문물이 유입되기 전부터 존재했던 문화적 토양이 그 후까지 강한 생명력을 갖고 존속하면서 독자성을 유지하는 원천으로 작용했기 때문이다. 예를 들어 손진태가 일찍이 주목했듯이, 청동기 시대의 고인돌 문화는 유럽 · 아프리카 · 인도 등지에 널리 분포하지만, 한반도 주변에서는 만주와 한반도에만 존재할 뿐 중국 등에는 없다. 이같은 사실은 만주에서 한반도에 이르는 우리 민족의 역사적 토양이 중국의 그것과 달랐음을 방증한다. 고려를 원(元)의 일부로 편입시키려는 내외의 책동이 일어났을 때, 당대의 지식인 이제현(李齊賢)이 고려 민중의 행동거지가 중국의 습속과 너무 달라서 불가능하다는 글을 원에 보내 당당하게 맞선 데서[36] 알 수 있듯이, 한국 · 일본 · 베트남이 모두 중국의 고급문화를 수용하여 활용하면서도 정치적 · 문화적으로 자신의 독자성을 견지할 수 있었던 것은 그 사회 민중의 토착문화라는 토양이 있었기에 가능했다. 일본이나 베트남 역시 중국 문명으로 환원될 수 없는 민중문화의 독자적 기반을 갖고 있었으니, 이것은 남방 문화의 토양과 관련지어 설명하는 편이 더 자연스러울 것이다.

5. 근현대 아시아의 국민국가 형성: 민족, 민주, 산업화

(1) 산업화와 두 개의 신화

근현대사의 경우, 국민국가의 형성이란 주제를 중심으로 다루되 이 가운데 특히 강조되어야 할 문제는 첫째 국가주권의 확립(국가 형성)을 위한 노력과 국민주권의 제도화(국민 형성)를 위한 노력, 즉 민족·민주운동이며, 둘째 산업화다. 산업화가 진행되어야 그에 따라 민족·민주의 과제도 실현될 수 있지만, 그렇다고 산업화가 국민국가 형성의 전제 조건은 아니다. 흔히 '근대의 모델'로 꼽히는 유럽의 영국과 프랑스조차 절대왕정기의 국가가 먼저 형성된 뒤에 시민혁명과 산업혁명을 차례로 거치면서 국민주권의 제도화가 이루어졌다. 나머지 유럽 국가와 동아시아를 포함한 모든 국가들은 시민혁명 없이 산업화와 국민 형성이 진행되었다. 그럼에도 우리가 국민국가 형성의 보편적 경로를 영국과 프랑스에서 찾는 것은 어떤 인식론적 함정에 빠진 결과가 아닌가 싶다. 시민혁명의 이념 속에 인류의 보편적 가치가 담겨 있는 것은 인정되지만, 실제 대다수 국가들의 근대화 경로가 이들 나라들과 달랐다는 사실에 유의해야 '보편성의 신화'에서 벗어날 수 있다.

영국으로 대표되는 유럽만이 전근대 사회 안에서 성장한 내재적 힘에 의거해 '자생적인 산업화'에 성공한 것으로 설명되어왔는데, 이 '자생성의 신화' 역시 재검토하지 않으면 유럽 중심의 세계사에서 벗어나기 어렵다. 16~18세기에 지속적으로 은이 유럽에서 중국으로 유입된 사실만으로도 제품의 생산기술 면에서 중국의 우위가 입증된다. 유럽인들은 산업혁명기까지 중국과 인도의 제조품에 맞설 수입 대체품을 만들지 못했다. 따라서 이스트만(Lloyd Eastman),

빈 웡, 포메란츠 같은 사학자들이 보기에 18세기가 저물 무렵 동아시아와 서유럽은 비슷한 성장 가능성을 가지고 있었다. 1750년 중국 양쯔 강 하류 지역은 영국보다 훨씬 윤택했다. 생산, 소비, 문화 등의 모든 면에서 유럽이 중국을 앞지른 것은 그 후 200여 년 동안의 일이다. 중국이나 아시아가 당시에 산업화의 길로 나아가지 않은 것은 자연스런 일이며, 오히려 영국의 경로야말로 극히 이례적이다. 따라서 당시 선진 중국이 왜 산업화하지 못했는지가 아니라 후진 영국이 왜 산업화의 길로 나아갔는지가 탐구 대상이 되어야 한다는 지적에 귀를 기울일 필요가 있다.[37]

그런 점에서 아메리카 식민지가 매우 중요한 몫을 담당했다는 최근의 연구가 눈길을 끈다. 중국의 상대적으로 낙후한 내지(內地)를 먹여 살리기 위해 양쯔 강 하류 지역의 발달이 곤란해진 것과 마찬가지로 유럽의 성장을 갉아먹을 뻔한 유럽의 생태적 속박을, 아메리카 식민지가 풀어줌으로써 유럽의 성장세를 이끄는 견인차 구실을 해냈기 때문이다. 포메란츠에 의하면, 신대륙은 아시아산 고가품을 구입할 수 있게 해준 은화 공급처였을 뿐 아니라 토지 집약적 산물의 공급처로서 유럽의 핵심부가 노동과 자본을 토지 집약적인 산업에 집중할 수 있도록 해주었다. 식민지 신대륙에서 채굴되던 금과 은이 점차 줄어든 반면, 차를 비롯한 수입물품은 크게 늘어 유럽은 현금 압박에 직면하게 되었다. 이에 따라 식민지 노예제 농장에서 설탕과 커피를 생산하여 새로운 음료 상품을 제조함으로써 차의 수입 대체를 꾀하는[38] 한편, 인도 면직물의 모조품 생산에 매달렸다. 당시 인도 면직물은 세계 최고의 품질을 자랑하는 최대의 무역상품이었는데, 영국이 인도를 정복하여 식민지화한 이유도 인도산 면제품을 유럽에 팔아 이득을 남기고 은화의 유출을 막으려는 데 있었다. 실제로 영국은 산업혁명을 통해 비로소 인도 면의 수입 대체를 완료하고, 은 유출을 제한할 수 있었다. 따라서 영국의 산업화는 비단·차·향료·도자기 등의 수입으로 인한 은의 유출을 보충하기 위해 인도 면직물의 모조품 생산을 시작함으로써 수입 대체를 추구한 결과였다.[39]

반면 중국과 인도는 해외 식민지를 개척할 필요가 없었다. 포메란츠에 따르면, 유라시아인 가운데 중국인이 북아메리카를 처음 발견했고, 이것은 콜럼버스보다 78년이나 앞선 일이다. 명나라 정화(鄭和)가 세계 최대의 선단을 이끌고 남해 원정에 나서던 무렵이었다. 이런 해외 원정이 그 후 계속되지 않은 이유는 거대한 능력을 갖고 있었는데도 그럴 필요가 중국 내부에 없었기 때문이었다고 한다. 그 '필요의 부재'란 무엇인가? 중국이 유럽보다 도시화와 상업화에서 뒤지지 않았으나 해외 식민지 개척에 나서지 않은 이유는 상인이 국가 권력을 활용할 수 있는 제도적 장치가 마련되어 있지 않았기 때문이다.[40] 또한 중국의 상품과 경쟁할 수 있는 외국 상품이 없어서 세계의 은화가 중국으로 흘러 들어오고 있던 데다 국가 세수(稅收)를 뒷받침하고 있는 농업의 기반이 광대하여 국가가 상업을 지원할 필요가 적었기 때문이다.[41] 반면 유럽의 상인은 국가 권력과 동맹하여 본국에서 우위를 차지하면서 해외 식민지 정복으로 세수를 확대해나갔다. 식민지를 선점하기 위한 16~18세기 유럽 내부의 격렬한 정치·군사적 경쟁은 아시아 제국을 굴복시킨 무기, 포함(砲艦)의 발달을 가져왔을 뿐 아니라 근대적인 은행 체제와 자본시장의 형성도 가능하게 했다. 은행과 자본시장은 기업가적 정신의 산물이라기보다 전쟁에 필요한 비용을 충당하려고 국가가 장기 차입금을 확보함으로써 탄생한 것이다.[42] 나아가 부국강병을 추구하는 데 효과적인 국가체제, 즉 근대 국가체제 자체도 이 과정에서 만들어졌다.

여기서 유럽의 다국체제(multistate system)와 아시아의 제국체제(imperial system)가 가지는 차이점이 분명하게 드러난다. 존스에 따르면, 엇비슷한 국가 간에 부국강병을 위한 치열한 경쟁을 유발하는 다국체제가, 주변국에 대해 초월적인 지위를 갖고 경쟁을 허용하지 않은 제국체제에 비해 부국강병의 국가체제 형성에 유리했기 때문에 '근대 유럽의 기적'이 일어날 수 있었다고 한다.[43] 17세기부터 이루어진 과학기술의 발달을 위한 제도화(대학, 왕립학회)도 바로 이런 필요에 부응한 결과라고 한다. 반면, 유럽 패권이 확립되기 전의 세계 3대 강국인 청제국, 무굴제국, 오스만제국은 제국체제의 함정에 빠져 있었다.

서유럽의 산업화와 국민국가 형성 과정에서 기업가 정신이 주도적인 구실을 담당했다고 보는 것이 그동안의 주류적 견해였지만, 유럽 중심 세계사를 넘어서려는 학자들은 페르낭 브로델의 견해를 따라서 폭력과 국가권력, 그리고 노예제가 그보다 훨씬 중요했다고 주장한다. 따라서 18~19세기 이들 3대 제국을 비롯한 아시아 각국이 산업화 단계에 진입하지 못한 까닭은 기업가 정신이나 진취적 기상 따위의 문화적 요소가 결핍되어서라기보다 국내외에 폭력을 행사하면서까지 부국강병 체제를 황급하게 수립해야 할 필요가 없었기 때문인 것으로 보인다. 그렇다면 19세기 아시아 국가들은 '왜 산업화와 국민국가 형성에 실패했는가'라는 문제를 제기하고 해당 국가 안에 근대적인 요소가 결핍돼 있었기 때문이라는 식의 일국사에 한정된 자생적 근대화론은 자의든 타의든 유럽 중심주의를 정당화하는 이데올로기에 봉사하게 된다. '유럽은 하나'라고 흔히 말하지만, 식민지 쟁탈을 위해 서로 기나긴 전쟁을 불사했으며, 그들 간에도 산업화와 국민국가 형성의 경로 및 시점은 현격히 다르다. 흔히 우리는 유럽의 독일과 이탈리아가 동아시아의 중국과 일본이 개항 후 새로운 정책을 펼치기 시작할 무렵까지도 국민국가를 형성하지 못했다는 사실을 까맣게 잊어버린 채 유럽은 모두 일찍이 산업화된 근대국가를 수립하고 아시아로 팽창한 것처럼 간주한다.

이런 자생적 근대화론의 시각에서 유럽과 중국을 대비한 대표적인 인물이 필립 황(Philip C. Huang)이 아닐까 싶다. 그에 따르면, 영국이 18세기에 농업혁명을 통해 노동생산성을 두 배로 증대하는 '발전(development)'을 이룩함으로써 도시화와 공업화를 위한 물질 조건을 창출하는 동안, 중국은 토지생산성만을 늘리기 위해 무제한의 노동을 투입하는 '발전 없는 성장(growth without development)', 즉 과밀화(involution)에 머물러 있었다고 한다. 그는 이 내재적 차이가 유럽의 성공과 중국의 실패를 가른 결정적 요인이라고 보면서, 유럽의 산업화는 필연이 아니라 몇 가지 우연적 국면들이 연결된 결과라는 포메란츠의 견해를 두고 자신이 강조하는 '과밀화'와 '발전'의 차이도 구분 못한다며 비판했다.[44] 그러나 한 국가 안의 경제 효율만을 기준으로 삼는 이와 같은 경제학적 분석으로는 유럽의 산업화와 국민국가 형성이 왜 하필 그 시기에 일어났는지, 중국이 왜 20세기 후반에는 급속한 산업화를 성취하고 있는지 등을 설명할 수 없다. 방법론상으로 봐도 빈 웡과 포메란츠의 연구가 비록 부분적으로 실증 분석이 부족한 흠을 가지고 있지만, 필립 황처럼 18세기 유럽 경제에서 추출된 노동생산성이란 기준을 중국에 들이대고 일방의 결핍을 지적하기보다, 유럽을 기준으로 아시아와 비교할 뿐만 아니라 동시에 아시아를 기준으로 유럽과 비교하는 쌍방향의 비교 방법을 취하고 있다는 점에서 설득력이 있다.

동서를 막론하고 산업화는 경제적 후진 국가가 수입 초과로 인한 은 유출을 보전해야 하는 상황에서, 국가권력의 중상주의적 역할을 필수 요건으로 하여 시작되었다. 그 후의 진전 과정에서 자유무역주의가 중상주의를 대체하긴 했지만, 그것도 어디까지나 국가권력을 무기로 삼아 자국의 무역 이득을 극대화하기 위해 전략을 수정한 것에 불과하다. 아편전쟁을 포함해 동아시아를 상대로 한 무역 확대 요구는 이를 잘 말해준다. 이처럼 상공업 발전과 산업화 과정에서 국가권력의 지원은 결정적으로 중요한 요인이기 때문에 국가주권이 상실된 식민지 상황에서는 산업화를 달성하기 어렵다. 많은 사람들이 자생적 근대화론을 부정하면 곧 식민지 근대화론인 것처럼 일도 양단하지만, 이는 동아시아 국가들이 정치적 독립을 획득하여 산업화를 추동할 국가권력을 수립한 이후에야 산업화에 성공했던 이유를 무시한 데서 온 착오다.

(2) 내셔널리즘과 민주주의

그래서 동아시아 (반)식민지 국가들은 산업화를 미룬 채 국가주권을 확립하는 국민국가 형성에 민족적 역량을 집중했던 것이다. 손진태의 '민주주의적 민족주의' 론에 언명된 대로 민족적 단결을 이끌어내는 기제는 바로 민주주의였다. 민족 전체가 정치·경제·사회·문화적으로 균등한 의무와 권리, 지위, 생활의 행복을 가질 수 있을 때 비로소 민족의 친화와 단결이 이루어지기 때문이다.[45] 물론 이때의 민주주의에는 민족적 단결이라는 대의를 우선한다는 제한이 부가되었지만, 균등 없이는 단결도 있을 수 없었기에 이 양자를 병행하려는 정치적 프로그램을 가진 세력이 민족운동의 주도권을 쥐게 되는 것은 당연했다. 중국의 경우, 국민당과 공산당 간의 경쟁 과정에서 양당의 프롤레타리아 독재와 훈정(訓政) 독재 모두를 비판하면서 민주헌정을 요구한 이른바 제삼세력의 지식인들이 국민 여론의 향배에 극히 중요한 영향을 미쳤다. 그리하여 결국 중화인민공화국은 공산당의 근거지가 무력에 의해 확대되는 방식이 아니라 민주주의를 요구하는 각 단체 및 당파의 참여를 보장하는 정치협상회의 방식으로 정통성을 확보하여 일당정부가 아닌 연합정부 형태로 출범했다.[46] 비록 1958년 전후부터 연합정부가 일당정부로 바뀌면서 어렵게 쟁취된 민주주의가 무너졌지만, 1989년 톈안먼(天安門) 사건은 이때 억눌렸던 민주화 요구가 분출된 것이라 할 수 있다.

중국은 신해혁명으로 '공화국'이 되었지만, 1954년 전국인민대표대회가 성립될 때까지 국민의 의사를 대표하는 민의대표기관이 없었다. 그래서 국민의 민주주의 요구가 더 절실하고 치열했다고 볼 수 있는데, 이런 노력들을 당시 일본의 정치 사정과 비교해 살펴볼 필요가 있다. 불안한 단막극 같은 '다이쇼 데모크라시'[47]를 제외하면, 메이지유신 이후 1945년 패전에 이르는 일본의 근대화도 결코 성공적이었다고 보기 어렵다. 1930년대까지도 일본 인구의 절반이 농민이었으며, 가부장적 공동체와 그 질서는 도시에서도 강하게 존속하면서 아버지 천황을 가진 화목한 '가족=국가'라는 군사국가주의 이데올로기의 사회적 기반으로 작용했기 때문에 전쟁 전의 일본 사회에서 민주주의가 체제화되기는 어려웠다.[48] 이런 낡은 질서는 1960~1970년대의 고도 경제 성장기를 거치면서 비로소 붕괴되었다.[49] 이런 사정을 감안한다면, 패전 후 미군정의 민주개혁에 의해 비로소 일본의 국민 형성이 일단락된 만큼 '전후 민주주의'는 일본 자신이 쟁취한 것이라기보다 패전의 선물로 주어진 것이라는 측면이 더 강했다.[50] 또한 유럽 국가들도 몇몇 나라를 제외하고는 지금 우리가 당연시하는 민주주의를 실현하지 못했고, 그나마 대공황 이후에는 전체주의의 영향을 크게 받지 않을 수 없었다.

이쯤에서 우리는 아시아의 전제군주제와 대비되는 유럽의 민주공화제의 실상에 관해서도 재검토해볼 필요가 있다. 미국의 독립전쟁과 프랑스혁명이 이른바 '공화국'을 탄생시켰지만, 19세기 말까지도 '공화국 프랑스'의 농민은 국민이 아니었으며, 여성은 1차 세계대전 이후에 가서야 국민이 되었다. 이렇듯 자칭 문명화 사명을 가진 유럽의 공화국이나 입헌국들 대부분도 노동자들의 민주와 복지에 대한 요구는 식민지 초과 이윤 덕에 어느 정도 수용하고 민주화의 길로 나아간 듯 보이지만, 20세기 중반이 될 때까지 농민과 여성은 배제한 국민국가에 불과했다. 게다가 노예 수입을 제도적으로 인정하고 노예무역을 계속했으니 '인간의 권리 선언'은 무색하기 이를 데 없다. 시민혁명이 봉건적 신분제를 폐지하긴 했지만 수입 노예가 그 빈자리를 메웠던 셈이다. 영국 1833년, 프랑스 1848년, 미국 1865년, 스페인이 1870년에 노예제를 폐지했지만, 그들이 문명화 사명의 옷을 입고 포함(砲艦)으로 아시아를 제압할 때의 입헌이나 공화의 실상은 재음미되지 않으면 안 된다. 이번에는 노예제 폐지와 거의 동시에 등장한 제국주의적 식민주의가 노예제의 빈자리를 채웠기 때문이다. 그들은 자신의 노예제 폐지를 무기로 삼아 '노예제를 허용하는 이슬람'이라고 대비하면서 '광신·독재·야만=이슬람'이라는 언설로 기독교 문명을 현창했다.[51] 범세계적으로 노예무역과 노예제를 금지한 계기는 1948년 유엔의 세계인권선언이었으니, 이를 가능하게 한 동력은 유럽 시민혁명에서 나왔다기보다 식민주의를 종식한 아시아·아프리카·라틴아메리카의 민족해방운동에서 비롯되었다고 봐야 옳을 것이다. 그러므로 계몽사상이나 시민혁명을 역사의 도달점인 것처럼 인식하도록 구성된 세계사에서 벗어나기 위해서는 서구의 근대가 확립되는 과정, 즉 계몽사상과 시민혁명을 새로운 시각에서 재검토할 필요가 있다. 이는 서구학계에서 이미 제기된 혁명 주도층의 계급적 성격과 관련한 수정주의적 해석과는 또 다른 시각을 요구한다. 동아시아 같은 비유럽인은 민족 문제가 계급 문제와 복잡하게 뒤얽힌 근현대사를 갖고 있기 때문이다.

식민지를 바탕으로 산업화를 달성한 유럽 선진국의 민주주의도 실상은 이처럼 제한된 상황이었으니, 식민지도 없고 산업화도 뒤로 미룬 동아시아 국민국가의 민주주의란 더욱 제한적일 수밖에 없었다. 그렇더라도 민주주의를 위한 노력의 역사를 통해, 국민국가의 해방 기능뿐 아니라 억압 기능까지 드러낼 수 있어야 한다. 국가 폭력에 맞서 개인의 자유와 권리를 쟁취하기 위한 근현대 동아시아의 노력은 대부분 내외의 국가권력에 의해 억압되어 실패했지만, 그 곡절의 경험 속에서 우리 학생들이 되살려낼 만한 '가능성의 유산'을 발견해낼 수 있게 배려되었으면 한다. 국민국가의 억압성을 넘어서려는 전망을 담으려면 각 시대의 주류 세력 또는 주류 문제 위주로 내용을 구성해서는 안 된다. 즉 농민과 여성, 소수민족, 외국인, 노예를 비롯한 국가 안의 소외집단의 생활, 국민국가들의 위계질서 속에서 주변부에 속한 식민지 민족의 생활 등이 적극적으로 서술되어야 국민국가를 당면 목표일 뿐 아니라 극복해야 할 대상으로 인식할 수 있게 된다.

근대화 또는 국민국가 형성 과정에서 제국주의와 민족문제만큼 중요한 또 하나의 문제가 바로 역사적 전통의 힘이다. 근대 이전의 중국이나 아시아가 경제적으로는 유럽을 능가했지만, 결국 근대를 준비하는 도상에서 정치적으로 뒤지게 되었다는 점은 분명한 사실이고, 이것이 아시아와 유럽의 지위를 역전시킨 결정적 요인이 되었다. 그렇다고 해도 고대의 민주제도를 재생한 르네상스를 통해 근대국가로 발돋움했다고 말할 정도로 유럽이 근대 국민국가 시스템을 본래부터 자기 역사 안에 전통으로 갖고 있었던 것은 아니다. 또한 시민혁명에 의해 전통을 모조리 부정하고 그것을 새로 창조한 것도 아니다. 거꾸로 중국의 전통이라고 해서 모두 부정해야 할 대상이었던 것은 아니다. 그 속에는 근대적으로 재해석되어 발전할 수 있는 요소들이 적지 않았다. 예를 들어, 영국의 의회제는 왕권의 확장에 맞서 귀족의 이해를 집단적으로 도모하기 위한 봉건귀족들의 회의체였다가 참여층의 폭을 점차 넓히면서 발전된 것이다.

마찬가지로 중국이 의회제를 도입할 때도 왕권과 군현제도를 비판하고 견제하는 자신의 봉건제도를 근간으로 하여 그 연장선에서 양자를 결합해 수용한 것이다. 지역 단위의 전통적 의창(義倉)제도나 환과고독(鰥寡孤獨, 늙은 홀아비, 늙은 과부, 어린 고아, 자식 없는 노인) 및 장애인을 위한 사회시설 역시 근대국가의 사회복지제도로 발전될 여지는 충분했다.[52]

다만, 18세기 말까지 경제·사회·문화적으로 우세했던 중국이 19세기 들면서 유럽에 뒤떨어지기 시작한 이유는 인구 증가나 아편 유입에 따른 은 유출 말고도, 변화하는 상황에 제대로 대처할 수 없었던 정치의 부패와 비효율에 있을 것이다[53](무굴 인도의 경우도 마찬가지다). 이 점에 주의하여 우리 학생들로 하여금 근대화 과정에 미친 전통의 영향을 긍정과 부정 두 측면에서 모두 연결해 생각할 수 있게 해야 한다. 이렇게 구조의 장기 지속과 변동을 감안한 바탕에서 국민국가 형성의 과제가 어떻게 수행되었는지를 살펴야지, 아편

전쟁 – 태평천국 – 양무운동 – 변법자강운동 같은 식으로 사건만 나열해서는 변화의 인과관계 및 변화의 유형을 파악해 역사적 사고력을 함양한다는 목표에 부합하기 어렵다. 제국 질서, 과거제도와 유교, 신사(紳士)와 무사(武士), 종족(宗族)처럼 장기 지속된 구조가 근현대의 단기 변화에 어떻게 작용했는지에 대해서도 관심을 기울일 수 있도록 해야 한다.

(3) 20세기사의 주요 문제

20세기 역사의 대부분을 두 차례의 세계대전으로 채우는 현대사 구성 체계도 동아시아의 시각에서 재검토되어야 한다. 사실 식민지 쟁탈을 위한 세계대전이 그렇게 중시된 이유는 전쟁의 주역인 열강들의 필요에 따른 것이지, 식민지 민중의 필요에 따른 것은 아니다. 식민지를 경험한 한반도나 동아시아의 처지에서 20세기를 재구성한다면 그 중심 주제는 세계대전 자체라기보다 열강의 식민 지배에 맞서 자신의 국민국가를 형성하려는 민족 · 민주운동이어야 한다. 이 중심 주제를 다루는 데 필요한 만큼만 세계대전을 언급하면 되는 것이다. 그래야 아시아 국민국가 형성이 연속성을 가진 단계적 진행 과정으로 파악될 수 있다. 전후의 냉전에 관해서도 유럽의 냉전은 부차적으로 다루고, 유럽 이상으로 진영 간의 긴장과 대결이 치열했던 동아시아의 냉전 위주로 구성해야 옳다. 냉전체제 속에서 동아시아 민중이 상실한 것은 무엇보다도 민주주의를 실현할 기회였다.

미국 진영이 자신을 민주주의 체제로 자처하면서 소련 진영을 전체주의 체제라고 비난하면, 소련 진영은 미국 진영이야말로 제국주의이며 이것이 소멸되지 않는 한 평화는 불가능하다고 비난했다. 양측 모두 피지배층의 해방, 즉 평등과 민주를 주장해 서로 민주주의의 정통성 경쟁을 벌였던 것이다. 그러나 소련 진영에서는 스탈린 모델 이외 사회주의의 다양한 길을 인정하지 않았고, 미국 진영에서 도 미국적 반공주의에 동조하지 않는 길은 모두 부정했다.[54]

그런데 그에 앞서 민주주의 실현의 다양한 경로는 미·영·소 세 강대국의 '해방된 유럽에 관한 선언'(1945년 2월, 얄타)에도 천명돼 있었다. 그 요지는 다음과 같다. 나치즘·파시즘의 잔재를 타파하고 각 국민 자신의 선택에 의거한 민주적 제도를 창설하기 위해, 각국 은 모든 민주주의 분자를 광범하게 대표하고 신속하게 자유선거를 실시해 국민의 의지에 기초한 정부를 수립할 것을 공약한 임시정부 를 성립시킨다. 여기에 필요한 경우 미·영·소 삼국은 공동으로 원 조한다.[55] 그런데도 두 진영 모두 유럽에서 자국 군사력에 의거해 자 기 취향에 맞는 정부를 세우는 데만 골몰하며, 타협은 뒷전이었다. 한반도에 관해서도 이 선언의 정신에 준해 모스크바 삼상회의 결정 이 나왔지만, 두 진영을 대표한 남·북의 점령군은 유럽에서보다 더 욱 심하게 격돌했다. 이는 중국 대륙에서 전개된 국공내전의 향배가 예상을 뒤엎고 돌변했기 때문이다. 이를 계기로 미군정 아래 마련된 일본의 민주개혁 프로그램도 2년 만에 반공을 위해 '역행의 길'로 돌아섰고, 남한의 민주개혁 역시 냉전의 파도에 휩쓸려 급기야 분단 을 거쳐 전쟁으로 치달았다. 이 전쟁이 남·북 내전으로 시작되었지 만 곧바로 미-중 전쟁으로 확대된 이유도 여기에 있다. 베트남의 재식민화를 기도하던 프랑스를 상대로 한 베트남민주공화국의 민족 해방전쟁이 베트남의 승리로 끝나면서 체결된 제네바 협정(1954) 역 시 2년 뒤 베트남의 선택, 즉 자유선거에 의한 민주정부 수립을 약속 했지만 결과는 미국 정부의 의지에 따라 남쪽만의 선거를 거쳐 분단 을 고착화하는 방향으로 강제되었다.[56] 그 후 1975년까지 계속된 베트남 전쟁에 두 진영 모두 엄청난 재정적 · 군사적 지원을 쏟아부으면서 대결했고,[57] 이 전쟁이 끝나면서 비로소 아시아 냉전은 걷히기 시작했다.

이 같은 냉전과 냉전 속의 열전은 두 진영 간의 이념 대립처럼 나타났지만, 제국주의 지배에 맞서 성장해온 민족 · 민주운동에서 보면 모두 자국의 패권을 추구한 강대국들의 군사 블록이 약소민족을 자기 지배에 두려고 한 데서 비롯된 것이었다. 다만 이때 일부 약소국들이 민족 · 민주운동의 방편으로 사회주의를 받아들여 소련의 지원을 받았다는 이유로 사회주의 진영에 편입되었을 뿐 실제로는 어느 나라도 사회주의체제라고 할 만한 제도를 갖추지는 못한 상태였다. 소련을 제외한 이른바 '사회주의 국가'들이 당초 신민주주의 또는 인민민주주의의 실현을 당면 목표로 한 연합정부 형태로 출범했던 사실이 이를 잘 말해준다.[58] 이 반제 민족운동을 통해 성립된 신생국가들에서 사회주의는 먼 장래에나 가능해질 일이었다. 식민지의 농민 사회를 기반으로 사회주의가 자리잡았으니 이런 장기 전망은 당연한 것이었다. 하지만 세계적인 냉전이 신생국의 국가주권을 위협하는 상황에 처하자, 이들 나라는 스탈린 체제를 모델로 한 사회주의로의 개조를 급속히 단행할 수밖에 없었던 것이다. 소련을 필두로 중국, 베트남, 동유럽 등에서 '현실 사회주의'가 1980년대에 들어 개혁개방에 나서지 않을 수 없었던 이유는 신민주주의 또는 인민민주주의가 냉전에 의해 단기간에 희생되었던 탓에 냉전이 끝나자마자 다시 회복 노력을 기울였기 때문이다. 그러나 더욱 근본적인 원인은 농민 사회를 바탕으로 20세기에 성립된 사회주의, 즉 농민 사회주의의 원형이라 할 러시아혁명의 태생적 한계에서 찾아야 한다. 차르 전제체제를 타도한 지 불과 2개월 만에 부르주아 민주혁명이 완수되었으니, 소비에트 사회주의 혁명으로 나아가야 한다고 선언한 레닌의 4월테제야말로 20세기 사회주의의 실패를 가져온 원죄가 아닌가 한다. 이런 문제의식을 바탕으로 동아시아인에게 20세기 사회주의가 어떤 의미를 갖는지 재음미하지 않으면 안 될 것이다.

엇비슷한 몇 나라가 상호 견제하면서 세력 균형을 이뤄나간 유럽과 달리 동아시아는 중국과 일본이라는 거대 국가가 전근대와 근대에 각각 거의 초월적인 힘과 지위를 갖고 이웃 나라 위에 군림했다. 그러나 우리는 여기서 '전후'의 동아시아사에서 초강대국 미국의 존재를 어떻게 자리매김할지 고민하지 않으면 안 된다. 일본의 '전후 체제' 성립, 중국의 국공내전, 한반도의 분단, 베트남 전쟁 등에서 미국은 동아시아의 일원이었다고 할 만큼 중요한 구성 주체였기 때문이다. 그래서 더더욱 근대 일본의 침략 전쟁뿐 아니라 전근대에 중국의 내부 식민과 영토 확장에 따른 주변국 침략, 미·중의 한국전 개입, 미국의 베트남 전쟁 개입을 균형 있게 다룰 필요가 있다. 또한 약소국이라고 할 수 있는 베트남의 주변국 침략, 한국의 베트남 전쟁 참전도 함께 다룸으로써 전쟁과 평화의 문제를 강대국과 약소국 간의 구도에서만 보지 말고 약소국 간의 문제일 수도 있음을 깨닫게 해야 한다. 예를 들어 베트남은 프랑스·미국의 제국주의 침략에 맞서 승리한 빛나는 민족해방투쟁사를 갖고 있지만, 승리 직후 주변의 약소국인 캄보디아를 침공해 보호국화하려고 한 이중성을 갖고 있다.

많은 사람들이 '국민국가를 넘어서'자고 할 때, 흔히 국가의 억압성을 비판할 뿐 자본의 억압성에는 별로 주목하지 않는다. 그런데 자본은 국민국가를 구성하는 '거대한 법적 국민〔法人〕'으로서 국가 정책 결정에 지대한 영향을 행사한다. "자본주의와 국가가 일체를 이루어 자본주의 자체가 국가가 되었다"는 브로델의 지적에도 귀 기울여야 국민국가를 넘어 추구하고자 하는 인간적 가치의 실현이 앞당겨질 것이다. 따라서 학생들에게 사적 소유와 이윤 추구를 국가의 제도로 절대화한 결과, 자본에 의한 인간성과 자연생태의 파괴가 날로 심해지고 있는 사실도 역사 문제의 하나로 인식할 수 있게 해야 한다. 기업의 역사에 관심을 기울여야 하는 이유가 여기에 있건만, 근현대 세계사에서 기업의 구실을 다루지 않는 것은 이해할 수 없다. 유럽에서는 물론이고 아시아에서도 산업화가 완료되고 있는 만큼 이제는 이 문제를 다루지 않을 수 없다.

6. 맺음말

새로운 세계사 구성에 걸림돌이 되는, 그래서 극복하지 않으면 안 될 역사인식의 거대한 체계를 구성하는 큰 줄기는 유럽 중심주의, 중화 사관, 냉전 사관, 스탈린식 발전단계론, 근대화 사관, 내재적 발전론과 식민지 근대화론, 국가주의, 대국주의 등 한두 가지가 아니다. 중화 사관을 빼면 19~20세기에 형성된 이런 관점과 논리는 모두 근대 국민국가와 자본주의(또는 사회주의)를 인류 역사의 도달점으로 보고 이 기준을 과거로 소급해 투영한 목적론적 역사상에 직·간접적으로 닿아 있다. 물론 이런 인식 체계와 정면에서 맞서려던 당대 아시아인의 시도도 있었다. 그 가운데 가장 눈에 띄는 것이 서양의 물질적 우위와 동양의 정신적 우위를 대비한 뒤 그 대안으로 동양정신을 강조한 문화 보수주의의 흐름이다. 문화 보수주의는 인도와 중국을 중심으로 타고르와 간디, 량수밍 등에서 보듯 당시 아시아 각국에서 등장하여 아시아인의 정체성을 새삼 확인해주면서 (반)식민지의 민족주의 정서에도 호응하는 기능을 담당했고, 최근에는 '아시아적 가치론'으로 연결되기도 했다.

그런데 이 같은 '정신적 아시아론'은 앞서 살펴본 대로, 물질적 우위의 서양이란 산업혁명 이후의 일이고 그 전에는 오히려 동양이 물질적으로 우위를 점하고 있었다는 사실을 까맣게 잊고 있다. 당대 인도의 역사가인 사르카르가 정확히 지적했듯이 "아시아인과 유럽인은 모두 물질적인 동시에 정신적이다. 둘 사이의 차이라고 주장되는 것은 산업혁명에 따라 인류의 일부가 놀라운 성공을 거둔 후 처음 이야기되기 시작했으며, 그 이후 이것은 엄청나게 과장됐다. 이러한 과장에는 인도인 자신에게 부분적으로 책임이 있다."[59] 물론 여기에 동참한 중국인과 한국인, 일본인에게도 책임이 있다. 19~20세기 서양의 물질적 위세에 눌리던 아시아인은 그 위기의 상황에서 만들어진 '물질적 서양론'이란 시각으로 자신의 과거를 재구성하면서 정신적 위안의 도피처를 찾으려 한 것이다. '정신적 아시아론'의 기저에는 현대 중국의 문호 루쉰(魯迅)이 날카롭게 풍자한 '정신 승리법'과 같은 심리가 놓여 있었는지도 모른다. 결국 자기 오리엔탈리즘으로 연결되고 마는 이러한 문화 보수주의 역시 유럽 중심주의에서 진정으로 벗어난 것은 아니다.

그렇다면 유럽 중심주의나 중국 중심주의에서 비교적 효과적으로 벗어나 다원적 세계사를 재구성하는 시각과 방법은 없을까? 그 하나의 대안으로, 인류 역사상 어디에나 존재한 농경공동체의 지속과 변화에 기초해 각국사·지역사를 시공간 속에서 비교사적으로 검토하는 것이 좋을 듯하다. 농경공동체의 원리는 기본적으로 같되, 그 유형은 지역과 시대에 따라 다르다는 점을 인정하고, 그 변화 과정을 살피면 일원적 세계사 속의 왜곡된 동서 대비를 바로잡는 데 유용할 것이다. 앞서 언급한 유럽=물질적, 아시아=정신적이라는 대비 말고도, 예를 들어 유럽=개인주의 · 아시아=집단주의, 유럽=상공업과 도시 중심 · 아시아=농업과 농촌 중심, 유럽=자유주의 · 아시아=전제주의라는 대비 등과 같은 여러 층차의 단순 이분법을 바로잡는 방법이 될 수도 있을 것이다.

이런 동서 대비는 모두 인류의 생활 전반이 공동체에 기초해 이루어지던 사회에서부터 산업화에 의해 그것이 해체되는 사회에 이르기까지의 시간 경과에 따라 발생한 변화의 모습으로 고쳐서 이해되어야 한다. 가령 자와할랄 네루(Nehru Jawaharlal)가 정당하게 파악한 대로 "근대 유럽은 죽음을 가져오는 자본주의 문명뿐 아니라 그 해독제(사회주의와의 협력, 공동선을 위한 공동체에의 봉사 원칙)도 가지고 왔"다.[60] 그럴 수 있었던 것은 유럽인들도 유사 이래 공동체에 기초한 생활을 영위해왔고 자신의 전통을 새롭게 되살려야 할 유산으로 삼을 줄 알았기 때문이다. 유럽보다 훨씬 더 공동체 지향성이 강하다고 자처하는 아시아인이 20세기에 사회주의적 지향을 강렬히 드러낸 것도 마찬가지 이유로 이해될 수 있다. 여기서 우리는 "모든 형태의 산업화는 위로부터의 혁명, 무자비한 소수의 작품이었다"[61]는 사실을 상기하면 좋을 것이다. 전근대 시기 지구상의 어느 지역에서도 대다수의 사람은 농민이었고, 산업화는 이 조건에서 싹텄기에 농민층의 분화 없이는 산업화 자체가 불가능했다. 하지만 배링턴 무어(Barrington Moore)에 따르면 "지구상 어느 곳의 민중도 스스로 산업화를 원했다는 증거는 없다". 근대란 공동체 속에서 부와 권력을 가진 소수의 이해를 우선하는 힘이 분리돼 나오면서 이를 국가 제도로 법제화해 확립되었다. 하지만 그 힘이 일방적으로 작동된 것은 아니어서, 공동의 이해를 우선시하는 공동체의 다수 구성원은 이런 사태 진전에 강렬하게 저항하면서 또 하나의 힘을 형성했으니, 근대의 국가법제란 사실 이 두 힘의 관계에 의해 결정된 타협의 산물이라 할 수 있다.[62]

아시아 각 지역이 뒤늦게나마 산업화를 이루어내고 있는 지금, 유럽사의 특징으로 일컬어지기도 했던 공유재산-사유재산, 공동체-개인, 공동체주의-개인주의·자유주의, 농업·농촌-상공업·도시, 국가권력-민간사회 등의 상호 대립적 분화 발전은 이제 아시아 현대사의 핵심 내용이 돼버린 지 오래이다. 이는 공동체를 기반으로 한 각 지역 문명의 다양성이 자본주의의 확산과 더불어 파괴될 운명에 처하고 점차 지구적 차원의 일원화, 일체화를 강요받게 되는 과정에 조응하여 일어난 변화라 할 수 있다. 따라서 여기서 말하는 다원적 세계사가 가치나 법제 측면의 보편성을 배제하는 것은 결코 아니다. 다만 일체화를 강요하는 동력이 자본이나 기술뿐 아니라 독점과 폭력이라는 점에 유의하여 각 지역 문명이 그에 맞서 자신의 자율성을 회복해갈 가능성을 열어두는 역사인식 체계가 마련되어야 한다는 점을 강조하고 싶다. 그렇다고 요즘 부쩍 유행하기 시작한 이른바 '18세기 아시아 경제 선진론'의 경제주의적 (프랑크의 경우 더욱 좁아져서 유통주의적) 시각을 쉽게 수용해서는 곤란하다. 물론 그때까지는 아시아 경제가 유럽 경제보다 앞서 있었다는 사실을 일깨워주는 의의가 있지만, 그 후에 경제는 물론이고 정치·군사 영역에서도 왜 양측의 위치가 역전되었는지를 설득력 있게 해명해야 하는 커다란 과제는 여전히 남겨두고 있다. 이 글에서 필자는 일단 '다국체제'와 대비되는 '제국 체제'의 함정 탓으로 설명했다.

유럽 중심주의가 강요하는 사회형태상의 일체화 문제와 관련해 근대주의적 기준에 의거하여 내용을 선정한 결과 배제돼버린 공동체의 지속과 변화에 대한 역사적 이해의 필요성을 다시 한번 강조하고 싶다. 역사상의 공동체는 극복해야 할 가부장성을 갖고 있는 동시에 받아먹어야 할 자양분도 내장하고 있다. 요컨대 동서양을 막론하고 농경공동체는 곧 인류의 문명적 자궁이었으니, 거기서 나온 유산을 발견하도록 이끄는 것이야말로 '현재에 이르는 길(Paths to the Present)'을 찾기 위해 '과거의 힘(Powers of the Past)'을 배우는 역사학습의 지혜로운 모습이 아닐까.

■ 주

1. 일본과 중국 모두 교육과정 차원에서는 탈유럽 중심을 표방하고 있지만 교과서 내용은 유럽 중심으로 구성돼 있어 시사적이다. 미야지마 히로시, 〈근대를 다시 본다: 동아시아의 관점에서〉,《창작과비평》, 2003, 여름, pp. 265~279; 오병수, 〈중국 중등학교 역사 교과서의 서술 양식과 역사인식〉,《역사교육》80, 2001, p. 83.

2. 엠마뉘엘 토드,《제국의 몰락: 미국 체제의 해체와 세계의 재편》, 주경철 옮김, 까치, 2002.

3. 유용태, 〈역사 교과서 속의 아시아 국민국가 형성사〉,《역사비평》, 2001, 겨울; 유용태, 〈교육과정 속의 역사, 세계사, 아시아사〉,《역사교육》82, 2002.

4. 오창훈 외,《세계사》, 지학사, 2003, p. 16; 오금성 외,《세계사》, 금성출판사, 2003, p. 15.

5. 김은숙 외,《세계사》, 교학사, 2003, pp. 16~17.

6. 이민호 외,《세계사》, 지학사, 1989, p. 3; 양호환 외,《세계사》, 교학사, 1995, pp. 8~9.

7. 오인석 외,《세계사》, 동아출판사, 1989, p. 4.

8. 버나드 루이스,《중동의 역사》, 이희수 옮김, 까치, 1998, p. 106. 이《집사》를 최초의 세계사로 간주하는 연구자는 그 밖에도 많다. 이에 관해서는 김호동 역주,《라시드 웃딘의 集史 1: 부족지》, 사계절, 2002, p. 12.

9. 윤세철, 〈세계사와 아시아사: '세계사' 내용 선정상의 몇 가지 문제〉,《역사교육》32, 1982, p. 12; 이영효, 〈세계사 교육의 방향과 가능성〉,《역사교육의 방향과 국사 교육》, 솔, 2001, p. 291; 강선주, 〈미국 세계사 인식의 변화와 세계사 교육〉, 앞 책, p. 374.

10. Hachette Classiques ed., *Histoire de l'Europe*, Paris, 1992(花上克己 譯,

《ヨ ーロッパの 歴史》, 東京: 東京書籍, 1994, 편자서문).

11. 윤세철, 앞 글, p. 14, p. 28.

12. R. Bin Wong, *China Transformed: Historical Change and the Limits of European Experience*, Cornell Univ. Press, 1997; Kenneth Pomeranz, *The Great Divergence: China, Europe, and the Making of the Modern World Economy*, Princeton Univ. Press, 2000. 이 두 책의 우리말 요지는 R. Bin Wong, 〈세계사적 맥락에서 본 동아시아의 정치 경제, 1800, 1900, 그리고 2000〉; Kenneth Pomeranz, 〈세계사 속의 동아시아와 북대서양〉, 역사학회창립 50주년 기념 역사학 국제회의 발표문 참조, 2002, 8.

13. 안드레 군더 프랑크, 《리오리엔트》, 이희재 옮김, 이산, 2003, pp. 437~438.

14. 페어뱅크 외, 《동양문화사》 상, 김한규 외 옮김, 을유문화사, 1992, pp. 172~173. 이른바 '아시아 교역권론'이 하마시타를 비롯한 일본인 연구자의 전유물인 것처럼 오해하는 경우도 있는데 그렇지 않다.

15. 이런 의문과 비판은 유재건, 〈세계사 다시 읽기와 유럽 중심주의 - A. G. 프랑크의 '리오리엔트'를 중심으로〉, 《창작과비평》, 2003, 겨울; 秦暉, 〈誰, 面向哪個東方? - 評弗蘭克著 《重新面向東方》兼論所謂西方中心論問題〉, 《傳統十論》, 復旦大學出版社, 2003 참조.

16. 조셉 폰타나, 《거울에 비친 유럽》, 김원중 옮김, 새물결, 1999.

17. 버나드 루이스, 앞 책, p. 182, p. 291.

18. 위 책, p. 291.

19. 위 책, pp. 60~61, pp. 78~79, pp. 135~137.

20. 宮崎市定, 〈世界史序說〉, 《アジア史研究》 2권, 同朋社, 1974, pp. 1~36; 宮崎市定, 〈アジア史とは何か〉, 《アジア史研究》 3권, 同朋社, 1979, pp. 1~28.

21. 버나드 루이스, 앞 책, pp. 42~46, pp. 120~124.

22. 조셉 폰타나, 앞 책, pp. 245~246.

23. 퍼시벌 스피어, 《인도 근대사》, 이옥순 옮김, 신구문화사, 1993, p. 80, pp.

90~92.

24. 위 책, p. 49, p. 78.

25. 로이드 이스트만, 《중국사회의 지속과 변화》, 이승휘 옮김, 돌베개, 1999, pp. 189~216.

26. 볼프강 프랑케, 《동서문화교류사》, 김원모 옮김, 단국대출판부, 1995, p. 125; 자크 제르네, 《동양사통론》, 이동윤 옮김, 법문사, 1985, pp. 448~450.

27. 조셉 폰타나, 앞 책, p. 249.

28. 유용태, 〈집단주의는 아시아 문화인가: 유교 자본주의론 비판〉, 《경제와 사회》, 2001, 봄.

29. 白壽彝, 〈論歷史上祖國國土問題的處理〉, 《歷史教學》, 1951年, 6期.

30. 그 대표적인 예는 孫祚民, 〈處理歷史上民族關係的幾個重要准則〉, 《歷史研究》, 1980年, 5期.

31. 김한규, 〈역사상의 '遼東' 개념과 '중국사' 범주〉, 《길현익교수정년기념 사학논총》, 간행위원회, 1996; 王爾敏, 〈'中國' 名稱溯源及其近代銓釋〉, 《中國近代思想史論》, 臺灣商務印書館, 1995, pp. 447~486.

32. 하정식 · 유장근 편, 《근대 동아시아 국제관계의 변모》에 실린 유장근, 박장배, 김선호, 손준식 등의 소수민족 관계 논문 참조, 혜안, 2003.

33. 박한제, 〈新胡漢體制論〉, 《魏晉隋唐史研究》 4, 1998.

34. 김한규, 앞 글; 김한규, 《요동사》, 문학과지성사, 2004.

35. 안재홍, 〈신민족주의와 신민주주의〉, 《민세안재홍선집》 2, 지식산업사, 1945, p. 51; 최원식, 〈탈냉전시대 동아시아적 시각의 모색〉, 정문길 외 편, 《동아시아, 문제와 시각》, 문학과지성사, 1995, pp. 91~92.

36. 민두기, 〈한국과 중국: 미래를 보는 과거의 거울〉, 《신동아》, 1992, 10.

37. 로이드 이스트만, 앞 책, pp. 189~216.

38. 이 과정에서 사람과 식생을 포함한 아메리카 문명이 철저히 파괴되고, 원주민 수가 유럽인이 가져온 전염병과 군사적 폭력에 의해 거의 절멸에 가

까울 정도로 급감한 사정에 관해서 다음을 참조할 것. 앨프리드 W. 크로스비,《생태제국주의》, 안효상 외 옮김, 지식의 풍경, 2002.

39. 사토시 이케다, 〈자본주의 세계 체제의 역사와 동 · 동남아시아의 역사〉, 최원식 · 백영서 편,《동아시아인의 '동양' 인식: 19~20세기》, 문학과지성사, 1997, pp. 96~ 126 ; 케네스 포메란츠 · 스티븐 토픽,《설탕, 커피, 그리고 폭력》, 박광식 옮김, 심산, 2003, pp. 420~445.

40. 에릭 밀런츠, 〈유럽과 중국의 비교사〉,《창작과비평》2003, 여름, pp. 280~301.

41. 케네스 포메란츠 · 스티븐 토픽, 앞 책, pp. 37~39 ; 로이드 이스트만, 앞 책, p. 337.

42. R. Bin Wong, 앞 글.

43. E. L. 존스,《유럽 문명의 신화》, 유재천 옮김, 나남, 1993, pp. 175~204. 이 책의 원제는《유럽의 기적: 유럽과 아시아 역사 속의 환경 · 경제 · 지정학》이다. 존스는 근대 유럽이 아시아를 앞지르게 된 차이는 1400년 무렵부터 유럽 안에 내재했다고 보기 때문에, 빈 윙이나 포메란츠의 시각과 첨예하게 대립한다. 그럼에도 부제가 암시하듯 경제뿐 아니라 환경과 지정학적 요인을 매우 중시한다는 점에서 이들 셋의 시각은 부분적으로 일치하기도 한다.

44. Philip C. C. Huang, "Development or Involution in Eighteenth-Century Britain and China : A Review of Kenneth Pomeranz' s The Great Divergence", The Journal of Asian Studies 61(2), May, 2002, pp. 501~538. 그 후에도 계속되는 논쟁에 관해서는 강진아, 〈16~19세기 중국 경제와 세계 체제 −'19세기 분기론'과 '중국 중심론'〉,《이화사학연구》31집 2004, 참조.

45. 김용섭, 〈우리나라 근대 역사학의 발달〉, 이기백, 〈신민족주의사관〉론,《한국의 역사인식》하, 창작과비평, 1976 참조.

46. 유용태, 〈20세기 중국혁명의 이해와 교육〉,《시대전환과 역사인식》, 솔,

2001.

47. 다이쇼천황의 재위 기간(1912~1925)과 거의 비슷한 1차 세계대전 전후부
터 민주주의 사조가 널리 퍼지면서 정당정치와 보통선거법이 성립된 것을
말하는데, 이는 경제공황 직후 군부 세력의 정치 개입으로 끝나게 된다.

48. 케네스 파일, 《근대 일본의 사회사》, 박영신 외 옮김, 현상과인식, 1986,
pp. 162~179.

49. 大西典茂, 〈전후 정치 · 경제 · 사회의 방향〉, 차기벽 · 박충식 편, 《일본 현
대사의 구조》, 한길사, 1980, pp. 325~361.

50. 아사오 나오히로 외 엮음, 《새로 쓴 일본사》, 이계황 외 옮김, 창작과비평
사, 2003, pp. 536~542; 피터 두으스, 《일본 근대사》, 김용덕 옮김, 지식
산업사, 1983, p. 258; 케네스 파일, 앞 책, pp. 203~220.

51. 工藤庸子, 《ヨーロッパ文明批判序説》, 東京大學出版會, 2003, pp. 98~99,
pp. 117~129.

52. 빈 웡은 중국의 국가권력이 이데올로기 통제를 제외한 다른 영역에서는 매
우 미약했다는 기존의 견해를 비판하면서 인구 파악과 사회 통제 면에서도
국가권력의 도달 범위는 넓고 깊었다고 주장한다. 특히 중국의 창저제도
(倉儲制度)와 사회적 약자를 위한 복지제도는 당시 유럽이 생각할 수도 없
었던 근대적 국가제도의 일부라고 간주했다. 그러나 호구 파악과 복지시설
은 대부분 신사층을 비롯한 민간 유력자가 국가 기능을 대행했던 만큼 그
것 자체가 근대국가의 제도라고 보기는 어렵다. 어쨌든 그가 경제적 근대
성뿐 아니라 정치적 근대성 역시 유럽 중심주의 시각에서 접근하는 데 의
문을 제기한 점은 실증 이전의 시각으로서는 의미가 있다고 본다. R. Bin
Wong, 앞 책, pp. 105~126.

53. 조병한, 〈청대 중기 부정부패 구조와 제국의 쇠퇴〉, 《한국사 시민강좌》 22,
1998.

54. 江口朴郎 外, 《冷戰: 政治的 考察》, 岩波書店, 1963, pp. 96~99.

55. 위 책, pp. 27~28.

56. 좀 더 상세한 내용은 유지열, 〈남베트남 민족해방전선과 항미 구국투쟁〉, 《제3세계 민족해방운동연구》, 친구, 1990, pp. 126~142.

57. 베트남 전쟁을 둘러싼 두 진영 간의 국제관계, 통일 후 베트남과 중국 간의 갈등에 관해서는 최영진, 《동아시아 국제관계사》, 지식산업사, 1996 참조, pp. 269~320.

58. 유용태, 〈중국 역사교과서의 현대사인식과 국가주의〉, 《역사교육》 84, 2002.

59. 스티븐 헤이, 〈인도인의 동아시아관〉, 정문길 외 편, 《동아시아, 문제와 시각》, 문학과지성사, 1995, pp. 247~248.

60. 위 글, p. 228.

61. 배링턴 무어, 《독재와 민주주의의 사회적 기원》, 진덕규 옮김, 까치, 1985, p. 503.

62. 유용태, 〈집단주의는 아시아문화인가〉, pp. 281~287.

09

세계화 시대의 세계사 교육
—상호 관련성을 중심 원리로 한 내용 구성

강선주

세계사를 보는 다수의 시각이 존재할 수 있고, 이미 서술된 세계사가 담고 있는 가치와 권력 구조는 해체될 수 있지만, 현재 세계에서 '가치중립적인 세계사' 서술은 가능하지 않다. 문제는 21세기 세계의 변화를 담아내면서 동시에 우리나라의 현실 인식이 반영될 수 있도록 세계사의 내용 선정 기준을 정하고, 선정된 내용을 조직하는 것이다. 이는 자문화 중심적인 관점에서 세계사 내용이 구성되어야 한다는 뜻이 아니다. 인류의 경험과 관련 속에서 우리나라의 경험을 이해하고, 우리나라에서 일어난 사건들과 문제들을 국가보다 큰 틀에서 분석할 수 있는 기회를 제공할 수 있도록 세계사의 내용이 구성되어야 한다는 뜻이다. 이를 위해서는 세계사의 내용 선정과 관련해 구체적인 기준 또는 준거에 대한 연구가 필요하다.

1. 머리말

현재 '세계화(globalization)'는 우리의 삶을 규정하는 강력한 변화 추세 가운데 하나이다. 지구 전체가 하나의 생활권이 되고 있는 상황에서, 개인들이 세계를 무대로 성공적인 활동을 하기 위해서는 세계의 다양한 문화적 특징과 가치에 대한 이해가 필수적이다. 이러한 사회적 요구를 효과적으로 충족시킬 수 있는 교과 가운데 하나가 세계사이다. 세계 변화에 대한 교육적 대처가 절실하다는 인식은 제6차 교육과정 이후 세계화라는 국정 지표를 교육과정 개정에 반영하려는 노력에서 나타났다. 같은 맥락에서 제7차 교육과정은 세계사 학습의 필요성을 최근 세계화 추세와 관련해 다음과 같이 강조하고 있다.

오늘날 세계는 국가 간 상호 교류의 차원을 넘어 지구 전체가 하나의 생활권으로 변해가고 있다. ……그러므로 세계화 시대에 살아가기 위해서는 세계에 존재하는 다양한 문화와 가치에 대하여 그것을 이해하려는 태도와 능력이 필수적으로 요구되며, 이것은 전 국민에게 필요한 자질로서 부각된다.[1]

그러나 세계화라고 일컬어지는 최근의 세계 변화는 단순히 '지구 전체가 하나의 생활권이 되는 현상'이라고 표현하기에는 좀 더 복잡하고 다층적인 내용적 동태성을 담고 있다. 우선 세계화를 통한 국가간, 사회간, 문화간, 지역간의 상호 교류 증대는 정치적·경제적·문화적 경계선의 구분을 무색하게 하고 있으며, 개인의 활동 영역을 획기적으로 확대시키고 있다. 그렇지만 이런 진전은 국제적 분쟁과 국지적 갈등을 심화시킴으로써 국가·민족·종교의 장벽을 실감하게 하는 역설적인 현상도 낳고 있다. 요컨대 현재 진행되고 있는 세계화의 본질은 상호 교류가 늘어남으로써 지구 전체가 하나의 생활권이 되는 동시에, 세계 각 지역이 협력과 갈등의 가능성이 증대되는 상호 의존성의 심화에서 찾아야 한다.

이런 추세 속에서 한 지역에서 일어난 사건이 단지 그 지역에만 영향을 미치는 데 그치지 않고 세계 곳곳에 연쇄적인 파급 효과를 주고 있다. 그러나 그 파급 효과는 같은 분야에서 일어나는 것도 아니고, 규모나 종류 면에서 동질적인 것도 아니다. 우리 문제가 곧 세계 여러 지역의 문제와 연결되고 있고, 세계 여러 지역의 문제는 다시 우리의 문제가 되고 있다. 이러한 사실은, 한 지역에서 일어난 사건을 이해하기 위해서는 지역 간의 상호 의존성이 심화되고 있는 현실을 염두에 두고 그 사건의 기원, 전개 과정, 파장 효과 등을 하나의 지역보다 더 큰 지리적 틀 속에서 분석할 필요가 있다는 것을 의미한다. 이러한 맥락에서 볼 때 세계화 시대의 세계사 교육은 단순히 제7차 교육과정에서 강조한 것처럼 '다양한 문화와 가치에 대한 이해'를 돕는 것에 그치는 것이 아니라, 상호 의존성의 심화라는 관점에서 세계의 사건들을 이해하는 능력과 태도까지 함양할 것을 요구한다.

세계사 교육은 학생들의 세계관 형성에 지대한 영향을 미친다. 특히 중·고등학교 세계사 교육은 대부분의 학생들에게 세계관 형성의 거의 마지막 기회이다. 따라서 중·고등학교 세계사가 인류 발달 과정의 밑그림을 제시하고 세계 각지에서 일어나고 있는 사건들을 어느 각도에서 조명하여 제시할 것인지의 문제는, 학생 개개인이 세계사적 전개 과정에 어떻게 참여할지, 세계 속에 우리 민족이 앞으로 어떤 형태로 존재하게 될지에 중요한 영향을 미칠 것이다. 현재 세계 변화는 세계사의 내용 서술과 교육을 새로운 관점에서 새롭게 재구성할 것을 요청하고 있다. 본고는 이러한 문제의식을 기초로 세계사를 새롭게 구성할 수 있는 방안에 대해 고찰해보고자 한다.

2. '보편사'로서 세계사

세계사에서 무엇을 가르칠 것인지에 대한 논의를 전개하기 위해서는 먼저 세계사의 개념부터 검토할 필요가 있다. 세계사의 개념을 어떻게 이해하는지에 따라 세계사 교육의 내용과 구성 원칙들이 달라질 수 있기 때문이다. 현재 우리나라에서 세계사는 연구 분야로서보다는 학교 교육을 위한 교과목으로서 인식되고 있다. 제7차 교육과정은 세계사를 '지구상의 인류가 어떻게 생활하였으며, 그 삶의 모습이 어떻게 변화하고 발전해왔는지를 다루는 과목'이라고 정의

하고 있다.[2] 즉, 세계사는 단순히 여러 나라 역사의 집합이 아니라 인류 경험의 총체이자 인류의 거대한 흐름을 다루는 인류 역사로, 일반적으로 문명이 발생하기 이전인 인류 기원에서부터 현재에 이르기까지 인류 전체의 이야기라고 할 수 있다.

세계사를 여러 나라의 역사로 인식하든, 인류 발생에서부터 현재에 이르기까지의 인류사로 인식하든, 세계사의 내용 선정과 구성, 범주화의 문제는 여전히 남는다. 19세기 말 미국에서 많이 사용되었던 세계사 교과서의 저자 윌리엄 스윈턴(William O. Swinton)은 세계사를 '문명화된 나라들의 이야기'라고 정의했다. 그리고 인류의 여러 인종들 가운데 백인종만이 문명을 이루었으므로 백인의 역사가 곧 인류의 역사를 대표한다고 주장했다.[3] 또한 세계사의 범주로 현재 서남아시아인 오리엔트 지역과 동부 지중해 연안의 초기 문명, 이집트의 초기 문명, 그리스·로마의 고대 문명, 그리고 중세와 근대 서유럽 문명을 제시했다. 이처럼 세계사를 백인의 역사라고 정의하면, 세계사 교육에서 다뤄야 할 내용은 백인들이 주로 살아왔던 지역의 역사와 백인들이 창조했던 문화로 한정되고 만다. 스윈턴은 '보편사(universal history)'의 관점에서 '문명'이라는 개념을 중심으로 세계사를 구성했다.[4] 즉, '하나의 구성 원리를 중심으로 인류 전체 경험을 조직하여 인류의 역사를 하나의 이야기로 서술한 것'이다. 그의 세계사관은 다윈(C. Darwin)의 진화론적 관점과 헤겔(G. W. Hegel)의 자유주의적 세계관에 기초하고 있으며, 19세기 말 서구의 제국주의적 팽창을 역사적 배경으로 하는 백인 우월적 역사인식을 그대로 반영하고 있다.[5]

1차 세계대전 이후 미국에서는 민주주의의 발달 과정이 근대 세계사의 중심 주제가 되어야 한다는 주장이 강력하게 대두되었다.[6] 민주주의 발달사를 중심으로 할 경우, 세계사는 민주주의 사상이 발생하고 민주주의 정치제도가 발달한 과정, 그리고 민주주의 이념이 다른 이념과의 갈등 속에서 위기를 겪고 승리하는 과정을 주로 다루게된다. 특히 민주주의는 서유럽과 미국을 중심으로 발달해 전 세계로확산된 사상 또는 제도이므로, 세계사의 주된 범주는 서유럽과 미국을 중심으로 하는 '서구(the West)'가 된다. 그리고 '비서구(the non-West)' 지역의 역사는 일반적으로 민주주의 사상과 제도가 전파될때, 또는 민주주의가 비서구 지역의 다른 정치 이념이나 체제와 갈등을 겪을 때와 관련해서만 다뤄지게 된다.

당시 미국은 1차 세계대전을 민주주의 대 비민주주의 간의 전쟁으로 규정하고, 민주주의를 수호하고 세계적으로 확산시키기 위한 미국의 임무를 강조했다. 이러한 사회적 분위기에서, 19세기 유럽과미국에서 '진보'의 개념을 규정하고 '보편사'의 범주를 결정하는 중심 개념이었던 '자유(freedom)'가 '민주주의'라는 개념으로 대체된것이다. 그 이후 2차 세계대전과 냉전은 민주주의 발달사가 세계사의 핵심적인 주제로 계속 다뤄지게 되는 중요한 정치적 배경이 되었다. 이러한 세계사의 개념은 민주주의라는 서구의 경험을 하나의 구성 원리로 사용하여, 서구뿐 아니라 비서구 지역의 역사적 경험까지총체적으로 서술하려고 했던 '보편사'의 개념에서 크게 벗어나지않는다. 그리고 이 세계사의 개념에는 근대 서구 문명이 인류 발전의 궁극적인 도달점이며, 서구 문명의 발전 과정이 인류 전체의 발전 과정을 대표한다는 인식이 깔려 있다.

이러한 세계사는 백인이 이뤄놓은 성과에 기초하여 규정된 '문명'이라는 개념 또는 서구와 비서구를 구분하는 정치적 · 이념적 기준으로, '민주주의'를 유일한 세계사의 구성 원리로 삼고 있는 만큼 서구 중심적 시각의 편협성을 드러낸다.[7] 이러한 보편사적 세계사의 내용 구성은 한 지역이나 민족의 경험이 마치 인류 전체의 경험을 대표하는 것처럼 인식하고, 그러한 경험을 다른 지역이나 민족의 역사 서술에도 적용하려 하며, 다른 지역의 경험들을 인류사 구성에 중요한 요소로 인정하지 않는다는 점 등에서 인류 전체의 총체적인 경험을 추적하는 데 실패했다고 할 수 있다.

3. 문명들의 역사로서 세계사

(1) 문명 단위의 세계사 서술

시대와 사회마다 다른 세계 인식과 시대 인식은 세계사에서 가르쳐야 할 내용과 관점을 다르게 규정해왔다. 이러한 이유로 때로는 편협한 인종적·민족주의적 감정을 자극하기도 했다. 1950년대 말 레프틴 스타브리아노스(Leften Stavrianos)는 지구촌 시대의 도래라는 시대적 변화를 맞이하여 세계사 서술도 달라져야 한다고 주장했다. 그는 '달에서 지구를 보듯이' 지구를 하나의 공동체로 인식하고, 어느 한 민족이나 국가의 시각에서 벗어나 인류 공동체의 성원이라는 시각에서 세계사가 서술되어야 한다고 강조했다.[8] 그렇다면 이것이 가능할까? 인류사, 즉 인류의 거대한 발전을 꿰뚫는 하나의 전체사를 지역적인 편견에서 벗어나 일관된 관점과 원칙을 가지고 서술하는 것이 과연 가능할까? 편협하지 않은 관점에서 세계사를 서술해야 한다는 주장, 적어도 세계사 서술이 서구 중심적인 보편사적 관점에서 벗어나야 한다는 주장은 1차 세계대전을 전후한 시기부터 제기되었고, 최근에는 더욱 강조되고 있다.

1차 세계대전은 서유럽 중심의 세계 질서가 와해되고, 미국과 더불어 중국·일본·러시아가 세계 질서 형성의 주요 세력으로 등장하는 계기가 되었다. 서유럽의 패권이 약화되고 있다는 사실, 그리고 그동안 '문명국'의 범주에 속하지 않는다고 믿었던 중국·일본이 부상하고 있다는 사실 등은 세계가 유럽화의 과정을 통해서 통합의 방향으로 나가게 되고 이것이 곧 '진보'의 방향이라고 믿었던 많은 지식인들에게 충격을 던져주었다. 오스발트 슈펭글러(Oswald Spengler)와 아널드 토인비(Arnold Toynbee)는 이러한 세계 변화에 민감하게 반응하면서, 그동안 보편사의 시각에서 서유럽의 번영을 중심으로 서술했던 세계사를 재정의하고 재구성하기 시작했다. 가장 큰 변화는 유럽 문명과 비유럽 문명을 같은 분석의 단위로 다루기 시작했다는 점이다.[9] 이들의 역사인식과 이들이 사용한 여러 개념들은 이후 많은 역사가들의 비판 대상이 되었다.[10] 그러나 여러 '문명'의 형성과 몰락을 중심으로 세계사를 서술했던 그들의 시도는 이후 '문명' 또는 '문화'가 세계사 서술의 중요한 단위로 인식되는 계기를 마련했다.[11]

1950~1960년대 아시아, 아프리카 등 지역사의 성과가 축적되면서 서구 문명을 보편사로 인식하는 세계사의 개념은 적어도 연구자들 사이에서는 그 정당성을 상실하게 되었다. 지역사가들은 세계 각지에 다양한 문명들의 독특한 역사적 경험과 문화적 특색이 있다는 사실을 보여줬다. 그리고 한 걸음 더 나아가 세계사적 관점에서 볼 때 비서구 지역에서 일어난 사건이 때로는 서구에서 일어난 사건보다 더욱 중요하며, 비서구 지역의 문화나 기술이 근대 세계 형성에 결정적인 공헌을 했다는 사실들을 밝혀냈다. 결국 폭발적으로 증가하는 비서구 지역에 대한 지식은 서구 문명사가 인류의 보편적인 역

사를 대표할 수 없다는 인식을 확산시켰으며, 인류의 경험을 포괄할 수 있는 진정한 의미의 세계사 서술을 위해서는 세계사를 보는 관점은 물론 세계사 구성 원리에 대해 제고할 필요가 있다는 주장을 정당화했다. 이러한 지역사 연구의 발전은 세계사가 일관된 관점과 원칙에 의해서 서술될 수 있는지에 대한 회의를 확대하면서 세계사라는 개념의 변화를 촉구했다. 종전의 일관된 관점과 원칙은 대체로 서구 문명사에 기초를 두고 있었다. 그러나 대부분의 문명들과 지역들은 서구 문명의 발달 과정과 전혀 다른 경로를 밟아 다른 경험을 형성하면서 발전되어왔다. 따라서 각 문명의 고유한 발전과 경험이라는 관점에서 내용을 선택하고 조직하기 위해서는 문명별 또는 문화별로 따로 서술할 필요가 있었다.

이러한 관점에서 세계사를 새롭게 서술하려고 했던 기관 가운데 하나가 유네스코(UNESCO)이다. 유네스코는 세계 평화와 국가 이익을 넘어 인류의 공동선을 지향한다는 관점에서 인류 대부분의 경험을 포괄하는 세계사 서술이 필요하다는 인식을 갖고, 1963년《인류의 역사: 문화적, 과학적 발전(History of Mankind: Cultural and Scientific Development)》을 총 6권의 책으로 펴냈다.[12] 이 책은 '유럽' 뿐 아니라 아시아까지 포함한 '유라시아(Eurasia)'의 역사를 쓰겠다는 의도로 쓰인 만큼 유라시아의 주요 문명들을 중심으로 인류 역사를 구성했다. 역사 서술에 각 문명이나 지역적 관점을 반영하기 위해서 여러 나라의 저명한 역사학자들이 작업에 대거 참여했다. 유네스코 인류사 서술의 총책임을 맡았던 예일 대학의 랠프 터너(Ralph E. Turner)는 세계 여러 나라, 여러 민족의 자존심을 건드리지 않고 세계사를 서술하기 위해서는 여러 지역이나 민족들 사이의 공통적인 경험과 업적을 강조해야 하며, 동시에 각 문화들이 이룬 성과를 비교사적 관점에서 서술해야 한다고 주장했다.[13] 단, 문화권 사이의 기술 발달이나 창의성 등의 비교를 제한함으로써, 인류의 다양한 문화를 하나의 잣대로 고급문화와 저급문화, 또는 중심과 주변으로 구분하는 편향된 시각을 지양하려 노력했다. 그 결과, 모든 문화들의 역사를 독립적으로 다루면서 서술의 양을 동등하게 배당했다.[14] 즉, 이른바 인류 전체의 경험을 일반화하여 '보편성'을 드러내려고 하기보다는 각 문화의 '특수성'을 강조하려 했던 것이다. 그 이후 세계사 서술에서 여러 문명들을 비슷한 비중으로 다루는 것이 인류의 경험을 총체적으로 포괄할 수 있는 하나의 대안으로 강조되었다. 이러한 분위기 속에서 아시아의 여러 문명들을 유럽 문명과 비슷한 비중으로 서술해야 한다는 주장이 부상하기 시작했다.[15] 우리나라의 세계사 교육과정도 같은 맥락에서 '동양사' 부분을 확대하는 방향으로 개혁이 이루어졌으며, 서유럽사 중심의 세계사 교육을 극복하는 방안으로 1963년 제2차 교육과정 개혁에서 동양사를 확대하여 서양사와 동양사를 균형 있게 다루려는 노력을 시작했다.[16]

두 차례의 세계대전과 탈식민지화의 심화, 제3세계의 성장이 서구 중심의 세계 질서를 해체하는 동시에 서구 중심적인 역사인식의 변화도 요구하기 시작했다. 이는 서구의 역사적 경험을 중심으로 단선적인 인류사의 발전 과정을 상정했던 세계사의 개념이 해체되고, 복수의 발전 경로와 문화 중심지가 상정된 새로운 세계사의 개념이 탄생한 배경이 된다. 이러한 세계사의 개념에서 세계사의 범주는 서유럽과 북아메리카 이외에 동유럽, 아시아의 여러 문명, 북아프리카 지역, 아메리카 지역 등으로 확대된다.

(2) 주요 문명 발전으로서 전근대사와 통합적인 세계사로서 근대사

복수의 발전 경로와 문화 중심지를 상정하면서 서술된 세계사는 여러 문명과 지역에 대한 흥미로운 자료들을 소개하고 각 지역이나 문명의 독특한 역사적 경로를 보여준다는 장점을 가진다. 그러나 이 관점에서 세계사를 서술할 경우 문제는 어떤 문명을 어떤 비중으로 다루어야 하는가, 모든 문명을 똑같은 비중으로 다루어야만 하는가 하는 부분이다. 세계사에서 독립적으로 다루어야 할 문명권은 세분하면 할수록 늘어난다. 다루어야 할 문명권이 확대된다는 것은 세계사 학습 내용이 늘어난다는 것을 의미한다. 또한 문화권별 서술은 문화권 내의 발전을 다시 국가별, 왕조별로 나누어 서술함으로써 세계사를 국가 또는 왕조라는 파편들의 조합으로 만들 가능성이 크다. 실제 제6차 교육과정에 의해 서술된 우리나라 고등학교 세계사 교과서는 이러한 방식으로 구성되었고, 이에 따라 교과서 어떤 부분은 서로 관련 없는 사실들의 나열 또는 왕조 이름들의 나열 이상이 되지 못하는 경우들이 있다. 문명권을 단위로 구성한 세계사는 결국 단절적인 지역사들의 집합 또는 문명들의 집합이라는 성격을 벗어나기 힘들다. 물론 문화권적 접근에서도 각 지역 간의 접촉이나 관계에 대해 주의 깊게 다루려는 노력은 이뤄진다. 그러나 문화권 간의 접촉이나 문화 전파의 내용을 서술하는 데 그치고 있어서, 학생들이 문화권 간의 접촉과 상호 작용이 가져온 변화에 대해 체계적으로 분석하고 이해할 수 있는 기회를 갖지 못하는 것이 현실이다.

문화권적 접근에 기초하여 세계사를 구성할 경우 또 하나의 중요한 문제는 서구 문명이 이루어놓은 이른바 '근대 문명'을 어떻게 다루어야 할 것인가 하는 것이다. 구체적으로 말하자면, '근대 문명'을 서구 문명의 일부로만 다룰 것인가, 아니면 인류 전체의 근대 문명으로 다룰 것인가의 문제이다. 결과적으로 분석하자면, 문화권을 단위로 세계사 서술을 시도했던 스타브리아노스와 파머 등은 16세기 전후 서구의 팽창을 기점으로 '전근대'와 '근대'를 구분하고, 전근대 부분에서는 각 문화권들의 독특한 특징과 발전 양상을 다루려고 노력했지만, 근대 부분에서는 서구의 팽창 과정을 주로 다룸으로써 근대 문명을 서구 문명의 일부가 아닌 인류 전체의 근대 문명으로 해석하고 있다. 이러한 관점에서 스타브리아노스나 파머는 '세계사(world history)'와 '글로벌 역사(global history)'의 개념을 구분하기도 했다.[17]

스타브리아노스와 파머는 16세기 서유럽의 팽창 이전에 유라시아에서 비슷한 정도의 발전을 보인 주요 문명, 즉 중국 중심의 동아시아, 인도 중심의 남아시아, 페르시아·아랍·터키 중심의 서아시아, 그리고 서유럽 중심의 유럽 역사를 '세계사'로 정의하고 이 문명들을 비슷한 비중으로 다뤄야 한다고 주장했다. 그러나 16세기 이후에는 서유럽이 다른 지역으로 팽창해나가면서 지구의 곳곳이 지속적인 교류망으로 연결되고 상호 의존성이 심화되는 방향으로 전개되었으므로, 16세기 이후의 글로벌 역사는 지역이나 문명 등의 단위가 아니라 '지구'가 하나의 단위가 되어 서술되어야 한다고 주장했다. 그리고 16세기 이후의 근대사가 진정한 의미의 '글로벌 역사'라고 구분했다. 그들은 '상호 의존성'의 관점에서 볼 때, 기본적으로 근대 이전과 이후에는 질적인 변화가 있었다고 주장한다. 근대 이전에는 지역 간의 교류와 접촉이 지속적이지도 규칙적이지도 못했고 대부분 문화권이나 문명 내에 머물렀지만, 근대 이후에는 교류와 접촉이 문화권들 사이에서 또는 문화권을 넘어서 지구적 차원에서 지속적으로 일어나기 시작했으므로, 교류와 접촉이 가져온 변화가 근대 이전과는 질적으로 다르다는 것이다. 결국 이 관점에서 보면 16세기까지 세계사는 여러 문명들의 개별적인 발전으로 정의되고, 16세기 이후는 서유럽인의 근대 문명 형성과 세계적인 팽창, 그리고 서구 문화의 비서구로의 확대 및 비서구 토착문화의 서구 세력에 대한 저항, 서구 문화의 수용·변용을 통한 근대화 등으로 정의된다.

　현재 우리나라의 제7차 교육과정은 문명을 단위로 세계사를 구성하고 있는데, 크게 '유럽사'와 '아시아사'로 구분된다. 그리고 전근대에서 '유럽사'는 서유럽의 역사를 중심 뼈대로 하고 중세에 '비잔틴 문명'을 사이에 끼워넣는 방식으로 구성되어 있고, '아시아사'는 동아시아 문명, 인도와 동남아시아 문명, 서아시아 문명을 각각 비슷한 비중으로 다루는 형식을 취하고 있다. 16세기 이후 근대에 와서는 유럽의 근대적 전개 과정과 아시아 지역의 근대적 발전을 다루고 있다. 여기서 다루는 아시아 지역의 근대적 발전이란 아시아 사회들이 19세기 서유럽 제국들과의 접촉 이후 서유럽인들의 침략에 대항하면서도 그들의 제도와 기술을 받아들이는 과정을 의미한다.

　현실주의적 역사인식은 근대 문명 형성 과정에서 서구 문명이 기여한 바는 무시할 수 없이 크며, 현대사회를 이해하기 위해서는 서구에 기원을 두고 있는 근대적 사상·제도·기술 등을 이해해야 한다고 강조한다. 이러한 인식이 우리나라의 세계사 교육과정은 물론이고 교과서 서술에도 반영되어 있다. 그러나 문제는 아시아 여러 지역의 '근대'라는 모습을 '서구 문명'의 확산의 결과로만 이해할 수 있는가 하는 점이다. 이러한 관점에서 제7차 교육과정은 '아시아 사회의 성숙'이라는 대단원을 별도로 설정하고, 중국 명·청조, 인도의 무굴제국, 서아시아의 이슬람제국의 발전을 '근세'로 다루고 있다. 그럼으로써 오늘날 아시아에 남아 있는 전통문화에 대한 이해를 돕고, 유럽이 근대 문명을 발달시키고 있던 시기에 아시아에서는 몇 개의 커다란 제국이 발전하고 있었다는 점을 강조하고 있다. 하지만 이러한 노력에도 여전히 우리나라 세계사 교육과정이나 세계사 교과서는 아시아 전통 사회의 특징과 서구 문명이 조화와 갈등을 이룬 결과로 형성된 아시아 여러 지역의 독특한 '근대'의 모습을 서구 문명을 중심으로 개념화된 '근대'와 차별적으로 다루는 데 그리 성공적이지 못하다. '근대화'는 '서구화'와 같은 개념으로 정의되고 있고, 따라서 '서구 문물의 빠른 도입'이 마치 '근대화'의 성공과 실패를 좌우한 것처럼 서술되어 있는 것이다.[18]

4. 상호 의존성의 심화 과정으로서 세계사

(1) 새로운 분석틀로서 반구

'근대'라는 개념은 19세기 말 이후 서구의 여러 제국들이 '서구 문명'을 서구 이외의 지역에 전파하고 강요할 수 있는 힘을 지니면서 '보편적' 개념으로 받아들여졌다. 그리고 아직까지 미국이 중심을 이룬 서구의 힘을 결코 과소평가할 수 없는 상황에서 '서구 문명'에 대한 이해를 게을리할 수 없는 것이 현실이다. 그러나 최근의 세계 변화와 국제 관계를 규정하는 데 새롭게 등장하는 변수들은 서구가 강요해온 '근대'의 개념을 해체하고 새로운 시각에서 세계 변화를 이해할 것을 요구하고 있다. 이러한 세계 인식을 기초로, 최근에는 문명의 집합으로서 세계사 개념의 문제점과 서구 중심의 세계사 시대구분의 문제점을 지적하면서 세계사를 다른 방식으로 개념화하려는 연구자들이 늘고 있다. 그들은 공통적으로 세계는 지역과 지역, 사회와 사회 등이 서로 영향을 주고받으며 복잡하게 연결되어 있고, 이러한 경향은 갈수록 심화된다고 인식하고 있다. 그리고 이러한 인식을 기초로 여러 문화권이나, 여러 국가, 여러 사회들 사이의 상호 작용에 의해서 형성된 인류 경험에 초점을 맞춰 세계사를 구성하는 방안을 제시하고 있다.

1950년대 말 이후 세계사 서술에 인류의 공통적인 역사적 경험을 추적할 수 있는 공간적 틀로 유라시아와 함께 '반구(hemisphere, 半球)'라는 개념이 사용되었다.[19] 반구라는 개념을 사용하면 세계는 지역적으로 크게 세 부분으로 나뉠 수 있다. 아프리카, 유럽, 아시아 대륙을 포함하는 '동반구'와 남·북아메리카의 '서반구', 그리고 호주와 뉴질랜드, 태평양의 섬들을 포함한 '오세아니아' 등이다. 반구는 정치·경제·문화적으로 복잡하게 연결되어 있는 하나의 영역을 의미한다.[20] 따라서 반구를 역사 연구의 개념적 틀로 설정할 경우 역사 이해의 대상은 '반구' 내에서 비슷한 발전 정도를 보인 개별적인 문명이나 국가적 발전이 아니라, 반구 차원에서 문명이나 지역을 연결하면서 펼쳐진 역사적 사건이나 양상이 된다. 적어도 반구 사이에 지속적인 접촉이 이루어지기 전까지의 인류 경험을 구성하는 데 '동반구', '서반구', '오세아니아'는 유용한 개념적 틀이 될 수 있다.

동반구 또는 서반구에 있는 사회나 민족 가운데 역사적으로 외부로부터 완전히 고립되어 존재한 예는 거의 없다. 특히 상업적·정치적·문화적 접촉은 동반구에 존재한 사회와 지역을 항상 복잡하게 연결해왔으며, 역사는 이러한 경향이 확대 심화되는 방향으로 진행되어왔다. 따라서 한층 넓은 공간적 개념을 가지고 인간의 활동을 이해할 수 있고, 현재 세계 변화의 추세에 대한 이해를 도울 수 있다는 점에서 반구라는 개념은 유용하다. 유라시아는 아시아와 유럽을 통합하는 역사적 개념이다. 이에 비해 동반구는 유라시아에 아프리카까지 통합한 지리적 단위라고 할 수 있다. 아프리카 대륙은 사하라사막을 중심으로 사하라 이북과 이남으로 나눌 수 있다. 사하라 이북의 아프리카가 유럽이나 아시아 대륙과 밀접한 관련을 맺으면서 역사적 경험을 쌓았다면, 사하라 이남의 아프리카는 상대적으로 유럽이나 아시아로부터 고립된 역사적 과정을 겪었다. 그렇다고 사하라 이남의 아프리카 지역이 유럽이나 아시아로부터 완전히 고립되어 있었던 것은 아니다. 따라서 아프리카의 역사적 경험을 소외시키지 않고 의미 있게 구성할 수 있다는 점에서도 동반구는 새로운 세계사 구성을 위한 적절한 개념적 틀이 될 수 있을 것이다.

(2) 세계사 구성의 중심 원리로서 상호 관련성

인간 세계는 '다면적이며 서로 연결된 과정의 총체'로 구성된다.[21] 인간의 활동은 하나의 국가, 사회, 문화권 안에 국한되어서 이루어지지 않는다. 따라서 인간 세계를 넓은 시각에서 이해하기 위해서는 사회, 국가, 문화권 자체를 넘어서 그들 간의 역동적인 상호 작용을 살펴야 할 필요가 있다.[22] 윌리엄 맥닐(William McNeill), 마셜 호지슨(Marshall Hodgson), 에릭 울프(Eric Wolfe) 등 여러 세계사 학자들이 서구 중심적인 세계사 서술을 극복하는 대안의 하나로 강조하는 것은 '문명', '사회', '국가', '문화권' 등의 틀을 넘어서 일어났던 역동적인 상호 교류와 그로 인해 형성된 인류의 경험이다.[23] 최근에는 이러한 세계사 구성 원리를 발전시켜 세계사의 개념을 다시 정의하고 세계사의 연구 주제와 방법을 재정립하여, 세계사를 역사 연구의 독립된 분과로 확립시키려는 연구자들이 늘고 있다.[24] 이들은 현재의 '세계화'라는 세계 변화 속에서 세계사가 하나의 연구 분과로 독립되어야 하는 것은 당연하다고 본다. 또한 교통과 통신 기술의 발달이 지구에 있는 거의 모든 사람들을 같은 시간대에서 활동할 수 있도록 연결시키고 있는 상황에서 국가는 더 이상 인류를 멸망시킬 수 있는 무기나 질병의 위협, 환경 문제를 해결하는 데 적절한 단위체가 될 수 없다고 주장한다.[25] 이러한 관점에서 세계사 연구자들은 '세계화', 즉 경제적·환경적·과학기술적·문화적 상호 의존성이 심화되고 있는 세계사적 변화를 문제의식의 출발점으로 삼는다. 세계는 새로운 도전에 직면하고 있다. 그러나 역사 서술은 국가의 틀에서 벗어나지 못하고 있다. 특히 세계사 서술은 서구사와 비서구사로 구분한 뒤, 비서구사를 제외하거나 주변적인 것으로 치부했던 제국주의적 시각에서 크게 벗어나 있지 못하다. 21세기 세계화라는 새로운 도전에 직면하고 있는 상황에서는 이러한 세계사 서술이 세계의 변화를 담보해내지 못한다는 자각이 새로운 연구의 인식론적 배경이 되고 있다.[26]

세계사 연구자들은 세상의 변화를 이해하기 위해서는 세계를 서구와 비서구의 대립 구도나, 단절된 단위체들의 집합으로 봐서는 안 된다고 주장한다. 또한 지구를 하나의 생활 단위로 인식할 필요가 있으며, 이러한 인식을 기초로 주변에서 일어나는 사건이나 문제들에 접근할 필요가 있다고 말한다. 즉, 전통적인 분석의 단위와 범주들에 대한 재고를 촉구하고, 새로운 분석의 단위와 범주를 개발할 필요가 있다고 강조하는 것이다. 이러한 관점에서 세계사는 하나 이상의 사회나 문화권 간의 접촉, 하나 이상의 사회나 문화권에 영향을 미쳤던 사건들에 대한 비교 또는 사회와 문화권들 간의 관계를 연구하는 연구 분야로 정의된다.[27] 이러한 관점을 가지고 세계사를 연구한 사례 가운데 1994년에 발표된 린다 섀퍼(Linda Shaffer)의 '남부화(Southernization)'라는 글이 있다.[28] 이 글에서 섀퍼는 '남부화'라는 용어를 '서구화(Westernization)'와 비슷한 함의를 지닌 개념으로 사용하면서, 인도와 동남아시아에 기원을 두고 있는 과학기술·식생·종교 등 다양한 분야의 발전이 중국, 동남아시아, 지중해에 이르기까지 상당히 넓은 지역에 전파되어 많은 사람들의 삶에 중요한 변화를 주었다는 사실을 보여주고 있다.

이러한 세계사 연구 방법은 종종 '간지역적 접근(interregional approach)', '초지역적 접근(superregional approach)', '횡문화적·횡지역적 접근(cross-cultural, cross regional approach)' 등으로 개념화된다. 이러한 접근법에서는 지역적인 사건이나 일부 사람들의 경험에 국한된 사건들은 연구 대상이 되지 않는다. 즉, 반구 차원에서 일어난 사건들, 정치적·문화적 경계를 넘어 넓은 지역을 역동적으로 연결하면서 일어났던 사건들, '국민국가(nation-state)' 등 인류가 공통적으로 만들었던 제도나 전쟁같이 반복적으로 겪었던 사건들이 연구 대상이 되는 것이다. 간지역적 접근, 비교사적 접근에 기초한 세계사 연구는 서구 중심적인 시각에서 탈피해 새로운 시각으로 대학의 세계사 강좌를 개발하거나, 고등학교의 세계사 과정에서 다룰 수 있는 주제들을 개발하고, 세계사의 시대구분에 많은 기여를 하고 있다.[29]

기존의 세계사는 서구 문명사 발달 과정에 기초해 시기를 '고대·중세·근대'로 구분했다. 그리고 이러한 시대구분은 서구 이외 지역의 역사를 서술하는 데도 그대로 적용되어 많은 비판을 받아왔다.[30] 서구 중심적 관점에서의 시대구분에 대한 대안으로 최근 강조되는 방안이 상호 의존성의 심화라는 관점에서 시대를 구분하는 것이다.

1960년대 이후 많은 세계사가들은 상호 의존성의 심화라는 관점에서 16세기 이전과 이후의 질적 차이를 지적해왔다. 그러나 최근에 진행되는 논의에서는 인류사의 초기 단계부터 현재에 이르기까지의 세계사를 상호 의존성의 심화 과정으로 보고, 그에 따라 시대를 구분하려는 경향이 부각되고 있다.

대표적인 예가 제리 벤틀리(Jerry Bentley)가 제시하는 시대구분이다.[31] 제리 벤틀리는 여러 사회나 문화권에 걸쳐서 일어났던 역사 과정에 초점을 맞추자고 제안하면서[32] 세계를 크게 동반구, 서반구, 오세아니아로 구분하고 있다. 그리고 이 세 지역이 역사적으로 거의 접촉이 없었고 각 지역의 역사 변화에 큰 영향을 미치지 못했다는 사실을 인정했다. 그러나 각 지역 내의 문화권들 사이에서는 지속적이고 규칙적인 접촉이 있었고, 이러한 접촉이 특히 동반구 내에서는 많은 사람들의 삶에 중요한 영향을 미쳤다는 인식을 갖고 문화권 간의 상호 의존성 심화라는 관점에서 시대구분을 시도했다. 즉, 세계사를 초기 복합사회(B.C. 3500~2000), 고대문명(B.C. 2000~500), 고전문명(B.C. 500~A.D. 500), 후기 고전시대(500~1000), 유목제국시대(1000~1500), 근대(1500~현재) 등의 여섯 시기로 구분했다.[33] 벤틀리는 특히 원거리 교역을 통해서 동반구 내의 여러 지역이 서로 연결되었고 지속적인 상호 작용을 통해서 각 지역에 다양한 변화를 가져왔다는 점에 초점을 맞췄다. 원거리 교역은 처음에는 불규칙적이었지만, 서기 500년에서 1000년 사이에 점차 규칙적이고 빈번해졌으며 체계적으로 진행되기 시작했다고 한다. 또한 교역 영역도 이 시기 전후로 유라시아 전역으로 확대되기 시작했다고 한다. 결국 이러한 교역이 확대되면서 16세기 이후에는 진정한 의미의 세계사가 시작되었다고 그는 주장한다.

이처럼 벤틀리는 동반구를 중심으로 지역 간의 상호 작용이 확대되고 상호 의존성이 심화, 발전하는 모습을 부각시키는 방식으로 시대를 구분했다. 이러한 시대구분은 상호 의존성의 증대라는 현재의 세계 변화를 세계사 서술에 투영하면서, 동시에 동반구에 존재했던 다양한 민족과 지역의 경험을 시대구분에 반영하여 인류사 전개의 큰 그림을 제시했다는 점에서 의미가 있다. 지역 간 상호 작용을 중심으로 세계사를 구성하는 방법의 장점 가운데 하나는 세계의 다양한 민족과 문화가 세계사적 전개 과정에서 어떻게 참여했는지를 이해할 수 있다는 점이다. 그런데 16세기 이전의 세계사는 동반구를 중심으로 이해하기 때문에 서반구와 오세아니아의 역사가 소외될 가능성이 크다. 이들 지역의 역사를 세계사에서 어떻게 의미 있게 다룰 것인지의 문제는 앞으로 더 숙고되어야 할 것이다.

　지역 간의 상호 의존성 심화라는 측면에서 시대를 구분할 경우, 각 지역적 관점에서 보는 변화나 지속의 문제를 제대로 반영하지 못할 수도 있고, 지역 간의 상호 작용만이 변화의 원동력이었던 것처럼 인식될 수도 있다. 예를 들어, 벤틀리는 16세기 이후를 근대로 규정하고 하나의 시기로 구분했다. 그런데 상호 의존성의 심화를 동아시아의 관점에서 보면 19세기는 또 하나의 분기점이 될 수 있다. 서구의 시각에서 보면 16세기 이후 아프리카, 아메리카, 인도, 서아시아, 동남아시아에 대한 침탈의 연장선상에서 동아시아로의 세력 확대가 동질적인 사건으로 인식될 수 있지만, 동아시아의 시각에서 보면 동아시아가 제국주의적 세계 질서에 편입되면서 질적인 변화를 맞이하게 되는 시기가 19세기이기 때문이다. 상호 의존성을 중심 원리로 시대를 구분할 때 이렇게 지역적인 관점이 소홀히 취급되거나 외면될 수 있다는 사실에 주의해야 한다. 이 점은 벤틀리도 경계하

고 있다. 따라서 각 시대의 지역적 발전이 지역적 시각에서 재조명
될 필요가 있다.

(3) 고등학교 세계사 내용 구성 방안으로서 간지역적 접근

간지역적 접근은 고등학교 세계사 내용을 구성하는 데 유용한 틀
이 될 수 있다. 특히 하나 이상의 사회와 문화권 간의 상호 관련성을
중심 원리로 세계사의 주제를 선정하고 내용을 구성하면, 현재 우리
나라 세계사 내용 구성의 몇 가지 문제를 해결할 수 있다.

첫째, 세계사 교육의 서구 중심성을 극복하는 데 도움이 된다. 우
리나라 세계사 교과서는 16세기 이후 근대 문화의 창조와 전파의 중
심지로 서유럽을 상세히 다룸으로써 세계사에서 서유럽인의 활약을
매우 강조하고 있다. 그런데 역사적으로 한 지역, 또는 한 사회에서
발전된 기술과 창조된 문화가 다른 지역 사람들의 삶에 커다란 변화
를 가져왔던 예는 '근대' 이전 시기에서도 많이 볼 수 있다. 즉, 16
세기 이전에 이루어진 문화접촉과 교류가 가져온 인류 삶의 변화는
서유럽에서 시작되어 전 세계에 퍼져나간 '근대적인 기술과 문화'
못지않게 크고 중요하다. 그럼에도 16세기 이전에 개발되고 전파된
기술이나 문화는 근대 서유럽과 달리 간단하게 언급하고 지나갈 뿐,
그 기술 개발이 가져온 인류 삶의 변화나 세계사적 의미에 대해서는
깊이 있게 다루고 있지 않다. 또한 인도인 및 동남아시아인, 서아시
아인, 동아시아인, 아프리카인, 아메리카인들의 주체적인 창조와 전
파 활동이 가져왔던 인류 생활의 다양한 변화도 소홀하게 다루고 있
다. 예를 들어 중국의 화약·나침반·활자 등의 발명품이 전 세계에
퍼진 것과 관련해 어느 한 교과서는 다음과 같이 서술하고 있다. "송
대는…… 화약, 나침반, 활자가 발명되어 한대의 제지법과 함께 중

국의 4대 발명품이 되었다. 이러한 발명품은 이슬람을 통해 유럽에 전파되어 유럽의 근대 문화 발전에 커다란 도움을 주었다."[34] 이러한 서술은 한 지역에서 개발된 기술이나 문화가 다른 지역과 인류의 삶에 구체적으로 어떠한 변화를 가져왔는지를 생각해볼 수 있는 자극을 주지 못하고, 단순히 '세계에 퍼졌다' 또는 '유럽 근대 문화 발전에 도움을 주었다'는 의의만을 강조함으로써 그저 기억해야 할 하나의 사실로만 만들어버린다.

이러한 세계사 교육은 현대를 이해하기 위해서 근현대사가 강조되어야 하고, 근현대사에서는 서유럽의 변화를 파악하는 것이 중요하다는 점에 의해 정당화되곤 한다. 그런데 여기서 생각해봐야 할 문제는 이런 세계사 교육을 통해서 형성되는 학생들의 정체성과 세계관이다. 결국 문화 창조의 주체로서 서유럽인이, 문화 전파의 중심지로서 서유럽이 강조되고 그 외의 지역이나 문화들의 세계사적 역할과 참여가 왜소하게 그려진 세계사를 통해서 형성된 학생들의 세계관이란 서구 중심적, 서구 우월적일 수밖에 없다. 이러한 서구 중심적 세계사 교육의 대안 가운데 하나가 간지역적 접근에 기초한 내용 구성이다. 간지역적 접근에서는 어느 한 민족이나 문화의 발전만을 강조하지 않고, 다양한 민족이나 문화의 참여와 상호 작용을 통해서 이루어진 인류의 경험을 강조하기 때문이다.

둘째, 상호 관련성을 주제 선정의 원리로 이용하면 모든 지역에서 벌어진 대부분의 사건을 세계사에서 다뤄야 한다는 부담감에서 벗어날 수 있다. 문명을 단위로 큰 주제를 설정하고, 문명 내의 왕조와 국가를 단위로 세계사를 이해할 경우 가장 큰 문제는 세계사적으로 존재했던 모든 문화권과 문명들을 포괄해서 다루는 것이 불가능할 뿐 아니라, 이러한 노력은 학습 내용의 증가로 연결되기 쉽다는 점이다. 또한 한 문화권의 역사를 연대기적 관점에서 서술하다 보면 의미 없는 왕조의 이름이나 제도의 이름 등이 교과서의 많은 부분을 차지할 수도 있다. 세계사의 이러한 측면 때문에 학생들은 세계사를 공부해야 할 내용이 너무 많고 생소한 용어들로 가득한, 그래서 너무 어려운 과목이라고 인식한다. 이러한 문제들은 사건의 의미가 지역이나 국가 이상의 범위에서 규정될 수 있는 주제로 선정된다면 부분적으로 해결할 수 있다. 또한 많은 사람들과 다수의 지역이 관련된 사건을 중심으로 시대구분을 하고 내용을 선정할 경우, 기존에 서구 중심적인 또는 중국 중심적인 시각에서 소홀히 취급되었던 문제들이 새로운 의미를 갖게 되며, 그동안 세계사 전개 과정에서 주변으로 다뤄졌던 사하라 이남의 아프리카·중앙아시아 등이 의미 있게 포함될 수 있다는 장점이 있다.

셋째, 지역을 달리해서 일어난 사건들 사이의 관련성 또는 인과성을 이해하고 변화의 커다란 양상을 파악하는 데는 문화권적 접근보다 간지역적 접근이 효과적인 틀을 제공한다. 예를 들어, 화약 제조 기술은 중국 내에 머물지 않고 세계 여러 지역에 전파되어 각 지역의 변화를 가져왔다. 이는 반구 차원의 변화, 나아가 지구 차원의 변화를 가져온 중요한 사건 가운데 하나다. 즉, 화약의 전파는 지역적인 관점에서 보면 유럽의 중세 봉건기사와 서아시아의 군사귀족의 몰락을 가져온 중요한 배경 가운데 하나이다. 또한 유럽이 지중해, 유럽, 서아시아 지역에서 이슬람제국 중심의 세계 질서를 무너뜨리고 새로운 헤게모니로 등장하기 시작한 데는 다른 지역에 비해 월등하게 발달된 총기와 화력이 큰 몫을 했다. 이는 다른 각도에서 보면, 서아시아의 오스만제국이 헤게모니를 유럽에 잃게 되는 중요한 요인 가운데 하나가 유럽에 비해 총포 기술이 뒤처져 있었기 때문이라고 해석될 수 있다. 이렇게 세계적으로 일어난 사건들 중에는 여러 지역에서 일어난 사건이나 변화를 종합해서 이해할 때 그 사건의 영향이나 의미가 한층 뚜렷해지는 것들이 있다. 이렇게 지역과 지역 사이의 다양한 측면을 복잡하게 연결하면서 일어나고 있는 변화를 종합적으로 분석하는 데는 간지역적 접근이 유용한 틀을 제공한다.

넷째, 간지역적 접근에 의해 구성된 세계사의 또 다른 장점은 인류 전체가 겪었던 공통적인 경험을 중심으로 인류사 전개의 큰 그림을 그리는 데 도움이 된다는 점이다. 그리고 이러한 공통적인 경험을 다시 비교사적인 관점에서 지역별로 비교하고 분석하면, 다면적이고 다양한 경로의 세계사 전개 과정을 이해하는 데 도움이 된다. 간지역적 접근을 시도할 때 선택할 수 있는 주제로는 청동기나 철기 제조 기술이 동반구 전체에 확대되는 과정, 헬레니즘 시기의 미술적 영감이 유럽과 중국을 비롯한 동아시아 지역까지 퍼졌던 과정, 몽골 세력이 그동안 큰 접촉이 없었던 동반구 여러 지역을 정치적·경제적으로 연결시키는 거대 제국을 건설했던 과정, 이슬람의 과학과 수학적 지식이 유럽과 동아시아 지역까지 전파된 과정 등 그 영향이 한 지역에 머무르지 않고 동반구 또는 지구 전체에 변화를 가져온 사건들이 있을 수 있다. 이러한 사건들은 먼저 그 사건의 전개 과정과 영향을 반구적인 차원에서 조명할 수 있다. 철기 전파와 관련된 예를 들어보자. 먼저 철기 제조 기술이 어떤 지역에 어떻게 전파되었으며, 인류 생활에 어떤 공통된 변화를 가져왔는지 등을 반구적 차원에서 이해할 수 있다. 그리고 서아시아, 인도, 중국, 북아프리카, 중앙아시아, 유럽 등의 구체적인 지리적·역사적 상황에서 철기 제조 기술의 발달이 어떤 다양한 문화를 만들었으며, 각 지역 주민의 생활에 어떤 변화를 가져왔는지를 비교하면서 탐구할 수 있다. 이렇게 큰 사건들을 반구적 차원에서 분석하면 변화의 큰 양상을 이해할 수 있고, 이 것을 다시 지역적인 틀에서 분석하면 사건들이 지역에 따라 어떻게 다르게 전개되었으며, 어떤 다른 영향과 변화를 가져왔는지 등 지역에 따른 다양한 변화의 양상을 감상할 수도 있다.

물론 간지역적 접근에 기초하여 구성된 세계사 교육과정에 문제가 없다고는 할 수 없다. 앞서 지적했듯이 지역이나 문화권, 국가 단위의 발전을 일관성 있게 이해하는 데는 간지역적 접근이 효과적인 틀이 되기 어렵다. 또한 간지역적 접근에 기초하여 구성된 세계사는 외부적인 요인들을 중심으로 지역이나 국가들의 변화를 조명함으로써 지역이나 국가 단위의 내재적 발전에 대한 이해를 소홀히 다룰 가능성이 있다. 이는 나아가 역사에서 변화의 동력을 이해하는 데 균형적인 시각을 제공하지 못한다는 단점을 갖는다. 따라서 간지역적 접근이 비교사적·문화권적 접근에 의해 보완되는 방식으로 채택될 때만이 지역적 관점과 인류 전체의 관점이 균형을 이루는 시각에서 세계사의 내용이 구성될 수 있을 것이다.

5. 맺음말

우리나라의 세계사 교육은 서구 중심성을 극복하기 위한 방안으로 아시아사 부분을 확대해왔다. 그러나 아시아사가 확대되었는데도 여전히 서구 중심성을 탈피하지 못하고 있다. 서구사가 시대구분의 중심적 뼈대를 이루고 내용 구성의 중심적인 원리를 제공하면서 '보편사적' 시각에서 탈피하지 못하고 있는 실정이다. 또한 아시아 지역의 다양한 문화권의 독자적인 발전을 보여준다는 취지를 가지고 아시아 여러 문화권에 대한 내용을 확대하고 있지만, 문화권 내에서의 변화와 발전에 대한 내용만이 첨가될 뿐, 그 문화권들의 세계사적 공헌이나 세계사적 전개 과정에서의 주체적인 참여 과정을 보여주는 데는 턱없이 소홀하다. 이러한 세계사 교육을 통해서 우리 학생들은, 서구의 제도·문화·가치·사상이 가장 보편적이고 우월하며 바람직한 만큼 비서구 지역의 국가들과 민족들이 개혁의 모델로 삼아야 한다는 서구 중심 세계관을 가질 수밖에 없다.

세계사 교육의 서구 중심성은 아시아사의 비중을 확대하는 것만으로 극복될 수 없다. 즉, 서구에 의해서 외면되고 축소되었던 다양한 지역과 민족의 세계사적 역할을 재조명하고, 서구에 의해 전형화된 수동적이고 방어적인 비서구의 이미지를 해체하는 것으로부터 시작해야 한다. 즉, 다양한 지역과 민족들의 세계사적 공헌과 역할에 새롭게 의미를 부여하고, 그들의 주체적인 세계사적 참여 과정을 보여줌으로써 현재 세계의 모습이 다양한 민족과 문화의 상호 작용에 의해서 형성돼왔다는 사실을 이해시킬 수 있는 방향으로 내용이 구성되어야 할 것이다. 이러한 점에 상호 관련성을 중심으로 하는 세계사 내용 구성의 의의가 있다. 문화권 간의 상호 관련성에 초점을 두면 그동안 우리 세계사 교과서에서 간략하게 언급하고 지나갔던 중국, 인도, 이슬람제국 등 다양한 역사적 주체들이 인류의 역사에 어떤 영향을 미쳤는지를 깊이 있게 탐구할 수 있다. 동시에 문화권 간의 연결점들과 연결 내용을 탐구함으로써 세계사 전개의 큰 그림을 그릴 수 있고, 또한 세계의 다양한 민족과 문화가 세계사 전개 과정에서 구체적으로 어떻게 참여하였는지를 이해할 수 있다.

단, 상호 의존성이라는 개념을 세계사 구성의 중심 원리로 채택하는 것은 서구 중심성을 극복하고 새로운 시각에서 우리나라 세계사

교육을 구성하기 위한 시작에 지나지 않는다. 이 원리를 이용해서 어떤 시각에서 어느 내용을 선정하고 선정된 내용을 어떻게 조직하는가 하는 문제를 고민하지 않으면 우리의 세계사 교육은 또다시 타자의 역사를 타자의 시각에서 가르치는 것 이상이 될 수 없다.

세계사를 보는 다수의 시각이 존재할 수 있고, 이미 서술된 세계사가 담고 있는 가치와 권력 구조는 해체될 수 있지만, 현재 세계에서 '가치중립적인 세계사' 서술은 가능하지 않다. 문제는 21세기 세계의 변화를 담아내면서 동시에 우리나라의 현실 인식이 반영될 수 있도록 세계사의 내용 선정 기준을 정하고, 선정된 내용을 조직하는 것이다. 이는 자문화 중심적인 관점에서 세계사 내용이 구성되어야 한다는 뜻이 아니다. 인류의 경험과 관련 속에서 우리나라의 경험을 이해하고, 우리나라에서 일어난 사건들과 문제들을 국가보다 큰 틀에서 분석할 수 있는 기회를 제공할 수 있도록 세계사의 내용이 구성되어야 한다는 뜻이다. 이를 위해서는 세계사의 내용 선정과 관련해 구체적인 기준 또는 준거에 대한 연구가 필요하다.

■ 주

1. 교육부, 《고등학교 교육과정 해설, 사회》, 1997, pp. 188~189.

2. 교육부, 위 책, p. 180.

3. William Swinton, *Outlines of the Worlds History, Ancient, Mediaeval, and Modern, with Special Relation to the History of Civilization and the Progress of Mankind*, New York and Chicago: Invision, Blakeman, Tylor and Company, 1874, p. 2.

4. 이 글에서 '보편사(universal history)'라는 개념은 브루스 마즐리시(Bruce Mazlish)의 정의를 따른다. Bruce Mazlish, "Crossing Boundaries: Ecumenical, World, and Global History", Philip Pomper, Richard H. Elphick, Richard T. Vann(eds.), *World History: Ideologies, Structures, and Identities*, Malden, Massachusetts: Blackwell Publishers Inc., 1998, pp. 41~44.

5. 윌리엄 스윈턴의 역사인식과 세계사 서술, 그리고 19세기 말의 미국의 세계사 인식에 대해서는 강선주, 〈미국 세계사 인식의 변화와 세계사 교육〉, 윤세철 교수 정년기념 역사학논총간행위원회 편, 《역사교육의 방향과 국사 교육》, 솔, 2001, pp. 358~378, pp. 361~363.

6. 1차 세계대전 직후 초·중·고등학교 사회과 교육과정 개혁을 위해 조직된 '역사와 시민교육을 위한 위원회(The Committee of History and Education for Citizenship)'는 '민주주의 발달(the growth of democracy)'을 근대 세계사 교육의 중심 주제로 하자는 주장을 세계사 교육과정 개발에 직접 반영하려고 했다. Daniel C. Knowlton, "Report of the Committee on History and Education for Citizenship, Part IV: Syllabus for Modern History in Tenth Grade", *Historical Outlook* 12~15, 1921, pp. 165~189. 이 위원회의 활동과 위원회가 제시한 교육과정에 대해서는 강선주, 〈미국의 세계 교육을 둘

러싼 논쟁〉,《미국사 연구》14, 2001. pp. 168~169.

7. 서구 중심주의는 근대에 들어와 전 세계의 패권 문명으로 등장한 서구 문명이 신봉하는 세계관, 가치 및 제도를 보편적이고 우월한 것으로 받아들이는 태도를 지칭하는 것으로, 서구는 물론 비서구 지역에서도 발견된다. 이러한 서구 중심주의는 19세기 이후, 서구의 세계관을 비서구 지역에 강요 또는 부과할 수 있는 물리적 · 문화적 힘을 갖게 되었다는 점에서 통상적인 자문화 중심주의와 구별된다. 서구 중심주의에 대해서는 최갑수, 〈유럽 중심주의의 극복과 대안적 역사상의 모색〉,《역사비평》52, 가을, 2000; 강정인, 〈서구 중심주의의 극복을 위한 예비적 시론〉,《국가전략》6(4), 1998.

8. Leften Stavrianos, *A Global History of Man*, Boston: Allen and Bacon, 1962, p. 1.

9. Oswald Spengler, *The Decline of the West* Vol.2, trans. by Charles Francis Alkinson, New York: Alfred A. Knopf, 1922. 슈펭글러는 '문화'와 '문명'의 개념을 사용하여 역사를 서술했다. 슈펭글러는 문화와 문명을 살아 있는 유기체로 인식하고 '문명'을 '문화'가 발전하여 마지막에 이르는 단계로 정의했다. Anold Toynbee, *A Study of History*, New York, 1962. 이 책은 1936년에서 1954년 사이에 완성되었다. 토인비는 이 책에서 인류 역사에 존재했던(사멸되었든 아직도 살아 있든), 문명들을 모두 28개로 보면서 이들 문명들의 역사를 규명하고자 했다.

10. 윤세철, 〈세계사와 아시아사〉,《역사교육》32, 1982, pp. 8~9.

11. Philip Pomper, "The Theory and Practice of World History", in Philip Pomper, Richard H. Elphick, Richar T. Vann(eds.), op. cit., pp. 3~4.

12. 윤세철, 〈세계사 교육과 국제이해〉,《사대논총》20, 서울대학교 사범대학, 1979, p. 24.

13. 유네스코 인류사 서술의 방향은 미국의 역사가 곳샬크와 관련한 일화에서 더욱 선명해진다. 1951년 유네스코의《인류의 역사》서술에 시카고대학의 역사가 루이스 곳샬크(Louis Gottschalk)가 유일한 미국인으로 참여하게 되

었다. 곳샬크는 1300~1775년 사이의 시기를 저술하게 되어 있었다. 그는 유럽의 아메리카 대륙 발견 이후에서야 진정한 세계사가 시작되었다는 인식을 토대로 이 시기의 세계사를 '유럽인의 시대(The European Age)'라고 명명하고 그의 저술 계획서를 유네스코 인류사 저술위원회에 보냈다. 그러나 당시 유네스코 인류사 저술위원회의 운영위원장이었던 브라질의 역사가 파블로 드베레도 카르네이로(Pablo E. Deberredo Carneiro)는 세계사의 어떤 시기도 '유럽(European)'이라는 용어를 사용해 제목을 만들 수 없고, 모든 지역을 동등하게 다루어야지 어떤 한 지역을 특별하게 다루어서는 안 된다는 원칙을 곳샬크에게 통보했다. 곳샬크는 결국 자신이 맡은 부분을 완성하기까지 12년간의 세월을 투자했고, 각 지역에 대한 저술과 관련해 거의 12명이 넘는 연구 조교를 자비로 채용했다. Gilbert Allardyce, Gilbert Allardyce, "Toward World History : American Historians and the Comming of the World History Course", *Journal of World History* 1(1), 1990, pp. 32~35.

14. Gilbert Allardyce, op. cit., p. 35.

15. 이러한 주장을 편 대표적인 역사가로는 스타브리아노스와 에드워드 파머 (Edward L. Farmer)가 있다. Leften L. Stavrianos, *A Global History of Man*; Edward L. Farmer, "Civilization as a Unit of World History : Eurasia and Europe's Place in It", *The History Teacher* 18(3), May 1985. 이러한 관점에 대한 더 자세한 서술은 윤세철, 〈세계사 교육과 국제이해〉.

16. 윤세철, 앞 글 〈세계사 교육과 국제이해〉, p. 1.

17. Leften L. Stavrianos, *A Global History of Man*, p. 3; Edward L. Farmer, "Civilization as a Unit of World History : Eurasia and Europe's Place in It", p. 354.

18. 제7차 교육과정에 의거하여 서술된 고등학교 세계사 교과서는 아직 출판되지 않은 상황이다. 따라서 고등학교 세계사 교과서에서 이 문제를 어떻게 다루었는지에 대한 평가는 아직 이르다고 할 수 있다. 본고는 제7차 교

육과정과 중학교 사회책의 세계사 부분에 한정해 이 문제를 지적했다. 아시아 각국 근대화 운동에 대한 중학교 사회 교과서 분석에 대해서는 유용태, 〈역사 교과서 속의 아시아 국민국가 형성사〉, 《역사비평》, 겨울, 2001, p. 136.

19. Ross E. Dunn, "The Challenge of Hemispheric History", *The History Teacher* 18(3), 1985, p. 331. 반구라는 개념이 제안된 이면에는 기존에 세계사 서술과 교육에서 사용되어온 '서구', '아시아', '오리엔트'라는 용어에 들어 있는 서구 우월적 가치와 편견을 불식하고 새롭게 세계 또는 세계사를 보는 관점을 세우려는 의도도 있다. 이러한 의도와 관련해서는 Marshall G. S. Hodgson, "Hemispheric Interregional History as an Approach to World History", in Ross E. Dunn(ed.), *The New World History*, Boston : Bedford St. Martin' s, 2000, p. 119.

20. Ross E. Dunn, op. cit., p. 331

21. Eric R. Wolf, "Introduction" *Europe and the People without History*, Los Angeles : University of California Press, 1982. "Connections in History"라는 제목으로 Ross E. Dunn(ed.), *New World History*에 다시 실림. 2001, p. 131.

22. Ibid., p. 131.

23. 허드슨, 맥닐, 스타브리아노스 등 1950년대 말 1960년대에 활동했던 초기 세계사 연구자들은 세계사 서술의 서구 중심성을 극복하기 위해 새로운 용어를 사용하기도 했고, 세계사 조직의 새로운 원리를 제시하기도 했다. 그러나 그들이 기본적으로 서구적인 편견에서 완전히 벗어나 세계사를 서술했다고 할 수는 없다. 중요한 것은 그들의 노력이 바탕이 되어 최근에 서구 중심적인 세계사 서술과 교육에 대한 비판적인 담론들이 형성되고, 세계사를 새로운 시각에서 조명하고 조직하기 위한 개념적 틀 개발에 이론적 기초를 제공하고 있다는 점이다.

24. 역사는 1차 사료에 근거하여 서술되어야 한다는 의식은 세계사가 하나의

연구 분과로 성립되는 데 가장 큰 장애가 되어왔다. 여러 지역이나 문화권에 걸쳐서 전개된 사건을 1차 사료를 사용해서 연구하는 데는 언어의 장벽이 상당히 컸기 때문이다. 그러나 최근 연구자들은 그러한 자료의 제한을 극복하는 방안으로 여러 지역사 연구자들과 팀 연구를 하거나 다른 사회과학의 연구 성과물과 데이터를 사용하는 학제 간 연구 방법을 사용하기도 하고, 아니면 지역사의 성과를 활용하고 있다. Bruce Mazlish, "An Introduction to Global History", in Bruce Mazlish and Ralph Buultjens(eds.), *Conceputalizing Global History*, Boulder: Westview Press, 1993, pp. 4~5; Wolf Schafer, "Global History: Historiographical Feasibility and Environmental Reality", Bruce Mazlish and Ralph Buultejens(eds.), op. cit., 1993, p. 48.

25. Ibid., p. 2.

26. Michael Geyer and Charles Bright, "World History in a Global Age", *American Historical Review* 100(4), Oct., 1995, pp. 1036~1037.

27. 마즐리시는 이러한 최근의 세계사 연구 경향을 인류의 총체적 경험을 종합하여 기술하려 했다. 그리고 세계사와 구분하기 위해 최근의 새로운 세계사 접근법을 '글로벌 역사'라고 부르자고 제안했다. 마즐리시의 '글로벌 역사'는 스타브리아노스나 파머가 제안한 '글로벌 역사'와 다르다. 스타브리아노스와 파머가 1500년 이후의 세계사를 '글로벌 역사'로 정의했다면, 마즐리시는 연구 대상의 지구적 규모의 특징을 가지고 있다는 점과 관련해 '글로벌 역사'를 정의한다. 마즐리시가 정의하는 '글로벌 역사'는 세계화라는 세계 변화를 문제의식의 출발점으로 삼으면서 지구 또는 여러 지역에 걸쳐서 일어난 역사적 사건이나 양상을 분석하는 것이다. 이러한 '글로벌 역사'의 정의에 대해서는 마즐리시, 앞의 두 논문 참조. 그러나 대부분의 역사가들은 '글로벌 역사'와 세계사를 굳이 구분하지 않고 사용한다. 특히 세계사 교육에 관심을 가지고 인류의 경험을 인류 탄생에서부터 현재에 이르기까지 구성하려고 노력하는 세계사 연구자들은 세계사라는 용어를 별

다른 구별 없이 사용한다.

28. Lynda Shaffer, "Southernization", *Journal of World History* 5, Spring, 1994.

29. 대학 세계사 강좌 개설과 관련된 사례 중에는 Steve Gosch, "Cross-Cultural Trade as a Framework for Teaching World History: Concepts and Applications", *The History Teacher* 27(4), August, 1994; 새로운 시대구분의 시도로는 Jerry H. Bentley, "Cross-cultural Interaction and Periodization", *American Historical Review* 30-2, June, 1996; 고등학교 세계사에서 다룰 수 있는 주제에 대해서는 Ross E. Dunn, "Central Themes for World History", in Paul Gagnon and the Bradley Commission on History in the Schools(ed.), *Historical Literacy*, Boston: Houghton Mifflin Company, 1989.

30. 세계사 시대구분의 서구 중심성에 대해서는 국내외에서 많이 지적돼왔다. 서구 중심적인 시대구분의 문제를 지적하고 시대구분을 새롭게 시도한 논문 중에는 Peter N. Stearns, "Periodization in World History Teaching: Identifying the Big Changes", *The History Teacher* 20, August, 1987; William A. Green, "Periodizing World History", *History and Theory* 34, May, 1995; National Center for History in the Schools, *National Standards for History*, L. A.: University of California, 1996.

31. Jerry Bentley, "Cross-cultural Interaction and Periodization".

32. Ibid.

33. 각 시기의 특징에 대한 설명은 이영효, 〈세계사 교육의 방향과 가능성〉, 윤세철교수정년기념 역사학논총간행위원회 편,《역사교육의 방향과 국사 교육》, p. 292.

34. 신채식 · 홍성표,《고등학교 세계사》, 보진재, 1995, p. 110.

세계사 교육에서의 '타자 읽기'

— 서구 중심주의와 자민족 중심주의를 넘어

이 영 효

이해관계에 얽혀 있지 않으면서 세계에 대해 판단하고 해석할 수 있는 인식론적 특권은 아무에게도 없다. 집단이나 국가들 사이의 불평등한 권력, '자신'과 '타자' 사이의 현실적 관계들을 관조할 수 있는 어떤 외부의 우월한 위치도 존재하지 않는다. 따라서 애국심과 민족주의, 편협성과 지역주의는 항상 극복의 대상이다. 세계사의 목표는 자기 조국을 초월하는 전망을 얻고, 자기 문화와 역사가 제공하는 방어적인 편린 대신 전체를 조망하는 것이기 때문이다.

1. 머리말

세계사 앞에 선다는 것은 인간의 운명이라고 하는 궁극적인 물음 앞에 서는 것을 의미한다. ……역사는 특히 세계사는 미래에 대한 욕망의 투영으로 받아들여야 한다. ……지구 전체를 투시하는 관점을 회피하는 것은 역사의 의미를 해독해야 하는 역사가의 중요한 책무를 방기하는 행위다. 위기의 시대에 세계사를 거부하는 것은 사회를 과거와 의미 있고 유익한 방식으로 조우시켜야 하는 역사가의 궁극적 책임을 저버리는 짓이다. ……세계사는 세계의 일체성을 추구하는 것이다.[1]

최근 세계사 교육이 글로벌리즘(globalism) 또는 '지구사적 관점'에서 논의되고 있다. 그러면서 문화권 간의 상호 교류, 간지역적 접근, 다원주의 등이 '새로운' 세계사 교육의 지향점으로 강조된다. 유럽 중심주의 또는 서구 중심주의는 당연한 공격 테제로 여겨지고,

지구상의 모든 문화권 · 지역 · 국가 · 집단이 소외되지 않는 세계사 교육이 실현 가능한 대상으로 다뤄진다. 세계사 학자들은 다문화적 관점에서 세계 여러 지역의 문화들 사이에 나타나는 차이점과 공통점을 인식하면서 간문화적 상호 작용과 교류에 초점을 맞춰 세계를 상호 의존 체제로 파악할 것을 주장한다. 원거리 통상과 무역처럼 초국적인 역사 현상을 연구 단위로 '지구적 네트워크의 세계사'를 구축해야 한다는 것이다. 그리고 정치 · 경제 · 문화적 네트워크는 쌍방적인 역동적 과정이며, 통시성과 동시성을 지니고 있음을 강조한다.[2]

세계사 교육에 대한 이러한 인식의 변화는 역사를 진화적(evolutionary), 진보적(progressive), 물질적(materialistic) 변화로 보아온 근대 역사관의 해체를 배경으로 한다. 근대 역사학은 인류의 여러 문명들을 일관된 형식으로 통합할 수 있는 법칙과 규칙을 찾으려고 시도했고, 근대화론이나 기술결정론처럼 역사의 지속과 변화 그리고 인과관계를 단일한 사고 틀 안에서 설명했다. 이러한 세계사 기술에서 비교와 우열을 판단하는 기준은 물론 서구였다. 근대 서구 문명은 서유럽 국가들과 미국에 의해 구현된 근대화의 성공에 의해 평가받았다. 세계사의 연대기와 개념, 용어들 및 세계사의 중요한 사건들은 서구 문명사에 기초해 서구의 자료를 근거로 정해졌다. 또한 역사적 사건의 중요도는 '기술', '진보' 같은 서구 기준에 따라 평가되었고, 세계사는 서구의 필연적인 승리를 함축하는 것이었다.[3]

또한 세계사는 주로 국가-민족 단위로 서술되었다. 지역이나 문화권의 역사는 그에 속하는 제국 · 국가 · 민족들의 역사를 합쳐놓은 것이고, 특히 근대 서구 '국가'들의 역사는 우월적 지위를 담보하며 세계사 서술의 중심을 차지했다. 이러한 국가-민족 단위의 세계사

인식은 곧 자민족 중심 역사관의 반영이었다. 세계사 교육은 다른 인류 집단의 역사에 대한 관심과 개방적인 이해를 목표로 하지만, 세계 공동체와의 연대의식보다 '민족의 기원'을 찾는 정체성 정치학(politics of identity)에 더욱 공헌했다. 결국 세계사 교육은 항상 자국사 교육의 하부 영역이었으며, 세계사의 내용 중에서도 자국사와 관련된 부분이 가장 중시되었다.[4]

그러나 최근 '보편 역사' 또는 '거대서사'를 해체하자는 주장이 확산되면서, 서양의 역사 발전 틀에 의해 구성된 세계사는 존립 근거를 상실하게 되었다. 전문 역사학은 연구 범위와 관점을 아시아 · 아메리카 · 아프리카의 역사로 확대했고, 서구 근대 문명의 세계적 보편성이 부정되는 한편 지역권의 문화적 특수성이 주목받고 있다. 즉, 세계의 모든 사회가 근대화의 길을 따르면서 동질화돼온 것이 아니라, 지역 간의 상호 적응과 변형에 의존해왔음이 강조되고 있는 것이다. 그리고 지역에 따라 변화의 방향과 속도가 다르기 때문에 보편적인 지역을 선택하기 위한 변화 이론을 사용할 필요가 없게 되었다. 시대구분과 일반화에 사용되는 역사 이론은 역사의 지속과 변화의 동력에 대한 이해와 가치뿐 아니라 정치적 고려도 반영하고 있기 때문이다.[5]

더 나아가 세계사 학자들은 국가 – 민족의 경계를 가로질러 작용했던 세계사 전개 과정에 주목한다. 세계사는 단순히 국가들의 개별 역사들을 모아놓은 것이 아닐 뿐더러 그 우열을 가리는 것도 아니기 때문이다. 따라서 세계 각 지역의 인류 집단과 그들의 상호 관계의 역사를 구축하기 위해 문화적 경계를 넘어선 교류를 세계사 교육의 조직 원리로 강조한다. 호지슨 등은 특히 아프로 – 유라시아 전체를 가로질러 인간의 기술과 문화적 자원의 공통 요소들이 축적돼온 과정, 즉 문명 간의 상호 의존을 강조하면서 국가-민족 단위의 세계사 대신 지역사 또는 문화교섭사적 관점에서 세계사의 대안을 모색하고자 했다. 또한 코스모폴리탄(cosmopolitan)적 세계관으로 자기 시대의 민족주의적 주류에 맞서면서 초민족적 세계사 서술의 가능성을 모색했다.[6]

이 글의 문제의식은 세계사 교육이 과연 서구 중심성과 자민족 중심주의를 극복할 수 있을까라는 질문에서 비롯되었다. 서구 문명과 서구 국가들의 근대화를 기준으로 구축돼온 세계사 구성은 과연 극복될 수 있을까? 세계사를 모든 역사에 동등한 비중을 두는 백과사전식으로 구성하지 않는다면, 그 비교와 해석의 대상이 국가나 지역이나 문화권에 상관없이 일련의 판단 기준으로 결정되는 것은 아닐까? 만일 기준이 서구가 아니라면, 동양이나 아시아 또는 중국이 그 자리를 대체하는 것은 아닐까? 세계사 교육은 각 민족과 국가 집단의 누적된 역사 총합에서 벗어나 지구적 관점을 배양할 수 있을까? 전 지구적 범위를 다루면서 세계 공동체 구현을 지향하는 세계사 교육은 국가-민족 담론과 이데올로기의 영향을 극복할 수 있을까? 이러한 질문들을 토대로 지금부터 '다원주의 사회에서의 타자 이해'라는 세계사 교육목표의 실천 가능성을 검토해보기로 하자.[7]

2. 서구 중심의 세계사 교육

19세기 마르크스를 비롯한 서유럽의 역사가들은 역사 발전의 동력은 아시아나 아프리카가 아니라 오로지 유럽에서만 발견할 수 있다고 믿었다. 과학과 기술, 경제, 이데올로기와 정치, 공적 생활과

사적 생활 등의 제도와 관습 같은 모든 것이 유럽에서 시작되었다고 본 것이다. 그 결과 유럽은 근대사회의 근원지로 세계사의 중심에 자리잡았다. '세계'라는 개념조차 유럽의 서반구 정복과 자본주의적 세계경제 체제의 출현 이전에는 존재할 수 없었다. 유럽은 자신을 변화시키고 세계를 변환시킴으로써 단일하고 통일적인 유럽사를 구축했다. 서유럽의 민주주의와 경제적 자유주의는 19세기와 20세기 국가들의 모델이 되었다.[8] 따라서 서구의 등장은 단순히 세계적 규모의 어느 한 역사적 문제가 아니라 위대한 역사적 사실로 평가받았고, 이것은 곧 인종과 문명의 우열을 평가하는 기준으로 이어졌다. 여기에서 아시아와 아프리카의 역사는 설 자리를 찾을 수 없었다.

> 역사는 일련의 주요 문명국가들에 제한되며, 이것은 백인종 또는 코카시언(caucasian)이라는 거대한 인간 집단을 말한다. 따라서 역사는 고도로 발달한 인류 집단에 관심을 갖는다. 왜냐하면 코카시언이 유일하고 참다운 역사적 인종이기 때문이다.
>
> — 미국 《일반사 *general history*》 교과서, 1874

인종과 문명에는 서열이 있으며 우리는 우월한 인종과 문명에 속한다는 것, 그리고 우월성이 권리도 주지만 거기에 따른 엄격한 의무도 준다는 사실을 원칙과 출발점으로 받아들이는 것이 필요하다. 토착민들의 정복을 합리화하는 것은 우리의 우월성(단순히 기계적이고 경제적이며 군사적인 우월성뿐 아니라 도덕적 우월성도 포함)에 대한 확신이다. 우리들의 위엄은 바로 그 특성에 달렸으며, 이것은 다른 인간들을 지도하는 우리의 권리를 강조한다. 물질적인 힘이란 그러한 목적을 이루기 위한 수단일 뿐이다.

— 프랑스 역사가, 쥘 아르망(Jules Harmand), 1910[9]

지구의 오지에 사는 야만족의 아프리카는 역사를 가지고 있지 않다.

— 영국 역사가, 트레버 로퍼, 1965

우리는 아시아를 이해하지 못하며 그럴 필요도 없을 것이다.

— 영국 역사가, 존 빈센트, 1990[10]

근대 서구 문명의 지배를 당연시한 역사가들은 그 기원을 추적하기 시작했다. 유럽의 성공시대는 대체로 1500년경에 시작되었으며, 유럽의 흥기는 자본주의 같은 경제적 요인, 합리성 등의 문화적 요인, 그리고 타 문명과의 접촉 등의 외부적 요인 때문이었다는 이론이 제시되었다. 세계 체제론을 제기한 월러스턴(Immanuel Wallerstein)은, 1500년경에 유럽이 해양 발견과 자본주의의 흥기로 세계 체제의 중심이 되었으며, 이후 근대 세계사의 동력은 유럽 자본주의였다고 주장했다.[11] 문명들 간의 상호 작용과 접촉을 역사 변화의 동력으로 강조한 세계사학자 맥닐 역시 1500년 이후 유럽이 세계 주도 세력으로 흥기했다는 주장에 동의했다.[12] 그는 1000년에서 1500년 사이에 중국이 발달된 상업망과 무역기술을 바탕으로 유라시아의 지배권을 획득했지만, 유럽이 서아시아와 중국으로부터 들여온 기술과 아이디어를 적용하여 유럽의 시대를 열었다고 주장했다.[13]

홉스봄(Eric Hobsbawm)도 15세기 이후 세계를 변형시켰던 세력이 지리적으로 유럽이었다는 사실은 명백하다고 말하면서 자본주의, 과학과 기술의 혁명, 계몽사상의 합리주의를 유럽의 특성으로 지적했다.[14] 브로델은 15세기 말 이후 유럽의 등장 배경을 도시의 팽창과 물질문명의 발달, 그리고 '대서양의 발견'에서 찾았다. 특히 도시를 자본주의와 근대성의 보루로 보면서 도시의 부르주아들이 자유에 기반하여 독창적인 문명을 건설하고 새로운 기술을 보급했다고 강조했다. 더 나아가 도시는 국민 시장을 만들고 근대국가를 세움으로써 세계 역사의 한 전환점을 이루었다는 것이다.[15] 또한 서유럽의 우월성이 새로운 것을 추구하는 심성에서 확보되었다는 점도 강조했다. 즉, 15세기 당시 식민지를 갖고 있던 부유한 중국과 이슬람에 비해 '프롤레타리아'에 불과했던 유럽의 장점은 세계에 대한 호기심을 가지고 있었다는 점, 그리고 '아시아 대륙의 곶' 정도에 불과한 좁은 곳에 갇혀 있었기 때문에 밖으로 나가야 할 필요성이 있었다는 점 등이라고 했다.[16]

이들의 시각은 헤겔의 '동양문명 정체론' 이후 계속된 유럽 문명 우위론의 전통에서 크게 벗어나 있지 않다. 화이트헤드(A. N. Whitehead) 역시 아시아 문명을 인간의 호기심을 억누르는 정적인 것으로 정의한 바 있다. 그는 인도 문명이나 중국 문명 같은 위대한 아시아 문명들이 있었지만 어떠한 경우에도 고대 그리스인들의 수준에는 미치지 못했다고 말하면서, 서구 문명의 뿌리인 고대 그리스 문명의 우수함을 강조했다. 그에 의하면, 아시아 문명은 추상적인 종교적 · 철학적 사변에는 매우 효율적이었을지 몰라도, 인류사의 가장 큰 원동력이라 할 수 있는 자연과학이나 수학적 사유에서는 고대 그리스 문명을 따라오지 못했다는 것이다.[17]

서구 등장의 기원을 유럽 문화의 전통에서 찾는 시각 역시 아직 견고하다. 최근에 헌팅턴(Samuel Huntington)은 서구 문명이 기독교, 다원주의, 개인주의, 법치라는 독특한 특성을 통해 근대성을 창안하고 전 세계로 확장했으며 다른 사회들의 선망의 대상이 되었다고 주장했다.[18] 랜디스(David S. Landes)도 "우리가 경제발전의 역사로부터 얻는 교훈이 있다면 그것은 문화가 모든 차이를 만든다는 것이다"는 막스 베버(Max Weber)의 통찰을 인용하면서, 유럽의 성공이 문화의 우월성에 근거한 것임을 다시 한번 강조했다. 서유럽의 프로테스탄트 사회들이 내적으로 '합리적이고 질서정연하며 근면하고 생산적인 새로운 형태의 인간'을 만들어냈고, 그들이 새로운 생산양식, 즉 새로운 경제를 창조했다는 것이다. 랜디스는 종교와 정치를 포함한 유럽 문화의 독특성, 특히 기술적 혁신에 대한 개방성 같은 유럽의 예외주의가 경제성장의 우월함을 가져왔다고 주장한다. 심지어 "중세 유럽은 역사상 가장 창조적인 사회였다"고 말했다. 즉, 서구의 성공은 내적으로 발생했으며, 이후 유럽 문명은 세계 진보를 향해 나아간 중심 세력이었고, 세계는 유럽을 모방하기 위해 노력했다는 것이다. 이처럼 랜디스는 계몽, 산업 자본주의, 국가-민족이라는 정답을 발견한 서유럽을 기준으로 과거를 재단했다.[19]

이러한 서구 중심적 태도에서 바라본 세계사 교육은, 서구 문명이 인류에 미친 영향과 문화적 공헌을 중심으로 이뤄진다. 서구의 발전 경로를 기준으로 다른 문명들의 특성이 평가되었고, 서유럽의 '예외적인' 가치·제도·사상은 인류 유산의 '본질적이자 지속적인 핵심'으로 자리 잡았다. 서구 문명은 지난 500년 동안 자유 이념을 만들고 산업혁명을 이끌며 근대성을 창출하는 등 세계의 진보적 변화의 주동자로 활약했기 때문이다.[20] 즉, 세계사는 '서구 문명사'와 다름없다. 그리고 이러한 서구 중심의 세계사 교육은 서구 국가들뿐 아니라 세계 대부분 국가의 세계사 교육과정에 영향을 미쳤다.[21]

우리나라의 세계사 교육도 예외는 아니다. 대한제국 말에 등장한 새로운 세계사 구성의 틀은 중국 중심의 화이론적 세계관에서 벗어나는 것에서 시작되었다. 최초의 근대 세계사 교재들은 세계 각국의 역사를 '부국강병'과 '민주주의'를 기준으로 야만 · 미개 · 문명으로 나누었다. 유럽 · 미국 · 일본은 문명국으로 분류됐으며, 중국과 조선을 포함해 인도 · 터키 및 아시아 다수는 반개화 국가로 분류됐다. 교재 집필자들이 인식한 당시 국제 상황은 사회 진화의 법칙, 즉 약육강식의 원리가 관철되는 현실이었다. 따라서 강자가 약자를 멸하는 것이 당연한 일이고, 제국주의 지배는 오히려 문명화의 기회로 간주되었다. 프랑스가 태국을 식민지화한 것과 영국이 인도를 식민지화한 과정을 자연스러우면서도 당연한 일인 양 기술했다. 즉, 서구문명권의 동양 식민 지배를 현실로 인정하는 강자의 논리를 그대로 수용하고 있었다. 특히 일본이 메이지유신을 전후로 구미 열강의 사례를 배워 국세가 크게 신장했다고 파악하고, 황인종 가운데 오직 일본인만이 앞서 나갔다고 기술했다.[22]

당시 국가 상실의 위기에 놓인 조선의 상황에서, 기술과 문명이 앞서 있던 서유럽의 역사 발전 경로는 보편적인 타당성을 확보하는 데 어려움이 없었다. 그러나 해방 이후의 세계사 교재는 유럽사 중심의 구성 체제를 유지하면서도 서구 제국주의의 침략을 비판적으로 서술하고 식민지 지역의 저항운동을 부각시키는 한편, 일반 민중과 대중을 역사의 중심 세력으로 새롭게 인식하고 있다. 물론 세계사 교육의 서구 중심주의는 여전히 건재해, 세계사 구성의 패러다임과 설명 구도의 주요 개념은 서구 문명을 기준으로 하고 있다. 서구의 시민혁명과 산업혁명이 근대 인류사의 가장 주요한 사건으로 평가받는 한편, 아시아 및 아메리카와 아프리카의 역사는 제대로 다뤄지지 않고 있다. 교과서의 '보편적 근대'는 곧 '서구적 근대'를 의미

하기 때문이다.[23]

그러나 세계사 설명 구도로서의 서유럽 문명화 모델과 근대의 개념은 최근 역사가들의 지속적인 비판을 받아왔다. 먼저 근대성(modernity)은 더 이상 역사를 판단하는 '보편적' 기준으로서의 지위를 갖고 있지 못하다. 근대는 다양한 지역과 집단에서 각기 다른 의미를 가지며, 근대화는 유럽에서조차 대단히 불균등하고 상이한 속도로 이뤄졌기 때문이다. 일부 지역에서는 근대화 과정이 곧 상실의 역사이기도 했다. 즉, 각 사회집단은 자신의 고유한 역사와 경험을 갖고 있는 것이다. 따라서 전통은 낡은 것이고, 계몽된 근대가 모든 사물을 가늠하는 척도라고 단정하는 '전통 – 근대'의 구분은 명백한 오류다. 오히려 근대화는 전통의 토대 위에서 달성되며, 전통은 근대와 더불어 변화한다.[24]

세계사학자들은 근대화가 지닌 이러한 이중적 가치를 지적함과 동시에 세계 체제가 유럽 자본주의의 확산 및 근대국가 – 민족의 팽창과 연계된 최근의 구성물이라는 주장도 거부한다. 그들은 세계 체제의 기원을 훨씬 더 앞당겨 잡아야 하며, 주체는 유럽이 아니었음을 주장한다.[25] 이미 15세기 이전에 세계 체제를 형성한 광범위한 유라시안 무역 네트워크가 존재했다는 것이다. 1000년부터 1500년 사이 동아시아에서 동지중해에 이르는 유라시아에는 지역을 넘나드는 거대한 제국들이 존재했는데, 이들은 해상과 육로를 통한 거대한 규모의 탄력적 상업망을 구축했다. 항해 기술과 상업 조직의 개선으로 해상 수송의 효용성이 증대되면서 일본 해안지대, 중국, 동남아시아, 인도, 서남아시아, 지중해, 유럽, 사하라 이남의 아프리카가 더욱 긴밀하게 직접적으로 연결되었다.[26] 이 시기에 아시아의 경제적 · 기술적 혁신과 무역의 활력이 두드러졌던 반면, 서유럽의 경제는 후진적이고 고립되어 있었다. 14세기 후반 이슬람 학자 이븐 할둔(Ibn Khaldūn)은 기독교 유럽에 거의 흥미를 보이지 않았고, "북쪽의 야만인들에겐 배울 것이 없다"고 확신했다.[27]

프랑크는 15세기 이후에도 1800년까지 아시아가 세계경제를 지배했다고 주장한다. 아부 루고드(Janet Abu-Lughod)가 말한 '13세기의 세계 체제'의 골간이 여러 세기에 걸쳐 유지되었고, 특히 동아시아 조공체제는 세계무역의 중심으로 세계 체제의 일부였다는 것이다. 아시아, 특히 중국과 인도, 나아가 동남아시아와 서아시아는 1800년 이전까지만 해도 유럽보다 더 활동적이었으며 세계경제에서 차지하는 비중이 훨씬 컸다. 1750년 당시 세계 인구의 약 66퍼센트에 이르던 아시아 인구는 세계 총생산의 80퍼센트를 차지하고 있었다. 아시아는 기술력뿐 아니라 수준 높은 경제제도와 금융제도도 갖추고 있었고 과학과 기술, 제도적 기반이 아시아 경쟁력의 토대였다.[28]

> 아시아는 유럽에 비해 경제적으로 훨씬 앞서 있었고 또 풍요로웠다. 동인도의 벵골 지역이나 중국 동부의 일부 지역에서는 아득히 먼 옛날부터 농업과 제조업의 혁신이 이루어진 것으로 보인다. ……어느 모로 보나 세계에서 가장 부강했던 세 나라(중국, 이집트, 인도)의 명성은 주로 농업과 제조업의 우위를 통해 얻은 것이었다. ……1776년 현재 중국은 유럽 어느 지역보다도 부강한 나라다.
>
> ― 애덤 스미스, 1776[29]

따라서 1500년을 유럽의 흥기와 세계 지배의 전환점으로 보는 시각은 바뀌어야 한다. 초두리(K. N. Chaudhuri)의 주장처럼 상업 활동으로서의 자본주의는 그 이전부터 인도양에서 이미 보편화되어 있었고, 유럽이 세계경제의 중심이 된 시기는 빨라야 1800년경이었다. 그 이전까지 근대 유럽은 세계경제에서 중요한 위치도, 세계의 다른 지역들보다 선진적인 곳도 아니었다. 경제의 선진 지역은 명·청 시대의 중국, 인도의 무굴제국, 페르시아의 사파비 왕조, 터키의 오스만제국이었는데, 이 지역들은 모두 유럽보다 강한 경제력·정치력·군사력을 지니고 있었다. 따라서 16세기 포르투갈, 17세기 네덜란드, 18세기 영국이 세계무역을 좌지우지했다는 것은 어불성설이다.[30] 유럽이 세계경제의 패권을 거머쥔 기간은 지난 2세기로, 긴 역사에서 보자면 단막극에 불과하다.[31]

또한 19세기 유럽의 등장과 자본주의 흥기의 역사는 유럽 내부적인 요인만으로 설명할 수 없다. 유럽의 성공은 유럽의 내적 동력 또는 합리성, 제도, 기업가 정신, 기술 등 예외적인 유럽의 문화나 가치 때문이 아니라는 뜻이다. 브로델의 지적처럼, 자본주의의 합리적 수단이라는 환어음, 은행업, 증권 거래, 시장, 이서, 할인 등은 서양의 합리주의 세계 밖에서도 얼마든지 발견할 수 있다. '17세기의 과학혁명'이라는 것은 존재하지 않았고, 산업혁명은 식민지가 없었더라면 불가능했다. 유럽의 경제성장은 스스로 달성한 것이 아니라, 아메리카의 재화를 가지고 아시아의 생산, 시장, 무역에 끼어들어 챙긴 이익을 바탕으로 이뤄졌기 때문이다. 유럽은 스스로를 확대하여 자신의 '유럽 세계-경제/체제' 안으로 여타 지역을 '포섭'한 것이 아니라, 이미 존재하고 있던 세계경제와 체제에 뒤늦게 합류했거나 아니면 그 체제와의 느슨했던 연결고리를 강화한 것에 불과하다. 즉, 유럽인은 세계경제 체제를 '창조'하지 않았고, 유럽은 이미 발전을 거듭해온 경제·생산·무역·상업·금융 제도에 편승해 아시

아라는 거인의 어깨에 오른 것이다.[32]

프랑크는 "유럽 중심주의는 벌거벗은 임금님이었다"고 하면서, "중국은 시대에 역행하여 무위도식하면서······ 밀봉된 관에 갇혀 있는 미라"라고 한, 그리고 아시아적 생산양식이 인도, 페르시아, 이집트 등지를 지배했다는 마르크스의 주장은 '붉게 칠한 오리엔탈리즘'일 뿐이라고 비난했다. 유럽의 성공을 설명하는 데 주로 인용되는 봉건제에서 자본제로의 변화, 자본제적 생산양식, 자본주의 세계 체제의 역동성 등은 다른 지역의 장기적인 역사 변화와 지속성을 분석하는 데 한계를 가진 유럽적 범주(개념들)에 지나지 않는다. 예를 들어, 18세기 유럽과 유사한 경제 상황, 즉 점증하는 생산력과 인구 팽창을 경험했던 중국이 생산과 자원 배분 문제에 직면하여 다른 정치·경제를 발전시킨 부분은 어떻게 설명할 것인가?[33]

버지슨(Albert Bergesen)은 〈세계사에 대해 솔직해지자〉(1995)라는 논문에서 "세계 경제·체제는 유럽에서 시작되지 않았다"고 단언했다.[34] '서양의 발흥'은 시기적으로 늦게 나타났고 기간도 짧으며, '서양의 발흥'론은 아시아에 대한 유럽의 정치적·경제적 침입을 지나치게 과장하고 있다고 했다. 따라서 세계를 보는 시각이 지금과는 판이하게 달라져야 한다고 역설했다.

3. 국가 – 민족의 역사와 세계사

유럽 중심적 역사 해석을 비판하는 학자들은 세계사 교육을 비서구 지역에 대한 무지, 편견, 인종 중심주의에 대항해 싸우는 하나의 수단으로 보고 있다. 유럽의 몇몇 '민족'들의 주요 역사를 그린 '보편사' 또는 '세계사' 개념은 허구라는 것이다. 또한 역사적 변화를 특징짓는 주요 변화와 사건들은 보통 특정 민족이나 국가의 역사와 결부되어 있지만, '국가-민족'은 인류의 과거를 이해하는 데 부적절한 체계이며, 세계의 어느 '지역'이라도 탐구해야 한다고 주장한다.[35] 한편 스타브리아노스, 커틴(Philip Curtin) 같은 세계사학자들은 국수주의적 자국사에 대한 처방으로 세계사에 관심을 가졌다.[36] 자국 문화만의 우수함을 강조하는 자국사 교육 이념은 세계 다른 지역의 역사와 문화에 대한 개방적 이해를 추구하는 세계사 교육목표와 배치되기 때문이다.

국가-민족 단위의 세계사 서술은 우리나라의 최초 세계사 교재에도 채택되었다. 당시 교재들은 각 대륙별로 현존하는 민족 또는 국가를 문명 창출의 주체로 보고 각국의 역사를 서술했다. 근대 국민국가의 형성과 발전을 인류의 보편적 진로로 간주하고 메이지유신, 독일 통일, 이탈리아 통일을 근대 국민국가 형성의 과제를 완수해낸 역사로 파악했다. 따라서 인민주권의 이념에 의해 서구에서 근대 국민국가들이 광범위하게 생겨난 19세기는 자유와 평등이 확대된 진보의 시대로 정의되었다.[37] 최근의 세계사 교재들은 지역별로 단원을 구성하고 있지만, 여전히 주요 국가와 민족을 구체적인 서술 대상으로 삼고 있다.

이처럼 지역이나 문화권에 따른 분류라는 허울 아래 구성된 '각국사의 총합으로서의 세계사'는 세계 공동체 이념이나 세계 시민의식 같은 세계사 교육의 목표와 애초부터 동떨어져 있었다. 심지어 세계사 교육은 '민족 주체성을 제대로 함양하기 위한 하나의 조건'으로 역설되기도 했다.[38] 이것은 인류 문화 발달의 다양한 양상을 탐구하고 더 나아가 세계인의 상호 공생을 추구한다는 세계사 교육목표의 허구성을 그대로 드러낸다. 세계사 교육은 '민족 주체의식' 함양을 주된 목표로 하는 자국사 교육의 하부 영역에 지나지 않는다. 결국 세계사 교육이 넘어야 할 또 다른 거대한 장애는 바로 자민족, 자국사 중심의 역사의식이다. 세계사 교육은 근본적으로 자국민의 정체성과 우수성을 강조하는 자국사 교육 이념에 문제를 제기하고 있는 것이다.

사실 역사교육이 학교라는 교육제도의 공간에서 역사를 공적으로 활용하는 것이라고 볼 때, 국민역사(national history)교육은 언제나 하나의 공적 기획이었으며 역사와 문화적 기억, 그리고 정치의 경계 지점에 놓여 있었다. 19세기 중반 서구에서 국민역사 서술이 지배적인 전통이 되면서 그것은 민족의 정체성, 자민족의 우월성, 민족의 특수한 역사적 사명을 강조했다. 이후 국가 – 민족의 역사는 단순히 역사학 텍스트의 생산을 넘어 국경일, 축제, 영화, 텔레비전 등을 통해 시각적으로 재현됐다. 20세기는 어느 때보다 민족 정체성(national identity)이 강조된 '국사의 시대' 였다.[39]

그런데 동질적인 언어와 문화를 공유하는 '국민' 은 이미지로만 그려진 '상상의 공동체' 다. 국민을 구성하는 사람들이 서로를 다 아는 것도 아니고, 또 서로 만날 수 있는 것도 아니기 때문에 그들은 단지 공동의 이미지를 공유할 뿐이다. 공동체란 본래 대면적 또는 개인적인 접촉을 기반으로 생활양식을 공유하는 집합체이지만, 사회적 상호 작용을 전혀 하지 않는 익명의 개인들 사이에 동질적인 시간과 공간을 공유한다는 '상상' 의 끈, 즉 소속감이 만들어진 것이다. '민족' 은 단순히 상징 체계의 표현이나 정치적 수단으로서의 이익집단이 아니라, 근대사회에 사는 군중에게 이름과 정체성을 부여해주는 것이었다. 국가는 국가와 민족의 정체성에 대한 강력한 상상물과 이미지들을 대중에 영합하여 만들어냈고, 교육·미디어·운동 행사 등을 통해 민중을 국민으로 통합했다. 그리고 그러한 국민의식은 전체 구성원에게 공통의 법적 권리와 의무를 부여하는 지배 이데올로기가 되었다.[40]

그렇다면 이러한 국민 정체성은 다른 집단의 이해 및 연대의식과 어떻게 갈등할까? 이는 자기만의 '고유'한 '문화' 또는 '정체성'을 만드는 과정이 곧 '타자'의 존재를 정의하고, 그것과의 차별화를 내포한다는 점에서 찾을 수 있다. 근대는 독자적 '문화'를 가져야만 비로소 주체적 '국가'를 확립할 수 있다고 정의했다. 그 때문에 각 민족 집단은 타자에게서 '차이'를 발견하고 스스로를 정의하는 데 나섰던 것이다. 접촉의 장소에서는 언제나 '번역'이 이루어지며, 사람들은 그 번역을 통해 '타자'의 존재를 인식하고 '자기'를 확인한다. 그런데 타자와의 '접촉'은 경계를 깨는 일인 것처럼 보였지만 실은 새로운 경계를 긋는 일이었다. 그것은 차별화에 대한 욕망을 낳았고, 그 욕망이 '경계'를 만든 셈이다. 이 욕망은 곧 자기 구축의 욕망인 동시에 대부분의 경우 단순한 자기 확인을 넘어서 타자를 전유하고자 하는 지배의 욕망이기도 하다. 타자와의 접촉 장소에서 사람들은 표상을 통해 타자를 지배하려고 했다. 사람들은 어떻게든 '자기'를 확인해야 했고, 타자에게서 자신의 지배를 정당화해줄 모습을 확인해야 했던 것이다.[41]

따라서 국민 개념은 인종 개념과 별개의 것이 아니다. 국민국가는 '타자들'을 생산하면서 흔히 인종 차이를 강조했다. 인종의 절대적 차이를 구축하는 것은 동질적인 국민 정체성 개념을 위한 용이한 기반이었기 때문이다.[42] '민족주의' 또는 '국민주의' 시대의 종언이 예언되었음에도 국민국가의 주권이 쇠퇴하지 않고 강성해진 것처럼,

인종주의도 쇠퇴한 것이 아니라 광범위하게 그리고 강렬하게 진전했다. 단지 생물학적 차이를 사회적이고 문화적인 기표로 대체했을 뿐이다. 하지만 이익과 정서의 끈을 결합하는 점에 민족은 인종, 계급보다 더 유효한 개념이었다.

한편 민족적 정체성은 대외적으로 다른 민족 또는 국민을 타자화하고 배제할 뿐 아니라, 내부적으로 단일화된 민족 '정신'에 맞지 않는 것, 즉 내부의 타자도 은폐하고 배제한다. 민족 정체성은 그 속에 들어 있는 성이나 계층의 대립을 감추고 성, 계급, 신분, 세대 등의 다중적 정체성을 획일화하거나 억압한다.[43] 단일한 민족 정체성을 정점으로 정체성의 위계질서를 구축하는 것이다. 그럼으로써 제한된 국경 안에서 주권을 가진 존재로 상상되는 국민 사이에 실제로는 불평등과 착취가 있다고 해도, 국민은 언제나 수평적인 깊은 동지애로 마음속에 이미지화된다.

이처럼 '민족' 또는 '국민'이라는 집합명사가 만들어낸 집단적 자아 정체성은 인공적이고 자의적이며, 본질적이지도 실체적이지도 않다. 다만 정체성을 필요로 하는 권력 주체나 국가에 의해 재생산될 뿐이다. 국가는 단순한 '상상의 공동체' 또는 표상이나 가상이 아니며, 타자를 배제하려는 정치적 이기주의를 갖고 있다. 그리고 이러한 '이기적' 정체성에 대한 상상과 기억은 민족 담론과 '역사' 서술의 근간이 된다.[44] 정체성을 강조하는 정치, 특히 민족국가 형성에 필수적인 것은 곧 자민족 중심의 역사 해석이다. 이것은 교과서에 그대로 담겨져, 역사 정보를 나눠주는 가장 중요한 통로인 공교육 현장에서 전승된다.

민족주의적 역사 해석은 불가피하게 시대착오, 생략, 맥락에 맞지 않는 설명, 거짓말 등으로 이뤄진다. 이것은 역사를 신화로 바꾸거나 과거를 '발명' 또는 '재창조' 함으로써 역사를 하나의 이데올로기로 이용하기 위해서다.[45] 민족은 역사적 기원과 문화를 공유하는 집단으로 이해돼왔지만, 이러한 역사와 문화의 전통은 창조된 것에 불과하다. 원초적 끈이라고 생각되는 민족 특징은 대부분 고정된 것이 아니라, 역사의 제 단계에서 선택된 상징들이다. 이것은 타자와 다르다는 의식을 갖게 하는 원천이 되고, 민족의 정체성을 유지하고 강화하는 데 기여한다. 결국 민족이란 허구적인 상상의 산물이 아니며, 근대 이전에 존재하던 공동체에 대한 기억을 근대 국민국가 체제의 제도화된 담론과 결합하여 만들어낸 타협의 산물이다. 국민을 구성한다는 것은 곧 특수한 문화적 인조물인 것이다.[46] 특히 고대 역사는 국민 창출의 이야기가 되어 공동체의 동일성을 확인하는 데 적극 활용된다.[47] 근대 국민국가들이 현재를 과거에 투영하여 과거를 배타적으로 점유하려는 투쟁은 '만들어진 고대', 즉 '만들어진 전통'을 산출한다. 다른 민족에 대한 자기 민족의 우월성을 고대사를 통해 찾으려는 노력은 고대 속에 현재의 욕망을 투영한 것이다.[48]

> 주체를 확립하려는 행동은 자아의식을 각성함으로써 비롯되며, 이때 주요 목표는 독자성을 발휘하고자 함이다. ……자의식의 자각, 자의식을 키우기 위해서는 끊임없이 전통을 추구해야 하며, 이 전통을 추구하기 위해서는 끊임없이 그 특색을 찾아야 한다.[49]

따라서 게르나(E. O. Gerna)는 "내셔널리즘은 국민의 자의식의 각성이 아니다. 내셔널리즘은 원래 존재하지 않는 곳에 국민을 발명하는 것이다"고 했다. 그는 내셔널리즘의 '발명'을 '상상'과 '창조'가 아니라 '날조'와 '기만'에 견주었다. 그리고 민족, 국가의 이름으로 과거 2세기에 걸쳐 수천, 수백만의 사람들이 서로 죽이거나 오히려 스스로 죽음을 향해 나아갔다고 했다. 톰 네안(Tom Nean)은 "내셔널리즘은 개인에게 '신경증'과 마찬가지로 근대 발전사에서 불가피하게 나타난 병이며, 세계에 널리 만연한 무력감의 딜레마에 둥지를 튼 거의 불치의 병"이라고 했다.[50]

그렇다면 비서구 지역의 민족 정체성, 민족주의는 예외일 수 있을까? 원래 자기 '민족'이나 자기 '문화'의 강조는 대립항의 존재를 전제로 한다. 비서구 지역에서의 민족의식은 힘의 우위를 가진 압도적인 타자가 자신들과 같은 삶의 형식으로 비서구 민족을 개조하려고 한 지점에서 탄생했다. 19세기 후반부터 일본은 구미 열강의 국민사를 모델로 삼아 고대부터 계기적으로 연속하는 자기 완결적인 '일본사'를 만들어냈다. 즉, '일본'은 '서양'이라는 대립항의 존재를 전제로 고안되고 실체화된 것이다. 일본은 고대 일본 문화에서 서양과의 동일성을 찾는 한편, 중국이나 한국과의 차이를 논함으로써 자국의 정체성과 국민적 주체를 만들어왔다. 물론 다른 동아시아 국가들도 제각기 자기 완결적인 '민족사'를 만들어냈다. 우리나라의 자기 정체성은 타자에 의해 주어진 자신의 모습을 내면화하거나 이에 반발하는 과정을 통해 형성되었다. 따라서 '중국,' '일본,' '한국'은 자체가 선험적으로 존재하는 것이 아니라 근대의 국민 공동체가 대타적으로 또는 대자적으로 자기를 구상한 도식 자체다.[51]

서구를 제외한 '나머지'의 민족주의도 타자성을 생산하고 '과거'와 '전통'을 창조한다는 점은 다르지 않다. 신생국의 경우, 내부적 단결을 꾀한다는 목적으로 과거에 서구가 경험했던 것과 유사한 민족화(nationalization) 작업을 진행시켰다. 2차 세계대전 이후에 건설되었거나 재구성된 수많은 나라들에서 역사가들의 가장 중요한 공적 소임은 '위험에 처한 민족을 위해', 그리고 집단적 정체성이라는 이데올로기를 위해 자신의 직무를 수행하는 것이었다. 유럽의 지배 엘리트들이 자신들의 권력을 과거 속에 투영할 필요성을 느끼고 또 그렇게 함으로써 전통과 과거만이 창출할 수 있는 합법성과 역사성을 자신들의 권력에 부여했던 것처럼, 식민지 지역에서는 식민지시대 이전을 신성시하면서 자신들의 과거 모습이었으리라고 추측되는 이미지를 만들어내는 작업을 했다. 이러한 전략은 독립운동의 일환으로 많은 식민지에서 사용되었다.[52]

이 과정에서 국민 집단의 분열과 단결의 정도는 과장되고, 때에 따라서는 계획된 신화까지 만들어졌다. 이전의 '보편사'에서 제외되었거나 식민주의에 입각해 유럽인들에 의해 서술된 비유럽인들의 역사를 복원하면서, 민족은 서구와 같은 외국의 지배에 대항하는 일차적인 방어 메커니즘으로 인식되고 예찬되었다. 우리나라의 경우에는 역사적으로 확인하기 어려운 혈통을 기준으로 '단일민족'인 '한민족'의 역사적 전개 과정을 '국사'로 정의하고, 민족의 업적과 함께 외세에 맞서 온 저항 민족주의를 강조했다. 근현대사에서는 자국의 생존권이나 국익 추구의 권리가 최우선으로 옹호되었다.[53]

그런데 앤더슨(Benedict Anderson)은 민족주의가 제국의 지배 논리와 식민지의 저항 논리에 동시에 접목된다는 점을 지적했다. 식민지의 저항 논리는 제국의 지배 논리를 모방하고 표절한 것으로, 제국주의의 관 주도 민족주의와 식민지의 저항 민족주의가 동일한 모듈(module)에 접목된다는 것이다. 제국주의자들의 언어는 전근대로부터 근대로 이행되는 기간에 종종 식민지 민족운동의 동력으로 작용했다. 최근 일련의 연구들은 식민지 시기의 조선 민족주의 역사학과 민족주의적 패러다임이 제국의 논리를 식민지적 상황에 이식한

적대적 문화변용의 산물임을 밝히고 있다.[54] 이러한 통찰은 민족주의를 절대선과 동일시하거나 좋은 민족주의 대 나쁜 민족주의로 나누어 규범적으로 이해하는 것을 뿌리째 흔들어놓는다. 또한 제국과 식민, 중심과 주변, 서양과 동양, 오리엔탈리즘과 옥시덴탈리즘 등의 뿌리 깊은 이분법적 사고 틀을 해체시킨다.

이상에서 살펴봤듯이, 국가-민족의 역사는 민족 정체성을 강조하는 정치 이데올로기의 산물이다. 이것은 '자기'를 확인할 뿐 아니라 '경계'와 '타자'들을 만들어냄으로써 세계 공동체 구축과 동떨어진 경로로 발전해왔다. 하지만 자민족·자국가 중심의 시각을 극복하지 않는다면 세계사 교육은 전 지구적 관점을 키울 수 없다. 다른 집단을 자국과의 관계라는 측면에서만 그 중요성을 이해하는 것은 또 하나의 역사 왜곡에 불과하다.[55] 세계 여러 집단의 독특성과 지역 경험의 다양성을 부각하고 그 다양한 문화적·인종적 존재를 인정할 때, 세계사 교육은 국가와 민족 간의 분파적인 편견과 불신을 털어내고 상호 이해를 증진시키는 대리인으로서 그 가치를 인정받게 될 것이다.[56]

4. 타자 이해의 가능성

그렇다면 과연 세계사 교육에서 서구 중심주의는 극복될 수 있을까? 민족사적 접근에 따른 자민족 중심주의에서 벗어난 타자 이해의 가능성은 존재하는가? 로티(Richard Rorty)는 세계의 과거사에 대한 다층성과 복합성의 재발견이 어느 때보다 중요하다고 강조한다. 세계의 과거들이 모두 동시에 현재와 충돌하고 상호 작용하면서 현재사를 만들고 있기 때문이다. 그는 "다원화된 사회, 문화는 다원화된 진리를 가질 수밖에 없다. 다양한 문화 사이의 차이를 설명하기 위해 합리성 같은 기준을 제시하는 것은 자기기만일 뿐이다"고 말했다. 또한 "진리의 준거 틀은 자기가 속해 있는 문화이며, 결국 자문화 중심주의를 띨 수밖에 없다. 하지만 문화적 다양성과 동시에 개방성을 인정한다면, 자문화 중심주의는 배타주의를 의미하지는 않는다"고 강조했다.[57]

이처럼 서유럽을 축으로 한 세계 역사의 수렴적 발전 또는 통일성(unity)에 대한 대안은 다문화주의로 대변된다. '모든 문화적 정체성은 평등하다'는 다원주의는 "인간 역사의 문제들은 각각의 시공간적 차원에서 다뤄져야 한다"고 본다. 세계사가 서구 외의 다른 문명들과 인종 집단들을 충분히 대변해야 한다는 것이다. 따라서 역사 없는 사람들은 존재하지 않으며, 유럽과 비유럽은 분리될 수 없다. 문명 간의 엄밀한 분리도 불가능하다. 분리를 전제한다면 한 문화 안의 다양성, 차이, 복합성이 희생되기 때문이다. 이러한 다원주의적 관점에서는 문명의 개념을 국가-민족이 아닌 지역적 문화 단위로 정하고, 관점의 공평함과 균형을 추구한다. 따라서 전근대 시기를 서구 흥기의 대기실로 서술하지 않고 그 자체로 흥미 있는 시기로 회복시킨다. 무엇보다 문명들의 상대적 중요성을 도덕적으로 판단하는 위험성을 가장 경계한다. 각자의 역사는 동시에 타자의 역사이기 때문이다.

그러나 '문화의 다양성' 담론은 저항의 언어로 유용해 보이지만, '문화의 차이'를 강조함으로써 '경계'를 만들어내는 또 다른 패권주의적 정치성을 띠고 있다. 원래 '동양' 또는 '동아시아'의 동질성은 서구인들이 만든 허구인데, 이제 동양인들 스스로가 우월함으로 장식된 신비성을 만들어내고 있는 것이다. 자연과 인간의 합일, 상생의 힘으로서의 상극, 유기체적 우주관 등이 이 담론의 주요 내용이다. 하지만 문화적으로 동질적인 '하나'의 '유럽'이 존재한 적이 없는 것처럼 단일한 '동양'은 존재하지 않는다.[58] 그런데도 서구가 동양을 그들의 상황과 필요에 맞게 수용하려 했던 것처럼, 동아시아는 허구적인 동양의 '정신'과 '이미지'를 만들어내고 있다. 중국은 '한자 문명권'이라는 개념을 통해 동아시아에서 다시 패권을 잡으려는 제국주의 경향의 징후를 드러낸다. 또한 세계 역사에서 이슬람의 역할을 강조한 호지슨, 중국의 역할을 부각시킨 맥닐을 비롯한 다수 세계사 학자들은 이른바 '비서구' 내에서 또다시 새로운 중심 세력을 만들어내고 있다. '동양' 또는 '동아시아'라는 개념은 '유럽'이라는 개념과 마찬가지로 지리적이라기보다 정치적이고 이데올로기적이며, 서구의 대안이 아니라 그 아류로 등장한 것이다.[59] '보편사적 세계사'를 서구 패권의 역사이며 강대국의 세계 지배 논리로 치부했던 프랑크의 주장 역시 유럽 중심주의를 아시아 중심주의 또는 중국 중심주의로 바꾼 것에 지나지 않는다는 비판에서 자유롭지 못하다.

다원주의가 방어하는 국지성의 생산, 즉 국지적인 것으로 이해되는 정체성과 차이를 창조하는 일은 오히려 새로운 세계 지배 체제를 직시하고 대비하는 전략에 장애가 될 수 있다. 최근 다국적 또는 초국적 자본으로 세계시장을 지향하는 자본의 논리는 국민국가 단위를 뛰어넘는다. 전 지구적 규모의 경제적·문화적 교환을 효과적으로 규제하며 세계를 통치하는 주권 권력, 즉 '제국'이 등장한 것이다. 이 제국의 권력은 영토에 한정되지 않으며 경계가 없고 무제한적인 지배를 행사한다.[60] 따라서 그에 대한 비판적인 대항을 위해서는 '경계'를 넘어서는 만남, 세계시민으로서 연대의식을 배양하는

것이 필요하다. 그것은 '트랜스내셔널(transnational)', 즉 국가와 자
본을 넘는 것이며 이제까지의 '전통적 공동체'를 초월하는 것이다.
이를 위해서는 개별적인 단일 정체성을 생산하고 강화하기보다 오
히려 정체성의 다양함과 '부재'를 인식하는 일이 필요하다.

　세계 다른 집단의 이해를 가로막지 않기 위해서는 자기 민족의 정
체성에 대한 인식 역시 민족, 국민, 국민국가, 계급이 아닌 이 모든
것을 포괄하는 보편적 인간 존재 조건에 대한 사유로 바뀌어야 한
다. 그런데 정체성에 대한 관심은 각자 자신의 이익을 앞세우는 여
러 집단의 이해관계와 현안에 뒤엉켜 있으며, 무엇보다 민족은 여전
히 계급·인종·성보다 강력한 역사인식의 도구로 작동하고 있다.
근대 민족과 민족주의의 역사가 입증해주는 위험성에도 역사는 민
족주의적, 인종주의적 또는 근본주의적 이데올로기의 재료가 되어
왔다. 자신들의 이해가 국민 정체성과 국가의 운명에 전적으로 연결
되어 있다고 믿는 사람들에게는 '우리나라', '우리의 주장', '우리
의 감정을 만족시키는' 것이 '좋은 역사'다. 따라서 자신의 사회를
이해시키기 위해서가 아니라, 자신의 사회를 받아들여 자부심을 느
끼는 좋은 시민을 만들기 위해 역사를 가르치는 것이다. 자기를 정
당화하는 신화를 곧 역사로 만드는 것이다.[61]

　일부 한국 사학자들은 민족적 전통·이익·사명 같은 '건전한' 내
셔널리즘을 자국 중심의 편협한 내셔널리즘과 구분하여 옹호한다.
서의식은 한국사에서 제대로 된 민족 중심의 역사 이해가 성취된 바
없다고 주장하면서, 우리에게 '민족'은 고대·중세를 거쳐 유구히
전승돼온 '국가'의 내면적 부활의 형태라고 말했다. 또한 민족을 중
심으로 제 역사를 이해하려는 민족주의 사학은 '우리가 자존을 지키
며 살아남을 수 있도록 하는 사상이자 실천'이라고 하면서 "국가-

민족의 역할은 아직 종료되지 않았다"고 주장했다. 그리고 민족 중심의 사관과 역사 서술은 우리가 완성하고 이뤄내야 할 과제라고 했다.[62] 양정현도 '개방적 민족주의'를 옹호하면서 "오늘날 '민족'은 실체이고, '국민국가'는 현실이며, 자국사 교육은 당위다"고 공언했다. 다국적 자본과 강대국의 공격적이고 탐욕적인 자민족 중심주의가 엄존하고 있는 세계화 시대에 다양한 얼굴을 갖는 민족주의의 부정적 측면만을 비판 대상으로 삼는다면 결과적으로 자칫 가치의 무정부 상태를 초래할 위험을 안게 된다는 것이다.[63]

다른 역사학자들 역시, 세계 거의 모든 나라의 역사가 기본적으로 민족사학이며 유럽에서조차 각 나라의 역사학은 민족주의적 성격을 가질 수밖에 없었는데,[64] 과연 민족 중심의 역사관을 탈피한 대안적 역사상이 유효한지 의문을 제기한다. "중심부 국가들 스스로 자국의 정치·경제적 이해관계를 양보하고 자국민들에게 애국주의를 버리라고 강요하지 않는 한, 민족주의적 담론을 폐기하고 역사 서술을 할 수 있겠는가?"라고 반문한다. 더 근본적으로는 개별 국가·민족의 범주를 넘어서는 하나의 '유기적 세계'를 상정할 수 있는지에 대해서도 회의적이다. 중심부의 정치적 억압이 오히려 강화되고 있는 상황에서, 국가·민족·계급 등 거대 담론 중심의 역사가 한국 사학계에서 강력한 역사 서술의 주류로 살아남으리라는 것이다.[65]

이러한 논의는 역사, 국가, 민족, 세계, 교육 등에 대한 정의와 담론에 뿌리깊이 내재되어 있는 정치적·이데올로기적 함의를 보여준다. 따라서 학교 역사교육이 이러한 현실론을 충실히 반영하는 '국가' 권력 기제로 작동하는 한, 자민족 중심주의와 자국사를 중시하는 전통은 '자기'와 '타자'들을 동시에 해체하려는 세계사 교육에 지속적인 안티테제로 작용할 것이다.

그렇다면 다문화주의를 세계사 교육에 적용하려는 시도는 서구 중심성을 극복하는 데 기여했는가? 다문화주의적 태도는 세계사를 다양한 문명의 역사로 정의하고 유럽 외 다른 지역의 특성들을 부각시켰지만, 그 지역들은 '독특한' 업적을 갖고 있으면서도 인류 역사에서 '중요한' 발전이 일어난 장소가 되지 못하고 '오래전에' 거대한 문화를 건설했던 지역으로만 다루어졌다. 국가가 아닌 지역이나 문화권을 구성 단위로 표방한 세계사 교재들도 서구 유산을 강조하는 시각의 기본 가정들에 도전하지는 않았고, 구성의 기본 원리와 개념은 서구 기준을 따랐다. 단지 비교와 해석의 단위가 바뀌었을 뿐 최소한 지난 2세기 동안의 유럽의 세계 지배에서 소급한 세계사 구도를 극복하지는 못했다.

그런 점에서 최근 세계사학자들이 주목하고 있는 '상호 관련된 세계사'의 모습은, 인류 문명의 동력을 각 지역이나 집단의 내재적 요인보다 상호 교류의 영향에서 찾고, 더 나아가 '1500년의 유럽 흥기'라는 세계사 구분의 기존 틀을 흔들었다는 점에서 의의를 지닌다. 또한 전 지구의 넓은 지역을 가로질러 전개된 인간의 상호 작용을 밝힘으로써 "인류사에서 문명들 간의 접촉은 간헐적이었거나 거의 존재하지 않았다"는 헌팅턴 등의 시각을 불식하는 데 기여했다.[66] 인류 문명 집단들이 근대 이전의 오랜 시기 동안 상호 교통하고 의존하는 전 지구적 체제를 구성했으며, 이러한 세계 체제에서 유럽은 결코 지배적이거나 예외적인 존재가 아니었음을 밝히고 있다.

하지만 이들이 제시한 지역 간 교류사(interregional history)는 대안적 패러다임으로서 그 근거와 세부항목이 부족하다. 즉, 교류의 다양한 양상을 부각시키는 데는 성공적이지만 세계를 '횡으로' 통합된 거시사로 구축하는 데 필요한 구체적인 실증과 분석 개념의 제시가 미흡하다. 800년에서 1500년 사이의 전 지구적 체제를 강조한 벤틀리, '13세기의 세계 체제'를 주장한 아부 루고드, 1400년에서 1800년까지를 아시아 중심의 글로벌 경제 시기로 본 프랑크 등의 주장은, (아프로)아시아 경제나 문화 교환 체제의 구조와 작동원리를 교류에 가담한 지역 및 집단의 역사와 함께 보완할 필요가 있다.

교류는 '관계'를 의미하고, '관계'는 일면적·수평적으로만 이뤄지는 것이 아니므로, 관계의 다면적·복합적 측면에 대한 이해도 필요하다. 그런데 이른바 '상호 관련성'이란 개념은 집단들 간의 교섭사를 드러내는 데 유효한 개념일지는 몰라도, 때로는 극명하게 전개되었던 정복과 복종, 억압과 저항의 관계사를 모호한 우호적 역사로 대치할 위험성을 안고 있다. 서로 도움을 주고받는, 그래서 모든 인종·문화 집단이 공존하는 세계사상을 그린다면 '모두에게 좋은', '아무도 자극하지 않는' 세계사가 될 수는 있어도 그것은 역사 이해의 순진함과 반역사성을 드러내는 것이다. 이것은 진정한 '타자 이해'가 아니라 '온정적 타자화'와 다름없다. '상호 관련'은 이미 주어진 세계사의 분석 틀이 아니라, 각 집단 간의 상호 작용이 해당 집단과 전 인류의 문화와 경험에 미친 영향을 밝히는 '하나'의 가설적 개념으로 유효하다.

5. 맺음말

세계사 교육은 서구 중심주의와 자민족 중심주의의 극복을 지향해왔다. 하지만 세계인의 상호 이해와 공존을 추구하는 세계사 교육은 아직 신화에 가까우며, 현실은 그에 부합하지 못하고 있다. 역사

교육은 종종 정치적이면서도 이데올로기적인 행위로, '주변' 보다는 '중심' 이, '타자' 보다는 '자기 집단' 이 우선의 고려 대상이 되어왔다. 그만큼 보편적 공감을 얻는 세계사 패러다임을 구성하는 일은 쉽지 않다. 인간 행위의 범위가 넓어질수록 그것들 사이에 체계적 관계를 확립할 것을 요구하는 기대도 커지고 그만큼 종합은 더욱 어려워진다. 다문화주의의 확산에도 보편 세계인의 공생과 공동체 이념을 추구하는 세계사 교육의 실천은 요원해 보인다. 다문화주의는 복합적이고 다층적인 정체성 구축을 추구하지만, '유럽은 역사적 지식 자체에 대한 말없는 기표(referent)로 작용' 하고 있다.

세계사 교육이 '민족' 이나 '국가' 의 틀에 갇히지 않은 인간의 이해를 추구한다는 것은 더욱 어려운 일이다. 그것은 장기간에 걸친 여러 문명과 사회들의 세계사 속에서 '민족' 과 '국가' 의 이름으로 '설명' 의 원리에 갇힌 인간의 해방을 의미한다. 광범한 시간과 공간에서 벌어진 역사를 일관된 기준으로 '설명' 하려는 시도는 인간 삶의 역동적인 드라마를 틀에 짜인 설명문으로 전락시키곤 한다. 또한 역사적 인물들은 한 국가나 지역에서 일어나기로 되어 있는 일을 성취하는 역할을 하도록 규정된 폐쇄적 역사에 갇히고 만다. 세계사 교과서에서 그들은 알 수 없는 미래를 향해 용기와 상상력을 가지고 살아간 인간 존재들로 보이지 않고, 그들 문화 또는 문명의 특정한 측면을 보여주기 위해 무대에 오르는 인간으로 그려진다. 예를 들어, 포르투갈인들의 아프리카 서해안 항해가 교과서에는 '아시아로 가는 길을 발견하고 무역을 열기 위한 유럽인의 최초 시도' 라고 기록되어 있다. 하지만 그들은 스스로를 '유럽인' 으로 의식하지도 않았을 뿐 아니라 단기적인 눈앞의 목표와 이익을 추구했던 만큼 궁극적으로 초래할 상황에 대해서는 전혀 알지 못했다.

그러므로 세계사 속에서의 인간의 발견은 다층적인 이야기의 복원을 통해 가능할 것이다. 단, 개별 인간 또는 집단은 관계로 이루어져 있는 것이지 결코 그 관계들의 바깥이나 너머에 위치해 있는 것이 아니다. 따라서 이해관계에 얽혀 있지 않으면서 세계에 대해 판단하고 해석할 수 있는 인식론적 특권은 아무에게도 없다. 집단이나 국가들 사이의 불평등한 권력, '자신'과 '타자' 사이의 현실적 관계들을 관조할 수 있는 어떤 외부의 우월한 위치도 존재하지 않는다. 따라서 애국심과 민족주의, 편협성과 지역주의는 항상 극복의 대상이다. 세계사의 목표는 자기 조국을 초월하는 전망을 얻고, 자기 문화와 역사가 제공하는 방어적인 편린 대신 전체를 조망하는 것이기 때문이다.

> 고향을 아름답다고 생각하는 사람은 아직 미숙아이다. 모든 곳을 고향으로 느끼는 사람은 강한 사람이다. 그러나 전 세계를 타향으로 생각하는 사람이야말로 완벽한 인간이다. 미숙한 사람은 세계의 한곳만을 사랑하고, 강인한 사람은 모든 곳을 고향으로 여기고 사랑하지만, 완벽한 인간은 고향 그 자체를 없앴다.[67]

역사가는 이러한 태도를 통해서만 인간 경험과 그 경험의 기록들을 모든 다양성과 특수성 속에서 파악할 수 있다. 그러나 '강한' 또는 '완벽한' 사람은 애착을 거부하는 것이 아니라, 애착을 통해 독립과 초연함을 얻는다. 두려움과 편견 때문이 아니라면 사람들을 분리하고 변별하는 것을 강조할 아무런 이유가 없다. '우리'라는 관념은 '우리'를 보호도 하지만, 동시에 감금하기도 하기 때문이다.

■ 주

1. 안드레 군더 프랑크, 《리오리엔트》, 이희재 옮김, 이산, 2003, p. 408에서 재인용.

2. 강선주, 〈세계화시대의 세계사 교육: 상호 관련성을 중심 원리로 한 내용 구성〉, 《역사교육》 82, 2002, pp. 41~68; 정선영, 〈지구적 시각에 기초한 세계사 교육에의 접근 방안〉, 《역사교육》 85, 2003, pp. 1~25; 조지형, 〈새로운 세계사와 지구사〉, 《역사학보》 173, 2002, p. 343.

3. Edward L. Farmer, "Western Civilization, Modernity, and World History: Some Perspectives From East Asia", paper presented at the World 2000 Conference on Teaching World History and World Geography, Feb., 11-12, Austin, Texas, USA, 2000.

4. Peter N. Stearns, "Student Identities and World History Teachin", *History Teacher* 33(2), Feb., 2000, pp. 185~191.

5. Jerry H. Bentley, "Cross-Cultural Interaction and Periodization in World History", *American Historical Review*, June, 1996, pp. 749~770.

6. Philip D. Curtin, *Cross-Cultural Trade in World History*, Cambridge: Cambridge Univ. Press, 1984; Marshall G. S. Hodgson (ed. Edmund Burke III), *Rethinking World History: Essays on Europe, Islam, and World History*, Cambridge: Cambridge Univ. Press, 1993, pp. 254~255, p. 307; Edmund Burke III, "Marshall G. S. Hodgson and the Hemispheric Interregional Approach to World History", *Journal of World History* 6(2), Fall, 1995, pp. 237~250.

7. 이 글은 이영효, 〈세계사 교육의 방향과 가능성〉, 《역사교육의 방향과 국사교육》(윤세철교수정년기념 역사학논총간행위원회 편, 솔, 2001)의 후속 논문에 해당한다.

8. 에릭 홉스봄,《역사론》, 강성호 옮김, 민음사, 2003, pp. 360~361.

9. 에드워드 사이드,《문화와 제국주의》, 김성곤·정정화 옮김, 도서출판 창, 1993, p. 67에서 재인용.

10. Hugh Trevor-Roper, *The Rise of Christian Europe*, London, 1965, p. 9; 리처드 에반스,《역사학을 위한 변론》, 이영석 옮김, 소나무, 1999, p. 9.

11. Immanuel Wallerstein, *The Modern World-System*, New York : Academic Press, 1974.

12. William H. McNeill, "The Rise of the West after Twenty-Five Years", *Journal of World History* 1(1), Spring, 1990, pp. 1~21.

13. McNeill, "World History and the Rise and Fall of the West", *Journal of World History* 9(2), Fall, 1998, pp. 215~235.

14. 홉스봄, 앞 책, p. 360, p. 408.

15. 페르낭 브로델,《물질문명과 자본주의 I-2 : 일상생활의 구조 下》, 주경철 옮김, 까치글방, 1997, p. 767, p. 771, p. 813.

16. 페르낭 브로델, 위 글, p. 593.

17. A. N. 화이트헤드,《이성의 기능》, 김용옥 옮김, 통나무, 1998, p. 169, p. 291, p. 344. 이 책은 화이트헤드가 1929년에 했던 강연 원고를 번역한 것이다. 김용옥은 화이트헤드가 세계문명사를 유럽 중심주의적 편견 속에서 바라본 오류를 지적하면서, 그것은 시대적 제약이 초래한 무지의 자연스러운 소치라고 보았다. 김용옥은 동양의 근대는 결코 19세기 말에 출발한 것이 아니라 이미 13세기 신유학의 발흥 이후 지속돼온 것이라고 하였다. 신유학의 발흥은 동양의 합리적 우주론의 소산이며, 그것은 종교적인 외래 인도 문명에 대하여 합리적인 본래 중국 문명을 회복하려는 일종의 르네상스 운동이었다는 것이다.

18. Samuel P. Huntington, *The Clash of Civilizations and the Remaking of World Order*, New York, 1996.

19. 랜디스는 유럽인들이 도착하기 전에 인도양에서 무역이 번성하고 있었다

는 주장을 일축한다. 18세기에 인도는 기술적 후진성 때문에 무력했던 반면, 서유럽은 '산업혁명을 향한 노정을 시작해 이후 계속 아시아를 추월했다' 는 것이다. David S. Landes, *The Wealth and Poverty of Nations: Why Some Are So Rich and Some So Poor*, New York: Norton, 1998, p. 45, p. 96, pp. 165~169, p. 177, p. 516. 한편 벅은 랜디스가 비유럽 세계를 전제주의, 가난, 암흑의 수렁으로 묘사한 것을 비난했다. David D. Buck, "Was It Pluck or Luck That Made the West Grow Rich?", *Journal of World History* 10(2), Fall, 1999, pp. 419~420.

20. Ross E. Dunn, "Constructing World History in the Classroom", in Peter N. Stears, Peter Seixas and Sam Wineburg(ed.), *Knowing, Teaching, & Learning History: National and International Perspectives*, New York: New York Univ. Press, 2000, pp. 121~140.

21. 특히 미국에서 세계사를 담는 적절한 용기로서의 '서구 문명' 이라는 아이디어는 처음부터 교육적 구성물(teaching construct)이었다. '서구 문명사' 라는 제목으로 교육된 세계사는 '우리 문명' 과 그 후손들의 이야기였고, 미국의 정치적·문화적 기원을 발견하려는 시도였다. 이는 미국 사회를 단결시키고, 미국을 위대하게 만든 가치와 제도에 대한 충성심을 일깨우기 위한 것이었다. 미국의 역사적 뿌리인 유럽 문화유산을 계승하는 것이 곧 세계사 교육의 목표였다. Mark Wallace, "Integrating United States and World History in the High School Curriculum: The Trials and Tribulations of a Good Idea", *History Teacher* 33(4), Aug., 2000, pp. 483~494.

22. 양정현, 《근대 개혁기 역사교육의 전개와 역사 교재의 구성》, 서울대학교 박사 학위논문, 2001, pp. 109~149.

23. 지수걸, 〈'민족' 과 '근대' 의 이중주〉, 《기억과 역사의 투쟁》(당대비평 특별호), 삼인, 2002, p. 75.

24. 리하르트 반 뒬멘, 《역사인류학이란 무엇인가: 역사학의 또 다른 미래 – 역

사인류학의 역사 방법론·과제》, 최용찬 옮김, 푸른역사, 2001, p. 74, p. 76.

25. Andre Gunder Frank & Barry K. Gills, *The World System: Five Hundred Years or Five Thousand*, New York: Routledge, 1993.

26. 벤틀리는 번성했던 송나라의 시장경제를 지적하면서, 중국 농민들이 합리적이고 적응력이 뛰어났으며 이윤 추구에 앞장섰다고 평가했다. Bentley, "Hemispheric Integration, 500-1500 C. E.", *Journal of World History* 9(2), Fall, 1998, pp. 237~254.

27. 홉스봄, 앞 책, pp. 358~361.

28. Janet Abu-Lughod, *Before European Hegemony: The World System A.D. 1250-1350*, New York: Oxford Univ. Press, 1989; 프랑크,《리오리엔트》, p. 230, p. 288.

29. 프랑크, 앞 책, p. 437에서 재인용.

30. K. N. Chaudhuri, *Asia before Europe: Economy and Civilization of the Indian Ocean from the Rise of Islam to 1750*, Cambridge: Cambridge Univ. Press, 1990; 프랑크, 앞 책, p. 60.

31. 이민호, 〈세계사를 어떻게 읽을 것인가 - 유럽 중심주의 사관의 극복을 위하여〉,《역사비평》59, 2002, p. 199.

32. Frank, *ReOrient: Global Economy in the Asian Age*, Berkeley: Univ. of California Press, 1998, p. xxiii~xxv, p. 4, p. 52.

33. 프랑크는 노동 비용이 낮았던 중국의 경우, 노동 절약적인 기계를 개발하는 기술혁신보다 노동력을 추가 투입하는 쪽이 더 경제적이고 합리적이었던 반면, 유럽은 식민지로의 인구 유출로 고임금·고비용 생산구조였기 때문에 기술혁신과 기계 발명의 절박한 이유가 있었다고 말한다. 프랑크,《리오리엔트》, p. 470, p. 474, p. 497. 윙은 중국이 안정된 농업경제와 효율적인 관료 지배체제를 갖췄는데도 산업혁명을 일으키는 데 실패한 이유는 국민이 정치적으로 국가 행위에 영향을 미칠 수 있는 공적 영역이 부족

했기 때문이라고 설명했다. R. Bin Wong, *China Transformed: Historical Change and the Limits of the European Experience*, Ithaca: Cornell Univ. Press, 1997, p. 181.

34. Albert Bergesen, "Let's be Frank about World History", in Stephen Sanderson(ed.), *Civilizations and World Systems: Studying World-Historical Change*, Walnut Creek, Calif.: Altamira, 1995, pp. 195~205.

35. 스테판 버거, 〈과거의 재현: 유럽의 내셔널 히스토리〉, 《기억과 역사의 투쟁》, pp. 166~199.

36. Dunn, "Constructing World History in the Classroom", pp. 121~140.

37. 양정현, 《근대 개혁기 역사교육의 전개와 역사 교재의 구성》, 서울대학교 박사 학위논문, 2001, pp. 109~149.

38. 차하순, 민두기, 이인호 등의 이러한 주장은 다음 논문을 참조할 것. 강선주, 〈세계사 교육의 '위기'와 '문제': 역사적 조망〉, 《사회과교육》 42(1), 2003, p. 64.

39. 스테판 버거, 앞 글, pp. 172~199.

40. Benedict Anderson, *Imagined Community: Reflections on the Origin and Spread of Nationalism*, London, 1991.

41. 영국 역사 서술은 독일을 더 이상 호전적인 군국주의의 이미지로 그리지 않는다. 하지만 독일을 선진적이고 효율적이며 잘 조직된 유럽 경제의 일원으로 강조한 것은 최근의 일이다. 박유하, 〈상상된 미 의식과 민족적 정체성: 야나기 무네요시와 근대 한국의 자기 구성〉, 《기억과 역사의 투쟁》, p. 367.

42. Frederic Jameson, *Postmodernism, Or, The Cultural Logic of Late Capitalism*, Durham: Duke Univ. Press, 1991, p. ix.

43. 임지현, 〈식민주의적 죄의식을 넘어서〉, 《기억과 역사의 투쟁》, pp. 12~13.

44. 박유하, 앞 글, p. 368; 스테판 버거, 앞 글, p. 168.

45. 홉스봄, 앞 책, pp. 23~27.

46. Prasenjit Duara, *Rescuing History from the Nation*, Univ. of Chicago Press, 1995.

47. "사람은 항상 현대를 통해서만 고대를 이해해왔다. ……사람은 자기 체험으로 고대를 설명하고, 이렇게 해서 얻어진 고대에 의해 자기 체험을 평가하고 짐작해왔다"(니체,《우리 문헌학자들》에서). 이성시,《만들어진 고대: 근대 국민국가의 동아시아 이야기》, 박경희 옮김, 삼인, 2001, p. 19. 현대의 관점이 고대 사건들을 재구성하는 사례는 버날의 《검은 아테네》에서도 드러난다. 버날은 이집트가 그리스와 서구 문명에 공헌했으며, 이집트 문명은 곧 아프리카 흑인의 유산이라고 주장했다. 그의 '아프리카 중심주의'는 흑인들이 그리스 문명과 그 이후 지중해 세계에 중요한 영향을 미쳤다고 강조한다. Maghan Keith, "The Politics of Criticism: Not Out of Africa and 'Black Athena' Revisited", *Journal of World History* 11(2), Fall, 2000, pp. 337~345; Martin Bernal, Black Athena; Mary Lefkowitz, *Not Out of Africa: How Afrocentrism Became an Excuse to Teach Myth as History*, 1996; Mary Lefkowitz & Gry MacLean Roger(eds.), "*Black Athena*" Revisited, 1996.

48. 한 예로, 중국은 현재의 지리적 영역을 기준으로 민족사를 서술하여 발해사를 중국사의 중요한 부분으로 기술한 반면, 우리나라는 발해를 남북국시대의 북국으로 명명한다. 하지만 '민족'을 정의할 때, '현재' 국경을 외국과 구별되는 민족사의 틀로 잡는다면 그 국경이 역사적인 경우는 거의 없다. 대부분 아프리카 나라들의 국경은 차별화된 역사를 가진 역사적 민족 단위로 규정할 수 없다. 이성시, 앞 책, pp. 25~27.

49. 고유섭,〈한국 고대미술의 특색과 그 전승 문제〉,《고유섭전집》3, 통문관.

50. Anderson, *Imagined Community*, p. xii.

51. 이성시, 앞 책, pp. 7~12, p. 187; 이성시,〈한일 역사 교과서의 고대사 서술을 둘러싸고〉,《기억과 역사의 투쟁》, p. 139.

52. 사이드,《문화와 제국주의》, p. 66; 홉스봄, 앞 책, p. 438.

53. 윤세철, 〈자국사, 그 당위와 실제〉, 《역사교육》 69, 1999, pp. 1~37 ; 이원
순, 〈한국과 일본 : 공생을 위한 역사교육〉, 《한국과 일본 : 21세기를 위한
역사교육》, 강원대학교 개교 50주년 기념 국제학술심포지엄, 강원대 인문
과학연구소 · 한일관계사연구회, 1997, pp. 9~15.

54. 서양에 대해 일본적 정체성을 내세우기 위해 만들어진 일본사, 일본 문학,
일본 미술의 논리가 일본에 대해 조선적 정체성을 내세우기 위해 만들어진
조선사, 조선 문학, 조선 미술에도 그대로 관통하고 있다는 것이다. 吉野耕
作, 《文化ザショナリズムの社會學》, 名古屋大學出版會, 1997.

55. 윤세철, 앞 글, pp. 1~37.

56. Robert Phillips, Paul Goalen, Alan McCully, Sydney Wood, "Four
Histories, One Nation? History Teaching, Nationhood and a British
Identity", Compare : A Journal of Comparative Education 29(2), June,
1999, pp. 153~170.

57. Gary Thoma, "What's the Use of Theory?", Harvard Educational Review
67(1), Spring, 1997, pp. 75~104.

58. 기독교는 유럽사의 뿌리 깊은 부분이지만, '민족' 이나 '사회주의' 가 유럽
대륙을 통일시키는 힘이 아니었던 것처럼, 기독교도 유럽을 통일시키는 힘
은 아니었다. 김광억, 〈동아시아 담론의 실체 : 그 분석과 해석〉, 정재서 편,
《동아시아 연구 : 글쓰기에서 담론까지》, 살림, 1999, pp. 162~176.

59. 정재서, 〈동아시아 문화, 그 보편 가치화의 문제〉, 정재서 편, 《동아시아 연
구》, pp. 177~191.

60. 안토니오 네그리 · 마이클 하트, 《제국》, 윤수종 옮김, 이학문선, 2001,
pp. 15~21, pp. 164~269.

61. 홉스봄, 앞 글, p. 70, pp. 432~433.

62. 서의식, 〈포스트모던 시대의 한국사 인식과 국사 교육〉, 《역사교육》 80,
2001, pp. 1~30.

63. 양정현, 〈포스트모던 역사이론의 '민족' 논의와 역사교육〉, 《역사교육》 83,

2002, pp. 35~62.

64. 최갑수, 〈유럽 중심주의의 극복과 대안적 역사상의 모색〉, 《역사비평》 52, 가을, 2000, p. 109.

65. 도면회, 〈서평: 포스트모더니즘, 폭풍인가 '찻잔 속의 폭풍' 인가〉, 《역사학보》 176, 2002, pp. 416~417.

66. Huntington, Clash of Civilizations, p. 21, p. 48.

67. 12세기 색스니 출신의 성직자 성 빅토르 위고의 말이다. 사이드, 《문화와 제국주의》, p. 564.

■ 찾아보기

역사교육과 역사인식

1판 1쇄 2005년 5월 31일
1판 12쇄 2019년 2월 20일

지은이 | 김한종, 이영효, 양호환, 최상훈, 양정현, 유용태, 강선주
펴낸이 | 류종필

편집 | 이정우, 최형욱
마케팅 | 김연일, 김유리

교정 | 배전미, 유현희
본문 디자인 | 유현희
표지 디자인 | 이석운

펴낸곳 | (주) 도서출판 책과함께
주소 (04022) 서울시 마포구 동교로 70 소와소빌딩 2층
전화 (02) 335-1982
팩스 (02) 335-1316
전자우편 prpub@hanmail.net
블로그 blog.naver.com/prpub
등록 2003년 4월 3일 제25100-2003-392호

ISBN 978-89-91221-08-6 93900